赵樸初署

中國佛教文化論稿

（修订版）

魏承思 ⊙ 著

世纪文睿
Century Literature

世纪出版集团 上海人民出版社

目 ◦ 录 Contents

序言

中国佛教文化史是一个古老的综合论题。

远自释道安首倡"出家无姓，同称释子"，综理经录为中国佛典目录学之始。罗什为答慧远所问大乘深义十八科而撰《大乘大义章》。厥后天台、华严分科判教，别立门庭。天台若《大乘止观法门》（传慧思作），释如来藏，总明三性，发万法互摄之说；湛然作《金刚錍》，立"无情有性"之义。华严若法藏《金师子章》，明缘起，论五教。宗密晚出，和会"宗""教"，作《禅源诸诠集都序》，分为三宗七家；乃至《原人论》兼及儒道有关人生来源论点，直显真源。盖已"上为以前佛学作一结算，下为以后道学立一先声"（冯友兰语）云。至宋延寿禅师出《宗镜录》，亦隐为"宗教会合"之结撰也。

近贤自杨仁山刻经弘教，欧阳渐建立内学院，章太炎、梁任公、吕澂、汤用彤诸氏，迭出宏篇，综论佛法与中国传统文化，其致广大而尽精微之业绩，固已为内外学者所公认矣。顾尚未有将两千年来佛教史迹与传统文化之交涉，原原本本，作一鸟瞰式的叙述，而予吾人以一明确详尽的概论，乃今于魏生承思新编《中国佛教文化论稿》一书见之矣。

作者立足于前修与时贤丰硕成果之上，妙善抉择，取精用宏，蔚成长编。认为佛教是一种特殊文化形态，对古代印度文化的一次系统总结和重大变革。中国佛教则是印度佛教在中国文化圈内的移植。其与中国本土文化的主体——儒、道文化相接触，已经历一个由依附、冲突到互相融合的过程。此一过程既是佛教中国化的过程，同时也是中国佛教化的过程。经过长期的选择、改造和重构，中国佛教形成了自己鲜明的民族文化特色，从而融入了中国传统文化。一般来说，它具有适应性、世俗性、调和性、简易性的特点。这些特点既是中国社会政治、经济状况和文化传统作用于佛教的结果,也是佛教能够在中国长期存在、广泛传播的条件。佛教在中国历史上留下了灿烂辉煌的文化遗产,在中国传统文化中占有极其重要的地位。

本书此一叙述,要言不烦,甚得探骊之快。余尝言文化有三性:继承是历史的传统,吸收是时代的潮流,创造是民族的形式。两千年来佛教中国化的过程,大乘佛学天台、华严、南禅诸宗的开创,承先启后种种殊胜,足为吾说张目;而魏生论稿之问世,实一大事因缘也。吹网投针,全凭自力;他山攻错,所望读者。因乐为之序,藉证同参之雅云尔。

苏渊雷

一九九一年辛未清明于姑苏旅次

第一章

绪论：中国佛教文化论纲

佛教是一种特殊的文化形态,它起源于公元前六世纪的印度次大陆。在相当长的历史时期内,佛教曾经是古印度文化的代表。印度文化圈和中国文化圈是形成于古代亚洲的两大文化圈。地理上,虽然它们同存于亚洲大陆之内,但被西藏高原和喜马拉雅山脉隔断,因而成为完全异质的文化圈。公元前二世纪末,横贯中亚细亚的交通路线开辟以后,这两种相隔离的文化才开始交流。佛教从印度传到中亚、西域地区。西汉末年,又随着丝绸之路上的骆驼商队缓缓地踏上了古老的中国大地。从此,它在异质文化圈的中国开始传播开来。印度佛教文化与中国本土的传统文化经过长期的对立碰撞、交融渗透之后,终于逐渐发展成为富有民族特色的中国佛教文化,并成为中国传统文化难以分割的组成部分。可以说,六朝以来的中国传统文化已不再是纯粹的儒家文化,而是儒、佛、道三家汇合而成的文化形态了。因此,研究中国文化离不开对佛教文化的研究。中国佛教包括汉地佛教、藏传佛教和云南傣族地区的南传佛教。本书涉及的主要是中国汉地佛教;为叙述方便起见仍称为中国佛教。

一、 佛教是特殊的文化形态

佛教和其他宗教一样是一种文化形态。何谓文化? 文化是人类生存、认识和活动的方式,是人类和自然逐渐分离的过程与表现。人类从动物界中逐渐分离出来的过程,也是一个不断适应、认识和改造外部世界的过程。当人们理性地积累在这个过程中获得的知识和经验,使之成为人类生活中比较稳定的成分时,文化便开始产生了。正是这种文化的发展创造了人类文明并不断地推动着人类文明的进步。人类对外部世界的感觉、认识和经验是多方面的。宗教作为支配人们日常生活的外部力量在人们头脑中的曲折反映,它当然是一种文化形态。只是在这种反映中,人间的力量采取了超人间的形式。生与死、理想与现实、感情与理智的矛盾始终缠绕着人类。这是人们在客观条件允许的范围内永远无法克服的问题。于是人们的思维就凭藉着想象力脱离了正常认识轨道而转向对超人间力量的崇拜。他们在幻想中按照反比例关系编制彼岸世界。人们恐惧死亡,追求永生,但人间没有永生,于是他们便在宗教里寻求永生;人们反对丑恶,追求完美,但人间没有绝对完美,于是他们便在宗教里寻求完美;人们逃避痛苦,追求幸福,但人间没有永恒幸福,于是他们便在宗教里寻求幸福;宗教使人们在幻想中得到一切现实中所没有的希望。宗教不仅是一种观念,而且还通过礼仪、制度、寺院、偶像等一系列符号系统固定成为一种社会生活,因此它是一种特殊的文化形态。在整个人类文化系统中,宗教文化是完全独立于世俗文化的形态。它和世俗文化同属于人类文化不同的组成部分。在以往的文化研究中,人们经常把宗教误作为与哲学、道德、教育、文学、艺术等同一层次的人类文化子系统。其实,宗教本身就是一个多层次的有着完整结构的文化系统。

宗教文化主要包括三个层次。第一层次是宗教文化的深层结构,包括宗教思想、宗教意识和宗教感情。在佛教中,对佛的信仰、释迦牟尼以及后代佛教徒所阐发的佛教教义都属于这一层次。第二层次是宗教文化的中层结构,包括宗教的经典、礼仪、制度等,它们是每一宗教的特定标志和形式。在佛教中即指经、律、论三藏以及僧团组织的一切礼仪制度。第三层次是宗教文化的表层结构,指一切为宗教思想和宗教感情所激励,与宗教相关联以及为宗教传播而服务的文化领域。如佛教的道德、教育、史学、文学、艺术和生活方式、风俗习惯等等。当然,这里的每一个层次不是封闭的、孤立的,它们之间不断地互相渗透,互相影响和互相作用。例如,由对佛的信仰而有各种礼仪制度和各种以对佛的皈依为题材的文学、美术、音乐等。同时,这些礼仪制度和文学艺术又不断维系和增进了对佛的崇拜之情。可以说宗教是一个有着丰富内涵、有机联系的文化系统,研究宗教文化就不能仅仅满足于对宗教思想、信仰理论的研究。

在世界各大宗教里,佛教文化又有其特殊性。佛教虽和其他宗教一样也有其特定的崇拜对象——佛和菩萨,但佛和菩萨不是主宰宇宙的神,他们不同于至高无上的上帝,他们不会发怒,不审判众生,不会因人们触犯了他而把人送进地狱。他们与人类是平等的,他们给信徒的是一种愉快的信任感。人们服从于佛的说教,服从于佛的戒律,并不是服从于一种权力、一种限制,而是服从于他自己的本性。佛教虽和其他宗教一样也有其信仰理论,但佛教理论更重视考察人生现实问题,对人生作出价值判断,寻求人生的真实,而不是只关注虚无缥缈的彼岸世界。因此,佛教理论蕴藏着极深的智慧,它对宇宙人生的洞察,对人类理性的反省,对概念的分析,有着深刻独到的见解。恩格斯在《自然辩证法》中也称誉佛教徒处在人类辩证思维的较高发展阶段上。佛教虽和其他宗教一样也有其修持实践,但它强调自力,反对借助他力,强调主体的自觉,并把一己的解脱与拯救人类联系起来。佛教就是这样一个独特的、完整而繁富的文化系统。对它应该进行一种全方位、多层次的研究,致力于发掘它丰富的内涵。

佛教在其发展过程中又与世俗文化以及其他宗教文化互相影响,互相交流,互相渗透,形成纷繁复杂的关系。在中国,佛教文化几乎影响到社会生活的一切方面。哲学、道德、文学、艺术、生活方式以及社会风气几乎无不浸润着佛教的影响。但是,佛教文化的影响毕竟不同于佛教文化本身。"佛教与中国文化"和"中国佛教文化"是两个完全不同的命题。在佛教界一般把佛教文化称为"内学",把佛教以外的各种文化形态称为"外学"。佛教文化研究应该以内学为主,而不能喧宾夺主,只限于考察内外之学的关系。然而这正是近年来经常被研究者所忽略的。

宗教文化与世俗文化始终存在着矛盾和对立,它们经常是此消彼长,此起彼伏。在人类文明发展的各个阶段,文化中宗教的与世俗的比重是各不相同的。有时候,宗教处于整个社会生活的中心,文化诸领域的特点都与宗教相联系,并且从属于这种文化系统(当然——这样的时代也仍存在着世俗文化)。有时候,又是非宗教的世俗精神制约着整个社会文化(这样的时代也同样不可能摆脱宗教影响)。宗教文化虽然在历史的长河中时隐时现,但它作为一个独立的文化系统始终走在独立发展的道路上。当然,在不同的时代它会呈现出十分不同的历史面貌。如果对中国佛教文化进行一次历史的审视,那么一定不难看出它的时代差异。宗教文化为什么能够在某些时代占据主导地位?各个时代的宗教文化为什么会呈现出不同的历史特点?这都是由深刻的社会和思想原因所决定的。研究中国佛教文化,就不能不探寻这种文化形态赖以生存的社会基础和历史条件。

二、 中国佛教与印度佛教

中国佛教来源于印度佛教,保存了印度佛教的精神本质,它是古印度文化在中国文化圈内的移植。但中国佛教又有别于印度佛教,经过长期的选择、改造和重构,它形成了自己鲜明的民族文化特色,从而融入了中国的传统文化。

佛教对古印度文化既是一次重大变革,又是一次系统总结。从而成为当时印度文化的代表。古代印度文化充满着宗教色彩。人们歌颂自然,崇拜自然,比如他们崇拜的梵天、毗湿奴和湿婆等都是自然现象的神化。在古印度,使人与神沟通的媒介是祭祀,由此形成的婆罗门教在当时一直是印度社会的统治思想。婆罗门祭司则是社会上最有权势的阶层。婆罗门教的经典《奥义书》和《吠陀》富于想象,充满隐喻,令人难以捉摸。但其中最有影响的观念是生死轮回的宇宙观,它认为一切事物都处在不断的变化转生之中,世界是无常的又是连续的。"梵"是宇宙的本体,是宇宙的主宰。万事万物都是由"梵"现化而成,故"梵"是永恒的。而人、神、动物及所有事物都不过是生死轮回过程中的暂时现象。从个人内心观察,"我"是个人的本体和主宰,人的身体由"我"而生,人的活动由"我"而起,外界万物也都因"我"而存在,所以"我"和"梵"本来不二。现世的"苦"是生死轮回中前世的"业果",而现世的行为又将在来世中得到"业报"。人们只有经过修行以达到梵我一致的境地,才能摆脱生死轮回的无尽苦海。公元前六世纪时,古印度社会出现了许多反婆罗门的思想流派,称为"沙门思潮"。"沙门"即出家人的意思。这些人大多舍弃了世俗生活,退隐到深山丛林沉思默想。他们以苦行、禅定、智慧取代了祭祀,他们对人生、对自然提出了种种新的认识。其中最有影响的有六个学派:第一,阿耆多的顺世派,认为人和世界都由地水火风"四大"合成,死后四大分散归于断灭,否认灵魂,否认来世;第二,散惹夷的直观主义学派,对一切问题都不作定论,说有即有,说无即无,也可说亦有亦无,还可说非有非无,主张踏实的修定,以求得真正智慧;第三,末伽梨的定命论,认为没有业报,没有父母生身,一切修行都是空的,无用的,只有经过八百四十万大劫,到时不管愚智都得解脱;第四,富兰那迦叶的偶然论,认为世界上万事万物的生成消灭都是偶然的,无因无缘的,因此主张纵欲,怀疑伦理,否定宗教;第五,婆鸠多也是否认因果关系的学派,说人身是由地、水、火、风、苦、乐和灵魂七种原素组成,七种原素一离开就是死亡,原素是永恒的,并不由其他东西创生。也不创生别的东西;第六,尼乾子以及他创立的耆那教,信奉业报轮回,灵魂解脱,苦行主义和洁净与污染的伦理学说。释迦牟尼正是在婆罗门教和各派沙门思潮的基础上创立了佛教,他是当时印度社会一切宗教、思想、文化的集大成者。

释迦牟尼创立的佛教,从缘起理论出发,对宇宙人生进行了分析。认为宇宙和人生中没有"神"的主宰。一切存在都是因缘所生。过去的积累是因,现在的是果;现在的积累为因,将来的为果。因果重重,相续无尽,上溯过去无始,下推未来无终。宇宙本为时空概念的组合,宇宙间一切事物无时无刻不是前后相续,刹那变灭着的;一切现象的生起,都是由各种现象相互关联所造成的,然后经过成、住、异、灭的四个阶段,又孕育了新的生命。只要我们破除了法、我两执,便能领会宇宙人生的真谛,达到"无我"的佛的境界。佛教的思想学说大致可以分为"宗行"和"教义"。前者以传说中的灵山法会、世尊拈花、迦叶微笑、不立文字、不加言说、直指人心、见性成佛、心心相印为宗旨,形成一种称为"教外别传"的禅学系统。其实这就是运用直觉思维排除语言概念和逻辑思维,去获取自我的内在体验,使主体直接切入客体,完整地悟解把握客体。后者以"四谛"(苦、集、灭、道)为中心说,包括"八正道"、"十二因缘"、"五蕴"等理论,并由此形成大、小乘。在释迦牟尼之后,印度佛教学者马鸣、龙树、无著、世亲等等提出中观、唯识、真空、妙有等学说,丰富和发展了佛教哲理。在佛教创立之后,不但形成了一套完整、复杂的理论体系,而且形成了主张平等、慈悲的道德伦理观念;形成了规范信徒的宗教生活,激发信徒宗教情感的礼仪制度;形成了传播和强化佛教思想的文学艺术。在相当长的时期内,佛教文化几乎涵盖了整个印度社会生活。

西汉末年,佛教从印度经中亚西域地区传入中国内地。从此,中国佛教开始在印度佛教的母体里孕育、诞生,最后走上了独立发展的道路。印度佛教诸佛诸菩萨,虽然仍为中国佛教徒所顶礼膜拜,但他们的地位、形象和文化涵义都发生了很大的变化。在印度佛教里,教主释迦牟尼是至尊的信仰对象。小乘教派认为成佛者仅限于释迦一人,其他人不具佛性,也不能成佛。大乘教派虽然提倡三世十方有无量无数的诸佛,如阿闷佛、阿弥陀佛、弥勒佛、药师佛等,并且提出了菩萨的名称,把它作为成佛的准备,但他们仍把释迦牟尼视为全智全能的最高人格神。然而在中国,释迦牟尼佛的实际地位却降低了,阿弥陀佛和菩萨的地位显著提高,尤其是观世音菩萨成为民间信仰的主要对象。每当人们遇到冤屈危难,哀哀无告时,总会不自觉地向天吁祈"救苦救难观世音菩萨"。其实,在印度佛教里,观世音只是一个次要角色。梵文作"观自在",佛经上说他是西方极乐世界教主阿弥陀佛的大弟子。只因《法华经》里有"苦恼众生,一心称名,菩萨即时观其音声,皆得解脱"的说法,而被称为"观世音",并成为中国人心目中最慈悲的理想人物。观世音刚传到中国时,还是一个年轻、英俊、聪明、强壮的白马王子。由于他具有仁爱、慈祥、怜悯的品质,这些品质都是近于女性的,因而北朝以后,中国的观世音菩萨就逐渐女性化了。

印度佛教有大小乘之分。从释迦逝世后到龙树出世为小乘佛教时期,龙树之后为大乘佛教时期,最后为密教时期。中国佛教是大乘佛教,这不仅因为佛教传入中国时正当印度大乘佛教兴盛期,故最先流入中国的主要是大乘经典;更重要的还在于大乘佛教关于入世舍身、普度众生的主张契合中国的文化传统。中国人对佛教的选择不但表现为在大小乘之间选择了大乘佛教,而且还表现为对大乘经典本身的选择。在印度,《大品般若经》、《中论》、《解深密经》和《瑜伽师地论》是大乘主要经典,但它们在中国佛教史上并不占重要地位。相反,在印度影响并不太大的一些经典,如《涅槃经》、《维摩经》、《法华经》、《华严经》、《楞严经》和《阿弥陀经》则在中国得到了广泛传播。而且以其中某些经典为依据而分别创立的天台、华严和净土诸宗,还成为中国佛教的主要宗派。印度佛教中的禅学在中国更是得到了创造性的发展。中国佛教徒继承了印度佛教运用直觉思维追求终极目标、理想境界的方式,但又不止于此,而是进一步发展了以顿悟为特征,重内证、重自觉的禅悟思维,以及形成了"无念为宗"、"触类是道"、"即事而真"、"文字禅"、"参话禅"、"默照禅"等参究方法。约从公元五世纪时,印度菩提达摩东来，经历了达摩禅、东山法门、南宗禅，建立了带有老庄化、玄学化的中国禅宗，成为中国佛教史上规模最大、影响最深远的主流，并直接渗入思想文化、社会生活的各个领域。诚如近代佛学家太虚大师所说："中国佛学特质在禅。"(《中国佛教》)中国佛教文化的这一特色集中地反映了中国人对印度佛教的吸收、改造和发展。

印度佛教经典是中国佛教理论的基本来源。从佛教传入中国后的一千年间，翻译佛经一直被当作最主要的事业。印度佛经除《陀罗尼经》外，全部译成了汉语。佛教翻译家们的态度非常认真，有一套严格的工作程序，许多经典往往一译再译，有的甚至重译十次以上。据统计，汉译佛经全部约一千五百部，近六千卷，完成了世界翻译史上规模无比庞大的汉文《大藏经》。佛经的翻译不仅是语言文字上的变化，也涉及某些思想内容的变化。在译经过程中，中国的汉语特点、思维特点和传统观念直接影响到对印度佛教的理解与接受。为了使中国人能看懂佛经，译者不得不采取中国固有的名词、概念和术语，而导致原意的某些变异。同时译者还往往运用选、删、节、增和编译等方法对佛经内容作出调整，使之和中国传统的思想观念相协调。印度佛教的本来面貌就此被消融于中国汉语的思维形式中。中国佛教徒不仅翻译佛经。还编写了诸如章疏、论注、经典、善书、史传之类的各种佛教典籍。据统计这类著述共约六百部，近四千二百卷，它们构成了汉文《大藏经》的另一组成部分。可以说汉文《大藏经》是中国人用自己语言理解佛教的结果，也是中国佛教文化的象征。

印度佛教在释迦逝世后分裂为不同的派别，他们各自信奉的经典陆续传到中国后，逐渐形成了各种教理和修持体系。后来，中国佛教徒为了保护寺院经济，仿效世俗社会的宗法制度，建立起了世代相传僧侣"衣钵"的制度，这样一来也就促成了中国佛教各个宗派的创立。这些宗派不但有其独特的宗教理论和仪规制度，还有其独立的寺院经济和势力范围，有其自己的传法世系，显然已经完全不同于印度佛教原有的教理流派了。

印度佛教自释迦牟尼建立第一个僧团组织起便开始产生了约束信徒行为的各种戒律仪规，后来逐渐分化、演变、发展为小乘的《十诵律》、《四分律》、《僧祇律》和大乘的《菩萨戒》等律学流派。这些流派自三国时代以后分别传到中国,到了唐代,智首、道宣师徒以《四分律》为准则并会通大乘创立律宗。从此中国佛教徒皆以此为准绳,规范自己的宗教生活。唐代的义净曾想把印度根本说一切有部的律仪照搬到中国来贯彻,并得到帝王支持。结果影响并不大,在他死后就寂寥无闻了。这是由于印度律藏条文极为繁琐苛细,动辄违律,难以止持,并和中国人的生活习尚多有不合。因此,必须加以综合、分析、简化,使它适合中国国情。智首、道宣正是进行了归并删繁的工作,因而能够树立千年不拔之基。此外,中国佛教还创设了许多特有的礼仪制度,如因天子诞辰、国忌日、求雨免灾而举行的法会、供养斋会等。中国的佛教文学、艺术空前繁荣,在诗歌、绘画、雕塑、建筑、音乐等众多方面都取得了杰出成就,强化和扩展了佛教在中国社会的传播和影响。这些成就本身也是印度佛教文学艺术和中国民族文学艺术融合的产物。

总之,中国佛教的渊源虽然应该追溯到印度佛教,它们之间有着相当密切的亲子关系。但中国佛教显然已经不再是原来的印度佛教了。研究中国佛教文化,虽然不能割断它与印度佛教文化的联系,但着眼点还是应该放在揭示它的民族特色上。

三、 中国佛教与传统文化

佛教最初作为一种外来文化传入中国以后,与中国本土文化的主体——儒家文化、道教文化相接触,经历了一个由依附、冲突到互相融合的过程,这个过程也就是佛教中国化的过程。另一方面,佛教中国化又是与中国佛教化同时进行的。佛教所以能够为中国传统文化所接纳,不但是由于中华民族具有对外来文化兼容并包的恢廓胸怀,也是因为佛教文化本身内涵丰富,具有中国文化所缺乏的特定内容,可以对中国传统文化发挥补充作用。实际上,它也确实在中国历史上留下了灿烂辉煌的文化遗产,在中国传统文化中占了极其重要的地位。

佛教在汉代传入中国,开始时是依附于中国的本土文化,才得以流传并发生影响的。最初,人们只是把佛教看作是道家的一支,谓"道有九十六种,至于尊大,莫尚佛道也。"(《理惑论》)其实,这并不完全是出于当时人的无知,而是与最初来中国传教的外国僧人附会黄老方术,注重用种种"神通"吸引信徒的做法有关。他们有的能解鸟语,有的能使钵中生莲花,有的能预知海舶从印度驰赴中国。故时人称佛教为"佛道"、"道术"。不但如此,早期佛教徒还在译经时攀附道家学说。如安世高译《佛说大安般守意经》,把细数出入气息、防止心意散乱的"安般守意"禅解释成"安为清,般为净,守为无,意名为,是清净无为也"。支谦把《般若道行品经》译为《大明度无极经》。"大明"、"无极"取于《老子》的"知常曰明"和"复归于无极"。这种不合佛教学说原意的牵强附会,只是为了便于自身流传,以致当时人多以黄老之道去理解佛教宗旨。

佛教对儒家文化更是一种依附关系。三国时代,南方吴国有个国君叫孙皓,起初想在国内禁绝佛教,拆毁寺庙。当时有个高僧康僧会便进宫向他宣传佛法。孙皓问:"佛教宣扬的因果报应有什么根据呢?"康僧会答道:"《周易》称:'积善之家,必有余庆;积不善之家,必有余殃。'这既是儒家经典上的格言,也是佛教阐明的道理,所以佛教认为行恶则有地狱长苦,修善则有天堂永乐。"于是孙皓容忍了佛教的传播,保存了佛教寺庙。其实,儒家的报应说是建立在"天道"观上,所谓"天道福善祸淫"。报应的主体不是行为者本人,而是他的家庭子孙。而佛教则主张自作善恶自受苦乐,个人行为个人承担后果,两者并不相同。但在当时的历史条件下,佛教在中国社会还不能弘扬"四谛"、"八正道"等根本佛法,而只能宣扬与中国儒家道德观念比较接近的善恶报应说,也就没有必要强调两者的差异了。康僧会还通过编译《六度集经》,用印度大乘佛教的慈悲观念去比附儒家的仁爱思想,提出"仁道"说,以配合儒家政治伦理观念,这就便于佛教在中国取得合法传播的条件。

在魏晋时代又出现了一种"格义佛教"。所谓格义就是用中国传统的儒家思想以及当时流行的老庄玄学来说明佛教教义。如以《周易》的"四德"(元、亨、利、贞)类比佛教的"四德"(常、乐、我、净);以"五常"(仁、义、礼、智、信)类比"五戒"(不杀生、不偷盗、不邪淫、不饮酒、不妄语)。南朝高僧竺法雅、康法朗等人都是用格义来理解佛教的。他们把儒家和道家经典作为理解佛教的媒介,经常交替讲解儒道经典和佛经,以解释佛经的疑难。这是当时社会上普遍流行的理解佛教的方法。

到了南北朝时期,印度佛教各派的学说先后传入,佛教经典翻译日多,而且越来越系统,它就不可能永远依附于中国本土的传统文化。佛教和以儒家思想为代表的中国传统文化发生了激烈的矛盾与冲突,这些冲突主要表现在"夷夏之争"、"沙门应否敬王者"、"神灭与神不灭"、"因果报应有无"、"人和众生关系"等一系列问题上的争论。

所谓"夷夏之争",主要是儒家认为佛生西域,教在戎方,化非华俗。故应尽退天竺,或放归桑梓。他们说,中国人性格谦和,讲究仁义,因此孔子主张礼义教化。外国人禀性刚强,贪欲好斗,因此释氏制定五戒科条。中国为礼义之邦,中国人不应该放弃儒学而接受外来的佛教。佛教徒则多用儒家推崇之圣贤不乏出自外族之人来反驳。如说"禹生西羌,舜生东夷","由余出自西戎,辅秦穆以开霸业;日䃅生于北狄,侍汉武而除危害,何必取其同俗而舍于异方"。他们还以中国地理历史的变迁,说明夷之与夏非一成不变。"沙门应否敬王者"是一个礼制问题,更是一个政治伦理问题。两汉以来,中国封建文化的思想支柱是事君至上、孝亲至上的政治伦理观,为国效力、扬名显祖的价值观。由此形成儒家为代表的血缘第一、国家本位的普遍观念,而佛教徒一经出家,便成无籍之民,王法所不拘,礼法所不及,当然不愿受此拘束。于是在儒家看来,佛教"脱略父母,遗蔑帝王,捐六亲,舍礼义",从而使得"父子之亲隔,君臣之义乖,夫妇之和旷,友朋之信绝"(《广弘明集》卷七、卷十五),无疑是"入国而破国,入家而破家,入身而破身"的洪水猛兽(《弘明集》卷八)。这场争论一直持续到唐代,结果佛教徒接受了"人王即法王"的思想,被迫放弃了沙门不敬王者、不拜俗亲的传统。

佛教所主张的"三世因果"之说是建立在般若性空理论之上的。以为人是由五蕴和合而成,而没有单一的、不灭的、自在的、主宰的灵魂。唯其没有灵魂,才可以经由一定的修养而达到消除五蕴,证得涅槃境界。但佛教初传中国时,中国人囿于原有的魂魄之说,结合了三世因果,以为佛教主张人死精神不灭而再生。

这种解释本不符佛教教义，然而当时凡通达儒学而学佛法的人多半陷于这种见解而不能自拔，于是掀起神灭与神不灭的争论。反佛的儒家主张神灭以与佛教徒对抗；佛教徒不能用真凭实据与之争论，因而各行其是。因果报应之说是根本佛法，但儒学家则认为只是权宜之说，目的是劝人为善，并非实有。万物生生息息，皆是出于自然，这个问题实际上涉及到了"因果"与"自然"这样的哲学问题。当时的儒学家还据《周易》而论"人"与天、地并为三才，批驳佛教把"人"与"众生"同列，这和维护儒家重视人的传统相关。

佛教与道教之间的矛盾和冲突则更为激烈。两者不但在许多基本观点上直接对立，如"佛法以有形为空幻"，"道法以吾我为真实"（谢镇之《与顾道士书》）；"释氏即物为空，空物为一，老氏有无两行，空有为异"（慧琳《白黑论》）；释称"涅槃"，道言"仙化"；释云"无生"，道称"不死"（《弘明集》卷七）。而且还长期争夺宗教地位，辩论佛道先后高下。如两晋道士编造《老子化胡经》，说老子西游化胡成佛，创立佛教，以释迦牟尼为弟子。佛教徒则针锋相对地编造《清净法行经》，说佛派三个弟子来教化震旦（中国），儒童菩萨是孔丘，光净菩萨是颜渊，摩诃迦叶为老子。这类争论一直延续到唐代末年。可以说，中国历史上发生"三武一宗"排佛运动，既有政治、经济上的原因，也有深刻的思想文化背景。

唐宋之际，佛教开始和中国本土文化相融合，出现了"三教合流"的新局面。佛教调和儒道的思想源远流长。汉代牟融作《理惑论》就曾经指出，佛与儒道多有相通契合之处。佛教导人致于无为，主张恬淡无欲与道家一致；居家可以事亲，宰国可以治民，独立可以治身，与儒家一致。东晋道安《三教论》说："三教不殊，劝善义一，教迹虽异，理会则同。"慧远也说："道法之与名教，如来之与尧孔，发致虽殊，潜相影响；出处诚异，终期则同。"（《沙门不敬王者论》）唐代僧人宗密在《原人论》中说："孔、老、释迦皆是至圣，随时应扬，设教殊途。内外相资，共利群庶。"宋代僧人延寿主张三教融合："儒道仙学，皆是菩萨，示助扬化，同赞佛像。"（《万善同归集》卷六）宋代以后，佛教调和儒道的思想趋势越来越强烈。如北宋天台宗大师智圆指出"修身以儒，治心以释"，儒释"共为表里"的主张。禅僧契嵩作《辅教篇》，强调儒家是治世的，佛教是治出世的。他还宣扬许多道理"皆造其端于儒,而广推效佛",把佛教理论归结于儒家学说。明代袾宏继承了这个方向,也主张三教"同归一理","三教一家"。僧真可《题三教图》《释毗舍浮佛偈》认为,仁、义、礼、智、信都是值得敬礼的佛。德清有《大学纲目决疑》,说明儒佛一致;有《道德经解发题》《观老庄影响论》,说明佛道一致,认为"孔老即佛之化身"。当时,"三教合一"已成为普遍的社会思潮,儒家吸收和融合佛教,形成宋明理学;道教吸收和融合佛教,形成全真教、太一教等新道教。同时,佛教也完成了它的中国化道路,从而成为中国传统文化的重要部分。

佛教和中国本土传统文化的关系,从总体上说,主要是佛教依附和迎合本土文化。但是,佛教这样一种外来文化所以能够被中国传统文化接纳和融摄,还有其他的原因和条件。一方面,佛教包含了为中国社会所需要又是本土文化所缺乏的特定内容,它对中国传统文化可以起到补充作用。另一方面,佛教文化本身也有与中国文化相近或相通的因素,使之最后能与中国传统文化相契合。佛教传入之初,正是中国社会由"治"到"乱"的时期,阶级之间、民族之间、统治集团之间和皇室宗族之间的斗争空前激烈,血腥的杀戮与毁灭弥漫于整个社会,世事无常,人生如寄,人们朝不保夕,瞻念前程,不寒而栗。普遍的痛苦和生命的危机,很容易引起人们对人生价值、生死祸福的重新思索。此时,旧的、固有的传统文化已经显得苍白无力。例如,对人们急切渴望知道的生死问题,儒家避而不答,只是说:"未知生,焉知死?"道家飞升的仙人都跌死了,吃仙丹的不是毒死,也终归免不了寿终正寝。正在人们失望之际,佛教提出了前世、现世、来世的人生观,查根究底的因果论和不生不灭、西方极乐世界的希望。这种想象丰富、系统严密、仪式隆重的新宗教,正好填补了当时的思想真空,慰藉了苦闷之中的中国人,也就必然在中国文化圈内找到立足之地。特别对中国士大夫阶层来说,虽然经国济民的兼济之志一直是儒家文化为他们规定的价值理想,士大夫们也始终以"祖述尧舜,宪章文武"、"克己复礼"为自己的人生目标。但在封建制度下,国家盛衰兴亡皆系于高高在上的皇帝一人,他们至多不过是庞大官僚机器上的一颗螺丝钉,绝不可能有任何作为,这就必然与"以天下为己任"的儒家人生观发生矛盾。其次,儒家世界观给士大夫们描绘的是一个幸福和谐的大同世界,但只要回头一看现实,世界一下子变得狭小黑暗,周围充满了尔虞我诈,你争我夺,自相残杀,冷酷无情。在这种情况下,倘若中国士大夫只有入世,没有出世;只有进取,没有退隐;只有杀身成仁,没有保全天年;只有兼济天下,没有独善其身,就无法排遣精神上的痛苦折磨。佛教帮助他们把人间生活的幻想寄托到来生后世,给他们以精神上的安慰,于是就有可能广泛地传播开来。同时,佛教文化丰富的直觉思维形式以及文学艺术等表现形态在古代中国也都具有存在价值,给中国传统文化注入了新的活力,也就自然取得了其应有的地位。虽然,佛教与中国传统文化从形式到内容诸方面都存在明显差异,但也有许多相近、相通之处。按照方立天先生的说法:"他们都是古代东方学者对人类自我反思的认识成果。"他们同样突出道德价值的重要意义,重视内向自律的修养方法和强调人性本善,同样重视理想人格的塑造。特别是大乘佛教以"自利利他"为己任,倡导"方便"救世的思想更是和中国儒家的人生价值理想相一致,这也决定了佛教文化终于能够融合于中国传统文化之中。相反,近代的基督教文化则始终难以在中国文化圈内扎下根来。

在佛教适应中国传统文化的同时,它也渗透到了中国文化的各个领域,并产生了广泛而深刻的影响。例如,佛教哲学和中国古典哲学的交互影响,推动了哲学提出新的命题和新的方法,从而扩大了范围,丰富了内容。它以独特的思想方法和生活方式,给予人们以新的启发,使人们得以解放思想,摆脱旧的儒学教条,把人的精神生活推向另一个新的世界。宋明理学受佛教哲学的影响,这是中国学术界所公认的。在宋代以前,儒家一向重视"经世致用",对传统的三纲五常只是局限于伦理道德的角度加以解释。宋明理学则转向内在的修养,重视心性之学,后人在评论宋代理学鼻祖周敦颐时,突出强调了他在"阐发心性义理之精微"方面的首创之功。其实,周敦颐提出的"纯心"、"诚心"、"养心"乃至达到"心泰";朱熹提出的"人之有生,性与气合而已,即其已合而析言之,则性至于理而无形,气主于形而有质",以及"人人有一太极,物物有一太极","理一分殊"的说法,都是明显地来自佛教。由南北朝到隋唐,"佛性论"成为中国佛教的中心议题。所谓佛性,是指成佛的原因、根据和可能。中国佛教各宗各派提出的"明心见性"、

"即心即佛"、"性体圆融"、"无情有性"等等,都是从不同角度建立的"佛性论"。宋明理学的"心性论"与佛教的"佛性论"有着直接的继承关系。

佛教的轮回观念则对中国人的道德伦理观念产生了很大的影响。先秦时期,中国人都以为人死如灯灭,孔子也认为"未知生,焉知死",对于死后的情形,就很少去探讨。至佛教传入中国后,开始相信三世之说,以为生有所从来,死有所从往。从善作恶,定有果报,或报之自身,或报之子孙;或报之今世,或报之来世。佛教三世六道、善恶果报的思想在中国社会逐渐深入人心,牢不可拔。于是人们便注重悔恶除罪、修德祈福,在中国农村一般小康之家都乐于修桥铺路,掘井植树,以及建造路旁凉亭供人休息。在炎热的夏天,还有人用大缸盛放凉茶供应路人取饮,因为这些都被认为是能博取佛陀很大欢喜的善行。佛教的传播无疑加强了中国人淳朴仁慈的民风。

佛教还为中国文学带来了新的意境、新的文体、新的命意遣词方法。数千卷由梵文翻译过来的佛典本身就是伟大富丽的文学作品,如《维摩诘经》、《法华经》、《楞严经》特别为历代文人所喜爱,被人们作为纯粹的文学作品来研读。马鸣的《佛所行赞》带来了长篇叙事诗的典范,梁启超先生认为中国古代诗歌名著《孔雀东南飞》即是受此影响而产生的。《法华》、《维摩》、《百喻》诸经鼓舞了晋唐小说的创作;《般若》和禅宗思想影响了陶渊明、王维、白居易、苏轼等人的诗歌,使他们的诗歌创作能于山水、田园、玄言之外推向"理趣"的新境界;变文、俗讲和禅师的语录体都和中国俗文学有着很深的关系。在音韵学方面,如过去中国字典上通行的反切,就是受梵文拼音的影响发展起来的。由于佛典的翻译,输入了大量的新词汇、新语法,扩大了汉语语汇并促进了文体的变化。据《日本佛学大辞典》和丁福保先生所编《佛学大辞典》统计,外来语和专用名词,多至三万五千余条。所有这些汉晋隋唐八百年间诸译师所创用的词汇一旦加入我国汉语中,无疑是增添了无数新的成分,有的还成为日常流行的用语。中国有句谚语,"世间好语佛说尽",可以说是很有道理的。

佛教对于中国古典艺术的影响也是多方面的。例如,中国古代建筑保存最多的是佛教寺塔,因为随着佛教传播,建塔造寺的风气也流布全国。公元四世纪到六世纪,全国各地到处涌现壮丽的寺塔建筑。晚唐诗人杜牧有"南朝四百八十寺,多少楼台烟雨中"的诗句,可知当时的寺院之多。现存的河南嵩山嵩岳寺砖塔、山西五台山南禅寺和佛光寺的唐代木构建筑,以及应县大木塔、福建泉州开元寺的石造东西塔等,都是研究我国古代建筑史的宝贵实物。许多佛教建筑已成为我国各地风景轮廓线突出的标志;在一片葱葱郁郁之中,掩映着红墙青瓦、宝殿琼阁,精巧的佛教建筑为万里锦绣江山平添了无限春色。敦煌、云冈、龙门等石窟则作为古代雕刻美术的宝库举世闻名,它们吸收了犍陀罗和印度的特点而发展成为具有中国民族风格的造像艺术,是我国伟大的文化遗产。尤其是敦煌莫高窟,这座屹立在沙漠里的艺术宫更是宏伟壮观,经北魏至宋元各代陆续开凿,成了一个包罗万象的壁画与雕塑的艺术宝库,其艺术成就达到了最高峰。敦煌艺术继承了中国艺术优美风格和生动活泼的传统,把丰富的佛教故事细致生动地表现出来。特别是古代印度的石窟艺术从丝绸之路传来,融合了西域的地方色彩,再结合到中国艺术的传统中来。洞窟雕塑在艺术上由简朴到逐渐精致熟练;在风格上一变原先"透骨清象"的作风而为神气自如、肌肤丰润、轻纱透体、备极人性的健康和美丽等特点。其壁画从内容到形式都焕然一新,出现了构图宏伟、色彩璀璨的巨幅画面。

佛经中动人的故事常常成为艺术家们绘画的题材,曹不兴、顾恺之、张僧繇、展子虔、阎立本、吴道子等历代名画家,皆以擅长佛画而传世。中国画学中由王维一派的文人画而发展到宋元以后盛行的写意画,则与禅宗思想有关。由此可见佛教对绘画艺术所起的作用。至于音乐方面,公元二世纪,中国已有梵呗的流行。唐代音乐又吸收了天竺乐、龟兹乐、安国乐等来自佛教国土的音乐。唐代音乐至今还有少部分保存在某些佛教寺庙中。

伴随佛教俱来的还有天文、医药等科学技术的传习。唐代高僧一行创《大衍历》和测定子午线,对天文学作出了卓越贡献。隋唐史书上记载由印度翻译过来的医书和药书就有十余种,《大藏经》中存有大量的医学著作。佛教的刻经促进了我国印刷术的发展,至今被保存下来的世界上最古老的刻印本,几乎都是佛教文物。

四、 中国佛教文化的特点

在佛教中国化的过程中,中国佛教文化逐渐形成了适应性、世俗性、调和性、简易性的特点。这些特点正是中国佛教区别于印度佛教的显著标志。它们的形成和确立,一方面是中国社会政治、经济状况和文化传统作用于佛教的结果;另一方面也是佛教能够在中国长期存在、广泛传播的条件。

1. 适应性

中国佛教文化具有很强的适应性。这一方面表现为它能够通过比附、迎合、改造、创新、调和、融摄等途径去适应中国本土的固有文化;另一方面也表现为它能够不断适应中国特定的政治、经济和社会制度。自秦汉以来,专制主义的中央集权一直是中国政治制度的特点。皇帝掌握着至高无上的绝对政治权力,任何宗教,任何意识形态只能为专制皇权服务而决不能对抗或者居于皇权之上。本来印度佛教是严格区别佛道、王道的,如《佛遗教经》就有佛教徒"不应参预世事,好结贵人"的要求;印度佛教还强调出世的僧人高于在家俗人,僧人不应向世俗的王者跪拜。但在中国,佛教却主动去适应专制皇权统治的需要。早在两晋时,道安就指出:"不依国主,则法事难立"(《禅源诸诠集都序》);北魏沙门法果也吹捧国君拓跋珪是当今如来佛,说:"能弘道者人主也,我非拜天子,乃是礼佛耳。"他们不但改变了印度佛教僧人不拜王者的礼制,还把帝王与佛并列为"至尊";有时对帝王的服从甚至还超过了对佛的崇敬。如北宋时,太宗往相国寺至佛像前烧香,问僧人赞宁当拜与不拜,赞宁说"现在佛不拜过去佛",深得太宗欢心。元代重编《敕修百丈法规》则把颂扬崇拜帝王的"祝釐章"和"报恩章"置于尊奉佛祖宗师的"报本章"、"尊祖章"之前。中国佛教寺院每烧香咒愿,必先为帝王祝福,祈求国运长久。在天子诞辰或帝后忌日举行法会、斋会,也是中国佛教特有的礼仪。中国佛教徒为了适应中国强调忠君孝亲的传统,还特意编造了许多疑伪经,如宣扬应报父母养育之恩的《父母恩重经》等,在这方面真可谓煞费苦心。

封建宗法制度在中国社会有深厚的基础，形成了一整套封建伦理关系的网络。佛教为了适应中国的社会结构，仿照世俗宗法传承关系，也创立了一套法嗣制度和寺院财产继承法规。各个宗派的师徒关系，俨如父子关系，代代相传，形成世袭的传法系统。印度佛教禁止出家僧人从事生产劳动，必须依靠王公贵族、富商的布施生活。在以小农经济为主的中国，人们的经济地位极不稳定。佛教一旦失去最高统治者的巨额资助也就很难完全依靠乞讨维持。于是佛教寺院就创立了"一日不作，一日不食"的农禅制度，并且形成了实力雄厚的寺院经济。

中国佛教的适应性特点，还表现为它能够适应不同时代士大夫阶层和底层民众的不同精神需要。佛教传入中国之初，它的信徒主要在士大夫阶层中间。魏晋名士崇尚清谈，为了适应他们说空谈玄的需要，佛教性空般若之学便被大量介绍，广为流布。后来，长期的社会动乱使士大夫对现世生活失去信心，于是涅槃佛性说的解脱思想就取而代之，成为佛学主流。当佛教自上而下逐渐走向民间的时候，简单易行的净土信仰又极其盛行。中国佛教的适应性，既是受到了中国政治、经济和社会制度的制约，不得不改变自己的本来面貌；也是因为佛教本身具有重视自我调节的"方便说"，提倡在教化不同情况的众生时要"方便善巧"，"方便权略"，允许采取各种方便法门，灵活引导众生。这就使得佛教在其中国化过程中能够因地制宜、因时而异地不断适应中国国情和传教需要。

2. 世俗性

中国佛教在某种意义上可以说是一种世俗化的宗教。本来印度佛教认为，人生是苦，人生无常，不值得留恋，应该从生死轮回中解脱出来。人们在现世解脱是不可能的，只有万念俱灰，历世苦修，才能达到涅槃寂静。后来大乘佛教虽然也主张即世间而出世间的思想，如龙树曾说："涅槃与世间无有少分别，世间与涅槃也无少分别，涅槃之实际，及与世间际，如是二际者，无毫厘差别。"但是，这种思想在整个大乘佛教思想体系中所占地位并不重要。然而中国佛教却把它推到极致，从淡薄世间与出世间的界限，到不离世间求解脱，最后把出世之佛教完全变成世俗化的佛教。特别是中国禅宗更是提倡在日常生活中实现成佛理想。

慧能曾强调："佛法在世间，不离世间觉；离世觅菩提，恰如求兔角。"另一位禅宗大师神会也说："若在世间即有佛，若无世间即无佛。"后来的禅宗沿着这一佛教世俗化的方向，一直发展到不读经，不拜佛，不坐禅，鼓吹坐卧行坐，砍柴挑水都可以悟道成佛。

在中国许多佛教徒那里，他们的信仰也往往是徒具宗教形式，极少宗教精神的。他们并不重视精神的解脱，而是关心来世的幸福和现实的利益。许多信徒烧香拜佛，集资造像，举行斋会，写诵佛经。或者是求财、求子、求去病免灾，希望菩萨保佑他们拔除现世的痛苦；或者是积累功德，为来世往生极乐世界购买"门券"。北魏时造像风尚十分普遍，从许多造像题刻上看，都带有祈福免灾的功利性目的，或为皇帝造像，希望"皇道赫宁"。"国祚永隆"（见《金石萃编·解伯达、孙秋生造像记》）；或希望来世托生西方妙乐国土（《比丘法庆造像记》），下生人间为公主（《比丘尼惠智造像记》）；或希望出征平安，仕途日升（《元详、解伯达造像记》）；或愿病恶除灭，延年益寿（《比丘惠鉴、刘洛真造像记》）。

中国佛教的伦理道德观念也体现了它的世俗性。本来印度佛教主张出家、脱离家庭父子伦理关系，不受世俗礼法道德约束。中国佛教则不然，从禅宗创始人慧能起，就自觉地把儒家的礼教与佛教的修行联系起来，说："心平何劳持戒，行直何用修禅？恩则孝养父母，义则上下相怜，让则尊卑和睦，忍则众恶无喧。"（《坛经》）后来的许多佛教僧人也大肆宣扬"孝名为戒"，孝蕴之于佛教戒律之中。"佛以孝为至道之宗"，孝是成佛的基础。甚至还说佛教比儒学更重视孝。

中国佛教文化的世俗性特点源于传统的实用理性思维。这种思维方式缺乏抽象思辨的兴趣。因此，像唯识宗那样思辨性较强的佛教哲学流派就不可能持久发展。这种思维方式，致使人们较少空想地追求精神的"天国"，而往往执著于此生此世的现实人生。求神拜佛只是服务于现实生活，为了现实地保持或追求世间的幸福和欢乐。这种思维方式也致使人们十分重视人际关系的和谐稳定，而不可能舍弃固有的约束人际关系的伦理规范，不可能舍弃对现实社会的道德责任。因此在佛教中国化的过程中，接近印度佛教原始思想的教义，被贬为"小乘"，受到普遍的蔑视。相反，以"自利利他"，倡导"入世"、"救世"的大乘思想则成为中国佛教的正统和主流,中国佛教在形式上似乎取得了超尘脱俗的独立地位,但在思想实质上则逐渐被纳入世俗王法礼教的轨道。

3. 调和性

在中国佛、儒、道三种文化形态的关系中可以说佛教最具调和性。从整个历史过程来看,它对儒、道的吸收远远多于排斥。前文已经指出,自佛教传入中国以来,始终存在着"三教调和"的思潮。不仅如此,中国佛教徒还摄取儒道两家思想,创造性地提出了许多佛教理论。例如,晋宋之际的竺道生在《大本涅槃经》传来之前孤明先发,提出"一切众生悉有佛性"、"一阐提亦可成佛"的佛性说,这正是受到儒家"人皆可以为尧舜"思想启迪的缘故。印度佛教的佛性论强调抽象本体;中国佛教的佛性论则把抽象之本体归之于现实之人心,把佛性论转化为心性之学。其思想渊源也在于儒家注重心性、强调道德主体的学说。隋唐时期创立的天台宗、华严宗和禅宗等中国化的佛教宗派,更是吸收了儒道思想的结果。天台宗以《法华经》里的方便法门为依据,竭力调和佛教和儒、道思想。他们把止观学说和儒家人性论调和起来,认为佛和一切众生都具先天的善恶之性,佛教修持实践也就是要去恶从善。天台宗还把道教的丹田炼气等说法摄入自己的理论体系,提倡修习止观和坐禅除病法。华严宗从《华严经》圆融学说出发,强调事事无碍,一切事物皆无矛盾,为调和儒、佛、道,把儒道直接纳入佛教思想体系提供理论依据。并进而把佛教的理想境界、道德规范和儒家的德性、德行等同起来。最具中国民族特色的禅宗则改造儒家性善论、良知说为"性净自悟"学说,并且继承发展了道家的自然主义、玄学的得意忘言理论以及旷达放荡、自我逍遥的传统,形成随机应变,不立文字,以至呵祖骂佛的独特风格。

中国佛教不仅与儒道文化相调和,而且还调和佛教内部各派。印度佛教在传播过程中,由于不同地区,不同阶层信徒在语言、风俗、文化水平和社会地位等方面的差别,形成了不同的派别。各派教理和修持方法又经历了时代变迁。使印度佛教由小乘而大乘中观学派,再瑜伽行派,后为密教,先后经历了不同教派的发展过程。印度佛教的各个教派门户之见很深,往往势不两立,不可调和。有时互相间的争论甚至以生命为注(失败者斩首相谢)。中国佛教则不然,虽有争辩,但不激烈。人们可以同时信奉两三个宗派,而且还采用判教方法去调和佛教内部教义的分歧。所谓判教,就是对所有佛学理论加以分科组织,即不以简单的对待乃至全盘否定的态度处理各派思想信仰之间的关系,而是把各派学说作为佛在不同时间、地点对不同听众的说法,从而有种种的差异。即以一个完整统一的思想体系的个别情况来加以区分高下等级,按照本宗的理论体系对各派学说给以系统的安排,分别给予一定的地位。其中以天台宗"五时八教"的判教主张最具代表性。中国佛教的判教方法是其调和性的集中表现。

唐代以后,中国佛教各个宗派之间互相调和,互相吸收,逐渐合流。先是宣扬禅教一致的观点。如唐代宗密倡言"三教三宗是一味法"。宋代延寿也说:"经是佛语,禅是佛意,诸佛心口,必不相违。"并以禅理为准,统一各家学说,编定《宗镜录》一百卷。其次是禅净合流,融为一体。如延寿曾作"有禅有净土,犹如戴角虎"的偈语,主张禅净双修。后来又有人提出念佛即禅观,念佛念到一定程度,就可以"入定",离开一切生死取舍,分别执著。这种念佛三昧境界与禅门真如三昧完全一致。最后,是主张各宗同唱,归趣净土。如明代袾宏曾说:"若人持律,律是佛制,正好念佛;若人看经,经是佛说,正好念佛;若人参禅,禅是佛心,正好念佛。"(《云栖遗稿》卷三)智旭也主张禅、教、律三学统一,并以净土摄一切佛教。明初曾经把佛教寺院分为禅、讲、律、净、教五种寺制。所谓教寺就是密宗寺院。但明代以后,一般寺院则是把参禅、讲经、传戒、念佛和做水陆放焰口混为一体了。中国佛教的调和性特点,正是反映了中国人处理各种矛盾的高超思维能力以及追求和谐的独特思维方式。

4. 简易性

印度佛教传入中国之初,在修行方法上繁琐复杂,教义理论上暗昧难明,语言文字上琐碎繁杂,这很不合中国人崇尚简易的传统思维方式。为了要在中国站住脚,中国佛教必然逐渐简易化。特别是禅宗和净土宗的弘扬,更是把佛教徒从繁琐的戒律和义理中解脱出来。禅宗不讲累世修行,不追求繁冗的宗教仪式,不搞布施财物，而是主张在日常生活中顿悟成佛。如慧能所说，"前念迷即凡，后念悟即佛"，"迷来经累劫，悟则刹那间"（《坛经》）。完全否定了印度佛教那套修行的阶梯层次，是一种高度快速的成佛法。在著述方面也一改印度佛经那种庞大驳杂的体系，繁复琐碎的论证，而是抓住理论核心，以语录、短诗的形式，明快直接地表达出来。净土宗更是以"易行道"自诩，提出成佛有难行和易行二道。宣传只靠自力，没有他力扶持，要修行成佛是痛苦的，也是困难的。反之，乘着阿弥陀佛的本愿力往生净土，就非常快乐，也易于达到目的。主张称名念佛就可凭借阿弥陀佛本愿力往生佛国。这种净土法门虽有违佛教原始教义，但因其简易方便而流行于中国古代的大小城镇、穷乡僻壤，满足了那些没有文化的底层民众的信仰需要。

总之，中国佛教文化的这些特点，是印度佛教在中国长期演变的结果。它构成了中国佛教最根本的民族特色，并在中国佛教的哲学、道德、教育、史学、文学、艺术以及风俗习惯等方面普遍反映出来。

第二章

汉文《大藏经》与佛经翻译

《大藏经》是佛教经典的总称。自佛教传入中国之后，印度佛教经典就开始陆续被翻译成汉文。从东汉到唐代，翻译佛经一直被中国佛教徒当作最主要的事业，其间还出现了大规模的国立译场。译出的各种佛典近六千卷，形成了规模无比庞大的汉文《大藏经》。汉文《大藏经》是中国人用自己的理解来翻译与撰述的佛教经典，它是中国佛教文化的重要标志，是一部全世界最丰富、最完备的佛教百科全书。在佛教传世的两千年间，佛经流传经历了背诵、书写、刻印三个时代。在中国自汉至唐主要都靠写本流传，宋代以后开始大规模地刻印《大藏经》。《大藏经》的翻译刻印和出版对中国古代的文化事业产生了巨大影响，特别是促进了印刷、逻辑、语言、医学和各项科学技术的发展。因此，《大藏经》也是中国文化的瑰宝。

一、 佛教文化宝库——《大藏经》

《大藏经》是佛教一切经典的总称，在隋唐以前也称《一切经》。"藏"是梵文pitaka 的意译，原指盛放东西的竹箧，有容纳收藏的意思。"经"是借用中国儒家对其重要典籍的称名，取其能纵贯统摄佛教各种教义的意思。《大藏经》主要内容由经、律、论三部分组成，又称《三藏经》。"经藏"是佛为指导弟子修行所说的理论，梵名"素呾缆"，又称之为"修多罗藏"。"律藏"是佛为他的信徒所制定的宗教生活规范，梵名"毗奈耶"，又称之为"毗尼藏"。"论藏"是佛弟子们解释经文和阐明经义的各种论述，梵名"阿毗达摩"，又称之为"阿毗昙藏"，或译"对法"，以言能够对观真理的无比胜智。经、律、论三藏又有大、小乘之别。小乘三藏以四部《阿含经》等为经藏，《四分》、《五分》、《十诵》律等为律藏，《六足》、《发智论》等为论藏。大乘三藏以《华严经》等为经藏，《梵网经》等为律藏，《中论》、《百论》等为论藏。小乘三藏因重在自我解脱成道，故又称"声闻藏"。大乘三藏因主张自觉觉他方为觉行圆满，故又称"菩萨藏"。此外，尚有显密教三藏之分。显教三藏如上所述；密教三藏则有藏传佛教奉行的经、律、论和日本东寺所译东密《大毗庐遮那金刚顶经》等，《苏婆呼经根本部律》等、《菩提心》、《摩诃衍论》等。

佛教创始人释迦牟尼生前宣传佛法全凭口授身传,直到他逝世时并没有给其弟子留下任何经典著作。后来其弟子为避免佛教教义日久散失,并防止其他"外道"异说渗入佛法,于是由其大弟子迦叶召集五百比丘在王舍城外的七叶窟举行会议。用共同记忆并诵读的方式,将释迦牟尼在世时的言论追记下来,形成了最初的佛教经典。据说当时由多闻第一的阿难比丘诵出经藏,又由持戒第一的优婆离诵出律藏。但这些经典全是通过问答形式,编成简短语句,靠口头传诵,还没有文字记载。这次会议在佛教史上称为"第一次结集"。释迦牟尼逝世后的一百年,古印度东部跋耆族的僧侣提出了十条戒律的新主张。以耶舍为首的长老召集了七百比丘在毗舍离城集合解决戒律的疑问,宣布这十条戒律为非法。这在佛教史上被称为"第二次结集"。从此,佛教内部发生分裂。以耶舍为首的一派组成了"上座部",跋耆族的僧侣则组成"大众部"。公元前 273 年孔雀王朝的阿育王在印度建立了统一的中央集权国家,定佛教为国教,佛教因而日益兴盛。但同时也有"外道"思想冒伪、歪曲佛教教义。于是在阿育王支持下,上座部一千比丘在华氏城举行"第三次结集",阐发佛理,抨击异说,对《阿含经》进行了会诵和整理。自此以后具备了经、律、论三藏。释迦牟尼逝世约五百年后,大月氏国王迦腻色迦召集五百比丘,在迦湿弥罗(今克什米尔)举行"第四次结集",这时已出现了用文字抄写的佛经。这些佛经,大部分抄写在贝树叶上,称做"贝叶经"。这四次结集,使释迦牟尼生前只言片语,通过他的弟子和信徒们的回忆、背诵、整理、加工和解释,逐渐形成了系统的经典。但在靠背诵方式传教的过程中,常常发生分歧和部派间的斗争,对佛教教义出现了种种解释,佛经经典也愈益庞杂。

印度佛教经典最初有三种文本流传,其中最为普遍的是北印度的梵文文本,后来经西域传入中国汉地的佛经均为梵文文本,故被称为北传佛教。其次是由南印度方言几经演变而成的巴利文文本,后在锡兰、暹罗(今泰国)、缅甸等南方各国流传,形成南传佛教系统。中国云南傣族地区的佛教即系南传佛教。另有一种在印度西北地区通行的佉留文本,这种文字因梵文的复兴而被淘汰,佉留文本自然也就流失。中国汉地佛教经典最初并非全部由梵文原本直接译出,许多佛经是依据西域地区的康居文（粟特语）、于阗文（和阗语）、龟兹文（吐火罗语）佛经文本翻译，当时这些佛经被称为"胡本"。但一般译者皆重梵本而轻胡本。从佛教传入中国到唐代，翻译佛经一直被中国佛教徒当作最主要的事业。经过一代又一代佛教学者前赴后继的努力，印度佛教经典几乎全部被译成汉文。中国佛教学者在翻译印度佛教经典的同时，还留下了许多自己撰写的佛教经典著作，包括章疏、论著、语录、史传、音义、目录、杂撰、纂集等。这些著作成为汉文《大藏经》极为重要的组成部分。据近人吕澂先生统计，这类著作在汉文《大藏经》里占五百八十二部，四千一百七十二卷（见《新编汉文大藏经目录》，齐鲁书社1980年版，第124—154页）。其中，唐代禅宗六祖慧能的《坛经》是唯一称为"经"、并流传后世成为中国佛教重要的经典著作。其他如慧远的《沙门不敬王者论》、《三报论》和《明报应论》，僧肇的《肇论》，吉藏的《三论玄义》，智颛的《法华经玄义》、《摩诃止观》，窥基的《成唯识论述记》、《因明入正理论疏》和《大乘法苑义林章》，智俨的《华严经搜玄记》，法藏的《华严经探玄记》、《华严一乘教义分齐章》、《华严金师子章》，湛然的《金刚錍》，宗密的《原人论》、《禅源诸诠集都序》，普济编的《五灯会元》，赜道编的《古尊宿语录》，延寿的《宗镜录》，契嵩的《辅教篇》，宗杲的《正法眼藏》等等，也都是重要的中国佛教名著。它们是佛教中国化的产物，也是把握中国佛教特色的关键。

佛经在中国的流传，自汉至隋唐主要靠写本流传，唐以后转而进入刻经阶段。写经一般是卷子式。因佛经卷帙浩繁，需日积月累始能完成，故当时抄写经本极为不易，为佛教徒重要的三宝功德之一。社会上有专司写经的经生，寺院也专设珍藏经卷的经藏。不但民间盛行写经的风气，而且官方也时常组织大规模抄写经本的事业。据记载，北魏道武帝时就曾令写《一切经》。南朝梁武帝天监十七年（518年）曾敕令写众经一千四百三十三部，三千七百四十一卷。陈武帝（557—559年）令写一切经十二藏，文帝（560—567年）也令写经五十藏，宣帝又令写经十二藏。同时，北魏孝武帝永熙年间（532—534年）也令写经四百二十七部，二千零五十三卷。北齐孝昭帝曾为他父亲写一切经十二藏，共三千八百四十七卷。北齐后主武平年间（570—575年）又写众经七百八十七部，二千三百三十四卷。到了隋代，隋文帝三次下诏，敕写一切经共四十六藏，十三万二千零八十六卷。炀帝建宝台经藏，有新旧写经六百一十二藏，二万九千一百七十二卷。隋代官写佛经规模空前，于是"天下之人从风而靡，竞相景慕，民间佛经，多于六经数十百倍"。有唐一代依然写经不辍，贞观五年（631年）太宗令苑内崇德寺、宜兴寺为皇后书写藏经；九年（635年）又敕大总持寺僧智通、秘书郎褚遂良等写一切经七百三十九部，二千七百一十二卷。显庆四年（659年），高宗令在西明寺写一切经八百部，三千三百六十一卷；麟德元年（664年）又敕写一切经八百一十六部，四千零六十六卷。武后执政时，在万岁元年（695年）敕写经八百六十部，三千九百二十九卷。玄宗开元十八年（730年），敕写经一千零七十六部，五千零四十八卷。官方写经事业经安史之乱被迫停顿后，在德宗朝又重新恢复。德宗在位期间，曾三次大规模地组织抄写佛经，共三千六百四十八部，一万五千九百三十二卷。这样的写经事业一直延续到南唐保大年间（943—957年）才结束。历代写经事业所费人力物力是惊人的，惜绝大多数的经卷皆毁于天灾人祸。清光绪二十六年（1900年）在敦煌石窟发现了大量古代佛经写本，上起西晋元康年间（291—299年），下迄宋代太平兴国年间（976—984年），数量甚为可观，堪称举世瑰宝。

中国的刻经事业可以追溯到北朝的石刻佛经。如山东泰山经石峪的《金刚经》、山西太原风峪的《华严经》、河北武安北响堂山的《维摩诘经》等，都是北齐时的作品，这些石经皆是依山而刻，称为摩崖石刻。隋代出现了大规模的石板刻经，其中尤以北京房山云居寺石刻佛经最为著名。隋代佛教徒中，经北朝灭佛运动打击，产生了一种"末法"思想，认为当时已进入了末法时代。为使佛法能够永远存在下去，他们开始把佛经刻在石板上以流传后人。当时云居寺僧静琬发愿将《一切经》刻在碑石之上，他在题刻中申明："此经为未来佛□难时，拟充底本，世若有经，愿勿辄开。"静琬刻经三十年不辍。他死后，历代有人续刻。自隋炀帝大业年间到明熹宗天启年间，历时千余年，共开凿藏经洞九个，藏石经板一万四千二百七十八块。上刻佛经一千余部，约三千五百多卷，这在中外石刻史上实为举世无双的奇迹。与此同时，雕版印刷术的发明也为佛经的流传开辟了新途径。

据记载,唐初曾有玄奘和尚大量刻印普贤菩萨像散施四方。1944 年在成都发现龙池坊卞家刻印的《陀罗尼经》。现存最古的木刻佛经实物是咸通九年(868 年)王玠所刻《金刚经》一卷,扉页还有《祇树给孤独园》的佛像版画,刻镂甚为精美。可惜这一珍贵文物已流落到国外。

自宋代开始进入大规模刻印全部《大藏经》的阶段。第一部木刻《大藏经》是北宋太祖朝派张从信到成都刻印的蜀版《开宝藏》五千卷,它始刻于开宝四年(971 年),至太平兴国八年(983 年)竣工,历时十三年,刻板十三万块。全藏印本后来传到日本、高丽(朝鲜)和西夏,成为后来中外一切官私刻藏的范本。现仅存数卷残本。《开宝藏》印成后,手写佛经便逐渐减少。但官印《大藏经》主要是用于颁给国内名山大寺和赠送邻国友邦的,民间不易普及。于是私人刻印藏经风气日渐流行。从宋太祖开始,经元、明、清各代,朝野所刻大藏经共有十六次(见附表)。每部藏经的刻板都在十万块以上,当时雕刻所费的工力实在是十分浩大的。因历时悠久,现在除清刻《龙藏》版本尚完整外,其他历代所刻大藏经的原版都不存在了,就是印造的藏经也成为稀世珍宝。到了近代,随着印刷术的进步,汉文《大藏经》多采用排印版本,国内印行的有上海频伽精舍 1909—1913 年刊印的《频伽藏》和 1943 年刊印的《普慧藏》(未完)。另有日本刊印的《弘教藏》(又称《缩刷藏》)、《卍字藏》、《卍续藏》和《大正藏》。在活字排印本前,日本自公元十三世纪起就开始刻印汉文《大藏经》,先后有《弘安藏》、《天海藏》、《黄檗藏》。朝鲜刻印汉文《大藏经》的年代更早,在公元十一世纪高丽显宗朝即有原刻《高丽藏》,后因经板毁于战火,曾两度重刻。《高丽藏》多用蜀版,契丹版本对校勘正,故史料价值颇高。

中国少数民族刻经则有元刻西夏文《大藏经》、藏文《大藏经》(包括理塘版、德格版、奈塘版、卓尼版、巴那克版、塔尔寺版、昌都版、永乐版、万历版、北京版、拉萨版等),以翻译印度梵本为主,梵本所缺,则由汉文、于阗文中重译补足,分为《丹珠尔》(正藏)和《甘珠尔》(续藏)两部分。蒙文《大藏经》是公元十四世纪初译自藏文,并在西藏雕版印行的。满文《大藏经》译自蒙文和藏文,是在清乾隆年间雕成刊印的。这些少数民族语言的藏经也属北传佛教系统。

中国国内刻印汉文《大藏经》情况一览表

版　　本	刻印年代	刻印地点	帙(函)、部、卷数	留存情况	备　　注
开宝藏	宋太祖开宝年间	益州(成都)	四百八十函,一千零七十六部,五千零四十八卷	仅存数卷残本	千字文编号,卷子本,又称蜀本。
契丹藏	辽兴宗至道宗清宁年间	辽南京(北京)	五百七十九帙	仅存一十二卷	梵夹本,版式最小。
崇宁藏	宋神宗元丰三年至徽宗崇宁三年	福州东禅寺	五百八十函,一千四百四十部,六千一百零八卷	仅存二十余卷	梵夹本。
毗卢藏	宋徽宗政和五年至高宗绍兴二十年	福州开元寺	五百九十五函,一千四百五十一部,六千一百三十二卷	仅存数卷残本	梵夹本。
圆觉藏	宋高宗绍兴二年	湖州吴兴恩溪圆觉院	五百四十八函,一千四百二十一部,五千四百八十卷	日本东京增上寺存有全本	梵夹本。
资福藏	南宋初	湖州吴兴恩溪资福寺	五百九十九函,五千七百四十卷	北京图书馆藏四千余卷	梵夹本,疑与圆觉藏为同一刻本。
赵城藏	金太宗皇统至世宗大定年间	山西解州天宁寺	六百八十二函,六千九百卷	存五千六百余卷	卷子本,1936年在赵城县广胜寺发现。
碛砂藏	南宋末始刻,元代完成	苏州碛砂延圣院	五百九十一函,一千五百三十一部,六千三百六十二卷	存十分之八	梵夹本。
普宁藏	元世祖至元十四年至二十七年	余杭普宁寺	五百五十八函,一千四百二十二部,六千零一十卷	存有全本	梵夹本。
弘法藏	元世祖至元十四年至三十一年	北京弘法寺	一千六百五十四部,七千一百八十二卷	全佚	梵夹本,疑即为赵城藏。
洪武藏	明洪武五年至三十一年	南京蒋山寺	一千六百余部,七千余卷	成都图书馆藏六百七十八函	梵夹本。

版　　本	刻印年代	刻印地点	帙（函）、部、卷数	留存情况	备　　注
永乐南藏	明永乐十年至十五年	南京	六百三十六函，一千六百一十部，六千三百三十一卷	存有全本	梵夹本，据洪武藏重刻。
永乐北藏	明永乐十五年至英宗正统五年	北京	六百三十六函，一千六百二十五部，六千三百六十一卷	存有全本	梵夹本。
武林藏	明世宗嘉靖年间	武林（杭州）	无考	全佚	方册本。
嘉兴藏	明神宗万历七年至十七年	嘉兴楞严寺	六百七十八函，一千六百五十四部，六千九百五十六卷	存有全本	方册本。
龙藏	清世宗雍正十三年至高宗乾隆三年	北京	七百一十八函，一千六百六十部	存有全本	梵夹本。

佛教经典在中国的流传，经过历代的翻译，以至汇集、编次才逐步形成完整系统的《大藏经》。最初，佛经传译并无一定计划、一定组织；而是译者能记诵什么就译什么，能得到什么就译什么。"值残出残，值全出全"，随意性很大。故时人记录所出佛经，也无法按内容分类，而只能按人、地和出经先后编排起来。随着译籍日富，部帙日增，不同译本也不断出现。抄写流传中失译、误传、伪托现象也时有发生，便需要"别真伪，明是非，记人代之古今，标卷部之多少"（《开元释教录》卷一），于是东晋时道安撰《综理众经目录》（简称《安录》）分所录佛典为有译经论、失译经（指无译人、译时可考的佛经）、异经、疑经、注经及杂经。道安为经录的发展奠定了基础，但当时还没有经、律、论的分类概念，只能按译经特征存、阙、真、伪来区分。南北朝时对佛经的整理编目逐渐趋于完备，不但考虑到佛典传译现状，而且兼及其内容性质。南朝宋末齐初的《众经别录》始分经、律、论，经类并依大小乘划分，疑经则另作专篇，标志着中国佛教徒开始对印度佛教的理论体系有了初步理解。梁代僧祐撰《出三藏记集》（简称《祐录》）是现存最早的藏经目录。"出"即翻译，"记集"即记载东汉至梁所译经、律、论三藏的状况。全书共十五卷，分缘记、名录、经序、列传等四部分。其中"名录"部分是通常意义上的目录，后三部则是基于译经史角度考虑而设置的；"缘记"是全书总序，"经序"载经

律论译序和后记一百十篇,"列传"载译人传记二十三篇,反映了梁以前佛经翻译概况。这是一部富有创造性的著作,对后世经录体例有重要影响。同时,梁武帝还敕令僧绍撰《华林佛殿众经目录》,宝唱撰《梁世众经目录》,开钦定佛经目录之先河。北朝得地利之便,印度、西域僧人来华必先入中原地区,故对印度佛教本来面貌更为清楚,对佛经分类编目也就更为精当。如北魏李廓撰《元魏众经目录》包括了当时已译未译经的目录,设"大乘未译经论目录",是有梵本但尚未译出的佛典;设"有目未得经目录",是便于征求佚亡的佛典。北齐沙门统法上撰《高齐众经目录》,共分杂藏录、修多罗录、毗尼录、阿毗昙录、别录、众经抄录、集录、人作录等八类,更为接近印度佛教习用分类体系,奠定了中国后世藏经编目基础。

隋唐两代是中国佛教的繁荣时期,译经事业达到了登峰造极地步,对佛经的整理编目臻于成熟。这一时期编撰的许多经录,体例完善、分类细致、组织周密、包含广泛,如隋开皇十四年(594年),文帝命法经等撰《大隋众经目录》(简称《法经录》),全书七卷,分九录四十二分,将佛典内容和形式有机地统一起来,其编目体系如下表:

一、大乘 ⎧ 1. 修多罗藏
二、小乘 ⎨ 2. 毗尼藏
　　　　 ⎩ 3. 阿毗昙藏 ⎧ ① 一译
　　　　　　　　　　　　 ② 异译
　　　　　　　　　　　　 ③ 失译
　　　　　　　　　　　　 ④ 别生
　　　　　　　　　　　　 ⑤ 疑惑
　　　　　　　　　　　　 ⑥ 伪妄

三、抄录集
四、传记集 ⎧ 1. 西方圣贤
　　　　　 ⎩ 2. 此方诸德
五、著述集

一级类目的五个大类中,大、小乘是按所录佛典的内容性质区分,而抄录、传记、著述三集则是以佛典外在形式为标准,收录的是无法收入大、小乘之列的佛典,使得所有佛典均可纳于此目之中。后三个大类的二级类目,又按作者区分为西域圣贤和此方诸德,前两个大类的二级类目仍按佛典的内容性质区分为三藏,形成一个有内在联系的藏经编目体系。三级类目则按佛典的传译现状区分为一译、异译、失译、别生、疑惑、伪妄六类,构成一个五大类、十二小类、三十六细目的较为严谨的编目体系。这个编目体系,从一级类目到三级类目,将内容分类和形式分类这两个不同的分类原则极为妥善地统一在一起。这个编目体系的产生标志着印度佛教的整个体系已基本为中国僧侣所接受并能融会贯通,奠定了后来藏经编目的基础。同时,还有费长房撰《历代三宝记》(简称《房录》)。全书十五卷,其中一卷"总序";二卷"入藏目录"分大小乘,厘为经、律、论三类,每类又分有译和失译两项,与印度佛教三藏分类完全一致,汉文《大藏经》系统即自《房录》始;三卷"帝年"是最早的佛教年表;九卷"代录"以年代先后为次序,把译经目录和译人传记合而为一。有唐一代公私编撰藏经目录约有十七部之多,大多是在《法经录》体系之上补充完善。如道宣的《大唐内典录》、明佺等的《大周刊定众经目录》等,其中最有代表性的是智昇所撰《开元释教录》(简称《开元录》)。全书二十卷,分总录、别录两部,总录按年代先后总录群经,系模仿《祐录》、《房录》等,但考订、拣别功力很深。别录部分是其重点,对所有佛典进行了系统的整理和分类,包括"有译有本录"、"有译无本录"、"支派别行录"、"删略繁重录"、"补阙拾遗录"、"疑惑再详录"、"伪妄乱真"等七类及"大乘入藏录"、"小乘入藏录",分类精详,颇多创造,其中最有特色的是"有译有本录",其编目体系见下表:

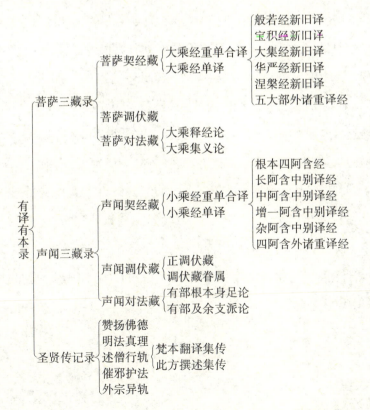

在这个编目体系中,如大乘经单重合译分般若、宝积、大集、华严、涅槃及五大部外诸重译经六类,大乘论分释经论、集义论两类,小乘经单重合译分根本四阿含、四阿含外诸重译经等六类,小乘律分正调伏藏、调伏藏眷属两类,小乘论分有部根本身足论及长阿含、中阿含、增一阿含、杂阿含、余支派论两类,皆前所未有。《开元录》是中国古代佛教经录的最高成就,使古代汉文佛典的分类编目体系最终奠定。自宋太祖开宝四年始刻《大藏经》起,《开元录》所立"有译有本录"之下的编目体系一直成为后来中国所刻藏经分类编目的主流。

宋代以后在多次刻印《大藏经》的过程中,也对《开元录》奠定的中国古代佛典分类编目体系进行了改革和调整。如元世祖至元二十四年(1287 年),令庆吉祥等撰《至元法宝勘同录》(简称《至元录》),以藏文和汉文佛经目录进行对勘,并在大乘经下细分为显教大乘经和密教大乘经两类。显教大乘经分为般若、宝积、大集、华严、涅槃、诸大乘经六类;密教大乘经细分为秘密陀罗尼经和轨仪念诵等经两部分。这个编目体系第一次给密教大乘经以应有的位置,明万历四十一年(1613 年),寂晓撰《大明释教汇目义门》(简称《汇目义门》),一反千余年来按宗乘性质和内容特点分类编目的原则,采用天台宗五时判教的顺序,分为华严、阿含、方等、般若、法华、涅槃、陀罗尼、圣贤著述八部,既不别大、小乘,也不分经、律、论。由于《汇目义门》分类不尽实用,永历八年(1654 年),智旭又撰《阅藏知津》。他恢复了过去的传统,分为经、律、论、杂四藏,又调整了《开元录》以来大乘经的排列次序,吸收《汇目义门》的某些特点,按天台宗五时判教顺序,形成汉文《大藏经》分类编目的又一个重要体系(见下表)。后来日本《缩刷藏》即全抄其分类,《频伽藏》也取法于此。

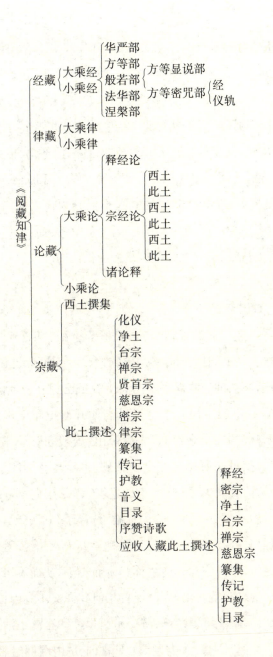

二、 中国佛经翻译史略

自印度佛教传入时起,中国本土就兴起了佛经翻译事业。从东汉桓帝建和二年(148年)安世高译经到北宋仁宗景祐四年(1037年)译场停顿,凡889年,计有知名译家一百九十二人,译出佛典一千三百三十三部,五千零八十一卷(据元代《法宝勘同总录》),印度佛教大小乘之经、律、论三藏几乎全部被译成汉文。在这八百余年间,佛经翻译经历了从探索、兴盛到成熟的三个时期,中国的佛教翻译家们不但夙兴夜寐、孜孜不倦地从事译经,而且一丝不苟、精益求精,不断摸索总结翻译经验。特别是译场组织的建立,广罗才俊,严格分工,每出一经皆经多人证义考文、反复推究。故中国佛经翻译,不但其规模之大、卷帙之多、历时之久、人数之众是世界历史上任何一个国家望尘莫及的,而且其译著义理之精确、条理之清晰、语言之流畅、文辞之雅贴也是无与伦比的。

1. 探索时期:东汉至西晋

中国佛经翻译事业信而有征,当自东汉桓帝建和二年安世高译经始。安世高(安清)本安息国太子,后让位于叔父,出家修行。于桓帝建和初年(147年)经西域来到中国洛阳,不久即通晓汉语。当时佛教虽已拥有一批信徒,但主要是奉行祭祀、祈求福德,并不明佛法。于是安世高便开始把印度佛经译成汉文。据《安录》记载,在他译经的二十余年间,先后译出《安般守意经》等三十五部,四十一卷,约百余万言。安世高所译主要是小乘佛教经典,特别注重传译禅数之学。禅法除译《安般经》外,又从大本《修行道地经》摘译三十七章,专述身念住,破除人我执;数法则用《增一》、《集异行》等为标准,选译了《五法经》、《七法经》、《十二因缘经》、《十四意经》、《阿毗昙五德经》、《阿毗昙九十八法经》等经论。安世高所译力求保存原来面貌,不喜修饰。僧祐称其辨而不华,质而不野。道安亦云:"先后传译,多有谬滥,惟(安)清所出,为群译首。"但其译文毕竟因偏于直译,有些地方一味顺从原本结构,不免重复颠倒,所用术语也往往含混不清。和安世高差不多同时到达洛阳译经的月支人支娄迦谶(支谶)也是中国佛经翻译事业的先驱。支谶译经的年代是在灵帝光和、中平年间(178—180年),他除了独自译经外,还和竺佛朔合译。先后译出《道行经》、《般舟三昧经》、《首楞严经》等十四部(此据《祐录》,另据《房录》为二十一部)。支谶所译,恰巧与安世高相反,几乎全属大乘经典。特别是《道行经》的译出，对大乘般若理论在汉地的传播实有开创之功。支谶译经仍取直译，所谓"贵尚实中"。以"弃文存质，深得经意"为旨归，但过分求实求质，必然致使义理隐晦，不易了解。后来朱士行便因《道行经》"颇有首尾隐者，古贤论之往往有滞"，而立志西行求得其原本重译之，"斥重省删，务令婉便，若其全文，将过三倍"（《祐录》卷七《道行经序》）。安世高的小乘系统和支娄迦谶的大乘系统分别开创了此后中国佛教翻译家的两大流派。东汉末年从事佛经翻译的还有印度僧竺佛朔，西域僧康孟详、支曜、康巨，西域居士安玄等人。中国佛教徒严佛调也曾协助安玄翻译《法镜经》，安玄口述，佛调笔受，严氏可谓中国参与译经之第一人。

三国时期，最有成就的翻译家是支谦。他的祖先是东汉灵帝时移居中国的月支人。支谦"十岁学书"，自幼受到汉族文化影响，"十三学胡书，备通六国语"，后受业于支谶的弟子支亮，通大乘佛教理论。汉末，支谦随族人避乱南渡到东吴，因不满意当时流传的那些质直而晦涩的译本，决心投身于译经事业。在东吴黄武元年到建兴中约三十年间（223—252年）搜集了各种原本和译本，未译的补译，已译的重译，还帮助印度僧维祇难、竺律炎译经。他先后译出《维摩诘经》、《大般泥洹经》、《法句经》、《阿弥陀经》、《瑞应本起经》等四十九部（此据《高僧传》，另《祐录》为三十七部）。支谦翻译的风格"颇从文丽"，一改以往译家直译的偏向，开中国佛经意译之先河。支敏度认为他的译作"属辞析理，文而不越，约而义显，真可谓深入者也"（《祐录》卷七《合首楞严经记》）。《高僧传》也称其"曲得圣义，辞旨文雅"。当然对此也有不同意见，鸠摩罗什门下的僧肇就批评他"理滞于文"，僧睿也责其"颇丽其辞，仍迷其旨"。不过，这也是相对罗什而言，即使罗什所译也往往以支谦之译为底本，如罗什重译《维摩经》，不少地方仍一字不改地采用谦译。支谦还首创了合译和译注的方法，如他曾将所译大乘陀罗尼门修行的要籍《无量门微密持经》与两种旧译《阿难陀目佉尼呵离陀邻尼经》、《无端底总持经》对勘，区别本末，分章断句，上下排列。后来支敏度合《维摩》、《首楞严》，道安合《放光》、《光赞》都取法于此。支谦注《大明度无极经》、《了本生死经》，济翻译之穷，使经义更加易于了解。三国时的译家还有印度僧昙摩迦罗、维祇难、竺律炎和西域僧康僧铠、昙谛、白延、安法贤、康僧会等人。

西晋译家以竺法护(梵名"昙摩罗刹")最为著名。他是世居敦煌的月支侨民,原以支为姓,八岁出家从师姓竺。他天性纯懿,博学强记,深感当时佛教徒只重视寺庙图像而忽略佛教大乘经典的传译,因此慨然发愤,随师西游。他通晓西域十六种文字,搜集大批经典原本回到长安。从晋武帝泰始二年(266年)到怀帝永嘉三年(308年),"终身写译,劳不告倦"。自佛教东传以来,以法护译经最多,先后译出经论一百五十九部,三百零九卷(据《祐录》)。包括《般若》、《华严》、《宝积》、《法华》、《大集》等大乘经、小乘律、大小乘论等种类繁多,几乎具备了当时西域流传的要籍,为大乘佛教在中国的弘扬开辟了广阔的道路。道安说,"夫诸方等天生诸三昧经类多此公所出,真众生之冥梯"(《渐备经序》)。僧祐也说,"经法所以广流中华者,护之力也"(《出三藏记集·法护传》)。他的译风"言准天竺,事不加饰",忠实于原本而不厌其详,一改从前译家随意删略的偏向。道安曾说:"护公所出,纲领必正,虽不辨妙婉显,而宏达欣畅。"在法护译经时,有许多助手为他执笔、详校。其中有竺法乘、竺法首、张玄伯、孙休达、陈士伦、孙百虎、虞世雅等,而最得力的是聂承远、聂道真父子,他们承旨笔录外,还常常参正文句,并在助译过程中积累了经验。在法护死后,道真还独自翻译了一些小部经典。其时从事译经的还有印度僧竺叔兰、西域僧支法度等,中国佛教徒也开始有参与译经者,如白法祖、法立、法炬等人。

这个时期的佛经翻译多由西域、印度僧人主其事,一二人相约对译,全为私人事业,既无组织也无一定计划,所谓"略至略翻,全来全译"。实则略者多而全者希,所译多为零品断简,不成系统。如安世高译《四谛经》,即为《中含阿》的《分别圣谛品》;支谶译《道行经》,即为《大般若经》第四分内的三十品。以翻译底本而言,大多为西域僧所传之"胡本"(即西域各地方言),《祐录》曾言"昔安侯、都尉(安玄),佛调译胡为汉,审得其体",支谶译文也是"辞质多胡音"。从这些胡本转译当然远不如印度梵文原本精确,况且所谓"胡本"并非一定实有写本,往往是凭译人背诵而已。古代印度佛经并无写本,只是师徒口耳相传,《分别功德论》卷上说:"外国法师徒相传,以口授相传,不听载文。"道安《疑经录》也说:"外国僧法皆跪而口受,同师所受,若十、二十,转以授后学。"及至东晋法显西行,"本求戒律,而北天竺诸国,皆师师口传,无本可写"。可见印度佛经写本极为晚出。梁启超认为,这是因为"古代竹帛不便,传写极难"和"含有宗教神秘观念,认为书写渎经"的缘故。当时印度既无写本,来华僧人译经当然也只能口传笔受。安世高、支谶、安玄诸传皆言其讽出某经或诵出某经,则所译诸经皆由口授可以想见。在一人传语、一人笔录的情形下,所诵者未必完全,笔录者也未必正确,译师多为西域人,不精汉语,助译的汉人又不擅胡语,对佛理更是不甚了了,故"梵客华僧,听言揣意,方圆共凿,金石难和,盌配世间,摆名三昧,咫尺千里,觌面难通"(见《宋高僧传》)。译本质量自然辞不达意,晦涩难解。总之,中国佛经翻译至此尚处于草创探索时期。

2. 兴盛时期:东晋至隋代

东晋以后,佛教翻译事业获得了很大发展,开始进入一个兴盛时期。自东晋至隋代约有译家近百人,译出佛典千余部,并且打破了西域印度僧人译经的一统天下,许多中国佛教徒也积极地加入了译经事业。

当时译经的规模也日渐扩大。以前那种一二人对译的形式开始转向多人合作,集体翻译。这方面的首创之功当推东晋高僧道安。道安,永嘉六年(312年)生于常山扶柳县,十八岁出家,后受业于佛图澄,长期在邺都、襄阳一带居住。他学识渊博,精研《般若》、《道行》、《密迹》、《安般》诸经,成为一代佛学大师。太元四年(379年),襄阳被前秦的苻坚攻占,道安随苻坚迁居长安。他在注经、讲经时深感梵汉文字不同,"每至滞句,首尾隐没",影响对佛理的理解,于是便在长安聘请来华的印度、西域僧人昙摩难提、僧伽提婆、鸠摩罗跋提、昙摩鞞、耶舍等组织译场。他亲自主持其事,先后译出《中阿含经》、《增一阿含经》、《三法度论》、《阿毗昙八犍度论》、《毗昙心论》、《摩诃钵罗蜜经抄》等重要经典。道安和竺佛念、道整、法和等中国僧人也参加了这些佛典的翻译工作,有时对于误译的经文还加以考证或劝令重译。他对已译诸经整理品评十分精审,并从中总结出"五失三不易"的翻译理论,为后来的译经工作指出了正确的道路。在道安的译场里已经出现了较周密的分工,设置了对校、正义、考正、润文等环节,为后来的国立译场开创了初步规模,也正是在这种基础上,才能使私人译经走向国立译场。道安之后,弟子慧远继承其业,在庐山设立般若台译场。姚秦时,鸠摩罗什来华。姚兴馆之于长安逍遥园西明阁,选名僧僧䂮、慧慕、僧迁、僧睿、僧肇等五百余人共助译事,则为国立译场之始也。后来,北凉时姑臧的闲豫宫,东晋时建业的道场寺,刘宋时建业的祇洹寺,萧梁时建业的寿光殿、华林园、正观寺,北魏时洛阳的永宁寺和汝南王宅,北齐时邺都的天平寺都是先后建立的国立译场。至于隋代则有东西翻经院,西院在长安大兴善寺,东院在洛阳上林园,院各置译主和襄译沙门、襄译学士等职。一字一句皆须经四五人之手乃为定本,这种大规模的国立译场更是前所未有的,成为中国古代高水平翻译事业的根本保证。

鸠摩罗什的译经可以说是标志着这一时期的开始,他是中国佛教四大译师之一,也是汉文藏经"旧译"时代的代表者。鸠摩罗什,生于晋康帝建元元年(344年),祖籍印度,其父移居龟兹,他七岁随母出家,即从佛图舌弥诵《阿毗昙经》,能通大义。后游历西域罽宾、沙勒、莎车等国遍参名师,不但学究大小乘,而且兼通五明之学。罗什十二岁时回到龟兹,因学识渊博,辩才无碍而声誉日隆。前秦建元十五年(379年),中国僧人僧纯、昙玄等游学龟兹归来,赞扬其地佛教盛况,时道安正在长安主持译经事业,闻罗什高名,一再劝苻坚迎请东来。建元十八年(382年),苻坚派吕光领兵七万伐龟兹,嘱他攻下龟兹时从速送罗什入关。及吕光破龟兹,载什而归,至凉州闻坚被姚苌所杀,即割据凉州,自立为帝,并扣留罗什不放东行。罗什被留十七年,隐晦深解,无法弘传,到了弘始三年(401)姚兴出兵攻下凉州,罗什才被迎入关,时年五十八岁。姚兴对罗什十分敬重,奉为国师,请住逍遥园西明阁,开始译经。他从弘始四年到十一年的八年间,译出《大品般若经》、《法华经》、《维摩诘经》、《阿弥陀经》、《金刚经》等经,《中论》、《百论》、《十二门论》、《大智度论》、《成实论》等论,系统地介绍了大乘佛教龙树中观学派的学说。译经数,据《大唐内典录》载共为九十八部,四百二十五卷。他的成就在当时是空前的。罗什在翻译文体上一变过去朴拙的古风,开始运用达意的译法,使中土诵习者易于接受和理解。他的译籍在力求不失原意之外,更注意保存原本的语趣。他既博览印度古典,对梵文极有根柢,又因留华日久,对汉文也有相当的素养,同时他对于文学还具有高度的欣赏力和表达力。由于具备了这些条件,故能创造出一种读起来使人觉得具有外来语与汉语调和之美的文体。他的译文以"曲从方言,趣不乖本"(见慧观《法华宗要序》)为原则,再考虑到中土诵习者的要求,在传译上或增或削,务求达意。因此,他译《法华经》时,常为表达言外的含意而有增文;译《智度论》时,又以秦人好简,裁而略之;译《中论》则将其中繁重乖缺处分别加以删补;译《百论》则反复陶练,务存论旨;这都因他并娴华梵,故能斟酌损益,游刃有余。他在译文上有所增削时,极其慎重,如他译《维摩经》时,常一言三复,精求原意;译《大品般若》则与诸宿学对校旧译,详其义旨,并以释论校经,必求文合然后付写,可见他在传译上惨淡经营的苦心。因此他所译经论,特为中土佛徒所乐诵,且对于后来的佛教文学发生了一定的影响,大乘根本教理的移植和弘传,应归功于这位大家。

罗什在翻译上的成就,也和长安先期的译业基础以及当时参加译场的许多得力助手分不开。长安当苻秦时代,由于高僧释道安在此奖励译事,创立了译场的规模,已渐成为译经的重镇。到了罗什入关,姚秦奉佛更盛于前,译经事业基本上继承了道安所创的旧规,而由朝廷全力支持,加以扩充,遂为国立译场的开端。曾经参加前期译事的名德如法和、僧䂮、僧睿、昙影、僧导等,此时都参加罗什主持的新译场,而成为得力的助手。同时还有原在长安的慧精、法领、道恢、道恒、僧肇,以及来自庐山的道生、慧睿、慧观,来自北方的道融、慧严、僧业、慧询、昙无成,来自江左的僧弼、昙干和来自其他各处的慧恭、宝度、道恢、道悰、僧迁、道流、道凭、昙晷等名僧,都参加译场,咨受深义。就中僧肇、僧睿、道生、道融、昙影、道恒、慧观、慧严诸人尤其著名,他们既精教理,兼善文辞,执笔承旨,各展所长,故能相得益彰。此外,西域僧人在翻译上和罗什合作的,有罽宾三藏佛陀耶舍、律师弗若多罗和卑摩罗叉。

鸠摩罗什时代的著名译家还有印度僧昙无谶和佛驮跋陀罗。昙无谶,中印度人,十岁出家,本学小乘,后受《涅槃经》启发才改小归大。因得罪国王而逃至中国敦煌,在那里译出《菩萨戒本》,使中国佛教徒从此得有大乘戒律译本。北凉玄始十年(421年),河西王沮渠蒙逊占领敦煌,把他迎至姑臧翻译《大涅槃经》三十六卷。这部《涅槃经》的译出,对中国佛教的"佛性论"产生重大影响,大致解决了关于一阐提能否成佛的长期争论,开创了义学上涅槃师的一派。以后,他又次第译出《方等大集经》、《悲华经》、《方等大云经》、《金光明经》等十一部,一百七十二卷。这些译本,既富于文藻,又能婉转表达出本旨。佛驮跋陀罗,北印度迦毗罗卫国人,系释迦牟尼同族人,十七岁出家。其后到罽宾,遇中国僧人智严请他来华传教。东晋义熙四年(408 年)到长安拜见罗什。佛驮跋陀罗谨守小乘上座部学说,修禅习定,甘于淡泊。因与罗什发生分歧被迫南下去庐山,为慧远译出《修行方便禅经》,后住建业道场寺,依旧传习禅法。不久,法显游历印度归来,他们开始合作翻译了法显携回的梵本《大般泥洹经》、《摩诃僧祇律》等。义熙十四年(418 年)又译出《大方广佛华严经》五十卷,总计所译十二部,一百一十三卷。他的翻译虽有多方面,但专精禅法,为稍后的大乘瑜伽学说东流开了先河。

东晋时期,大小乘经部重要典籍基本译出,律藏亦粗具规模。南北朝时,翻译家的注意力逐渐移向论部,其中最杰出的是印度僧真谛。他是继鸠摩罗什之后的中国佛教四大译家之一。梁武帝大同年间(535—545 年)使臣张汜从扶南国礼请来华,太清二年(548 年)八月抵建业,适逢侯景之乱,被迫东行,住浙江富春县令陆元哲宅,和宝琼等二十人组织译场,开始从事《十七地论》的翻译。大宝三年(552年)回到建业。其后又辗转江西、福建、广东等地。真谛在华二十三年,虽因世乱,不遑宁处,但他随方传译,未尝中止,先后译出《十七地论》、《决定藏论》、《摄大乘论》、《摄大乘论释》、《中边分别论》等大乘瑜伽学派典籍和《俱舍论偈》、《俱舍释论》、《大乘起信论》、《如实论》等如来藏系统的论著,共四十八部,二百三十二卷(据《房录》)。真谛译经,最初有宝琼、慧宝、愿禅师等传语,后来流离各地,广泛接触民俗,汉语水平提高很快,且能熟悉各地方言,故晚年译经不但不需传译,而且能够"随方俗语,能示正义,于正义中,置随义语",既保存原本面目,又可使之明白通晓。

中国僧彦琮可以说是这一时期译经大师的殿军。他俗姓李,赵郡柏人,生于北齐文宣帝天保八年(557 年)。十岁出家,历事北齐、北周和隋三个朝代。隋文帝时,佛教开始进入繁荣时期。朝廷在大兴善寺设立译场,召印度僧那连提黎耶舍、阇那崛多和达摩笈多等人主译,彦琮担任总勘。他欣然承命,开始了译经生涯。大兴善寺国立译场补译了前人未译的一些经典,如大集部《日藏》、《月藏》、《须弥藏》、《宝积》诸品和《大集贤护》等。彦琮主张翻译务求精切,因而他在参预译经时,重对梵本,再更复勘,整理文义,并在每部经典卷首写出序言。彦琮看到先前从胡本转译过来的经典,谬误之处比比皆是,认为译经必须依据梵文原本。他甚至倡言"废译",要求在中国佛教徒中普及梵文。他说:"直餐梵响,何待译言? 本尚方圆,译岂纯实?""向使才去俗衣,寻解梵字……则人人共解,省翻译之苦。"这一见解,在中国历史上是空前绝后的。彦琮并且身体力行,亲自实践自己的倡言,下苦功夫钻研梵文。文帝仁寿二年(602年)彦琮将汉文《舍利瑞图经》和《国家祥瑞经》两部经文译成梵文,作为文帝的礼品赐给印度王舍城佛教界,成为中国翻译史上译汉为梵的第一人。大业二年(606年)隋炀帝在洛阳上林苑设国立译场,敕命彦琮掌翻译事,担任译主。这是中国佛教史上第一个担任译主的中国僧人,从而结束了外国僧人主译的局面,并由中外僧人合译向中国僧人主译转化。

南北朝以后,印度、西域僧人东来,中国僧人西行,流入中国的梵文写本日益增多。据《续高僧传》记载,南朝梁初有扶南沙门曼陀罗"大赉梵本,远来贡献",菩提流支"房内经论梵本可存万夹",真谛"从扶南赉来经论二百四十夹,译之可得二万卷"。宝暹等"获梵本二百六十部"。北齐文宣出三道殿内梵本千有余夹,敕送天平寺翻经处。隋炀帝以梵经五百六十四夹、一千三百五十余部付彦琮编叙目录,则梵本之多可以想见。有了梵文原本的翻译,比较过去靠背诵传译,或从胡本转译,显然具有很大优越性,不但有了选择余地,也有了复勘之可能,这就有助于译本质量的提高。然当时译师以印度和西域僧人为主,他们大多数不懂汉文,需要中国僧人助译,即使像罗什这样的译经大师,号称"转能汉言,音译流便",但也只是粗通文义,很难说是已经运用自如。据笔受《大智度论》的僧睿说:"法师于秦语大格……苟言不相喻,则情由无比……进欲停笔争是,则校竞终日,卒无所成。退欲简而便之,则负伤手穿凿之讥"(见《祐录》卷十)。可见任何名家仍须与中国译人相依。原本所含义谛待译乃出已是间接,此则间接之中又间接,其间所失可想而知。故赞宁评论这一时期的译经特点是"彼晓汉谈,我知梵说,十得八九,时有差违"。

3. 成熟时期：唐代

中国佛经翻译事业到了唐代才真正成熟起来，其标志是由精通教义、通晓梵汉语言的中国僧人担任主译。同时，翻译制度也日臻完善，译经的目的性和系统性都愈益增强。贞观年间，玄奘大师主持国立译场，这是中国佛教译经史上最辉煌的一页。

玄奘，俗姓陈，洛州缑氏人，生于隋开皇二十年（600年），自十三岁出家后，废寝忘食，勤苦诵读，遍参名师大德，穷尽名家学说。唐贞观元年（627年），他二十七岁到长安时，已学识渊博，誉满京师，但并不就此满足。当时国内所传唯识系统的经论很不完备，"先贤之所不决，今哲之所共疑"的问题就有百余条之多。玄奘决心往印度游学，求真义，释疑难，"广彼前闻"，"开兹后学"。贞观三年（629年），玄奘从长安出发，孤征十七载，身行五万里，历经一百十余国，忍受了一般人难以想象的困难，终于完成了西行印度的宏愿。贞观十九年（645年），玄奘携赍梵本佛典五百二十夹、六百五十七部，回到长安。唐太宗允其所请，在玄奘所住的弘福寺建立了一个规模宏大的国立译场。玄奘结束万里行程只三个月就打开梵本，无弃寸阴，孜孜矻矻，献身于译经事业。他"每日自立课程，若昼日有事不充，必兼夜以续之"（《三藏法师传》），常到深夜三更才入睡，五更又起来诵读梵本，用朱笔标点次第，划定一天应译文段。他就这样始终如一、专志不懈地从事译业，前后历时二十余年，译出大小乘经律论共七十五部、一千三百三十五卷，译籍之富前无古人，后无来者。

玄奘译经都是有重点按计划进行的。最初在贞观末约五年间，译出了瑜伽系统以《瑜伽师地论》为中心的"一本十支"各论。其次，在高宗永徽、显庆间约十年，译出毗昙之学以《俱舍论》为中心的瑜伽行宗的重要论著。同时，译著《成唯识论》，以护法论师之学折衷诸家之说，对于各种佛学理论作了抉择的结论，指出瑜伽行宗学说的究竟。玄奘在传译中发挥自己见解，为建立中国唯识宗张本。最后四年译成全部《大般若经》，目的是将瑜伽行学说上通于般若，调和大乘佛教的"空"（中观）"有"（瑜伽）之争。玄奘译经注意到各家学说的来龙去脉，作了完整的介绍，人们可以从他的译籍里了解到当时印度佛学的全貌。玄奘译经态度谨严，着笔审慎。由于印度佛教传译学派不同，所持经典也有歧异。他译前广罗各本，采取多本互校的方法，择善而从。如《大般若经》有三种本子，翻译时他感到文有疑错，便用三本互校，仔细对比，方始落笔。这种审慎态度是前人不曾有过的。

玄奘洞晓佛典，梵汉兼精，独得传译之便。过去译经的办法，先是照本直译，因梵文是倒写的，再把文字倒过来，使合汉文语法，然后由文人整理修饰。其间未免有所增损，致违本意。玄奘一改前人译法，翻译时由梵本口授汉译，意思独断，出语成章。文人随写，即可成诵。不但正确表达意思，文词也斐然可观。他既不主张鸠摩罗什"不严于务得原文，而在取意"的意译文风，又反对佶屈聱牙的直译文体。他的翻译为求得文和义的切合原作，而又文从字顺，其方法则不拘泥于直译和意译，目的是既不损原意又便于读者了解，不是梵化的汉字，形成一种独创的精严凝重的翻译文体。近代学者以梵文《集论》、《俱舍论》对勘汉译本后，发现玄奘翻译时为了适应汉文习惯，总是先把梵文理解透彻，然后用适当的汉文清楚表述出来。他常在一节之后加上一个结语，使译文含有注释性的增译。有时在译文中加上一些字，使文义更为通畅；有时省略一些字，使文字更为简练；有时又用另一种译名来代替某些专用术语，使读者易于理解。玄奘在印度那烂陀寺留学时，专学婆罗门《声明证论》，通其变化，运用自如。他与印度人士"言议接对，不待译人，披析幽旨，华戎胥悦"，对声明之学实有很深的造诣。故他翻译时对音译极为认真，总结了"五不翻"的译经理论。其所译之作，"览文如已，转音犹响"。玄奘所译佛籍汉梵吻合无间，堪称译经极轨。正如近人季羡林所说，"玄奘的翻译对原文忠实，读起来又不别扭，达到了登峰造极的地步"，开创了中国佛教翻译史上被称为"新译"的一个新阶段。

唐代著名的译家还有印度僧波颇，西域僧实叉难陀、菩提流支和中国僧义净等人。波颇于唐高祖武德九年（626 年）来到长安后，敕住大兴善寺。贞观三年（629 年），奉诏于大兴善寺设立译场，翻译佛经，译出《大庄严论》等经论三部三十八卷。实叉难陀是于阗人，他于证圣元年（695 年）应武则天之请到达洛阳，重译《华严经》。武后对实叉难陀的译经事业十分重视，开始时还亲自参加。实叉难陀先后译出大本《华严经》八十卷和《大乘入楞伽经》七卷,武则天都亲制序文弘扬。这两种译本都表现出一种独有的译风,译文以简约顺适为宗,倾向意译,虽在玄奘创新译三十年之后,但仍是旧译的继续。菩提流支是南印度人,于武则天长寿二年(693年)到达洛阳,在佛授记寺译出《宝雨经》,于序分末加入"东方月光天子受记在中国现女人身统治世间"一段,博得武后欢心。不久实叉难陀来华,翻译《华严经》,流支即与义净一同帮助他。后来到长安翻译《大宝积经》等佛典四十三部、一百零一卷。他的译文质量较高,特别是颂文翻译,旧本有些部分是六言或八言,不合中国诗歌体裁。流支重译都改为五七言,且曲尽其意。他所译《大宝积经》一百二十卷是玄奘生前未尽的伟业。流支根据《宝积经》独有的丛书体裁,变通办法,尽量勘同从前译过的另本编入大部,遇到旧本文义不全或旧无译本的,才出新译。充分利用了前人的劳动成果。义净,俗姓张,齐州人。十四岁出家,即仰慕法显、玄奘西行求法的高风。高宗咸亨二年(671年)从广州搭波斯商船泛海南行,经苏门答腊等地进入印度,从那烂陀寺宝师子等佛学大师,研究瑜伽、中观、因明和俱舍,并求得梵本藏经近四百部。于武后证圣元年(695年)回抵洛阳,住佛授记寺助实叉难陀译《华严经》。久视元年(700年)以后,他才组织译场,自主译事。自此年至睿宗景云二年(711年)止,共译出经典五十六部,二百三十卷,主要是根本说一切有部的律学典籍和玄奘不及译出的瑜伽系统经论。此外,他还适应当时崇尚密教的风气,重译了《金光明经》及一些陀罗尼经。义净所译虽在文字方面偏于直译,润饰不足,因而时有生涩欠畅之处,但他对于梵语音义的翻译极其认真,常于译文下加注以作分析说明,分别俗语、典语及校补略音,着重订正译音译义以及考核名物制度。他对于译事一丝不苟,有许多独到之处,不愧为新译时代之一大家。

不空是和鸠摩罗什、真谛、玄奘齐名的中国四大译家之一。他是狮子国(今斯里兰卡)人,开元八年(720年)随密宗大师金刚智到洛阳。在金刚智译场充当译语,尽传其学。金刚智逝世后,他秉师遗命于天宝元年(742年)到达狮子国修习密法,并广事搜集密藏和各种经论。天宝五年(746年)不空携密教《金刚顶瑜伽经》等八十部、大小乘经论二十部,共计一千二百卷。回到长安,奉敕在净业寺从事翻译。安史乱时，不空仍秘密与唐王朝沟通消息，故肃宗还都后备受朝廷礼遇。乾元元年(758年)，不空上表请搜访梵文经本加以修补、翻译和传授。得敕许将长安、洛阳各大寺院以及各县寺舍村坊凡有旧日玄奘、义净、善无畏、流支、宝胜等带来的梵夹，都集中起来交给不空陆续翻译。这是唐代对梵文佛经的一次大规模集中，为不空的译经事业提供了前所未有的优越条件。他先后在长安、洛阳、武威等地译出《金刚顶瑜伽真实大教王经》等显密经轨总计一百一十一部，一百四十三卷。其中绝大部分为密教典籍，为中国密宗的建立作出了贡献。故和善无畏、金刚智一起被尊为开创密宗的"开元三大士"。

唐代的译经已经有了齐全的梵本。仅玄奘和义净两人从印度携回的梵本佛典，数量就超过以往任何朝代。这就为当时译经事业的繁荣奠定了基础。唐代译家大多致力于重译佛经，许多重要经典以前虽有译本，但或者篇幅不全，或者文义不备，不能令人满意，所以须重译，以使之益臻完善。如《瑜伽师地论》，昙无谶曾译其中一小部分为《地持经》十卷，求那跋摩又译其中一小部分为《菩萨善戒经》十卷，真谛也译出其中一小部分为《十七地论》五卷和《决定藏论》，至玄奘才重译成《瑜伽师地论》一百卷，首尾俱全，瑜伽的翻译至此告一段落。又如实叉难陀新译《楞伽经》与求那跋陀罗旧译四卷本对勘，经首多出《罗婆那王劝请》一品，中间开出《无常》、《现证》、《如来常无常》、《刹那》、《变化》、《断酒肉》等六品，末又多出《陀罗尼》、《偈颂》二品，计十品，七卷，比四卷本详尽多了。唐人重译不但是因为前译有阙，更重要的还在于订正前失，即《玄奘传》所说："前代所译经教，中间增损，多坠全言。"故玄奘等人在重译时皆"不屑古人，执本陈勘，频开前失"。在汉文《大藏经》中，大多数主要经论都有重译本，甚至不惮至六译、七译，如《首楞严经》曾九次重译。以诸译比较，显然越后者越为善本。这也是唐代译经事业日趋成熟的标志。

虽然隋代已经有了大规模的国立译场，但翻译组织之发达完备，翻译人才之精粹汇集，分工之细密善巧，还当以唐代为最。唐代自太宗贞观三年(629年)开始组织译场，历朝相沿；直到宪宗元和六年(811年)才终止，前后主持译事的译师达二十六人。所有经费由国家供给，译出的经论常由帝王御制序文，标于经首。

朝廷不但钦命大臣监护译出，而且还诏集天下英才，建立严密而完善的译经组织。如参加玄奘译场的，就有京师灵润、文备、慧贵、明琰、法祥、普贤、神昉、廓州道深、汴州玄忠、蒲州神泰、绵州敬明、益州道因等证义大师十二人；京师栖玄、明睿、辩机，终南山道宣，简州靖迈，蒲州行友、道绰，幽州慧立，洛州玄则等缀文大师九人，字学大师玄应一人，证梵语大师玄谟一人。此外尚有专人充当"笔受"、"书手"。唐太宗还派学士于志宁、来济、许敬宗、薛元超、李义府、杜正伦等对所译经典进行校阅、润色。其中许多人在助译的同时，也向玄奘从学问义，成为学有专长的佛学大师。如神昉精《唯识》，神泰精《俱舍》，元晓长因明，道宣创南山律宗，辩机撰《大唐西域记》。可见玄奘译场已十分庞大而完善，助译者也都是全国各大寺出类拔萃的人物。唐代的译场分工明确并逐步形成制度，据《翻译名义集》、《宋高僧传》和《佛祖统纪》等书记载，译经组织包括：（一）译主，即译场主持人，在译经时手执梵本，坐于译场的中间正位，面朝外，口宣梵语，大声宣读。（二）证义，又称证梵义，译经时坐在译主的左面，与译主评量已译出的梵文意义与梵文经卷原文有何不同，以便酌量修正，不使发生理解上的错误。（三）证文，亦称证梵本，译经时坐在译主的右面，听译主高声诵读梵文，以检验诵读中有无差误。（四）书字，又称度语，译语或传语等，系根据梵文原本写成汉文，但仍是梵音。（五）笔受，又称执笔，即翻译梵音为汉语。（六）缀文，又称次文，负责调理文词，把梵文的倒装句等重新组织成符合汉语习惯的句子，使成句义。（七）参译，又称证译，参核汉梵两种文字，使之完全相合，不出语意上的错误。（八）刊定，别称校勘、总勘、铨定，刊削冗长、重复的句子成为简练的句子，定取句义。（九）润文，又名润色，位于译主的对面，负责润色文辞。（十）梵呗，用高声念经的调子将新译的经唱诵一遍，以检验其是否顺口顺耳、美妙动听。此外，有的译场还设有"证禅义"一职专门评量有关"禅法"的含义。唐代中期所设，沙门大通曾任此职。唐代所译佛经综合了众人才智，它是集体劳动的结晶，因而不但译籍之富，而且译艺之精，也是空前绝后的。

自唐末至北宋太平兴国时约二百年间，中国佛经翻译事业一度停顿。太平兴国八年（983年），始重建译场，至景祐四年最后结束，凡五十六年，译出五百余卷经论,此后便式微了。南宋的记载中未见译经。元代八思巴、管主八等少数人奉诏译经,只有十余部。明代仅智光等一二人译了几部经,但皆单本小品,微不足道。

三、 中国佛经翻译理论概观

中国历代的译经大师,不但将汗牛充栋的印度佛教经典陆续译成汉文,创造了人类文化交流史上的奇迹。而且在译经过程中还善于总结经验,形成了别具一格的翻译理论。这些理论虽然只是散见于各个时期所出经论的序文跋语里,但大多简明扼要,论点鲜明,切合实用,达到了相当高的认识水平与概括能力。

汉文"翻译"一词即出于译经大师之言。赞宁《宋高僧传》释"翻"云:"如翻锦绣,背面具华,但左右不同耳。"法云《翻译名义集》云:"译之言易也,谓以所有易其所无,故以此方之经而显彼方之法。""翻译者,音虽似别,义则大同。"

在汉末以来的中国佛教译经史上,翻译文体问题,一直是长期争论不休的焦点。由此形成了直译、意译和新译三种翻译理论流派。鲁迅在评论严复的翻译时,对中国古代的翻译理论曾提纲挈领地理出一个头绪:"中国之译佛经,汉末质直,……六朝真是'达'而'雅'了,……唐则以'信'为主,粗粗一看,简直是不能懂的。"这段话大致概括古代直译、意译和新译三种流派。梁启超在《翻译文学与佛典》一文里指出:"新本日出,玉石混淆,于是求真之念骤炽,而尊尚直译之论起。然而矫枉太过,诘鞠为病,复生反对,则意译论转昌。卒乃两者调和,而中外醇化之新文体出焉。此殆凡治译事者所例经之阶段,而佛典文学之发达,亦其显证也。"这段话可视为对历史上直译意译彼此消长,以及交相为用孕育新译这一辩证发展的归结。

中国第一篇关于翻译理论的文字,是三国时支谦写的《法句经序》,其中说道:"诸佛典皆在天竺。天竺言语,与汉异音,云其书为天书,语为天语,名物不同,传实不易,……其所传云,或得胡语,或以义出音,近于质直。仆初嫌其辞不雅,维祇难曰:'佛言依其义不用饰,取其法不用严,其传经者,当令易晓,勿失厥义,是则为善。'座中咸曰:老氏称:'美言不信,信言不美。'仲尼亦云:'书不尽言,言不尽意。'明圣人意深邃无极。今传胡义,实宜径达。是以自偈受译人口,因循本旨,不加文饰。译所不解,则阙不传,故有脱失,多不出者。"(《出三藏记集》卷七)这篇写于一千七百年前的序文,已经涉及翻译理论的一些重要方面。首先确认"名物不同,传实不易"。在"不易"的情况下,要求"因循本旨,实宜径达"。并强调译经应以"当令易晓,勿失厥义"为标准,虽然支谦本人译经风格"颇从文丽",故对竺律炎译出的《法句经》"嫌其辞不雅"。但是他在序文里仍忠实地反映了当时直译派的主张。此外,据今人钱钟书诠证,严复提出"信、达、雅"的翻译标准,其三字在这篇序文里皆已出现。信、达、雅三义后来成为中国翻译理论体系的重要组成部分。在中国翻译界,几乎到了"译必称信、达、雅"的地步。信、达、雅成为"译书者唯一指南,评衡译文者的唯一标准",奉为"翻译界的金科玉律",至今仍然具有生命力,仍然为人乐于引用,作为衡量译文的准绳。信、达、雅三义的提出,固然是严复对我国翻译理论发展的一大贡献,但也是其借鉴古代佛经翻译理论的结果。

东晋道安也是竭力主张直译者,他曾说,"叉罗、支越、骓凿之巧者也。巧则巧矣,惧窍成而混沌终矣。若夫以《诗》为烦重,以《尚书》为质朴,而删润合今,则马郑所深恨者也"(《出三藏记集》卷八,《摩诃钵罗若波罗蜜经抄序》)。"昔来出经者,多嫌梵言方质,改适今俗,此所不取。何者?传梵为秦,以不闲方言,求知辞趣耳。何嫌文质?……经之巧质,有自来矣,唯传事不尽,乃译人之咎耳"(同上书,卷十,《鞞婆沙序》)。"译人考校者少,先人所传,相承谓是。……或殊失旨,或粗举意,……意常恨之,……将来学者,审欲求先圣雅言者,宜详览焉。诸出为秦言便约不烦者,皆葡萄酒之被水者也"(同上书,卷十一,《比丘大戒序》)。道安以"窍成混沌终"、"葡萄酒被水"比喻译家掺杂主观愿望,潜易原著精神的流弊,可谓十分痛切。他所监译的经典,要求"案本而传,不令有损言游字,时改倒句,余尽实录"。但他也不是一味呆板地坚持硬译。道安提出了"三不易"、"五失本"的翻译理论。"三不易"是:《般若经》三达之心,复面所演,圣必因时,时俗有易,而删雅古以适今时,一不易也;愚智天隔,圣人叵阶,乃欲以千岁以上微言,传使合百王之下末俗,二不易也;阿难出经去佛未久,尊者大迦叶令五百六通迭察迭书,今离千年,而以近意量裁,彼阿罗汉乃兢兢若此,此生死人而平平若此,岂将不知法者勇乎? 斯三不易也"。"三不易"说明佛经是佛因时而说的,古今时俗不同,要使古俗适应今时,不易做到;要把佛经中圣智所说的微言大义传给凡愚的后人理解,更不易做到;佛经结集时,那些大智者还需要不时相互审查校写,如今去古久远,无从征询,又是由普普通通的人来传译更是极难的事,故译人应该注意译经之艰辛,尽可能忠于译事。同时,译经既有此诸多不易,故在"案本而传"的前提下,可以允许适当变通。其变通规则即为"五失本":"一者胡语尽倒,而使从秦,一失本也;二者胡经尚质,秦人好文,传可众心,非文不合,斯二失本也;三者胡经委悉,至于叹咏,丁宁反复,或三或四,不嫌其烦,而今裁斥,三失本也;四者胡有义说,正似乱辞,寻说向语,文无以异,或千五百,刈而不存,四失本也;五者事已全成,将更傍及,反腾前辞,已乃后说而悉除,此五失本也"(见《摩诃钵罗若波罗蜜经抄序》)。"五失本"实际上包括了三方面内容:第一是语法上的问题。梵语名词、代词、形容词等有三性、三教、八格的分别,动词有六时辞法、语气的分别,语尾的变化也很繁杂。在句法上每一个词的位置也与汉文不同,如果按梵本对翻、硬译,而不回缀文字,则读起来不但不顺,不像汉语,甚至也读不懂,故知此"本"不失,便不成翻译。第二是文与质的问题,虽然道安力主直译,忠实审慎。但梵语的习惯毕竟不同于汉文,倘完全直译,不加文饰,就很难为中国读者所接受,故道安还是相当注重文饰,不过是直译基础上的文饰。于是,在五失本中定下了一条,作为当时译经的通行规则。而且从当时译《婆须蜜经》赵正担任润文开始,译场就聘有润文的专家。可见,当时直译派也不是完全排斥修辞的。第三是译文的削繁删冗,求简明易了,包括"五失本"的最后三条。第三失本是指梵本的偈颂有许多重复的句子,在印度人读来,反复咏叹,更能增加其韵文的华美和意味的深长,但是译为汉文,不仅失去了原来的音节之美,而且显得语意重复,不合中国人的口味,因此需要删除。第四失本是指梵本时常有解释的词句夹杂在正文里,与正文内容相混淆,使读者难以分辨,因此也需要删去。第五失本是指梵本在叙述一事完了将过渡到另一事时,往往将这事再重复一遍。这在中国人看来当然是完全不必要的,因此便允许译者把它省略。总之,翻译时遇到这五种情况,译文在形式上绝不会与原本一致,道安允许这五种"失本"情况的存在,实际是要求译文应该比较接近于汉文的规范。道安的"三不易"、"五失本"理论精当中肯,对当时以及后世的译经事业都产生了极大的影响。钱钟书曾称其为"吾国翻译术开宗明义"之篇。

六朝鸠摩罗什则为意译派的代表。他在与僧睿论西方辞体时说:"天竺国俗,甚重文藻,其宫商体韵,以入弦为善。凡觐国王,必有赞德;见佛之仪,以歌叹为尊。经中偈颂皆其式也。但改梵为秦,失其藻蔚,虽得大意,殊隔文体,有似嚼饭与人,非徒失味,乃令呕秽也。"(《全晋文》卷一六三)。这实际上是对直译之失的尖锐批评。过分强调直译,贵本不饰,质而无文,就会失去读者,也就失去了翻译的意义。罗什推敲《正法华经》的译句,已成为中国翻译史上有名的译例。竺法护原译"天见人,人见天"。罗什译经至此,觉得"此语与西域语义同,但在言过质",参与译事的僧睿提议译作"人天交接,两得相见",罗什当即采纳了他的意见。罗什译经,主张只要能存本旨,就不妨"依实出华",他译《智度》"梵文委曲,师以秦人好简,裁而略之";译《百论》则"陶练复疏,各存论旨,使质而不野,简而必诣";译《维摩》则"文约而诣,旨婉而彰";译《法华》则"曲从方言,趣不乖本",宋人赞宁称其为"有天然西域之语趣"。据此可见,罗什的翻译对于原本或增或削,务在求达求雅,但在倡导意译的同时,又不失梵本原意。僧睿在《大品经序》里指出罗什译经时"手执梵本,口宣秦言,两释异音,交辩文旨。……与诸宿旧五百余人,详其义旨,审其文中,然后书之。……胡音失者,正之以天竺;秦言谬者,定之以字义;不可变者,即而书之"。可见,意译派也并不赞成对原作随意发挥,妄加篡改。

东晋时,慧远最先提出了调和直译和意译的翻译理论。他在《三法度序》和《大智论钞序》里,指出意译"文过其意";直译"理胜其辞"。意译"以文应质,则疑者众";直译"以质应文,则悦者寡"。直译"辞朴而义微","义微,则隐昧无象";意译"言近而旨远","旨远,则幽绪莫寻"。直译、意译皆有缺点,故慧远主张"简繁理秽,以详其中。令质文有体,义无所越"。慧远的主张,在中国近代翻译理论界得到了回应。严复提出信、达、雅三义之后，多数译家皆主张意译、直译相辅相成，信、达、雅缺一不可。如鲁迅指出："凡是翻译，必须兼顾着两面，一当然力求其易解。一则保存着原作的丰姿。"（《"题未定"草》）郭沫若指出：信、达、雅"三条件不仅缺一不可，而且是在信、达之外，愈雅愈好"（1955 年答《俄文教学》编辑部的信）。林语堂在《论翻译》一文里提出忠实标准、通顺标准和美的标准，也是强调了直译和意译的统一。这些论说都是对古代佛教翻译理论的继承和发展。

唐代玄奘开创了佛经"新译"时代。所谓新译，即如梁启超所说的是"意译直译，圆满调和，斯道之极轨也"。玄奘兼通梵汉语言，译笔谨严，忠于原作，文辞也斐然可观。他为了使译本梵汉吻合无间而提出了"五不翻"的理论。"不翻"就是用音译，以往译者皆以为音译不算是翻译，是没有办法翻才不翻。而玄奘的音译是"不翻"的翻法。他巧妙地运用音译，使译本的文和义能够切合原作。唐末景霄的《四分律行事钞简正记》卷二，对玄奘的"五不翻"有详细叙述："一，生善不翻，如佛陀云觉、菩提萨埵此云道有情等，今皆存梵名，意在生善故。二，秘密不翻，如陀罗尼等总持之教，若依梵语讽念加持即有威征，若翻此土之言全无灵验故。三，含多义故不翻，如薄伽梵一名具含六义：自在、炽盛、端严、名称、吉祥、尊重。今若翻一，便失余五，故存梵名。四，顺古不翻，如阿耨、菩提从汉至唐，例皆不译。五，无故不翻，如阎浮树影透月中，生子八斛瓮大。此间既无，故不翻也。除兹以外，并皆翻译。就翻译中，复有两种：一，正翻；二，义翻。若东西两土俱有，仅呼唤不同，即将此言用翻彼语。如梵语莽荼利迦，此云白莲花。又如梵语斫枢，此翻为眼等，皆号正翻也。若有一物，西土即存，此土全无。然有一类之物，微似彼物，即将此者用译彼言，如梵云尼枸律陀树，此树西土其形绝大，能荫五百乘车，其子如油麻四分之一。此间虽无其树，然柳树稍似，故以翻之。又如三衣翻卧具等并是云云。"虽然译文中夹杂许多梵音，也许"粗粗一看，简直是不能懂的"，但"五不翻"实际上包含着十分合理的因素。对于上述几种情况倘若勉强用汉语意译，则会使读者于本意绝不能了解，一切新观念也会因此湮没于囫囵变质之中。借用梵语音译，则可以使后来学者搜寻语源，力求真是，更深切地理解原作本意，况且久而久之，这些外来语必然逐渐变为熟语，为汉语系统加入新的成分。

中国的佛教翻译理论，不但对翻译文体有许多真知灼见，而且对翻译制度、翻译程序和翻译人员的素质也有专门研究。例如明则有《翻经法式论》，灵裕有《译经体式》，彦琮有"十条八备"，赞宁有"新意六例"。其中尤以彦琮之论最为重要。其"十条八备"出自《辨正论》，这是中国第一篇翻译专论。《续高僧传》称其"著《辨正论》以垂翻译之式"。所谓"十条"，是指翻译人员必须具备的专业知识和能力。即"字声一，句韵二，问答三，名义四，经论五，歌颂六，咒功七，品题八，专业九，异本十"；所谓"八备"，则是指翻译人员必须具备的基本素质，一、"诚心爱法，志愿益人，不惮久时，其备一也"。即要求译人诚心诚意接受佛教教理，立志做有益于他人的事业，不怕花费长久的时间。二、"将践觉扬，先牢戒足，不染讥恶，其备二也"。要求译人品行端正、忠实可信，不惹别人讥笑厌恶。三、"筌晓三藏，义贯两乘，不苦暗滞，其备三也"。要求译人对佛教经典有渊博知识，通达大小乘经论的义旨，不存在含糊疑难的问题。四、"旁涉坟史，工缀典词，不过鲁拙，其备四也"。要求译人通晓中国经史，具有高深的文学修养，文字表达准确、流畅。五、"襟袍平恕，器量虚融，不好专执，其备五也"。要求译人心胸宽和，虚心好学，不固执己见，不武断专横。六、"耽于道术，淡于名利，不欲高炫，其备六也"。要求译人刻苦研究学问、不贪图名利地位。七、"要识梵言，乃闲正译，不坠彼学，其备七也"。要求译人精通梵文，熟悉正确的翻译方法，不失梵文所载的义理，但又不能拘泥于梵本格式。八、"薄阅苍雅，粗谙篆隶，不昧此文，其备八也"。要求译人熟悉中国文字学，对书法也要有一定的造诣。"八备"的核心是要求翻译力求忠实。而要做到忠实，译者不但要有一定的专业知识和语言功夫，更重要的还在于其人格修养。彦琮此论可谓深探本原。对译经人员的严格挑选，正是中国古代高水平译经事业的根本保证。可以说"十条八备"提出的译人修养理论对于今天的翻译工作者仍具重要意义。

中国佛教翻译理论虽然大多是零篇残叶，但却有着丰富的内容，构成了中国翻译理论史的重要一环。

四、《大藏经》与中国文化

《大藏经》是佛教文化的宝库,因为它不仅统摄了戒、定、慧三学的宗教理论,而且还包括了内明、因明、声明、医方明和工巧明等五明之学,涉及到哲学、文学、史学、艺术、逻辑、语言、医学、天文、历算、技术及至心理学和生理学等等。《大藏经》在中国的翻译、刊印和流传,对中国古代文化发生了很大的影响。它和《论语》、《春秋》、《周易》等书一样,可以说是一部影响中国历史的重要典籍。《大藏经》与中国古代哲学、文学、史学、艺术的关系,本书的其他章节已经作了专门论述,兹不赘言。这里仅就其对中国古代逻辑、语言、医学、天文、历算和印刷术的进步所起的作用略作介绍。

1. 因明与中国逻辑

因明即佛教逻辑,"因"指推理的根据,"明"即知识、智慧。它起源于公元前五世纪至公元前四世纪的古印度尼耶也派。公元三世纪至四世纪,大乘佛教瑜伽行派弥勒、无著使之逐步完善和固定下来,成为与佛学有着内在的、不可分割联系的一门学科。瑜伽行派的主要经典,如《瑜伽师地论》、《显扬圣教论》、《集论》、《杂集论》等都讲到"七因明",即论体性、论处所、论所依、论庄严、论堕负、论出离、论多所作法。一般把这一时期的佛教逻辑学说称为古因明。五至六世纪时,陈那又对因明学说进行了改革。把尼耶也派和佛教古因明的类比推理改造成为演绎推理,创立了佛教新因明。因明主要研究逻辑规则和逻辑错误。逻辑规则就是宗、因、喻三支及其相互关系的规定,主要有三相、九句因、合与离等。逻辑错误称为"似宗"、"似因"、"似喻",或称"过失",有宗九过、因十四过、喻十过等。因明还包括认识论(又称量论)部分,研究现量与比量,也就是直觉知识与推理知识。

随着佛经的传译,因明也被介绍到中国,形成汉传和藏传两大支流。因明传到汉地有两次:第一次是南北朝时期,有北魏吉迦夜与昙曜所译的《方便心论》,

东魏毗目智仙与瞿昙流支所译的《回诤论》和南朝真谛所译的《如实论》，但并没有发生重大影响。第二次传入主要是唐代玄奘，他先后译出商羯罗主的《因明入正理论》和陈那的《因明正理门论》，还译了《大乘掌珍论》（即如何运用因明的一些例证）。玄奘译本一出，因明学即在中国知识界迅速传播，窥基、文轨、慧诏、神泰、智周、明觉、靖迈、道邑等佛教学者都各有注疏。唐代著名思想家吕才不但研习因明，对各种注疏进行评论，对整个因明进行演绎改进，而且还编制《因明注解立破义图》三卷，力图把晦涩难懂的因明通俗化。因明学在中国不但得到传播，而且还有一定的发展。近人虞愚指出，中国学者对因明的贡献，主要是：一、区别论题为宗依与宗体；二、为照顾立论者发挥自由思想打破顾虑，提出"寄言简别"（即预加限制的言词）的办法；三、立论者的"生因"与论敌的"了因"各分出言、智、义而成六因，正意谓取"言生智"和"智了因"；四、每一过类都分为全分过、一分过，又将全分、一分分为自、他、共；五、具体分析了宗、因、喻中有体无体问题。可见，印度因明已被消化而创成中国因明。

印度佛教因明与古希腊逻辑学、中国先秦的名辩学同为世界逻辑学发展的三大源流。近人汪奠基曾以因明三支法与形式锣辑"三段式"作过比较研究，指出："因明的作法是先示论题，后出论据，基本上是依思想自然程序进行推论的。特别是这种方式对于充足理由的要求显示得非常重要，而且没有先列前提、后出断案的窃取论点之嫌。所以因明的论证法在辨别论题真伪、证明结论的原则上，确实有一定的优异性。"因明的传入，对于中国人进行逻辑思维及丰富中国逻辑学的内容都是有益的，如窥基在其《入正理论大疏》中试图用中国老子学说来论证因明原理的意义。近人梁启超认为"中国知用逻辑以治学，实自兹始"（《梁任公近著》第一辑中卷）。又如清代龚自珍运用因明宗、因、喻三支比量论证"中不立境"和"法性即佛性论"（《龚自珍全集》第六辑）。近人章太炎在《国故论衡》里把因明三支与逻辑、《墨经》作比较研究。这都说明佛教因明对中国思想界发生的深远影响，因明已经成为"浩浩荡荡中国逻辑史长流中不可分割的部分"。

2. 声明与汉语

印度佛教"五明"中的声明,即相当于语言学。可见,梵文作为拼音文字是特别重视声韵的。《通志·六书略》说:"梵人长于音,所得从闻入;华人长于文,所得从见入。"正是指出了梵汉语文性质的不同。中国文字是由象形文字发展起来的,没有佛经的传译,就不可能有中国声韵学的形成和发展。故《六书略》又说:"切韵之学,自汉以前人皆不识,实自西域流入中土。"佛经传译对中国声韵学最重要的影响包括四声、反切、字母和等韵。

汉语声韵分为平上去入四声,起于南朝齐梁之间。按照近人陈寅恪的说法,其中平、上、去三声是依据和模拟中国当时转读佛经之三声,而中国当时转读佛经之三声又出于印度古时声明论之三声。据印度人韦陀的《声明论》,其所谓声者,适与中国四声之所谓声者相类似,即指声之高低音。韦陀《声明论》依其声之高低。分别为三声:一曰 Ndatta;二曰 Svarita;三曰 Anudatta。佛教输入中国,其信徒转读经典时,此三声的分别也随之而入。汉语的入声则可视为一特殊种类,而最易与其他三声相区别。

反切是一种汉字注音方法,就是以两个汉字注一个汉字的音,分别取上一个字的声母和下一字的韵母合在一起就是所注的音。一般认为这种注音方法始于汉末。应劭注《汉书·地理志》已用"反切",如"广汉郡梓潼"条注文称:"潼水所出,南入垫江。垫,音徒浃反。"宋代郑樵、沈括、陈振孙,清代纪昀、姚鼐和近人赵荫棠等更进一步指出"反切法"是在梵文影响下产生的。唐代智广撰《悉昙字记》说:"其始曰悉昙而韵有六,长短两分,字十有二……声合韵而字异。"汉末以后正是梵文随佛经传译输入中国之时,学梵文者当然先知其拼音,"反切法"便是受梵文拼音的启发,利用两个汉字,按照"声合韵"的原理,注出无穷之字的读音。

在中国声韵学上,所谓字母是指声母,亦即"纽"的代表字。古代中国人对于字音的分析不甚注意。到六朝时,由于梵文的音理已为学者所熟悉,因此产生了"双声"、"叠韵"的名目。由于作诗押韵的需要,"韵"的研究较早就发达起来,有了成部的韵书。但对于"声"却没有经过系统研究,直到唐末才出现了"字母"。而这完全是受梵文的影响,必须归功于佛经的传译。《隋书·经籍志》说:"自后汉佛法行于中国,又得西域胡书,能以十四字贯一切音,文省而义广,谓之婆罗门书,与八体六文之义殊别。"近人吴稚晖用佛经附录的十四类字母与《广韵》的十四声例法比照研究后,证明《广韵》的十四声即是仿照婆罗门书的十四音,按照中国人的语言惯重新变换的结果。唐代和尚守温又在十四声例法基础上,依据《华严经》的字母(一说是依据《涅槃经》字母),参照中国当时流行的语音,创制了三十个字母的汉语声母系统。敦煌莫高窟曾发现许多韵学残卷,其中有一个残卷录有守温的三十个字母:

> 唇音:不芳并明
>
> 舌音:端透定泥是舌头音　知彻澄日是舌上音
>
> 牙音:见溪群来疑等字是也
>
> 齿音:精清从是齿头音　审穿禅照是正齿音
>
> 喉音:晓是喉中音清　匣喻影亦是喉中音浊

这比较后来等韵表上所见的三十个字母缺少"非、敷、奉、微、床、娘"六类,这六类一般认为是宋代人所增添的。等韵就是音表,它是根据切韵的音素分析声、韵和中介元音等音素,以声为经,以韵为纬,纵横排列而成。等韵的产生也是源于佛经的传译。《通志·七音略》说:"七音之作,起自西域,流入诸夏,梵僧欲以其教传之天下,故为此书。"一般认为,等韵音表始自唐代。宋人陈澧说:"自魏、晋、南北朝、隋、唐但有反切,无所谓等韵。唐时僧徒依仿梵书,取中国三十六字,谓之字母。宋人用之以分中国反切,韵书为四等,然后有等韵之名。溯等韵之源,以为出于梵书可也。至谓反切为等韵,则不可也。反切在前,等韵在后也。"其实,等韵不过是进一步应用字母来讲明韵书上的反切罢了,是由切语之学所变而成的。中国古代声韵学,在审音方面,以等韵之学为最精细,但如果没有佛经传译,这一门学问也是不会产生的。

佛经的传译还给汉语带来了丰富的词汇和构词方法。在印度佛教瑜伽学说系统"五百位法"中,立有"文身、名身、句身"三种"不相应行法"。"三身"是对语言现象的归纳。"身"是汇集之义，"文身"指字母系统，"名身"指词汇，"句身"指句子系统。字母的组合（文身）形成音声，音声表达种种概念（名声），通过概念的组合表达意见（句身），这就是"三身"的内在联系（见《大智度论》卷四十八）。名身是"施设众名，显示诸有"的，但"以名呼法（事物），法随名转，方有诸法种种差别，假名故有，是故诸法说为假名"（《大乘义章》卷一），这就是说，词汇是标记种种事物概念的符号系统——假名。作为符号的名身，并不等于事物本身。佛教的"假名"说，揭示了名实的辩证关系。佛教词汇的内容可以分为两大类，即表达抽象概念的"表义名言"和表达具体事物的"显境名义"。它们不但有"随物合成"的本义，而且有"随事转用"的引申义。因此，在佛经翻译过程中，不但使许多普通词语佛教化，而且也使许多佛教词法普及化，给汉语语汇注入了许多新的成分。《大藏经》里诸如"希望"、"谴责"（《大般若经》）、"充足"、"消化"（《涅槃经》）、"享福"、"惬意"、"援助"（《五分律》）、"赞助"、"享受"、"评论"（《佛本行集经》）、"储蓄"、"厌恶"（《俱舍论》）、"控告"、"傲慢"、"机会"（《大智度论》）等佛教词汇逐渐为人们习用，并一直沿用至今。同时，佛教词汇的构词方法也给古老的汉语带来了新的活力。佛教"六离合释"分析了五种构词方法：一、持业释从体用关系构词，如"藏识"，识是藏之体，藏是识之用。二、依主释，从主从关系构词，如"眼根"，眼是主，根是从，由眼得根。三、有财释，从所具内涵构词，如"觉者"，觉为者之"财"（内涵）。四、相违释，从联合关系构词，如"微妙"、"神通"系由相同的同义词根构成，如"生灭"、"厌欣"系由相反的反义词根构成。五、带数释，从标数概括构词，如"三学"、"五蕴"等。这些构词方法运用到汉语里，产生了无数的新词汇，如"发电机"，机是体，发电是机的功用，即是运用"持业释"构成；"死亡"、"坚硬"、"东西（指物件）"、"大小（指尺寸）"，即是运用"相违释"构成。"三八作风"、"四项原则"即是运用"带数释"构成。

佛教译经事业的发达，还促进了辞书编撰的繁荣。汉文《大藏经》包括了许多外来的名词、概念和语汇，有的音译，有的意译，而且译者前后不一，其学问修养、梵汉语文程度、文字使用习惯不同，使译经的文字有相当差异。这都为一般阅读与理解带来困难，于是，许多佛教学者开始整理佛教词汇，系统研究其意义，编撰专门解决汉译佛经中翻译名词与一般语词音义的工具书。隋唐之后出现了许多佛教辞典，如唐代义净所编《梵唐千字文》，是我国最早的双语辞典；宋代法云所编《翻译名义集》，为佛教外来语的集大成者；此外还有宋代希麟所编《续一切经音义》和《华严经音义》等专经音义。而其中尤以玄应、慧琳两家的《一切经音义》最负盛名，它们都是依经卷和经卷中条目出现的先后顺序进行注释。玄应的《一切经音义》全书二十五卷，所释佛经自《华严经》起到《顺正理论》止，共四百五十四部。慧琳的《一切经音义》，全书一百卷。所释佛经经卷，自《大般若经》起到《护命放生法》止，共一千三百部，五千七百余卷，六十余万字，唐以前译成的经典差不多都赅括在内，内容丰富博大，可谓空前的杰作。书中收录和训释的词语，主要是佛教专用术语和佛经提到的印度风土、名物，也包括一部分汉语固有的词汇。特别是佛经中的音译名词是其注释重点，一般先正其音读，列举异译异名，辨正误译，再逐项列举其含义或描绘其性状、特征，叙述其故实等。辨正译名时，常举汉语或梵语的方音以说明之。玄应和慧琳的《一切经音义》包括了许多古文字、古音韵、古词汇资料，还保存了许多古文献佚书佚文，近人丁福保称之为"辑隋唐以前逸书之一大渊"。其价值、作用与意义远远超出佛教辞典范围，可以视为一部研究中国古代翻译史、中西交通史、中外文化交流史、博物学史和古代汉语的百科辞典。

3. 医方明与中医

佛教"五明"中的医方明，即古代印度医学。在《大藏经》里包括了许多治疗疾病的医书，它们随同佛教一起被介绍到中国。

三国魏明帝时，就有攘那跋陀罗和耶舍崛多两位印度和尚合译了《五明论》，其中包括了《医方明》。据《开元录》所载，从汉末至魏晋南北朝，共译出佛典一千六百二十一部，四千一百八十卷。在这些佛典中有许多涉及医学的内容，如《大宝积经》中就有论产科的一章，《维摩诘经》中说："四大"所造之身是一切病灾的根源，在"律"和"论"部著作中也常涉及人体解剖和医疗方法。另据《隋书·经籍志》所载，当时被译成汉文的佛教医书有《龙树菩萨药方》、《龙树菩萨和香法》、

《龙树菩萨养性方》、《西域诸仙所说药方》、《婆罗门诸仙药方》、《释僧医针灸经》等十一种。可惜这些医书后来在战乱中全部散失。现在收录在《大藏经》里的佛教医书有二十一部:《佛说婆罗门避死经》、《佛说柰女耆域因缘经》、《佛说柰女耆婆经》、《佛说温室洗浴众僧经》、《佛说佛医经》、《佛说胞胎经》、《佛说佛治身经》、《佛说活意经》、《佛说咒时气病经》、《佛说咒齿经》、《佛说咒目经》、《佛说小儿经》、《禅秘要法经》、《坐禅三昧法门经》、《禅法要解经》、《禅要诃欲经》、《治禅病秘要经》、《迦叶仙人说医女人经》、《说救疗小儿疾病经》、《佛说医喻经》和《五门禅经要用法》。宋代以后,虽然大规模的译经事业已经结束,但仍有一些医书陆续译出,如《耆婆脉经》、《耆婆六十四问》、《龙树眼论》、《耆婆要用方》、《耆婆五脏论》等。这些佛教医书虽然掺杂了大量神秘主义的成分,但也包括了一些病理和治疗方法的研究成果。

佛教医学认为,人的身体是"四大"构成的。"地水火风阴阳气候,以成人身八尺之体"。因此,一切疾病的根源也就在于"四大"不调。"初则地大增,令身沉重;二则水大积,涕唾乖常;三则火大盛,头胸壮热;四则风大动,气息击冲"。他们把所有的疾病归纳成四百零四种,一大辄有一百零一种病症。对不同的病症应该用不同的方法治疗,"身禀四大,性各不同;因以治之,症候非一,冷热风损,疾生不同"。同样的疾病发生在不同人的身上症候程度都会有不同,所以要辨症施治,不能照搬照套同样的治疗方法。随着印度佛教医书的传入,佛教的医学理论对中医理论产生了一定的影响,如隋代巢元方的《诸病源候论》里写道:"凡风病有四百四种。总而言之,不出五种,即是六脏所摄,一曰黄风,二曰青风,三曰赤风,四曰白风,五曰黑风。……所谓五风,生五种虫,能害于人。"这是中医的五行学说与佛教四大学说的结合。唐朝孙思邈《千金方》也说:"凡四气合德,四神安和,一气不调,百一病生,四神同作,四百四病,同时俱发。"这也是佛教病理学说影响中医理论的佐证。因此,近人陈邦贤著《中国医学史》认为:"我国的医学,自秦以后,两晋至隋都混入道家的学说。到了唐宋的时候,医学之学说为之一变。考唐宋医学的变迁,实基于印度佛教的东渐。"

佛教医学不但在理论上,而且在医疗实践方面也影响了中医。孙思邈《千金方》汲取了耆婆龙树的药方,从耆婆著作中吸收过来的方剂就有十多种,包括耆婆万病丸、耆婆治恶病方、耆婆汤、耆婆大士补益长生不老方等。这些方剂对急救特别有效。佛教医学治疗疾病的方法,除施用符咒祈祷外,主要用"绝食"疗法(又称"绝粒")和遵医服药。义净《南海寄归内法传》上说:"若觉四候乖舛,即以绝粒为先、纵令大渴,易进浆水。斯其极禁,或一日二日,或四朝五朝,以差为期,义无胶柱。"采用佛教医法治病,服药前还要面向东方念诵《服药咒》一遍。《新罗法师方》上曾记载其内容:"南无东方药师琉璃光佛、药王药上菩萨、耆婆医王、雪山童子,惠施阿竭,以疗病者;邪气消除,姜神扶助,五藏平和,六腑调顺,七十五脉自然通畅,四体强健,寿命延长,行住坐卧,诸无卫护,莎呵!"这种做法固然属于宗教信仰,但念诵时会使人产生联想,起到暗示作用,从而增强药物治病的效果。据传,龙树菩萨善治眼病,他的眼科著作《龙树眼论》对我国眼科学的发展颇多影响。他在这部书分析眼疾的原因是"过食五辛,多啖炙煿热物油腻之食,饮酒过度,房事无节,极目远视,数看日月,频挠心火,夜读细字,月下观书等"。其中指出的许多原因,在今天看来仍是很有道理的。我国古代用金针治疗眼疾的方法,又称拨下法,就是得自印度僧人。唐代诗人刘禹锡还专门写过一首诗《赠眼医婆罗门僧》:"三秋伤望眼,终日哭途穷,两目今先睹,中年似老翁。看朱渐成碧,羞日不禁风,师有金篦术,如何为发蒙。"可见当时士大夫对印度僧人医术的推崇。

佛教还运用禅定来治疗各种疾病。天台宗智顗大师的"禅定疗法"可以说是最具特色的佛教医疗方法之一。他在《摩诃止观》一书里把各种禅定疗法分为六类:第一类是"止",专指意守身体上某一点的"系缘止",包括系缘丹田、系缘足、系缘病痛处和止心于头顶等四法,谓意念守于身体不同部位会有不同疗效,比如说与足邻近的三里穴,守之可止痛;若不能除,移守足大拇趾横文。第二类是"气",指"六字气":"呵治肝,吹呼治心,嘘治肺,嘻治肾,呬治脾"。具体用法是安坐调息令柔和自然,然后对症造字,于呼气时"带想作气","于唇吻吐纳,转侧牙舌,徐详用心"。例如吹气去冷,应于吸时想象鼻内徐徐吸入温和之气,七遍而止,然后再专注于吹气。第三类是"息",指调息、运气,包括上息、下息、焦息、满息、增长息、灭坏息、冷息、热息、冲息、持息、补息、和息等十二种息法，各治某类疾病。例如治疗痢疾，可系缘脐下，若患冷痢调热息入至脐下；患热痢调冷息入至脐下，病愈而止。第四类是"假想"，即观想，针对病症作不同观想，如治寒病观想火、治热病观想冰雪冷气等。此外还有"观心"和"方术"两大类，则与禅定疗法关系较疏。这种禅定疗法也为中国传统医学所吸收，发展成为气功疗法，直到今天仍为现代医学所应用。

4. 工巧明与天文历算

工巧明包括天文历算和各种工艺技术。在古代世界，印度于天文历算方面颇为先进。随着佛经的传译，古印度的天文历算知识逐渐输入中国。《房录》、《大唐内典录》等均记载，北周时有印度僧达摩流支译出《婆罗门天文》二十卷。《隋书·经籍志》记载，当时流传的印度天文历算典籍有《婆罗门天文经》二十一卷、《婆罗门竭伽仙人天文说》三十卷、《婆罗门天文》一卷、《婆罗门算法》三卷、《婆罗门阴阳算历》一卷、《婆罗门算经》三卷。《新唐书·艺文志》记载：贞元年间，有西域人李弥乾自西天竺带来历算书《聿斯经》二卷。此外，某些佛藏经论，如《华严经》、《俱舍论》等也包含了古印度的许多天文历算知识，它们对中国古代科学的发展产生了重要影响。

中国古代天文学很早就有对五星行度的记载，但七曜名义，则于三国吴黄龙二年（230年）始因传译佛经而输入。当时，竺律炎译《摩登伽经》，以日、月、荧惑、岁星、镇星、太白、辰星为七曜。自此以后，七曜学说在中国普及。《晋书·天文志》有"七曜"一目。《隋书·经籍志》天文类又有《摩登伽经说星图》一卷。可知当时在《摩登伽经》之外，还有星图行世，用以说明七曜等星座。南北朝以后，印度《七曜历》开始在中国通行。陈自永定（577年）迄祯明（588年）都用七曜历。隋唐时期，七曜历仍在民间通行。唐永徽四年（653年）长孙无忌撰《唐律疏议》卷九称："诸玄象器物，天文图书，谶书兵书，七曜历，太一雷公式，私家不得有，违者徒二年。"《全唐文》内常衮（729—783年）《禁藏天文图谶制》和唐大历二年（767年）诏也都禁习七曜历。可知七曜历在民间实已相当普及。唐建中年间，术士曹士芿采用印度七曜历作《符天历》，俗称小历，在民间通行。唐乾元二年（759 年）不空译《宿曜经》历举胡语、波斯语、梵语"七曜"名称。其中，梵名在义净所译《佛说大孔雀咒王经》已经译出，波斯名与明清流传的回回历所举名称相同，胡名则见于敦煌石窟所出写本历书。说明当时在印度、中亚伊斯兰国家和中国西北边境都通用七曜历。

印度另有一种"九执历"法，即合日、月、五星以及假定日月交叉点的罗睺、彗星（也译"龙首"、"龙尾"）而成。"执"即执持之义，印度佛教以此九星为"九种执持天神名号"，"此九执持天神有大威力"，"司人间容厄"。《九执历》在唐玄宗开元六年（718 年），由太史监瞿昙悉达奉诏译出，后与李淳风的《麟德历》、僧一行的《大衍历》并行，互相参校。据唐人杨景风写的《宿曜经》注文说，当时太史阁有迦叶（孝威）氏、瞿昙氏、枸摩罗等三家天竺历。迦叶孝威和枸摩罗所传印度历法不详。瞿昙氏是指先后供职于唐朝太史监、浑天监、浑仪监的瞿昙罗、瞿昙悉达、瞿昙譔等。瞿昙罗曾作《经纬历》和《光宅历》，大约就是采用印度九执历法而造。至瞿昙悉达时又有《九执历》正式译本出现。故"瞿昙历"应是指印度九执历，但它的影响似乎不及七曜历。

七曜历法在中国民间广泛传播，故古时往往以"七曜"泛指印度传入的天文历算，与中国传统的"九章"算术相提并论。六朝以来，许多天文历算家皆以精通七曜而著名。如《梁书》称庾曼倩疏注七曜历术，《北史》和《隋书》称："刘焯参议七曜历书。"《北史》、《魏书》称："殷绍达九章七曜。"《南史》称："顾越九章七曜咸尽精微。"中国古时皆用筹码演算，《新唐书·历志》称："九执历者出于西域，其算皆以字书，不用筹策。"《开元占经》有"天竺九执历法"，其"算学法样"条，谓：

"一字　二字　三字　四字　五字　六字　七字　八字　九字

□　　□　　□　　□　　□　　□　　□　　□　　□

右天竺算法，用上件九个字乘除，其字皆一举札而成，九数至十，进入前位，每空位处，恒安一点，有问咸记，无由辄错，连算便眼……"等语。足证中国的笔算方法是随九执历一起从印度输入的。印度古代数法，有十进位、百进位、二进位制。中国古代数法则唯有十进位、万进位制。如《礼记·内则》疏引《算法》称："亿之数有大小二法,小数以十为等,十万为亿;大数以万为等,万万为亿。"其百进位,二进位制则是随佛经传译而从印度输入。如《佛本行经》以百千名"俱胝",百俱胝名"阿由多";百阿由多名"那由他",是为百进位制。《华严经》卷四十五称:"一百"洛叉为一"俱胝";俱胝,俱胝为一"阿由多";阿由多,阿由多为一"那由他",是为二进位制。中国古无数码,宋元之交出现中国数码及0号的应用,据近人钱宝琮推测,这也与《开元占经》和印度佛经的传译颇有关系。中国古代大数,据《孙子算经》、《数术记遗》等所录,"万"以上有"亿"、"兆"、"京"、"垓"、"秭"、"壤"、"沟"、"涧"、"正"、"载"十名,朱世杰《算学启蒙》(1299年)录大数,"载"以上更有"极"、"恒河沙"、"阿僧祇"、"那由他"、"不可思议"、"无量数"六名。小数分、厘、毫、丝、忽、微、纤以下则有"沙"、"尘"、"埃"、"渺"、"模糊"、"逡巡"、"须臾"、"瞬息"、"弹指"、"刹那"、"六德"、"虚"、"空"、"清"、"净"十五名,显然都是出自印度佛经的影响。

5.《大藏经》与中国印刷术

印刷术是中国对于世界文化的重要贡献,被称为中国古代的四大发明之一。印刷术的发明和进步,固然是中国人智慧的结晶,但它与佛教《大藏经》的印行也有着十分密切的关系。

关于印刷术发明的时间,学术界至今尚未取得一致意见。但人们都认为"中国雕版之起源,与佛教有密切之关系"(向达《唐代刊书考》)。雕版之法应是出自佛像之雕印。隋末唐初,佛教徒中盛行造法舍利的风气。所谓法舍利,即以香末为泥,作小窣堵波(塔),高五、六寸,其中放置经文或泥像,数渐盈积,建大窣堵波,总聚于内,常修供养,以为功德。塑造泥像,体小量多,颇费功夫,供不应求。于是中国固有的雕刻印章的技术便很自然运用到雕刻钤印佛像上去了。用印像代替塑像,既省工又省料,雕版佛画就这样应运而生了。唐人冯贽《云仙杂记》载:"玄奘以回锋纸,印普贤像,施于四众,每岁五驮无余。"这是有关雕版印刷的最早记载。唐玄宗时,佛教密宗传入中国,社会上对陀罗尼咒经的需要量激增,印像也就很自然地扩展到印经,雕版印刷术开始走向成熟。迄今最古的刻本是韩国发现的《陀罗尼经》，它印于武周最末一年的长安。现存国内最古刻本也是唐刻的梵文《陀罗尼经》（现藏四川省博物馆），其经卷端题有"成都府成都县龙池坊卞家印卖咒本"字样。据考证，唐肃宗显德二年（757年）成都改称府，此经当是该年以后刻印的。敦煌石窟发现的唐咸通九年（868年）王玠出资刻印的《金刚经》卷子，是现存世界上第一部完整的标年木刻印本书，从其制作工艺的纯熟，线纹、刀法的峻健有力，证明当时的雕版刻印技术已经十分成熟。

佛经的印行，不但促进了印刷术的发明，而且最初的印刷业就是在雕印佛经的过程中逐渐形成的。从唐末到北宋，在四川、浙江、福建，逐渐形成了三个地方性雕版印刷中心。宋代官方和民间雕印《大藏经》都是在这些地区，从而产生了大批雕版技术熟练的工人。雕版印刷术也逐渐被应用于术数字学和儒家经典的印行，推动了这些地区印刷业的发展，"蜀本"、"浙本"、"建本"由此而得名，并驰誉全国。

佛经的印行，对印刷术本身的进步也产生了很大影响。北宋毕昇发明活字版后，因印刷效果不佳遂半途而废。到了公元十三世纪，木活字版因为印刷佛经需要重新登台，并被广泛运用。近年，在敦煌石窟曾发现一个回鹘文的活字盘。据考证是元初遗物，它以一单词为一印，应是根据汉文木活字而设计制造的。从现存的回鹘文典籍的内容看，大多是佛教经典。因此，可以断定活字盘的最早使用是为了印行佛经的需要。同时，西夏文《大藏经》里也有木活字本。据近人王静如《西夏文木活字版佛经与铜牌》一文考证，西夏文《大方广佛华严经》其卷五末，有一段发愿文称"一院发愿，使雕碎字"，碎字当指活字，又卷四十题款记有"选字工"字样，故可以认为这部西夏文《大方广佛华严经》是现存最古的活字书籍。宋末元初的印刷工人还运用套印技术印刷佛经。近年发现一部元至元六年（1340年）湖北江陵资福寺刻的无闻和尚的《金刚经注解》，卷首灵芝图和经注都用朱墨两色套印，这是现存最早的木刻套色印本。此后，套印技术遂为各地书肆广泛应用，使中国雕版印刷术更加绚丽多彩。佛经的印行还改进了书籍的装帧技术。中国五代以前的书籍大多为卷子本，阅读甚为不便，后来在印度"贝叶经"的启发下，出现了"梵夹本"的装订法（也称"折叠本"）。现存最早的"梵夹本"是英人斯坦因在敦煌石窟发现的后唐乾祐二年(949年)的小册佛经,共八页,连幅不断,只印一面,然后加以折叠,最后将另一端悉行贴稳,展开之后,甚似近代书籍,省去了卷子本翻阅时卷舒的麻烦。"贝叶经"每页穿孔贯线而成书,它又启发了"梵夹本"向"方册本"线装书的过渡,明代《武林藏》和《嘉兴藏》已皆取这种装订形式。同时,它也在印书业中被广泛应用,逐渐取代了其他装订形式。

《大藏经》的印造,写下了中国古代印刷史上辉煌灿烂的第一页,它为中国古代文明作出了不可磨灭的贡献。

主要参考文献

(1) 道安:《中国大藏经翻译刻印史》

(2) 梁启超:《中国佛教研究史》

(3) 张建木:《玄奘法师的译经事业》

(4) 罗新璋:《翻译论集》

(5) 陈邦贤:《中国医学史》

(6) 李俨:《中国算学史》

(7) 张曼涛:《佛教与中国文化》

(8) 汪奠基:《中国逻辑思想史》

第三章

中国佛教道德

佛教是一种道德伦理色彩十分浓厚的宗教,它重视人的道德价值,重视人的道德修养。并把它的宗教实践建立在道德实践基础上,认为成佛的前提是修持,修持的起点则是戒,由戒生定,依定而发慧,戒即是佛教的道德伦理规范。佛教道德作为一种宗教道德,乃是人类道德发展的一种特殊形式。人们把道德奠定在宗教世界观的基础上,一方面赋予宗教教义、神学理论以道德律意义;另一方面,又把某些世俗道德神圣化和宗教化,以此来约束信徒的行为和调整信徒之间、信徒与社会之间的关系,并使信徒们在对宗教道德的体验中证明其信仰的价值。佛教道德和其他宗教道德一样具有相当复杂性,它是社会现实在人类道德中的曲折反映。因此,对宗教道德同样存在批判继承的问题。

自佛教传入中国后,它的道德观念一方面在与中国传统道德作过长期的冲突、妥协与调和之后,逐渐走上了儒家化的道路;另一方面也对中国道德伦理的发展产生了非常深刻的影响。特别是佛教的因果报应思想,在中国民间影响巨大,成为中国传统道德伦理思想的重要补充。可以说,中国佛教道德是一种既有别于印度佛教道德、也有别于中国传统道德的特殊道德体系。

一、 佛教善恶观

佛教创始人释迦牟尼曾经说过:"诸恶莫作,诸善奉行,自净其意,是诸佛教。"他把佛教解释成一种劝人止恶扬善的宗教,认为善恶观可以涵盖佛教的全部教义。可见关于善恶的道德评价在佛教中的重要地位。"诸恶莫作,诸善奉行"是佛教的道德要求,"自净其意"(即净心)则是佛教道德修养的核心。佛教认为,只有"自净其意"才能"诸恶莫作,诸善奉行"。其根据何在? 因为在佛教看来,众生"心性本净,客尘随烦恼所杂染,说为不净"(《异部宗轮论》),若能去掉烦恼染污,即可呈现清净本心。大乘佛教由此进一步发展成为各种"佛性"理论。"佛性论"相当于一般所说的人性论。大乘佛教各派虽然对佛性说法不一,但多数经典都认为"一切众生皆存佛性",也就是承认世人的本性都是善的,只是为妄念浮云遮蔽,为欲望贪求污染,善良清净的本性不再能够显明了,才产生出各种各样的恶业,形成生死轮回的痛苦。只要除掉妄念,净化心性,就能在自性中体现佛性,也就是成佛了。佛正是至高至善的佛教道德理想的人格化。

那么,什么是善,什么是恶呢?对此,不同时代、不同民族、不同文化和宗教背景的人们有着不同的看法。古希腊先哲亚里士多德认为,只要是能够使人达到目的的行为,就是善行,否则就是恶行。中国古代儒家认为,善就是符合人的良知,良知泯灭则为恶。近世西方哲学家尼采则说,善恶标准不是人去发现而是人去规定的。人的意志就是善恶标准,凡我所愿意做的就是善,就是道德。总之,他们都有一个共同点,只要与他们的宇宙观、人生观相符合的言行思想,就被认为是善,反之则被认为是恶。佛教各派学说对于善恶标准虽有多种说法,但也无不强调善就是要使一切言行思想符合佛法佛理,有益于修持悟道,向人生解脱之路迈进。

总的说来,佛教认为善的本质是"顺"。《菩萨璎珞经》说,一切众生"顺第一义谛(佛教的真理)起名为善,背第一义谛起名为恶"。顺就是顺应和符合。"顺"的第一种涵义是要顺应和符合佛教揭示的"无我"、"无常"的真理,即"顺理为善,违理为恶"(《大乘义章》卷十二)。人们所以有贪欲,造种种恶业,皆是不明"无我"、"无常"的道理,只要领悟了人生和宇宙的"宗极之理",即能成佛。所以说,"佛以穷理为主","佛为悟理之体","理则是佛,乖者凡夫"(竺道生《注维摩诘经》)。"顺"的第二种涵义是益世,也就是从众生造业所得果报来判断善恶。如《成唯识论》卷五说:"以顺益此世他世之有漏无漏行为为善,反之为恶。"即所作所为能够得到人天以上果报的都属于善行。相反,所作所为导致地狱、饿鬼、畜生三恶道时,则为恶行。不过,人天福果仍未脱出轮回,于来世将堕于何道尚未确定,尚不能算真正的善。同样,地狱、饿鬼、畜生的恶报也不能算是真正的恶。这一层次上的善恶仍是表面的。只有"体顺"才是真正的善行。这里的"体"是指真如自体,也就是佛性。体顺就是要使自体所行无不合于真如自体。众生的真如自体本无善恶,善恶皆生于习。恶为习,善也为习,有习即不能趣真如。"有心为善,虽善不赏",虽日行万善仍不能脱出轮回,只有体性合一之行才是真正的善。只有一切作为都出于本身伟大觉悟心和同情心的自觉流露,这才是佛教理想的善。

佛教认为，善的道德基础是自尊、如法、利生。自尊就是确信自己能够成佛，人人都可成佛。按照大乘佛教的说法，就是"心佛众生，三无差别"，佛与众生的区别也只在一念之间。唯有能唤起自尊心、保持自尊心的人，才能精进努力，在修持方面获得成就。如法，就是顺应佛法而行，不能违背佛陀开示的真理。世人的道德信念必须建立在洞察宇宙和人生真谛的基础上。一切随波逐流、及时行乐的人生观是由对真理的无知引起的。在这种人生观的引导下去处世，必然导致道德的沦丧。故知世明理是道德完善的前提。利生，就是要尊重众生，不侵犯众生，不损害众生，进而要帮助众生，觉悟众生，乃至解脱无限众生，也就是要慈悲博爱。

可以说，"无我"是佛教道德的最高理想。佛教认为，人和一切有情识的众生无非是种种物质和精神要素的聚合体（包括地、水、火、风、空、识"六大"和色、受、想、行、识"五蕴"），并没有固定的单一实体，也就是找不到"我"的存在。但世人因愚昧无知（即无明），而对人生自体产生炽烈的爱和执着的欲望（即有我），从而生起种种烦恼，造种种业，无法达到完美至善的理想境界。只有抑制、排除我欲，反对我执我欲的纵肆，以"无我"为宇宙万物的法则，才能超凡入圣。"无我"可以含摄道德的一切德目。在佛教里，关于善恶的道德准则，有四种善恶、五善五恶、十善十恶等多种说法，大乘唯识学派则将善分自性善、相应善、等起善、胜义善等四类。但大致可按其内容分为两个方面：一是自我修持的要求，二是对待众生的态度。它们都是无我的体现。

在自我修持方面。佛教认为，善的基础在于消除一切足以使众生的清净本心生起欲求的意识。它们乃痛苦的直接根源，导致生死轮回的根本原因，所以都属于恶。这些意识称为"烦恼"或"惑"。烦恼就是恶。众生烦恼无穷无尽，佛典上有种种论述，如《俱舍论》认为众生有十种根本烦恼，又称"十随眠"，即疑、无明、贪、瞋、慢（傲慢）、身见（即执着自我实有的"我见"）、边见（即持片面极端的见解）、邪见（即否定因果报应）、见取见（执错误见解又自以为是）、戒禁取见（执着错误的戒律）。《成唯识论》认为，众生有六种主要烦恼：贪、瞋、痴、慢、疑（犹疑）、恶见(错误见解);另外还有许多次要的派生的烦恼,如忿、恨、恼、嫉、悭、诳、谄、骄、复(隐瞒过失心理)、害(害人之心)、无惭、无愧、不信(不守信用)、懈怠、放逸等。佛典上甚至还有"众生有八万四千烦恼"的说法。但一切烦恼就其性质来说,可以归纳为贪、瞋、痴三类,又称"三毒",它们是种种烦恼的祸首。智俨《华严五十要问答》说:"邪贪著于一切顺情之处,纯见其善,无善而见善,小善见多善,以善摄恶,俱作善解,故名颠倒。邪瞋者于违情之处,纯见其恶,无恶见恶,小恶见多恶,以恶摄善,皆作恶解,故名颠倒。邪痴者善内得恶不见,恶内失善不知,故名颠倒。"贪、瞋、痴都是对善恶的颠倒。"贪"、"瞋"是以情绪分善恶,乃是出于"我执我见"之故。"痴"更是与生俱来的"我执我见",是先天智慧无识别善恶之能力所致。对治这些烦恼,净化自性的心理现象就是善,唯识学派称之为"自性善"。据说,自性善有十一种,最重要的是对治"三毒"的无贪、无瞋、无痴,它们是产生各种善行的根本,故称"三善根"。《仁王经》上说:"治贪、瞋、痴三不善根,起施、慈、慧三种善根。"贪即贪欲,指世人贪爱色、声、香、味、触、法"六尘"的欲望。有贪欲就会有追求执着的冲动,这种以自我为中心的冲动就能引发种种业。无贪就是要求人们对现实世界的一切都不应贪爱执着,也就是主张清心寡欲。瞋即瞋恨,表现在内心的叫做怒、恨、嫉妒;表现于形色的叫做忿、诤、害、恼怒。佛经上说:"一念瞋心起,八万障门开。"瞋会扰乱人心的平静,影响修持学佛,故佛教道德要求无瞋能忍。对人生的种种苦难和社会的种种不合理现象,不能发怒,不能产生仇恨情绪,并且要"难忍能忍",忍受一般人所难以忍受的痛苦。痴即无明,就是不知善恶,不知因果,不知业报,不知无我无常等佛教揭示的真理。无痴就是要摆脱迷妄和烦恼,获得领悟宇宙和人生真谛的佛教智慧。总之,佛教认为,人世间的一切争斗和痛苦都是贪、瞋、痴所致,人们为满足私欲,一味追求享受。一旦满足不了,便互相仇恨,于是发生争夺、残杀和战争。而贪、瞋的存在,是因为人们不明佛理、愚昧无知的缘故。所以无贪、无瞋、无痴是善的基本内容,是佛教道德的重要德目。

自性善的内容还包括信、惭、愧、精进、轻安、不放逸、行舍、不害等。信即信念,就是对佛、法、僧三宝具有的清净功德深信不疑。《华严经》说:"信为道元功德母。增长一切诸善法,除灭一切诸疑惑,示现开发无上道。"坚定的信仰乃是佛教对其信徒最起码的道德要求。惭是对自己而言,愧是对他人而言。《大乘义章》说:"于恶自厌名惭,于过羞他为愧。"对自己所造恶业在内心感到羞耻,从而产生止恶心理为惭。对自己所犯过失,在他人面前感到羞耻,从而产生止恶心理称为愧。精进即锐意进取,勇往直前,不断地修善断恶。不放逸即锲而不舍,一心专注于修持善法。轻安即使身心轻适安稳。行舍即不动心,不为各种假象所吸引。不害也就是慈悲博爱,不伤害众生。

佛教道德的善恶观,除了宗教内容之外,还表现为对社会道德也强调随顺,即所谓随缘。要求适应时代需要,而不违于俗。这与儒家一味提倡拘守成规,显然较为进步合理。但既要强调随顺世法,适应当时需要,在阶级社会里,就不可避免地会去适应统治阶级的利益,这就给佛教善恶观打上了深刻的阶级烙印。如《大阿弥陀经》和《无量寿经》认为,坚持五戒即为"五善",反之即为"五恶"。传译者在"五恶"里加入了许多中国儒家的道德观念,认为违背正统封建道德,如"父子兄弟,室家夫妇,都无义理,不顺法度","臣欺其君,子欺其父"、"不孝二亲"、"朋友无信"以及"无义无礼"、"不仁不顺"等等都是恶的行为。又如,明清时佛教徒编写种种"善书"劝人为善,向民间灌输佛教道德观念。其中明代云栖袾宏的《自知录》,把人生实践分为善、过两门,善门分忠孝、仁慈、三宝功德和杂善四类,过门分不忠孝、不仁慈、三宝罪业和杂不善四类,详尽区分善恶功过,教人去恶从善,积累功德,获得好报。《自知录》突出忠孝为善的重要内容,宣传儒家道德,糅合儒佛两家道德规范教化民众。这都是佛教强调随顺、强调依于"世间力"的表现。

佛教道德一方面劝励信徒在实践上要尽力止恶扬善,另一方面又提倡以超越是非善恶为理想目标,追求超道德的境界。如百丈怀海说:"对五欲八风,不被见闻觉知所缚,不被诸境所惑,自然具足神通妙用,是解脱人,对一切境心无静乱,不摄不散,透一切声色,无有滞碍,名为道人。但不被一切善恶垢净有为世间福慧拘系,即名为福慧。"佛教的根本宗旨是深感人生痛苦和世间忧患,而以超越现实的解脱涅槃为最高境界。这种理想境界是无差别的平等界。在那里,既无是非之分,也无善恶之别。道德也舍离了、超越了,它是远比存在善恶道德的差别界更为崇高的境界。佛教道德实践不以现实的功利为目的,而是以非功利的宗教理想为依归。在佛教里,止恶扬善只是实现超越一切善恶差别的必要阶梯。

二、 佛教慈悲观

佛教道德准则不但体现于对自我修持方面的要求,而且还贯穿在人与人、人与众生之间的关系上。凡对他人有利的就是善,不利的就是恶。具体来说,对己对他都有利的是善;对己不利,但对他人有利的是大善;对己对他都不利的是恶;对己有利,但对他人不利的是大恶。总而言之,佛教道德是以利他平等为归趣的。这种利他主义道德观,在佛教上称为慈悲。《观无量寿经》上说:"佛心者大慈悲是。"佛教以慈悲为本,也就是说,这种慈悲精神是渗透在全部佛教教义之中的。所谓慈悲,即怜爱、怜悯、同情等意思。在梵文里,慈与悲本来是分开的,慈是给人以快乐,悲是解除人们的痛苦。把"慈"与"悲"合起来意译即是"拔苦与乐"。《大智度论》上说:"大慈与一切众生乐,大悲拔一切众生苦,大慈以喜乐因缘与众生,大悲以离苦因缘与众生。"慈心是希望他人得到快乐,慈行是帮助他人得到快乐;悲心是希望他人解除痛苦,悲行是帮助他人解除痛苦。要帮助他人得到快乐,就应该把他人的快乐视同自己的快乐;要帮助他人解除痛苦,就应该把他人的痛苦视同自己的痛苦。这就是佛教提倡的"无缘大慈,同体大悲"。

佛教慈悲观的内容分为利他和平等两个方面。佛教利他主义的道德意识是以缘起论为出发点的。佛教以缘起论来解释宇宙和人生一切现象。"缘起"即"诸法由因缘而起",也就是说一切事物或一切现象的产生和消灭,都是由于相对的互存关系和条件所决定的。离开关系和条件,就不能生起任何一种事物或现象。一切事物都是在空间上相互依存、时间上前后相续的关系中产生、存在和消灭的,人类社会当然也是如此。人与人、人与社会都是互相依存的,由此形成了人类社会网络。每一个人都是网上的一环,每一环都不能脱离整个网而独立存在。对个人来说,一切人、一切物,乃至宇宙整体,都是个人依存的缘。对社会来说,每个人又是一切人、一切物,乃至宇宙整体的缘。因此,个人的一呼一吸与一切人是息息相关、休戚与共的。按照缘起论的观点推理,一个人要成佛,就须以众生为缘,依赖众生的帮助,《华严经》就有一切众生为树根、诸佛菩萨为花果的譬喻。佛教徒既然以成佛为人生最高目标,那么就应该利乐一切众生、救济一切众生,对一切众生伸出慈爱之手。

佛教利他主义道德观的具体实践便是布施。布施是梵语"檀那"的意译。《大乘义章》卷十二说:"言布施者,以己财事分布与他,名之为布;惙己惠人,目之为施。"布施是佛教道德修养中最重要的实践。在大乘佛教菩萨行"四摄"、"六度"中皆列为第一。布施一般分为财施、法施和无畏施。财施主要是对在家人而言,以金银财宝、饮食衣服等物惠施众生,称外财施;以自己的体力、脑力施舍他人,如助人挑水担柴,参加公益劳动等,称内财施。这种布施的极端就是舍身,如佛本生经中所说投身饿虎,割肉贸鸽,施身闻偈等故事就是由此衍生出来的。法施主要是对出家人而言,即顺应人们请求,说法教化,或将自己礼诵修持功德回向众生。在佛教看来,法施胜于财施。《智度论》引佛言说:"施中,法施第一。"因为布施饮食济一日之命,布施珍宝济一世之乏,法施则能令众生出世间道。财施者只能除众生身苦,法施者则能解除众生心苦。无畏施是指急人所急,难人所难,随时助人排忧解难,如救死扶伤,指点迷津,化干戈为玉帛之类。窥基《般若经般若理趣分述赞》另有位施与义施。位施指舍荣贵而修佛法,义施是指为人演说义理。因法施专指演说佛法,义施则系佛法之外演说各种正理。这种种布施的目的,完全是利他性的。如《优婆塞戒经》卷五所说,"行智人之施,为怜悯,为他人安乐,他人生布施之心,以断诸种烦恼,入于涅槃,断尽有漏"。如果施财而求所报,这就不是真正的菩萨布施,而是假名菩萨布施,是凡夫布施。"有心为善,虽善不赏",这种布施对修行成佛是无益的。《优婆塞戒经》把施主分为三等:下者为求得现报之施,中者为求得后报之施,上者为怜悯之施。又认为值得推崇的是菩萨布施,即"智人行施,不为报恩,不为求事,不为护惜悭贪之人,不为生天人中受乐,不为善名流布于外,不为畏怖三恶道苦,不为他求,不为胜他,不为失财,不以多有,不为不用,不为家法,不为亲近",只为他人安乐,完全出于自己的怜悯心、同情心和慈悲心。

菩萨布施要求无论财施、法施、无畏施，都要忘记自己，忘记施物，忘记受者。也就是空掉对布施者、受布施者、施物这三者的执着，做到"三体轮空"。具体来说，就是要"施时不选有德无德；施时不说善恶；施时不择种姓；施时不轻求者；施时不恶口骂詈"（《优婆塞戒经》）。大乘佛教认为，有几种布施是不足取的假布施、凡夫布施。如《大集经》所指，"四法"："一不至心施；二不自手施；三不现见施；四轻慢施。"《优婆塞戒经》所指"三事"："一先多发心后则少与；二选择恶物持以施人；三既行施已生悔恨。"另外还有"八事"也应避免："一施已见受者过；二施时心不平等；三施已求受者作；四施已喜自赞叹；五说无后乃与之；六施已恶口骂詈；七施已求还二倍；八施已生疑心。"总之，佛教把布施视为一种出自慈悲喜舍心、清净菩提心、广大平等心的道德行为，而不能期待报酬，期待功德。

佛教慈悲观在强调利他主义的同时，还主张平等博爱。关于佛教对"爱"的态度是有过争议的。佛教"十二缘起说"主张人们断灭"爱"缘。有人据此就认为佛教反对爱心。其实，这里的"爱"只是指人们的生命欲，由这种生命欲引起的以自我为中心的追求执着。除此之外，佛教并不一般地反对人类之爱。相反，还提倡一种无限的、绝对的、无条件的爱。一般来说，爱有不同：一是恩爱，爱对自己有教养或扶助之恩的人，爱需要自己教养或扶助的人。在儒家有君臣、父子、兄弟、夫妻、朋友五伦；在佛教有父母、师长、妻子、亲族、僮仆、沙门、婆罗门七方。这是一种基于报恩和责任感的爱。二是泛爱，一视同仁地爱整个人类，如儒家的"不独亲其亲，不独子其子"就是泛爱；在佛教则主张只要利于他人，国土、妻子乃至生命都可施舍。三是博爱，佛教的爱，不仅在于人间，而且被及一切有生之物，大者至于禽兽，小者及于显微镜下的微生物，甚至涉及无情草木，因为在佛教的观点看来，一切人类与众生同具佛性，一律平等。正如竺道生在《法华经疏》中说："一切众生，莫不是佛，亦皆泥洹。"众生万物各各一如，从如而来，是名如来。"如来者，万法虽殊，一如是同。"人与鸟兽鱼虫同为一体，故当爱惜。在佛教徒看来，众生同为血肉之躯，贪生恶死，与我相同，断彼之命，快我口腹，彼苦甚剧而我乐无限，于心何忍？佛经上曾记载，求那跋摩因母喜肉食，使曰："有命之类，莫不贪生，无彼之命，非仁人矣。"母曰："设令得罪，吾当代汝。"跋摩他日煮油，误浇其指，因谓母曰："代儿忍痛。"母曰："痛在汝身，吾何能代？"跋摩曰："眼前之苦，尚不能代，况三途耶？"母乃悔悟，终身断杀。佛教正是基于这种平等博爱的慈悲观，而把不杀生列为戒律第一条。同时因不杀生而有禁肉食之规定。《楞伽经》上说，"若食诸血肉，众生悉恐怖，是故修行者，慈心不食肉，食肉无慈悲，永背空解脱，及背圣表相，是故不应食。"在佛教徒看来，不仅杀生如杀佛，杀生是断佛种。而且依六道轮回转生的说法，一切众生，无量劫来，曾互为眷属，《入楞伽经》上说："我观众生轮回六道，同在生死，共相生育，迭为父母兄弟姐妹，若男若女，中表内外，六亲眷属。"一切众生互为父母兄弟，皆是六亲眷属。从这种平等思想、同朋思想出发，故杀生如杀同胞；杀生而食，如同杀自己的父母兄弟而食。《梵网经》上说："一切男子是我父，一切女子是我母，我生生无不从之受生，故六道众生皆是我父母。而杀而食者，即杀我父母，亦杀我故身。"从不杀生戒又产生救生护生，尊重生命，保护生命。《梵网经》有"是菩萨应起常住慈悲心、孝顺心、方便救护一切众生"的说法，并劝诫信徒"常行放生，生生受生常住之法，救人放生。若见世人杀畜生时，应方便救护，解其苦难，常教化讲说菩萨，救度众生"。这就导致了中国佛教徒放生的普遍习俗。佛教慈悲观就是这样一种以己度人，尊重一切生命的伟大同情心；一种把自利与利他联系在一起的博大之爱。

大乘佛教认为，为普度众生、救济全人类脱离生死苦海乃是慈悲善行的极致。他们把只求自利、只求一己解脱的佛教徒称为小乘教徒，提倡弘扬菩萨行。"菩萨"是梵文"菩提萨埵"的略写。"菩提"意为觉悟；"萨埵"就是有情，泛指一切有情有识的众生，意译即为"觉有情"。从自利方面说，是有觉悟的修行者；从利他方面说，是要渡化一切众生令其觉悟的努力精进者。菩萨是大乘佛教道德理想的人格化。如为中国人所熟知的地藏菩萨曾立下"地狱未空，誓不成佛；众生渡尽，方证菩提"的宏愿，自愿置身于地狱救拔恶道众生。又如观世音菩萨主张"随类度化"，对于一切众生救苦救难，不分贵贱贤愚，遇难众生只要念诵他的名号，他就能寻声而至，拯救解脱。他们都集中地体现了佛教的慈悲精神。大乘佛教所说的菩萨行是要求自觉觉他、自利利他。上求佛道是自利，下化众生是利他。但只有舍己利人，拔苦与乐才能证得涅槃成就正果，所以核心还是利他。在利益众生时要具有难行能行、难舍能舍、难忍能忍的自我牺牲精神。菩萨行的道德修养包括"四摄"、"六度"。"摄"是引导的意思，即菩萨引导众生的四种方便：一为布施；二为爱语，即对人说话要和颜悦色，善言慰谕，说诚实语、质直语、调解语以及和善语；三为利行，即助人为乐，与人为善；四为同事，即与人和睦相处，以诚待人。"度"是梵文"波罗蜜多"的意译，含有"济渡"、"到彼岸"的意思。"六度"是指完成佛教自我道德修养的六条途径：第一是布施度悭贪。第二是持戒度毁犯。第三是忍辱度瞋恚，对于横逆违意之境而不起瞋是为忍耐，对于诸法实相之理安住不动为安忍。忍又有二忍、三忍、四忍、五忍、六忍等说法，总之都是说要求人瞋我不瞋，人恼我不恼。佛教把忍辱视为万福之源。第四是精进度懈怠，精是纯粹不杂的意思，进是勇猛不懈的意思。断恶修善，利乐众生都要勇猛精进，不退初心。第五是禅定度散乱，扫荡一切妄想杂念，不为利、衰、毁、誉、称、讥、苦、乐等"八风"所动，令心专注于一境。第六是智慧度愚痴，通达事理，简择正邪，决断疑念，时刻保持清醒和冷静的头脑。六度是相互联系、相互促进的，只要六度齐修，便能具有菩萨的高尚品德。

中国佛教主要是在印度大乘佛教影响下发展起来的，菩萨成为一代又一代中国佛教徒心向往之的理想人格，慈悲成为中国佛教最主要的道德观念。布施和不杀生在中国佛教徒看来是最主要的善行，也是区分佛教道德与世俗道德行为的主要标志。可是，印度原始佛教的慈悲观到了中国也发生了变化，本来是利他主义的慈悲愈益蜕变为利己主义的东西。以致到后来，指导布施和放生等行为的不再是那种利他平等的慈悲精神，而是另外一种福田思想。人们认为布施和放生能够积聚功德，使自己死后得到善报，往生西方极乐世界。犹如撒种于地，至秋天收获一样，布施物即种子，田地即佛。撒种愈多，将来收获也愈多，从佛那里得到的好处会愈多。印度佛教的慈悲观是建立在对现实人生和自我利益的超越之上的，中国佛教的福田思想则是从利己目的和现实利益出发的，这两者实在是毫无共同之处。对许多人来说，他布施的每一分钱和供给路人的每一杯茶，都是对他自身未来幸福所作的投资，所以完全是出于自私心。可见，中国佛教徒的布施和放生,已经失去了慈悲精神,而只剩下一个"慈悲行"的虚假外壳。佛教慈悲观在浸润着现实主义精神的中国大地上出现的这种变化是完全合乎逻辑的。按照李泽厚先生的说法,实用理性是中国传统思想在自我性格上所具有的特色。这种实用理性使人们非常执着于现实生活和现实利益,而较少去空想地追求精神的"天国"。因此,中国佛教徒一般很少具有那种宗教的献身精神,这样也就很难真正弘扬佛教的慈悲精神。

三、 佛教道德规范

佛教不但有其独特的道德观念,而且还有一整套指导其道德实践的规范体系,这就是佛教戒律。信徒只要依戒修行,就是实践了佛教提倡的道德理想,就能不断完善自我道德修养。戒和律经常通用,但又各有所指。"戒"是梵文 Śila 的意译,是教徒个人的修持,旨在制止身口意三业不作诸恶,持戒也称为止持。"律"是梵文 Vinara 的意译,是僧团团体的制度,旨在保证教徒持戒从善,持律也称为作持。一般来说,律是包含了戒的。在律藏中,戒相条文的规定是戒,是止持。各种羯磨法的规定是律,是作持。其中主要包括受戒、说戒、安居、自恣、皮革、衣、药、迦缔那、拘睒弥、瞻波、呵责、覆藏、遮、破僧、灭净、比丘尼、法、房舍、杂等"二十犍度"(篇章)。它为"止持"创造了种种条件,比如人们要出家持戒,必须先依羯磨法来获得出家人资格和身份;戒的条文发生疑难,要用羯磨法来研究解决;对犯戒者也要按羯磨法来处罚。律对戒起到了保证和监督作用,但作为佛教道德规范主体的还是各种戒规。本来戒不是佛教专有的,其他宗教也各有其戒规或戒命。如古印度耆那教有五戒,基督教也有摩西十戒。佛教的戒律与众不同的是,佛教徒的持戒,不但要在行动上遵守戒规,而且要有师父亲自传授,并有一定的仪规和程序,讲求戒体的传承和受纳。所谓"戒体"是信徒在受戒时,从自己内心领受所产生的"法体",也可以说是在心理上形成防非止恶的潜意识。据说,戒体是直接传自佛陀,受戒便是纳受佛的法身于自己的心性之中,故受戒后再作恶是破了佛的法身,称为戒罪,此乃知法犯法,罪加一等。没有受戒,虽然作恶,不为破戒,称为性罪,其罪过程度远不如戒罪。

止持门的戒条类目很多,包括居士五戒、八关戒斋、沙弥十戒、比丘戒、比丘尼戒和大乘佛教的菩萨戒。其中最基本的是五戒:第一是杀生戒,不但不杀人,也不杀鸟兽虫蚁等一切有生命之物。所谓杀,按照《梵网经》的说法,不仅是指自己动手杀,叫人杀、谋杀、咒杀、对杀而赞叹高兴,都同杀是一回事。当然杀人更为重罪,故意杀人致死,在佛教上为不可悔罪。中国佛教的素食传统则是戒杀精神的具体表现。第二是偷盗戒,非经物主同意,无论用什么手段骗取、窃取、强夺、霸占、吞没等将他人之物据为己有,都是毁犯偷盗戒的行为。依佛法,不得以任何理由,如饥饿、疾病、天灾人祸、孝养父母、供给妻儿等而行偷盗。若行偷盗,一律成罪。不偷盗不仅指不自盗,也包括不教唆、不包庇和不赞赏他人偷盗。还包括不偷税漏税、不损坏他人财物。第三是不邪淫。对居士主要是禁止发生夫妻之外的不正当性关系。对出家僧尼则禁止结婚,禁止任何性生活,也不准在妇女面前袒胸露腿和说粗话淫语。第四是妄语戒。妄语有四种:一是妄言,指口是心非,欺诳不实;二是绮语,指花言巧语,油嘴滑舌;三是恶口,指辱骂诽谤,恶语伤人;四是两舌,指搬弄是非,挑拨离间。妄语还包括大妄语和方便妄语。大妄语指凡夫自称圣人,编造亲见佛菩萨的谎话等;方便妄语是为了救人急难,护他生命,方便权巧,说了假话,这是可以原谅的。第五是饮酒戒,这是佛教特殊规定。佛教立足于启迪人们的自性觉悟。饮酒易使人陷于昏沉,迷了心窍,失了智慧,甚至误事犯法。故佛教规定戒酒以保持心神的宁静。有时人们还把"五戒"分为"十善",即不杀生,不偷盗,不邪淫,不妄语,不两舌,不恶口,不绮语,离贪欲,离瞋恚,离邪见,谓之十善业道。

八关斋戒不必像其他佛戒那样终身受持,只要在农历每月初八、十四、十五、二十三及月底最后两天的"六斋日",受持一日一夜。多受一次即多一分功德。其内容是一不杀生;二不偷盗;三不淫;四不妄语;五不饮酒;六不著香花蔓,不香油涂身,不歌舞倡伎,不故往观听;七不坐卧高广大床;八不非时食。其重点在于淫欲和饮食的戒除和节制,也就是禁止性交和坚持过午不食。佛教认为,淫欲和饮食是生死根本,戒淫和持斋乃是关闭众生的生死之门,也就是种植了出世之因的功德。八关斋戒是为在家信徒开出方便之门，使那些向往出家生活但又碍于种种束缚不能出家之人，能够不时体验出家生活。沙弥十戒是出家信徒最基本的戒规，其内容有九条是与八关斋戒相同的，不过是把第六条一分为二：以不著香花蔓，不香油涂身列为一条；不歌舞倡伎，不故往观听另立一条。并且这九条都要终身受持。沙弥戒的第十条是不捉持生像金银宝物，也称"银钱戒"。佛教认为，人类对财富的占有欲和财富对人类的束缚性是万恶之源，要修行成佛就应当摒弃财富。但俗人不能没有银钱，否则难以维持生活，故在家居士八戒里不制这一条。出家僧尼赖信徒布施为生，可以做到不蓄积财富，故银钱戒为出家戒的第一特色。不过在事实上僧尼也很难实行这条戒规，故在佛教内部曾为此发生过尖锐分歧，创立戒律的释迦牟尼本人生前也曾作了修正，有准许僧尼接受财物的开例，但仍有比丘不得亲手捉持金银宝物等禁约。此时还创设了一种说净法，即比丘收受银钱必须另请一位俗人为净主，说是为净主代收。不过，中国佛教从来不重视"银钱戒"，相反还聚敛财富，形成了实力雄厚的佛教寺院经济。如南朝时，"长沙寺僧业富沃，铸黄金为龙，数千两，埋土中，历相传付，称为下方黄铁"（《南齐书·萧赤斧传》）。又如唐代和尚圆观"好治生，获田园之利，时谓之空门猗顿也"（《宋高僧传·释圆观传》）。故当时有"十分天下之财，而佛有其七八"之说（《旧唐书·辛替否传》）。至于中国寺院创立"长生库"、"无尽藏"、放债生息更是与原始佛教戒律背道而驰的。可见，贪欲在中国佛教徒看来并不是主要的非道德行为。由此而产生了后来专以作佛事贸财的应门僧，这也可以说是中国佛教走向衰落的主要原因之一。

比丘戒和比丘尼戒也称具足戒，意思是说接受了全部的佛戒，而不像五戒、八戒、十戒，只是佛戒的一部分。比丘戒在各部律中都有差别。按照《四分律》的内容，比丘有二百五十戒，比丘尼有三百四十八戒。比丘二百五十戒包括四弃（四种不可救药罪）、十三残（僧残罪，意为僧团净法中的残伤者）、二不定（划入何等罪名尚未定的两种恶行）、三十舍堕（取了蓄了不应取不应蓄之物，首先应舍给僧团再行忏悔）、九十单堕（无物可舍只能堕入地狱之罪行）、四悔过（犯此四戒须立即面对一人坦白悔过）、一百应当学（僧人行、住、坐、卧等方面的威仪）、七灭净

（解决僧团纷争的七种方法）。比丘尼戒与比丘戒大部分相同，但由于男女生理和心理差别，故戒条稍有出入。其实，比丘戒很难说有定数，因为律中所载是就当时所曾发生的案例而制，有一事便制一戒，编集起来才成为后世所传成文的律藏。经过部派佛教的分裂，律藏又分为五部，宗旨相同，内容却有抉择取舍之不同，甚至有一千戒、三千戒、二万一千戒和八万四千戒之说。

佛教大乘教派兴起后，又制定了菩萨戒，或称大乘戒。其主要依据是《梵网经》和《地持经》。菩萨戒分为十重戒、四十八轻戒。十重戒为杀生、偷盗、邪淫、妄语、饮酒、说过罪、自赞毁他、悭、瞋、谤三宝。违犯十重戒的构成破门罪，要被逐出僧团。四十八轻戒包括不敬师长、不举教忏、背正向邪、不瞻病苦、饮酒食肉等四十八种过失，违者必须忏悔。菩萨戒只有受戒和破戒，而不像其他戒法那样可以舍戒。但出家僧尼是否受菩萨戒则可以根据自愿，不是必须受的。受戒方法也比较简易，"在家戒或可如经，出家五众必须具德"，"其师者，夫妇六亲，得互为师授"。

释迦牟尼在世时已经开始制定佛教戒律，但他强调"无犯不制"，并不预先制定戒律，而都是在有人犯了过失，遭受外人责难之后，才由弟子们禀告释迦牟尼而由他制戒，这就反映了释迦牟尼对弟子们人格的尊重。倘在预先制戒，便表示看不起弟子们，认准他们必定会犯过失，这就会伤害僧团大众的自尊心。犯了过失才制戒，则是顺从大众的要求，而不会被误解为这是出于教主的强制。因此，可以说佛教戒律形式上是释迦牟尼所立，实际则是僧团大众的意愿。从这个意义上说，佛教戒律是道德规范，而不是像有些人所说的那样，是"佛教的法律"。释迦牟尼逝世后，在七叶窟第一次佛经结集时，便由优婆离诵出所闻戒律，结集为《八十诵律大毗尼藏》，这是最初的律藏，也是佛教的根本律。佛教部派分裂之后，戒律也随之分化成五个部派：昙无德部的《四分律》；萨婆多部的《十诵律》；迦叶遗部的《迦叶遗律》；弥沙塞的《五分律》和大众部的《僧祇律》，此外还有根本有部的戒律。

中国佛教之有戒律，始于三国时代，曹魏嘉平二年（250年），中印度僧昙摩迦罗在洛阳白马寺译出《僧祇戒心》（即僧祇律的戒本），作为僧尼持戒的依据。魏晋之后，佛徒日众，而戒律多未传入，僧众不习戒律，不受任何佛教道德约束，教团风气每况愈下。东晋道安和尚为此制定了僧尼轨范，但他自知这也是权宜之计，仍急切地希望得到印度佛教戒律，他曾说："云有五百戒，不知何以不至，此乃最急，四部不全，于大化有阙。"（《出三藏记集·渐备经序》）焦虑之情跃然纸上。另一位高僧法显则是付诸行动，不顾旅途艰险，往印度寻求戒律去了。义熙八年（412年），法显回国后即在建康道场寺与佛驮跋陀罗一起译出《僧祇律》。此前不久，鸠摩罗什已译出《十诵律》《梵网经》，佛陀耶舍译出《四分律》，后来又有佛陀什译出《五分律》，般若流支等译出《解脱戒本经》（迦叶遗律戒本），昙无谶译出《地持经》。在南北朝时，印度佛教大小乘的戒律大部分已经译出。不过真正广泛流传的，在南方是《十诵律》，在北方是《僧祇律》。到了隋唐时期，则盛行《四分律》。隋末唐初的智首和尚慨叹当时五部律互相混杂，轻重不一，使受戒教徒无所适从，便对印度传入的律藏加以综合、分析，归并删繁，使之适合中国国情，撰成《五部区分钞》和《四分律疏》。他的弟子道宣又对前人论著——考索删约，并以大乘教义来解释《四分律》，创立了律宗。唐宋元明清以至今日，中国出家僧尼戒律大多以道宣的南山《四分律》为准绳。同时，大乘佛教的《梵网经》也成为对中国佛教戒律最有影响的范本。这部经特别强调忠、孝以及不食鱼肉荤腥，更为适合中国人传统的道德伦理。依据《百丈清规》所建立的禅宗丛林制度，可以说是这部经的最佳楷模，所以《咸淳清规序》自豪地说："吾氏之有清规，犹儒家之有礼经。"

戒律是佛教的道德规范，也是佛教道德观念的具体表现。它反映了佛教的善恶观和慈悲观，体现了佛的出世主义和禁欲主义精神。但是，由于印度戒律条文极为烦琐苛细。特别是比丘、比丘尼的戒规多达数百条，每一条的戒相之中，多有开、遮、持、犯的分别。同时，开、遮、持、犯，亦皆各有轻重等级。同样犯一条戒，由于动作、方法、结果等的不同，犯罪的轻重及忏罪的方式也各有不同。故不但不易明记，动辄违律，而且实际上许多戒律也是毫无意义，是僧众所难以止持的。其次，这些戒律条文死板僵硬，不能轻易改变。迦叶尊者曾说："佛所已制，不许废弃；佛所未制，不得再制。"因此，社会生活虽在不断演变，但历代佛教徒都不敢赋戒律予灵活适应的生命。以这种远古的死板条文来规范不同时代佛教徒的生活，不但难以实现而且很不合理。加上中国和印度的社会、民族以及生活习尚的差别，要以印度人的道德规范来加在中国佛教徒身上，更是一件困难之事。因此，在中国佛教里，除专门的律学大师之外，一般对戒律并不十分重视。尤其是南宋以后的佛教徒更是很少有人能严守戒律，依戒修行的了。大多数僧尼在守持五戒以及徒有其表的传戒烧疤、跪拜起立等形式之外，一般也都按照中国传统道德规范来生活了。

四、 中国佛教道德的儒家化

佛教传入之前，中国社会就存在着以儒家为代表的、血缘第一、家庭本位的伦理道德观念，孝亲观是这种伦理道德观念的基础与核心。《孝经》说："孝者经之本。""夫孝，天之经也，地之义也，民之行也。"其他伦理道德观念皆是由此派生和推衍出来的。孝亲观最初是家长制家庭公社的产物，它的原始形态不过是子女对父母的奉养和尊敬。后来以孔子为代表的儒家学派使之进一步理论化和系统化，把"孝"抬高到人生最高行为准则的地位，并进一步丰富了它的具体内容。这种儒家孝亲观旨在强化父家长的权力。古代中国社会在父家长之下还规定了每一个家庭成员的权利和义务，把他们编入一个金字塔式的等级结构之中，结成层层依附的隶属关系。其中主要是长幼之序和嫡庶之分，这就是宗法制度。维护这种制度的宗法思想，也是构成中国传统伦理道德观念的重要内容之一。儒家学派还从孝亲观引申出忠君思想，所谓"忠臣以事其君，孝子以事其亲，其本一也"（《礼记·祭统》）。君臣关系本来是一种政治关系，但经儒家学说的系统发挥，把君臣关系的"忠"说成是父子关系的"孝"的放大体，于是也就变成一种伦理关系了。印度佛教道德主张平等利他，崇尚与王者抗礼，追求个人解脱，视家庭为牢笼，不愿承担任何社会责任，它显然是和中国传统伦理道德有着极大差别的。因此，佛教传入中国之后与中国传统文化最尖锐的冲突就表现在伦理道德方面。儒家从一开始起，就激烈地抨击佛教伦理道德，指责其为"无父无君"、"背理伤情"。经过长期的抗争、辩解、妥协和改造,在佛教中国化的过程中,其伦理道德也逐步儒家化了。儒家的忠孝观和宗法思想为佛教所认同和摄取,由此成为中国佛教道德的主要特征。

佛教道德观的基础是利他,从利他主义出发,主张怨亲平等,无分亲疏,利乐一切众生,救济一切众生,这完全不同于儒家以血缘第一为中心的道德观。因此在父母子女关系上,佛教认为"识体轮回,六趣无非父母;生死变易,三界执辨怨亲"(《广弘明集》卷十三《辨正论》)。一切众生于六道中互为父子,亲疏难辨,何必执着世俗的父子之道。并且认为"子非父母所致,皆是前世持戒完具,乃得作人"(《中本起经》卷上)。自己的受生是持戒完具之果,与父母无涉,父母与子女不过是寄住须臾的关系。只有把人世间一切世俗关系勘破,修学佛道,才能免于轮回之苦,达到佛的果位。这种伦理道德观念自然和儒家孝亲观相冲突而为一般中国人所难以接受。如北周武帝发动的中国历史上第二次灭佛运动就是在"用崇孝治"的旗号下进行的。建德六年(577 年)武帝召集僧众赴殿,称"父母恩重,沙门不敬,悖逆之甚,国法不容,应退还家"(《广弘明集》卷十《叙释慧远抗周武帝废佛事》),随即下令打击佛教。为了使佛教在中国找到立足之地,最初来华传教的僧人在翻译佛经时就采取选、删、节、增等手法,使有关译文尽量和中国传统伦理道德观念相吻合。如汉译长阿含部《善生六方礼经》与巴利文本的此经之间就有歧异。巴利文本载,为人子者须以五事对待东方之父母:第一维持其财产;第二继承其家业;第三确立其谱系;第四产生子孙;第五祖先之追荐供养。汉译本则为:第一勿缺供养;第二一切行为均当得父母之同意;第三勿逆父母;第四听父母之命;第五不断父母之正业。日本学者木村泰贤认为巴利文本比较近于原始说法(见《原始佛教思想论》)。这一看法是有根据的。在原始佛教看来,子女对父母的义务不过如此,它与儒家孝亲观"父要子死,子不得不死"的原则显然有很大差别,而汉译本则显然与儒家《孝经》的说法同出一辙。在原始佛教看来,子女应赡养父母,父母也有对子女应尽的义务:一是施与;二是说亲切话;三是执行在这世上能为人的事;四是对各种事情适当地协助——这就是世上的爱护,如父母不履行这四种爱护就不应得到子女的赡养和尊敬(转引自中村元《儒教思想对佛典汉译带来的影响》),这种观念显然也是和儒家孝亲观不一致的。因此,汉译《六方礼经》也就删而不译了。

中国佛教徒为了说明佛教和儒家孝亲观契合无间,还拼命抬高那些宣扬报父母之恩的佛经,如《盂兰盆经》、《佛说孝子经》、《佛说睒子经》等。西晋竺法护所译《盂兰盆经》在中国素有"佛教孝经"之称,其内容是讲释迦牟尼弟子目连入地狱救拔饿鬼身的母亲,似乎可以与儒家孝亲观相印证。于是许多中国佛教徒纷纷注疏,广为宣传。唐代宗密撰《盂兰盆经疏》二卷,强调释迦牟尼和目连出家都是为救济父母,并说:"是佛弟子修孝顺者,应念之中常忆父母供养乃至七世父母,年年七月十五日,常以孝慈忆所生父母乃至七世父母,为作盂兰盆,施佛及僧,以报父母长养之恩。"其实佛教报恩思想并无上下关系的伦理,报父母恩与报佛法僧三宝恩,报国家恩,报众生之恩并为四恩。无非是说要认识其价值,对其尊重和爱护,这是一种横向平等的伦理关系。但在中国佛教徒看来,报父母恩却成为一种与强化父家长权威的孝亲观相同的伦理思想了。隋唐以来中国还出现了大批"伪经"。所谓"伪"是指它不是来自印度佛教,而是中国人自己编造出来的。伪经名目繁多,各有偏重,但大多是为佛教道德的儒家化张本。如《父母恩重经》约于唐初写成,经中描写母子情深,强调父母孕育之恩当报,提倡造经烧香,礼佛斋僧,供养三宝,为父母造福。《父母恩重经》流传既广又久,成为民间佛教道德的普及读本,对中国佛教道德观产生了巨大影响。

中国历代佛教徒还撰写了大量论著阐述佛教道德观和儒家孝亲观的一致性。三国时康僧会在他编译的《六度集经》里称布施诸圣贤"不如孝事其亲",主张把孝亲置于布施之上。禅宗六祖慧能也把佛教的修行与儒家的忠孝联系起来,他说:"心平何劳持戒,行直何用修禅?恩则孝养父母,义则上下相邻,让则尊卑和睦,忍则众恶无喧。"(见《坛经》)唐代著名佛教居士柳宗元也说:"金仙氏(佛)之道,盖本于孝敬,而后积以众德,归于空无。"(《送濬上人归淮南觐省序》)唐中后期出现了一批以孝出名的和尚,如元鲁、道纵、道丕等人,成为名噪一时的"孝僧"。北宋时,宗赜著《苇江集》,其中劝孝的文章就有一百二十篇之多,大讲出世间的孝。契嵩"拟儒《孝经》发明佛意",撰《孝论》十二篇,这是佛教关于孝亲观最系统、最全面的论述。他说："夫孝,诸教皆尊之,而佛教殊尊也。"他还从四个方面论证了佛教的孝高于世俗之孝:一是说"天地与孝同理","夫孝,天之经也,地之义也,民之行也",孝是天经地义的,是人们的普遍德行。二是说"夫孝也者,大戒之所先","夫五戒有孝之蕴",佛教戒律以孝为先,戒中又有孝,孝是佛教徒必须遵守的道德规范。三是说"今夫天下欲福不若笃孝,笃孝不若修戒",持戒、行孝与修福三者合而为一,持戒、行孝就是为了修福。四是对父母的哀丧,儒家主张三年斩衰丧服,佛教则主张以心服丧,静居修法,以助父母修造冥福。明代佛教徒继承了这个方向,僧众皆以谈孝为尚。在智旭的《灵峰宗论》中,收集了《孝闻说》、《广孝序》、《题至孝回春传》等论孝的文章,强调孝名为戒。在《孝闻说》中,他坚持"世法出世法,皆以孝为宗"。在《题至孝回春传》中,他甚至把世间法看成是出世间法的基础,把孝看成是成佛的始基,说什么"儒以孝为百行之本,佛以孝为至道之宗"。明代后期的元贤也认为:"世出世间之福田,实无有逾于孝者。"可见,孝亲已成了中国后期佛教道德观的主要内容。

在佛教文学、绘画、音乐、雕塑等文艺领域里,人们也可以看到儒家孝亲观的烙印。例如变文是佛教徒边唱边讲,弘扬佛法的通俗文学形式,流行于晚唐的《父母恩重经变文》引曾子之语说:"百行之先,无以加于孝矣。夫孝者是天之经、地之义,孝感于天地而退于神明,孝至于天则风雨顺序;孝至于地则百谷成熟;孝至于人则重来者;孝至于神则冥灵祐助。"(《敦煌变文集》)稍后还有《目连缘起》、《目连变文》和《庐山远公话》等也皆属此类。五代后梁贞明七年(921年),净土寺学郎薛安俊书写的《大目乾连冥间救母变文》并附图一卷(同上),可见孝亲观的影响已从佛教文学扩展到佛教绘画的领域中去了。敦煌歌辞是一种音乐性较强、句法参差跌宕的佛教文学形式。其中不少作品都渗透着儒家的孝亲观念。尤其像《十恩德》、《十种缘》、《孝顺乐》等,这种影响更是显而易见。如《十恩德》第一首就是歌颂母亲的怀胎守护之恩,歌辞说:"说着气不舒,慈亲身重力全无,起坐待人扶;如羔病,喘息粗,红颜渐觉焦枯,报恩十月莫相辜,佛且劝门徒。"这里宣扬的"报恩十月莫相辜"和佛教视父母为寄住须臾的关系相对照,其变化是很显著的。又如《十恩德》第六首《回干就湿恩》说:"干处与儿眠,不嫌污秽及腥膛,慈母卧湿毡。专心缚,怕磨研,不离孩儿体边。记之慈母苦忧怜,恩德过于天。"据龙晦先生考证,此处的"回干就湿"渊源于《后汉书·杨震传》的"推燥居湿"(参见《大足佛教石刻〈父母恩重经变像〉跋》,载《世界宗教研究》1983 年第 3期)。前代史籍里的一段简单记载,到唐代佛教文学里便衍成父母的一大恩德,可见孝亲观对佛教的影响之深远。

孝亲观的影响还反映到佛教雕刻艺术方面。如唐景福年间,韦君靖在四川大足凿窟开龛造像。其中有一组《父母恩重经变像》的群雕,便是以描写父母养育子女之恩,宣扬孝道为主题的。这组群雕包括《佛前祈嗣恩》、《怀胎守护恩》、《临产受苦恩》、《生子忘忧恩》、《咽苦吐甘恩》、《推干就湿恩》、《乳哺养育恩》、《洗濯不净恩》、《为造恶业恩》、《远行忆念恩》、《究竟怜悯恩》,共十一龛石刻作品,以具体生动的艺术形式向群众宣传孝亲观念。群雕的最后一龛为《究竟怜悯恩》,龛中塑一男一女,年龄都比较大,男的中坐有髭,女的侧坐,两人对在其右旁的童子进行说教;龛的左角刻了一段颂文:"百岁唯忧八十儿,不舍作鬼也忧之。观喜怒,常不犯慈颜,非容易,从来谓色难。"据龙晦先生考证:"色难"出自《论语》。《论语·为政》曰:"子夏问孝,子曰:'色难。'"佛教雕塑艺术融进了儒家经典《论语》之义,充分显示了佛教为适应传统的孝亲观念,积极扩展其影响的苦心。

在印度原始佛教里,强调依法不依人。传说释迦牟尼临死前曾对弟子们说:"你们也许有人认为世尊的教导已经终了,我们再也没有导师了。但是你们不要这样想,我为你们宣示的教法和制定的戒律,在我去世以后就是你们的导师。"故而原始佛教一直有"以戒为师"的说法。但中国佛教在传统伦理道德观的影响下,往往是依人不依法,以祖师为佛教之中心。佛教初创之时并无师徒关系,据《四分律》记载,有一次众多的比丘在罗阅城集会,教主释迦牟尼见有些未被教诫的比丘犯戒和犯威仪,又有老比丘生病无人照顾而命终,才同意在僧团中建立师徒关系。但这只是为了老和尚有人照顾,初出家者能得到教育,并没有任何传承关系。可是,在中国佛教里,师徒关系则如子承父业,代代相传,形成门派世系,犹如世俗社会的族系宗谱。特别是晚唐五代之间的禅宗,五家宗派分立,各家的徒孙法子观念与世俗宗法相比,更是毫不逊色。临济、曹洞、沩仰、云门、法眼各宗各有其子孙次序的派演代字,和世俗宗法的族系一样代代留传,相续无穷。佛教传入中国之后,其出家僧尼一直被儒家批评为"委离所生"、"抛家弃亲"、"背理伤情,莫此为甚",在以家庭为本位的中国人看来,抛家弃亲的生活是不可思议的。于是中国僧团在唐代以后也建立起了像"家"一样的丛林寺院;僧众住在一起共同生活,依长幼辈分,各安其位。住持和尚是其大家长,他独揽全寺的修持(教育)、寺务(行政)、弘法(布道)、纲纪和经济财务等大权,其他执事不过是应聘代他执行职掌。在寺院里,住持和尚具有无上的权威,即使退位之后,虽闲居静养,不问寺务,但他和新任住持的关系仍视若父子,对他必须极尽恭敬侍奉之能事,直到老死务须尽到孝养,否则会被诸山长老和僧众指责,而且是属违反清规的行为。住持和尚之下,僧众按戒腊(出家时间)先后而分长幼之序,每遇住持和尚、班首执事或长老经过,必须肃然合掌起立,表示问讯起居。甚至饮茶也须按照戒腊先后依次沏茶,称为"戒腊茶"。一个祖师门下不但有长幼之序,还有嫡庶之分。众弟子中得师父衣钵者为嫡传弟子,可以承祧师位,其余弟子则为旁出。于是,在中国佛教史上,师兄弟之间激烈争夺正统师位的事例便层出不穷。如禅宗五祖弘忍门徒中,神秀早为上座并为教授师,后来一个舂米行者慧能因作偈说"菩提本无树,明镜亦非台;佛性常清净,何处有尘埃"而得到弘忍赏识被选定为嗣法人,授以传法袈裟,让他连夜逃回岭南原籍。神秀失去传法袈裟当然不肯忍让,派人一路追杀。从此,禅宗分为南北宗,慧能在岭南传顿教,称南宗;神秀在北方传渐教,称为北宗。南北两宗都要争夺禅宗正宗地位,就如同世俗宗族内部的嫡庶之争一般。不但禅宗如此,天台宗也有山家和山外两派长期争夺正宗地位的历史。

宋初还出现了一种子孙丛林,又称甲乙徒弟院。师徒世代相承,更是与俗人宗族的世代衔接完全一样,只是没有血缘关系罢了。在子孙丛林里,住持和尚不像普通十方丛林那样,须在十方高僧中遴选接位,而是由住持和尚的弟子们按先后次序继承。弟子继承了师位,同时也接管了全寺的财产,而且一寺的财产不再公诸天下僧众,为十方众生所共有共享,完全成为寺院私有财产。师兄弟间以先进山门为大,排列相互间的次序,徒弟辗转再收徒孙,便由这原始的一支再分作房分,等于世俗宗族的叔伯兄弟关系。这就俨然一个僧众的家族,除了没有男女夫妻关系之外,其余一切习惯与俗人并无多少差别;各房之间也经常因权位财产明争暗斗。总之,宗法制度下的一切弊端在中国佛教里几乎完全出现。

印度原始佛教本来是严格区分佛道、王道的,如《佛遗教经》就有佛教徒"不应参预世事,好结贵人"的要求。佛教还强调出世的僧人高于在家俗人,僧人不应向世俗王者行礼,王者反而应该尊重僧人。宗教在古代印度社会一直有着至高无上的地位。在四种姓里,婆罗门的地位也在刹帝利之上。因此,佛教创立之后,僧人与王者分庭抗礼,甚至要王者皈依三宝之一的"僧",这在印度社会自然也是不足为奇的。但是中国自古以来,王权就是至高无上的绝对权力,任何宗教、任何意识形态只能为王权服务而决不能对抗或凌驾于王权之上。佛教传入中国之初,就在沙门礼拜君王问题上与中国传统道德观念发生了冲突。儒家认为,忠与孝是不可分的,《孝经》说:"以孝事君则忠。"吕维祺的《孝经或问》说得更明白:"孝经何为而作也? 曰,为阐发明王以孝治天下之大经大法而作也。"因此,在他们看来,君臣礼拜君王是天经地义的事情,佛教徒当然不能例外。晋成帝时庾冰即建议下诏令出家沙门礼拜君王,后来宰相桓玄又再次强调沙门礼拜君王,使朝廷分为赞成与不赞成两大派争执不休。慧远在这次纷争中写了《沙门不敬王者论》,他把佛教徒分为出家与在家两类,认为在家者应该奉法、忠君孝亲,做一个顺化之民;反之,"出家则是方外之宾,迹绝于物",自然不必拘泥于世俗礼法。他又说:"如今一夫全德,则道洽六亲,泽流天下,虽不处王侯之位,固已协契皇极,大庇民生矣。"(《答桓太尉书》,《弘明集》卷十二)慧远虽想坚持佛教的独立性和其固有的礼制,但仍不得不对王权作出妥协让步,强调佛教和儒家伦理道德以及王权统治本质上的一致性。这场沙门礼拜君王的争论从晋代一直持续到唐朝,最后仍是以佛教徒的妥协而告终。历代佛教徒都为他们对中国传统忠君思想的让步作了辩护。晋代道安说:"不依国主,则法事难立。"(《禅源诸诠集都序》)北魏法果说:"能弘道者人主也,我非拜天子,乃是礼佛耳。"(《魏书·释老志》)隋代智顗也说:"匹夫行善,止度一身;仁王弘道,含生荷赖。"(《国清百录》卷二)宋代克文禅师更把当朝皇帝哲宗与释迦牟尼并称为"前圣"、"后圣",说是"前圣后圣,圣德其明;人王法王,王道同久"(《古尊宿语录》卷四十三)。这样,他们就为自己的忠君思想在佛法里找到了合理的依据。中国寺院每遇天子诞辰、帝后忌日,还往往举行纪念法会、斋会,僧尼们诵经行仪,为帝王求福,祈求国运长久,有时长达一月之久。还有一种"仁王护国法会",念诵《仁王护国般若经》,更是专为祝祷国运昌隆而设的。在中国传统忠君思想影响下,许多佛教徒还直接参预政事,为帝王们运筹帷幄,出谋划策,甚至冲锋陷阵。如唐初昙宗领少林寺僧兵助平王世充;明初僧道衍策动朱棣起兵夺取帝位。有些佛教徒还以佛教教义为帝王的封建统治服务,例如,隋末唐初统治者杀戮无数,天台宗二祖慧思却引《法华经》说:"若有菩萨,行世俗忍,不治恶人,令其长恶,败坏正法,此菩萨即是恶魔非菩萨也,何以故? 求世俗忍,不能护法,外虽似忍,纯行魔业,菩萨若修大慈大悲,具足忍辱,建立大乘及护众生,不得专执世俗忍也。"(《法华经安乐行义》)中国佛教徒为了表示对君王的忠诚已经不惜把佛教不杀生的慈悲精神篡改为"杀人有功"了。唐代武则天当了女皇帝,当时佛教徒还"伪撰《大云经》表上之,盛言神皇受命之事"(《旧唐书·则天皇后本纪》),并且在重译《宝雨经》时伪造经文,暗示武则天是女菩萨,为她称帝提供理论依据。随着佛教的愈益中国化,佛教道德里的忠君色彩也愈益浓厚。到了唐代以后,佛教徒对君王的忠诚已经置于对佛的崇敬之上了。《百丈清规》也把颂扬崇拜君王的"祝釐章"和"报恩章"置于尊奉佛祖宗师的《报本章》之前。僧众每天必须登殿颂咒,祝福"今上皇帝圣寿万安"。如《古尊宿语录》卷二十记载,宋代法演和尚每次升座拈香皆云:"此一瓣香,先为今上皇帝,伏愿常居凤宸,永镇龙楼。"次拈香云:"此一瓣香,奉为州县官僚,伏愿乃忠乃孝,惟清惟白,永作生民父母,长处外护纪纲。"又拈香云:"此一瓣香,却为我现住白云(守)端和尚。"在他们看来,世法远比佛法重要,因此忠君也远比敬佛重要。在中国佛教史上被称为"明代四大家"之一的憨山德清和尚甚至说:"予以沙门所作一切佛事,无非为国祝釐,阴翊皇度。"(见《憨山老人梦游全集》卷五十三)这可以说是为中国佛教认同于儒家忠君观作了最后的结论。

总之,完全儒家化了的中国佛教道德强调孝亲忠君、明辨长幼之序和嫡庶之分。这些特征和主张无父无君、平等利他的印度佛教道德相比,已经很难找到它们的共同之处了。

五、 因果报应说与中国道德

道德和法律一样,是约束人们行为和调整人与人之间以及个人和社会之间关系的规范。但法律依靠强制性的社会权力来推行,道德则主要依靠人们的信念、习惯和传统来维护。在这方面,宗教信仰往往起着一种特殊的作用。例如,西方人就把对上帝的信仰看成是道德的来源,认为维系人与人之间联系的是上帝,上帝是公正的裁判者和全能的保护者。德国哲学家康德曾经把"上帝存在"作为道德的三个公设之一,认为如果缺少了上帝的"最后审判",人们的道德意识就会彻底瓦解。在现代西方社会,仍有许多人把战争、污染、奢侈等种种非道德现象归之于人们背离宗教的缘故。新托马斯主义者就把宗教伦理作为一切社会生活的基础,其代表人物马里坦在《天主教与社会进步》一书里指出:"政治生活,经济生活,社会生活本质上依赖于伦理。"在他看来,只要人人都遵守宗教伦理道德,人世间就会充满了爱,人世间的一切矛盾都将得到最公正的解决,人的尊严和地位才能得到真正的恢复。现代物理学的奠基人爱因斯坦虽然对宗教神学采取了否定态度,但仍认为宗教"能够在人类自己的身上培养善、真和美的力量","使人类尽可能从自私自利的要求、欲望和恐惧的奴役中解放出来"。正是在这种意义上,他认为科学与宗教都是人类认识和改造世界必不可少的,科学提供认识的证明,宗教提供道德的力量。

在古代中国,最初维护社会道德伦理的精神力量主要是上天崇拜和鬼神崇拜。殷周时代,人们把道德规范说成是来自天意。如《礼记·丧服四制》说:"凡礼之大体,体天地,法四时,则阴阳,顺人情,故谓之礼。"这就把作为社会道德规范的"礼"说成是根据天体运行、四季变化等自然规则制定的。简而言之,这些自然规则体现了天意,所以礼也是天意;按礼行事,也就是顺天意行事。上天对有德者和无德者都会加以公正的赏罚,天意是"惟德是辅"。"天难谌,命靡常,常厥德,保厥位!"天命只授给有德者君权,故为王者必须"明德"、"崇德"、"敬德"。如果"三风十衍(三风:巫、淫、乱;十衍:恒舞、酣歌、货利、女色、恒游、恒畋、侮圣、逆忠直、远耆德、比顽童)……君邦有一于身,国灭亡"。做君王的对合乎道德的事不要因其小而不做,对不道德的事不要认为无关紧要做了也无所谓,否则就会"坠厥宗",失去政权。一般百姓违反了社会道德准则,统治者对他惩罚,也是代表天意,称为"替天行道"。《周书·康诰》说:"朕心朕德,惟乃知。凡民自得罪,寇攘奸宄,杀越人于货,暋不畏死,罔弗憝。王曰:元之恶大憝,矧惟不孝不友。……惟吊兹,不于我政人得罪,天惟与我民彝大泯乱。曰:乃其速由文王作罚,刑兹无赦。"意思是朕心体现美德,那些偷盗、杀人越货而不怕死的元凶是人人所痛恨的,对他们以及那些不孝不友的子弟,如不加以惩罚,上天赐予我民的道德秩序就会混乱,因此要按文王作的刑法严办无赦。另一种观念就是所谓"神道设教"。《周易》上说:"圣人以神道设教而天下服。"《乐记》也说:"明则有礼乐,幽则有鬼神。"礼乐是社会的道德规范,鬼神则是督促人们遵守这些规范的外在异己力量。以孔子为代表的儒家学派号称重人事、轻鬼神。《墨子·公孟》上记载了墨子对孔子的批评,说他"执无鬼而学祭祀,是犹无客而学客礼也,是犹无鱼而为鱼罟也"。可见儒家并不真相信鬼神的存在,但他们却又不愿否定鬼神崇拜。正如汉代王充所说:"孔子非不明生死之实,其意不分别者,亦陆贾之语指也,夫言死无知,则臣子倍其君父。……圣人惧开不孝之源,故不明死无知之实。"(《论衡》卷二十三《薄葬篇》)用孔子自己的话说就是"明命鬼神,以为黔首则,百众以畏,万民以服"(《礼记·祭义》),上天和鬼神作为一种外在异己力量统治和支配着人们的精神世界,人们出于对上天和鬼神的恐惧心理而不得不服从代表"天命"和"神意"的道德规范,生怕得罪了上天和鬼神而招致祸殃。但是,这些道德规范对他们来说并不是出自内心的自觉要求,而只是外部世界强加给他们的绳索。

在佛教传入中国之后,维护社会道德的精神力量发生了新的变化。佛教因果报应说从一开始就对中国人的思想观念产生了很大的影响,这种因果报应说的理论基础是业感缘起论,它认为宇宙间的万事万物都是有情识的众生的业因感召而生成。《佛说十善业道经》上说:"一切众生,心想异故,造业亦异,由是故有诸趣轮转。"轮转趋向的好坏是由"业"的性质决定的。众生所造之业,按其性质又可分为善、恶和无记业。善业能感召善果,恶业能感召恶果,无记业即非善非恶中性的业,对以后果报不起作用。众生造业必然承受相应果报,业力千差万别,感召的结果也大相迥异,但概括起来无非是有漏、无漏二果。有漏是指生死轮回,无漏是指超脱轮回。有漏果是有漏业因所致,有漏业也分善恶两类,善有善报,可在六道轮回中得人、天果报;恶有恶报,只能得畜生、地狱果报。无漏果是无漏善业所致,可成就阿罗汉、菩萨和佛。

这种因果报应、轮回转生的理论对中国人来说既新奇又熟悉。虽然在儒家经典里也有"积善之家,必有余庆;积不善之家,必有余殃"的说法(《周易·坤·文言》)。但是,儒家的善恶报应说是建立在"天道"观上的。所谓"天道福善祸淫",认为善恶的赏罚是由冥冥之中的上天来主宰来决定的。佛教则不承认宇宙间有任何操纵众生命运的力量存在,众生的生死轮回、善恶报应都是由自己的业力所感召。即如《妙法圣念处经》上说:"业果善不善,所作受决定;自作自缠缚,如蚕等无异。"儒家认为报应的主体不一定是行为者本人,而可能是他的家庭子孙。佛教则认为"父作不善,子不代受;子作不善,父亦不受"(郗超《奉法要》),主张自业自报,自作善恶自受苦乐,个人行为个人承担后果。这与儒家以家族血缘为基础的善恶报应说显然有本质区别。儒家认为上天赏善罚恶必有先兆,或降瑞祥,或示谴告,教人趋避。佛教则认为,前世造业,今世受报,今世造业,来世受报,一切都是无法改变的。如《有部毗萘耶》卷四十六说:"不思议业力,虽远必相牵,果报成熟时,求避终难脱。"劝人要想在来世得到福报,只有今生修善除恶。也就是说,儒家之言因果,重在教人畏果。佛教之言因果,重在劝人畏因。应该说,佛教因果报应说的道德教化作用,其层次要远远高于中国传统的上天崇拜和鬼神崇拜。它不但具有客观监督作用,而且更强调人们自己内心的约束。使他律性的道德规范转化为自律性的道德规范。人们不再是战战兢兢地去服从"天道"和"神意",而是自觉自愿地去为自己修善除恶,积累功德。佛教因果报应说的传播,完善了中国古代的道德结构,因而东汉三国时期,它成为在社会上最有影响的佛教教义。当时的佛教徒特别注重宣传因果报应,轮回转生,劝人行善,以免死后堕入恶道。如安世高译《阿难问事佛吉凶经》说："善恶迫人，如影逐形，不可得离，罪福之事，亦皆如是，勿作狐疑，自堕恶道。"又如三国时康僧会对吴国国君孙皓宣传佛法，他不说四谛、八正道等解脱生死轮回的道理，而专讲因果报应，"行恶则有地狱长苦，修善则有天宫永乐"。这是因为"皓性凶粗，不及妙义，唯叙报应近事，以开其心"（《高僧传·康僧会传》）。特别是当时在民间广泛流传的《无量寿经》也宣传："世间诸众生类，欲为众恶，不知为善，故有穷乞、孤独、聋盲、喑哑、痴恶、尪狂，皆因前世不信道德，不肯为善。其有尊贵、豪富、贤明、长者、智勇、才达，皆由宿世慈孝修善积德所致，世间有证目前现事，寿终之后，入其幽冥，转生受身，改形易道，故有泥犁、禽兽、蜎飞蠕动之属，譬如世法牢狱，剧苦极刑、魂神命精、随罪趋向。所受寿命，或长或短，相从共生，更相报偿，殃恶未尽，终不得离，辗转其中，累劫难出，难得解脱，痛不可言。天地之间，自然有是，虽不即时暴应，善恶会当归之。"佛教因果报应思想就这样随着弥陀净土信仰的蔚然成风在中国民间几乎是家喻户晓。

最初中国佛教徒是以传统的灵魂不灭观念去解释和宣传因果报应说的。如安世高译《阿含正行经》说："人身中有三事身死，识去、心去、意去，是三者常相追逐。施行恶者，死入泥犁（即地狱）、饿鬼、畜生、鬼神中；施行善者，亦有三相追逐，或生天上，或生人中……端汝心、端汝目、端汝耳、端汝鼻、端汝口、端汝身、端汝意，身体当断于土。魂神当不复入泥犁、饿鬼、畜生、鬼神中。"在第一部中国人撰写的佛教著作《牟子理惑论》中也说："有道虽死，神归福堂；为恶既死，神当其殃。"东晋袁宏《后汉纪》指出，当时社会上皆"以为人死精神不灭，随复受形，生时所行善恶，皆有报应，故所贵行善修道，以炼精神不已，以至无为，而得为佛也。然归于玄微深远，难得而测。故王公大人，观生死报应之际，莫不瞿然自失。"这些说法，虽然不合印度佛教"诸法无我"即"无灵魂说"的教义，但在当时则较容易为人们理解和接受。同时，佛教徒主张的神不灭论也已经对传统灵魂观念进行了改造。自古以来，中国人虽然认为灵魂不灭，但并不认为人死后灵魂会根据生前的善恶行为而轮回转生，它只是一种自发的迷信思想，并没有纳入传统的道德思想体系，中国佛教徒则利用这种迷信思想作为维护其道德说教的有力工具。

这不能不说是一种创造性的发展。

两晋南北朝时期,佛教因果报应说在中国社会的影响愈益深入。当时许多佛教学者,如慧远撰《明报应论》和《三报论》、卞堪撰《报应论》、僧含撰《业报论》、法愍撰《显验论》都对这一理论进行了阐发,其中尤以慧远提出的"三报"说最为重要。佛教指出,众生行善则受福报,作恶则招祸殃。可是在现实生活中,则往往存在恶人得福、善人致祸的现象,这就未免使人们对佛教的报应说产生怀疑。东晋戴逵作《释疑论》,指出了这种理论与实际的矛盾现象,表达了无法消除的疑惑之情。慧远为此依据《阿毗昙心论》中"若业现法报,次受于生报,后报亦复然,余则说不定"这首偈,系统地发挥了三世轮回、因果报应学说,撰《三报论》,并声明是"因俗人疑善恶无现验作"。他在文章里指出,俗人之疑惑是因为他们"自毕于视听之内",观因果报应只是"以一生为限",而不能"览三报以观穷通之分"。实际上,"经说业报有三:一曰现报,二曰生报,三曰后报。现报者,善恶始于此身,即此身受;生报者,来生便受;后报者,或经二生三生、百生千生,然后乃受。"慧远提出,善恶报应乃"感事而应,应有迟速,故报有先后","三业殊体,自同有定报,定则时来必受"。善恶报应是一条自然规律,绝对不可避免,问题只不过是报应迟速早晚罢了,为善为恶并非一定在现世受报,有可能在来世或二、三世乃至千百世之后应验,这一切都取决于业力的强弱、因缘的成熟。现实生活中所以存在"积善而殃集"、"凶邪而致庆"的现象,只是因为"现业未就而前行始应",过去播下的种子正在发芽、结果,今世一切行为业因的时机还未成熟,一下子不能看到它明显的作用。因此,决不要因为"报不旋踵而应"就去怀疑报应之理的存在。慧远的"三报"理论不但克服了以往"一世报应说"的缺陷,而且也解决了中国传统道德意识始终无法解决的问题。自古以来,无论是"天道福善祸淫",还是"神道设教"、止恶扬善的说教,都不能说明现实生活中大量存在的恶人得福、善人致祸的不公正现象,这就无法消除人们对"天道"、"神意"正义性的怀疑,无法使人们真正认同于统治阶级提倡的社会道德观念。慧远的"三报"说最后形成了一种不再可能用实证方法去检验的道德说教和更加完整系统的道德理论。这在中国道德思想史上是一个重大发展。

佛教因果报应说在传入中国之后，还与中国传统的鬼神崇拜融合起来，变得更加形象具体。在中国古代已有民间传说黄泉、泰山、蒿里是鬼魂生活的地方，但创造出一个与人间一样的冥界，鬼魂在那里生活，又创造出鬼魂在轮回中受处罚的地狱，其中有执法如山、刚正不阿的阎罗王以及一套完整的统治制度和刑罚制度，则是佛教思想的产物。安世高所译《十八泥犁经》、《鬼问目连经》就是早期传播地狱思想的佛典。支谦所译《撰集百缘经》也描绘了不少饿鬼形象。两晋南北朝时期，出现了许多志怪小说集，如晋代干宝撰《搜神记》，谢敷撰《光世音应验记》，陶渊明撰《搜神录》，刘宋时刘义庆撰《宣验记》和《幽明录》，王延秀撰《感应传》，南齐王琰撰《冥祥记》，北齐颜之推撰《冤魂志》等。这些小说集皆摭采民间流传的鬼神故事，但都不离因果之验证。如刘义庆撰《幽明录》记载赵泰的故事，描绘冥界有官府、刑狱，虚构了地狱巡游、死而复生等情节，表现了神鬼、轮回、济度、转生一系列观念。同样的故事也见于王琰《冥祥记》，说明当时在民间鬼神崇拜与佛教轮回思想已经紧密结合。《幽明录》里还反映了当时民间流传的因果报应观念，如记庾宏奴名无患者载米饷家，"遭劫被杀，尸流泊查口村。时岸傍有文欣者，母病，医云须得髑髅屑服之即差。欣重赏募索，有邻妇杨氏见无患尸，因断头与欣。欣烧之……与母服之，即觉骨停喉中，经七日而卒。寻而杨氏得疾，通身红肿，形如牛马，见无患头来骂，善恶之报，其能免乎？"及至隋唐时期，这种冥界报应的观念更为普及，它不但被编成故事，写进小说，而且绘成壁画，塑成泥像，广为流传，已经愈益深入人心。

佛教因果报应说产生的道德约束力，不但对现世，更重要的是对来世产生作用。在这种道德说教的影响下，无论是士大夫还是目不识丁的劳苦大众，旧时一般中国人都暗暗相信在他们度过此生以后将要再生，其形体可能变为一个满身疮痍的乞丐或被蚤虱咬食的野狗。这种亲眼目睹的惨状，远比儒家的道德说教更能助人警惕向善。于是，千百年来佛教善有善报、恶有恶报的思想，做了好事必有好报的信念，多行不义必自毙的警诫，就一直成为维护中国道德伦理的精神支柱。

主要参考文献

（1）道端良秀：《中国佛教与社会的交涉》

（2）业露华：《中国佛教善恶观》

（3）方兴：《佛教道德的社会作用》

（4）净慧：《戒学讲座》

（5）方立天：《中国佛教与传统文化》

（6）南怀瑾：《禅宗丛林制度与中国社会》

（7）任继愈：《中国佛教史》第一卷

（8）李泽厚：《中国古代思想史论》

第四章

中国佛教教育

佛教文化产生之后,经过一代又一代人的传承相延续。这种文化传递必须有一定的教育体系来保证,于是就出现了佛教教育。自佛教传入之后,印度佛教的教育思想、教育制度和教育方法就开始逐渐输入中国,并不断地与中国本土的传统教育相融合,从而形成了一个具有中国化特征的佛教教育体系。特别是唐宋之后,随着佛教禅宗的兴盛,又出现了在教育思想、制度与方法诸方面都独具特色的禅宗教育。佛教教育为中国古代的教育传统输入了新血液,它的产生和发展广泛而深刻地影响了传统的儒家教育,如儒家的书院讲学传统,显然就是在佛教禅宗丛林制度的影响下发展起来的。佛教教育是中国古代教育的一个重要方面,它在中国教育史上的地位与作用是不可忽视的。

一、 中国佛教教育概述

佛教教育是随着佛教的创立而出现的。据传,释迦牟尼在鹿野苑说法:"言出尊口,弟子诵习。"这就是最初的佛教教育。后来,释迦牟尼又在王舍城的竹林精舍和舍卫城的祇园精舍等处讲学授徒,逐步完善了佛教教育体系。佛教教育的目的当然与其信仰密切相关,是要求信徒通过必要的学习和修持,消除一切烦恼,从生死轮回中解脱出来,达到理想的涅槃境界。释迦牟尼认为,学人根器不同,教导之法自然不能泥一。他对任何一个问题,都有几种不同深度的解说来适应各种学人的需要。他在讲学时鼓励弟子提问与诘难,对自己所说的道理从不强迫弟子全部接受。《妙法莲华经》上记载:释迦牟尼在讲上乘难信佛法时,竟有五千听众自以为已经得到了解脱,不愿听讲,离席而去。释迦牟尼不但没有发怒、追究和责罚,反而说:"他们机缘还没成熟,与其听了不相信引起反感,增加罪业,还不如让他们离开为好。"他要求弟子不但学习佛法,而且应该"学不厌博",吸取当时印度文化的一切精华。《地持论》云:"若智明上智,能速受学者,于日月中常以二分学佛法,一分学外典。"即使对外道也不采取一概排斥态度。他认为一切宗教只有深浅的区分,颇少邪正的差别。各种宗教与哲学皆能在某一时间空间中,对某一类众生发生教化与利益作用。释迦牟尼不但开创了佛教教育平等、宽容和圆通的传统，而且还注意教学的生动性、趣味性。他在讲学时喜欢采用歌咏的形式，以抑扬顿挫的声调旋律增强讲学效果，还采用大量譬喻、神话、寓言和故事等来吸引学人。释迦牟尼在世时，佛教教育没有任何经典和教材，《毗奈耶》云："佛说有二种学业，一读诵，二禅思。"学人主要依靠背诵释迦牟尼说过的话学习佛法，这种情况一直持续了上千年，直到法显西行求法时，所见北印度、中亚等地的佛教教育仍是"师师相传，无本可写"。读诵教义之外，佛教更重"禅定"的学习方法，强调学人的心理素质锻炼，精神上的净化、升华。唐代义净《南海寄归内法传》对印度佛教教育有过具体的记载：儿童六岁开始学习"声明"，学习的方法是"暗诵"（记忆背诵），分为"悉地罗窣覩"、"苏呾罗"、"驮旦覩"、"三弃㨫"、"苾栗底苏呾罗"五个教材等级，循序渐进，二十岁毕业。然后再学习"因明"和古印度文化巨典——四吠陀书。《吠陀》长达十万颂，"咸悉口相传授，而不书之于纸页，每有聪明婆罗门诵斯十万，即如西方相承有学聪明法"。对这些知识，"法俗悉皆通学，如其不学，不得'多闻'之称"。如果是僧侣，还须遍学各种佛教经律论，成绩优异者可以进入佛教最高首府——那烂陀寺等处"传授经三二年"。在那里"英彦云聚，商榷是非"、"挫外道如中原之逐鹿，解傍法同沸鼎之销凌"。师生之间经常互相问答对辩，切磋佛理。玄奘《大唐西域记》也记载，当他到那烂陀寺留学时，那里学生有数千人，其中才学出众的著名学者即有数百人。可见当时印度的佛教教育已经达到相当发达的程度。

汉末佛教传入中国之初，印度和西域僧人结合传译佛经，开始了最早的佛教教育。当时译经皆由外来僧人居士口授经文，中国信徒负责笔记，译经的同时也向这些中国信徒讲授经义，形成译不忘讲学、讲学以译经、译讲结合的中国佛教教育传统。如安世高出经，边译边讲，听者云集。他依据事数条目，自问自答，逐条演义，层次分明。如他译《阴持入经》开首曰："佛经所行示教诫，皆在三部，为合行。何等为三？一为五阴，二为六本，三为从所人。五阴为何等？一为色，二为痛，三为想，四为行，五为识，是为五阴。"这种问答方式显然十分适合启蒙那些对佛理一无所知的中国信徒，因此时人称为"善诱之教"。在当时的译经过程中培养了第一批中国佛学人材，其中最著名的是下邳人严佛调。他是安世高译经的主要助手之一，还助安玄翻译了《法镜经》。在译经时，他对沙弥十慧之说发生兴趣，发愤攻读，刻苦钻研，写成《沙弥十慧章句》，择已解或未解的事数，释其原来义旨，"抄而第之"，逐条注释，自谓："不敢自专，事喻众经。上以达道德，下以慰己志，创奥尚博之贤不足留意"。目的在教示初学，"未升堂室者，可以启蒙焉"。这是第一部中国佛学家撰写的著作。它和安世高所撰《安侯口解十二因缘经》、《人本欲生经》等一样，成为中国佛教教育最早的启蒙教材。这种译讲结合的教育传统一直延续到后世。南朝时的著名佛教翻译家真谛仍继承和发扬了这一传统，他在和中国佛教徒一起译经时，"彼此相发，倚绩铺显，随处翻传，亲注疏解"（见《开元录》），弟子们一边笔受译文，一边记述注疏。他译《律二十二明了论》时，"都下阿育王寺慧恺请为笔受，翻论本得一卷，注记解释得五卷"。译《俱舍论》时，"论文二十二卷，论偈一卷，义疏五十三卷"。其实，六朝的佛经讲疏正是在译经讲经过程中应运而生的。佛经原著虽译成汉文，但其义仍深奥难懂，一般人学习佛理还须经高僧讲解。讲师为把握要点，使听众易了其义，需要预撰讲义。讲时听众有限，为推广其说，也需要在讲后撰疏以成教本。故佛教徒便在中国儒生注疏六经的启发下创设佛经讲疏。梁武帝时曾诏当时高僧"各撰《成实》义疏，云乃经论合撰，有四十科，为四十二卷。俄寻究了，又敕于寺三遍敷讲"（《续高僧传·法云传》）。当时有僧人宝愿"制《涅槃》、《法华》等疏，皆省繁易解，听无遗阙"，慧远"长在讲肆，伏听千余，意存宏奖，随讲出疏"，宝彖讲《观音经》"初未缀心，本无文疏，始役情思，抽拈同理，词义调合，听者盈席，私记其言，因有疏本，广行于世"。这些佛经讲疏有力地推进了佛教教育的普及与发展。

魏晋南北朝时期，中国佛教教育事业得到蓬勃发展。讲学开始从译经活动中独立出来，成为佛教教育的主要方式。据道诚《释氏要览》记载，中国"讲经即曹魏朱士行讲《道行般若》为始也；尼讲以东晋道馨讲《法华》、《维摩》二经为始也；讲律即元魏世法聪为始，聪但手披目阅，敷扬《四分律》，有门人道复旋听旋抄，渐成疏焉；讲论即罗什授嵩法师《成实论》为始也"。从东晋道安开始奠定了中国佛教教育体制的基础。最初所谓佛教教育，只是某个外国译经师当众说法或个别授徒,并无固定的教育团体与制度。东晋后赵时,形成了以佛图澄为首的大规模僧团组织,"受业追随者,常有数百,前后门徒,几且一万;所历州郡,兴立佛寺八百九十三所"(《高僧传》卷九)。佛图澄既是僧团领袖,又是僧众的导师,但当时还没有建立必要的教育制度。佛图澄死后,他的大弟子道安继续领导僧团,制定"僧尼轨范",确立了寺院教育制度,才使中国佛教教育逐步走上正规化。道安所定"僧尼轨范"条为三例,其中之一是行香定座上经上讲之法,即为当时寺院讲经的仪规。据《四分律简众部》云:"夫法师升座,先须礼敬三宝。"法师讲学,须升高座,并且礼敬三宝。讲经的法师在僧人中有崇高的地位。鸠摩罗什所译《妙法莲华经》指出:"若有侵毁此法师者,则为侵毁是诸佛。"要求徒众"宁上我头上,莫恼于法师",因为"善知识(法师)是大因缘,所谓化导,会得见佛"。崇敬法师就是崇敬佛,故法师讲经要升之于高座。法师讲经采取问答形式,便于条分缕析,层层深入。佛经有问答,而问答有"都讲"。《释氏要览》记载:"都讲即法师对扬之人。晋支遁至越、王羲之请讲《维摩经》,以许询为都讲。询发一问,众谓遁无以答;遁答一义,众谓询无所难。梁武帝每讲经,诏枳园寺法彪为都讲,彪先举一问,帝方晔舌端,载索载征,随问随答。"都讲师不仅要担任问难角色,而且还要诵唱经文。"梁僧旻法师,讲次谓众曰:'昔弥天道安每讲,于定座后,常使都讲为含灵转经。此事久废,既是前修,欲屈大众各诵观音经一卷。'于是阖座忻然,远近相习耳"。在讲堂上,升座的不仅是法师,都讲也升高座。《广弘明集》卷二十六《梁武帝断酒肉文》四篇中末篇有注文云:"光宅寺法云于华林殿前登东向高坐为法师;瓦官寺慧明登西向高坐为都讲。"可见法师、都讲都升高座,面对而坐,一问一答,使讲堂气氛甚为活跃。在佛教教学中不唯都讲可以设难,而且听讲的学人亦可设问辩难。《高僧传·僧苞传》记僧苞从罗什学成后,"东下京师,正值祇洹寺发讲,法徒云集,士庶骈席。苞既初至,人未有识者,乃乘驴往看,衣服垢弊,貌有风尘。堂内既迮,坐驴鞴于户外。高座举题适竟,苞始欲厝言。法师便问:'客僧何名?'答云:'名苞。'又问:'尽何所?'苞答云:'高座之人亦可苞耳。'乃致问数番,皆是先达思力所不逮,高座无以抗其辞,遂逊退而止。时王宏、范泰闻苞论之义,叹其才思,请与交言,仍屈。住祇洹寺开讲众经,法化相续。"这种提倡自由辩论、师生平等、唯才是举的教学作风,显然是释迦牟尼开创的印度佛教教育传统之流风所及。

当时的佛教寺院教育还出现了一种复讲制度,《高僧传·道安传》记道安游学至邺,入中寺遇佛图澄,"澄见而嗟叹,与语终日。众见形貌不称,咸共轻怪,澄曰:'此人远识,非尔俦也!'因事澄为师。澄讲,安每复述,众未之惬,咸言:'须待后次,当难杀昆仑子。'即安后更复讲,疑难锋起,安挫锐解纷,行有余力。时人语曰:'漆道人,惊四邻'。"可知复讲,一方面是把教师所讲内容加以复述;另一方面又不单纯是一种一字不落的复述,而是可以针对种种疑难,在对答中加以自由发挥,它构成了佛教教学的另一特色。道安时期佛教教学还出现了一种"格义"讲经的方法,即用中国传统文化的概念和思想去比附、解释佛教义理。其首创者是竺法雅,他少时便熟习儒道经史,出家后又精通佛典,因见门下弟子皆"世典有功,未善佛理",便"以经中事数,拟配外书,为生解之例,谓之格义"(《高僧传·法雅传》)。竺法雅等人以"外典、佛经递互讲说"来解析佛经中的疑难之处,这种做法对于当时汉地士大夫理解和接受佛教思想很有效果。同时,随着佛经翻译事业的发展,讲学以口授为主的状况也得到彻底改变。《成实论》、《俱舍论》等译本的出现使佛教教育有了基础教材。《维摩》、《智度》等译本则给佛教徒深入钻研佛学提供了读本,从而拓宽了佛教教育的范围,扩大了佛教教育的影响。有些佛教学者还采取编译办法为佛教教学提供教材。如罗什综合各家禅法编译了三卷《禅要》,其中专讲五门对治,即视学人具体情况而教学有所偏重:一、贪重之人应修习"不净观";二、瞋重之人,应修习"慈悲观",三、痴重之人应修习"十二因缘";四、寻思重之人,应修习"安般"念息;五、平等(一般)之人,应修习"念佛"禅。这种适应学人不同情况所采取的"对治"教学,可谓佛教教育中的"因材施教"。

在这一时期里,中国佛教教育不但初步建立了一套教育体制,而且还形成了自己独特的教育思想,南朝刘宋的竺道生在这方面作出了卓越贡献。道生"佛性说"的创见在于不但肯定"一切众生皆当作佛",而且据此推论"一阐提也能成佛"。这从某种意义上说,表达了佛教教育平等的观念,构成了佛教教育的根本思想，推进了佛教教育广泛而深入的开展。"顿悟说"是与"佛性论"密切相关的，后者是前者的前提与根据，前者是后者的方法与步骤。顿悟说是道生思想中最骇世惊俗之论，也是他对佛教教育理论的主要贡献。道生的"顿悟说"是建立在所谓理不可分基础上的，但他也不完全否定知识的积累，他认为那是悟的手段。道生指出："象者理之所假，执象则迷理；教者化之所因，束教则愚化，是以征名责实，惑于虚诞。求心应事，芒昧格言。"（《广弘明集》卷二十三《龙光寺竺道生法师诔》引）形象是借以表达思想的，得到思想便可忘象，再执着形象就会影响悟理。教义只是为了使众生开化的缘故，如果因此固执教义就是一种愚昧的教化。道生反对守滞文句，不仅对改变佛教教育的风气起到了重要作用，而且也影响当时社会教育风气的转变。使教育从繁琐的章句训诂中摆脱出来，而着意于对知识本质的深层把握，重视教学中人的主观能动性与整体的理解。道生的教育思想深刻地影响了后来的禅宗，成为禅宗教育的重要思想渊源。

魏晋南北朝时期，随着佛教教育的发展，形成了长安和庐山南北两大佛教教育中心。鸠摩罗什在长安逍遥园中的澄玄堂讲经说法，一时义学沙门云集长安，多趋于他的门下，弟子多至两三千人。南方则有道安的弟子慧远在庐山聚徒讲学三十余年。后来竺道生也在此讲学。刘宋元嘉十一年（434年）冬十一月庚子，道生正在讲经，"法席将毕，忽见麈尾纷然而坠，端坐正容，隐几而卒，颜色不异，似若入定。道俗嗟骇，远近悲泣"。他晚年死于讲台上，可谓为佛教教育鞠躬尽瘁，死而后已。在这些佛教教育家的努力下，一时人才辈出。如罗什门下有僧肇、道生、僧睿、道融、昙影等著名佛学家，后世有四杰、八俊、十哲之称。慧远门下也有慧观、僧济、法安、昙邕、道祖、慧要、僧彻等百余人。他们在慧远那里学成之后，又分赴湖南、建康、江陵、会稽等地授徒教学，在各地普遍建立寺院教育，把中国佛教教育推向高潮。

隋唐时期，中国佛教呈现出一派繁荣局面，佛教教育也渐趋成熟。隋文帝对佛教义学大力提倡，在长安建立了佛教的传教系统，以国家的力量参与佛教教务。《续高僧传·义解篇后论》云："隋高荷负在躬，专治佛教。开皇伊始，广树仁祠,有僧行处皆为主寺,召诸学徒,普会京辇。其中高第自为等级,故二十五众峙列帝城,随慕学方住其披化。"今人明复认为:"二十五众,是一种学校制度,可能模效太学而设立的官办讲席。其法大概是于京寺官寺中甄选师僧立二十五课目,听诸学徒,随其兴趣而选修,一应费用,概由官给。"(参见《中国僧官制度研究》第93页,台北文明书局1981年版)如当时沙门僧粲,"开皇十年迎入帝里,敕往兴善频经寺,住缉谐法众,治绩著声。十七年下敕,补为二十五众第一摩诃衍匠"。同寺沙门僧琨也曾做过二十五众教读经法主,从事学众的教导。此外,《续高僧传·法应传》还说:"开皇十二年,有敕令搜简三学业者,海内通化,……敕城内创置五众,各使一人,晓夜教习。"五众,一为涅槃众,二为地论众,三为大论众,四为讲律众,五为禅门众。每众立一"众主",领导教学。其中可考的有:涅槃众主法总、童真、善胄;地论众主慧迁、灵粲;大论众主法彦、宝袭、智隐;讲律众主洪遵;禅门众主法应、昙崇等。五众与二十五众一样,均属当时佛教寺院教学课目。"众学"的设立,说明当时佛教寺院教育已有了课程的设置与划分,这是隋唐佛教教育趋于成熟的标志之一。

魏晋南北朝时期,讲经之风盛极一时。但义学僧们只重讲说,不重师承。师生之间关系松散,弟子不必恪守师说,可以有所抉择。事后同门弟子往往各处讲说,各说各的,也不是都继承师说。特别是当时流行游学之风,义学僧们大多是遍学经论,遍历众师。如《高僧传》载,慧集"遍历众师,融冶异说"。《续高僧传》称,智琚遍学经论,从师甚多,自谓"学无常师"。故当时佛教界只有学说派别,没有宗派传授制度。及至隋唐便出现了有创始人,有传授者,有信徒,有教义,有教规的中国佛教诸宗派,如天台宗、华严宗、唯识宗、三论宗、净土宗、禅宗、律宗和密宗等。这些宗派特别强调传法道统、学说延续的师承关系,例如智顗创天台宗,以《法华经》为依据,构筑了他的理论体系,弟子灌顶对其思想学说"顶皆总持,一闻靡失"。灌顶因遵循严格的师承,而被列为天台五祖。中国禅宗以其实际创始人慧能的学说集成《坛经》奉为本宗圭臬,其传人也严守师法。慧能的及门弟子法海曾说:"若论门人,僧之与俗,三五千人说不尽;若论宗指(旨),传授《坛经》以为衣(依)约,……无《坛经》禀承,非南宗弟子也。"(见《大正藏》卷四十八,第 342 页)三论宗元匠吉藏言学,更是处处援引师说。其《大乘玄论》卷三中说:"学问之体要须依师承习。"这种宗派传授制度的产生是中国佛教教育成熟的又一标志。各宗派自创其说,丰富了佛教教育的内容,从只重佛经原文敷讲到以法师的义疏为主,进而推进到以宣讲自己的创说为主的阶段。这同时也是佛教教育中国化的一个显著标志。由于各宗派自创其说,客观上也打破了前代相对统一的教学风格,而使当时佛教教育呈现出丰富多彩的气象。如天台重定慧双修,唯识重心识慧学,华严重圆融辩证,密宗重隐语念咒,律宗重守律持戒,禅宗则更是标识"不立文字,直指人心"的教学方法,使中国佛教教育体系得以全面确立。

唐代佛教讲经仪规也更为完备,而且普遍实行,渐成定式。据日本高僧圆仁《入唐求法巡礼记》卷二记载,圆仁曾在唐文宗开成四年(839 年)六月遇山东文登县青宁乡赤山院讲经之会。详细备录其讲经仪式如下:

> 辰时,打讲经钟,打惊众钟讫。良久之会。大众上堂,方定众了,讲经上堂。登高座间,大众同音,称叹佛名。音曲一依新罗,不似唐音。讲师登座讫,称佛名便停。时有下座一僧作梵,一据唐风,即"云何于此经"等一行偈矣。至"愿佛开微密"句,大众同音唱云戒香、定香、解脱香等。颂梵呗讫,讲师唱经题目,便开题。分别三门,释题目讫,维那师出来,于高座前谈申会兴之由,及施主别名,所施物色申讫,便以其状,转与讲师。讲师把麈尾,一一申举施主名,独自誓愿,誓愿讫,论义者端举问,举问之间,讲师举麈尾。闻问者语。举问了,便倾麈尾,即还举之,谢问便答。帖问帖答,与本国同。但难,仪式稍别。侧手三下后,申解白前,辛示指申难,声如大瞋人,尽音呼诤。讲师蒙难,但答不返难。论义了,入文谈经,讲讫。大众同音,长音赞叹。赞叹语中,有回向词,讲师下座。一僧唱"处世界如虚空"偈。音势颇似本国。讲师升礼盘。一僧唱三礼了。讲师大众同音,出堂归房。更有复讲一人,在高座南。下座便谈讲师昨所讲文。至如会义句,讲师牒文释义了,复讲亦读,读尽所讲文了,讲师即读次文。每日如斯。

从以上记载,我们可以得知唐代佛教讲学仪式的基本情况,其中包括这么几个方面的内容:一、讲经之前要打钟惊众;二、听者先入列坐,然后讲师、都讲上堂登高座;三、口赞梵呗于讲经先后;四、开题,即讲解题意;五、举问;六、问难;七、回向下座礼辞;八、复讲。以上八法比起前代,其完备严整是显而易见的。宋僧元照在其《四分律行事抄资记》卷三《释导俗篇》中,补上初礼三宝,打磬静众,把唐以来的佛教讲经仪式总归为十法。记云:"夜下明设座,或是通夜,不暇陈设,故开随坐。三中六法。初礼三宝,二开高座,三打磬静众,四赞呗,五正说,六观机进止,问听如法,乐闻应说,七说竟回向,八复作赞呗,九下座礼辞,……最初鸣钟集众,总为十法。今时讲导,宜依此法。"由此可见,唐代以降,佛教于讲学仪轨上渐成定制。后世均是承继其制而已,佛教教育在唐代之确立,于此可略见一斑。

中唐以后禅宗逐渐兴起,到了宋代已呈一枝独秀的局面。禅宗教育也成当时中国佛教教育的主流。禅宗寺院称为"丛林"。其规模体制始于唐代百丈怀海禅师。按照百丈制定的《丛林清规》,禅堂为丛林的教育中心。有些禅宗丛林虽也承袭了佛教教育升座说法的传统教学方式,但其教学活动主要还是在禅堂真参实证。住持和尚随时说法,指导参禅法门,称为"小参"。此外,还有"普说"与"普茶"等教学方式。普茶在朔望举行,由住持宣布规约,或察问学人见解,或详论平常行事,类似茶话会。"普说"则近似讨论会,学人可以"人人各说",涉及范围更广。总之,禅宗的教育方式较为自由灵活,其教育特色将在下节作专题论述。宋元以后,佛教教育包括禅宗教育在内日趋腐败,及至明代更是到了不可收拾的地步。许多禅师不通文字般若,专以打人为事。如圆悟禅师遇上堂学人问法,他是问也杖,不问也杖,"胡喝乱棒"而已。一讲便信口开河,自相矛盾。面对时弊,许多佛教徒起来大声疾呼。如临济宗德宝禅师指出:"大家妄口相传,情情相继,袭为实法,人皆安之,所以个个胡乱一生,到头只这么合杀了也。"(《笑岩集·北集上》卷三)智旭更是干脆痛骂"法师是乌龟,善知识是忘八"(《灵峰宗论》卷四)! 他们为了挽救颓势,更张佛教教育,几乎都不约而同地主张禅教一致,提倡看经,读经,"以文设教",恢复佛教教育以往的传统。但结果"禅教一致"不成,却归于以禅入净，大家皆挤在"解脱"捷径上。中国进入近代社会之后，佛教徒为维持佛教教育的延续生存，对其进行了改革。特别是清末民初在寺产兴学之争的刺激下，佛教界创办了各种新型的僧材学校。如竺云在长沙创办的湖南僧学堂，文希在扬州创办的普通僧学堂，月霞和谛闲在南京创办的江苏僧师范学堂，杨文会在南京创办的祇园精舍以及后来太虚创办的武昌佛学院，欧阳竟无创办的支那内学院等。这些佛教学校大多依照近代世俗学校的制度来办学，增添了不少普遍教育的内容，开创了近代佛教教育，为培养佛教人才，重振佛教教育，弘扬佛教文化作出了一定的贡献。

二、　独具特色的禅宗教育

中国佛教禅宗的教育，既有别于儒家的教育传统，也不同于佛教其他宗派的教育模式。禅宗教育重在启迪人的智慧，它从现实生活和思想本身出发，揭出矛盾和葛藤，抛弃观念和范畴，凭悟性的智慧冲破一切执着和障碍，直接领会人生与宇宙的真谛。禅宗教育的传统最初是不说法、不著书，只是觅取可传衣钵之人，所谓"各述己意，以凭传付"。自五祖弘忍以后，虽然也逐渐开山授徒，上堂说法，但从不用长篇大论的说教，而是采用一些异乎寻常的方式接引学人，或拈槌竖拂，棒喝兼施；或扬眉瞬目，机锋百出；或直指直示，一针见血地表明自己的见地；或互相勘验，就无可表示中作种种方便，创造了一种生动活泼的学风。

禅宗以"不著语言，不立文字，直指本心，见性成佛"为宗旨，这同时也是禅宗根本的教育思想。为什么"不著语言，不立文字"呢？因为禅是佛自心自内证，是没有办法用语言文字来表达的。能用语言文字表达的充其量只是相似。把相似的东西认作真实就会障碍人的见性，构成人类智慧之眼的一种障碍。因此，禅宗认为只凭学习经典是不能理解佛法的，他们反对皓首穷经在故纸堆里讨生活，神赞曾说"世界如许广阔不肯出，钻他故纸驴年去"，简直与蜂子投窗纸一样愚不可及。因为有了语言文字，就有了理解，有了理解就有了分别，于是我们日常生活中所遇的一切都成为二元对立的了。水是水，山是山，黑不是白，白不是黑，它们永远不会合在一起，这就是人们感官和演绎推理中世界万物存在的普遍方式。这些观念和范畴是传统思维训练的结果。我们只是接受灌输到我们心里的东西，从来不考虑世界是不是还会有另一种存在方式。被动的"接受"既方便又实用，但生命也因此失去了活力，人类与生俱来的智慧之门就这样被关闭了。在禅宗看来，当体独立、直悟自性、飞跃一切逻辑的历程，是涌现智慧的一个契机。智慧与知识不同。人类获得新知识，必须以已有知识为基础，建立假设，然后遵循逻辑程序加以推论，方可有得，其中的过程是必要的。智慧则可以超越逻辑的过程和凌驾观念的控制，排除一切思考的规则，直达目的。所谓"直指人心"也就是启迪人的智慧，直截了当地告诉你什么是永恒的自我，什么是生命的不变的真实，就是要除去一切谬执和妄念，把蒙蔽生命、操纵人生的障碍统统扫除。这时候，你就能见到生命的基因，人生的本来面目，就能成为一个真正解脱自在的人。这就是"见性成佛"，就是"开悟"。悟是禅的生命，悟可以解释为对事物本性的一种直觉的观照。一般教育只是培养人的形象思维和逻辑思维能力，禅宗教育则要使人获得那种直觉思维能力。直觉是人类心智能力的高度表现。具有了这种能力的人，无论是论古还是道今，都能使它活生生呈现在眼前，他能从旧事物中发现新意义，也能从新事物中再现旧价值；他能从平淡中见神奇，再化神奇为平淡。具有高度智慧的禅悟者能用一种意料不到的感觉角度去看整个世界，在他们的眼里，尽管它还是一个有流水热火的世界，但决不再是同一个世界。青原惟信曾经说过：学人未悟前，情生智隔，知有而不知空，"见山是山，见水是水"。当他经过良师的教导而见色明空时，就会"见山不是山，见水不是水"。既悟之后，通体是慧，心光流布，无物无我，性相融通，"见山又是山，见水又是水"了。禅宗教育的目标即在于达到这样的境界，而不是要培养那种言端笔下、通玄入妙、口若悬河、辩才无碍、谈禅论道、如云如雨的知解宗徒。禅宗把这类好像是禅实际不是禅的东西，包括口头禅、文字禅、野狐禅、葛藤禅一概斥之为"禅稗"。认为他们只是欺世盗名、误人误己而已。

　　围绕这样一种教育目的，禅宗创造了一些异乎寻常的教学方式。参话头是禅宗最常用的教学方式。所谓参，就是研究、商量；就话头而言，大致不离"如何是佛法大意"、"如何是祖师西来意"、"师唱谁家曲，宗风嗣阿谁"、"哪个是你的本来面目"等等。参话头就是要找到一切事、一切理、一切众生的根源或原态，把这个话头参透了，人的本心也就显现出来了，也就是开悟了。禅宗语言形式多种多样，常有反诘、暗示、意在言外等。在师徒往复参问时，往往是答非所问、问非所答、答在问中、问在答中，后人把许多禅师生平用"参话头"方式授徒弘法的事迹记载下来即为公案，如问："如何是佛法大意?"或答"庐陵米作么价"（青原语），或答"长空不碍白云飞"（石头语）；如问："如何是祖师西来意?"或说"麻三斤"（洞山语），或说"庭前柏树子"（赵州），或说"山上有鲤鱼，海底有蓬尘"（径山道钦语）；如问："万法归一，一归何处?"赵州答："我在青州做一件布衫重七斤。"再如黄龙派的"三转语"即遇学人来参，常问："人人尽有生缘，上座生缘在何处?"慧南禅师正当和学人往复答辩时，忽伸出手来说："我手何似佛手?"又向前来参学者问其所得时，却垂下脚说："我脚何似驴脚?"这些都是答非所问、问非所答的著名公案。还有答在问中，如僧问九峰禅师："如何是祖师西来意?"师答曰："一寸龟毛重九斤。"问在答中，如赵州问："般若以何为体?"大慈寰中禅师答曰："般若以何为体?"赵州大笑而出。在这里不容有理性解释的余地，要想运用我们受过逻辑训练的理性去打开禅宗公案的秘密是不可能的。因为公案不是逻辑命题。例如，在"祖师西来意"和"麻三斤"之间，或者在"佛法"和"布衫重七斤"之间根本不存在任何逻辑联系。"参话头"正是要把理性逼到绝境，让理性看看自身能发挥多大作用，让理性了解有一个自身永远无法进入的领域。理性是禅悟的最大敌人，它强调主体与客体的分裂，使人们起分别心，落入二元对立的逻辑公式。但人们又总是迷信理性是无所不能的，参话头、看公案的目的就是要"使计虑之心灭绝"，恢复心的原态，达到当下觉悟的现量境地，并引导学人直接从现实世界中去认清宇宙的本来面目。禅师们为让学人的注意力集中在他想要抓住的东西上而不受任何意识卜度的干扰，常常避免使用那种可以用逻辑方法来理解的语言，乃绕路说禅，说而无说，不说而说，不沾不滞，不向不背，以免学人依言取义，望文解义，泥言执句，住境迷心，落入文字葛藤，不能直起觉观，自见本性。对禅师们说来,语言只是一种直接来自内心精神体验的呼喊。它本身不具备任何意义,意义要在人们自己内心去找,因为人们内心也能生起同样的体验,所以公案的解决并非是了解语言的观念意义,也不是了解所体验的感情,而是对人们本心自性的了解。公案是不会轻易解决的,但是一旦解决了,人们的智慧之门打开了,公案也就不再有丝毫用处。就像一块敲门砖,门敲开了,砖就被丢弃了。因此,见道就要忘言,而不能执着于语言文字。

禅宗还时常诉诸一种不用文字媒介的更直接的教学方式,就是运用身态语言,如擎拳、竖指、扬眉、瞬目、挥棒、执拂、脚踏、手斫、掀倒禅床、踏翻净瓶等接引学人。这些身态语言的运用有两种意义:一种是代替语言文字对学人进行暗示启发,表达体验的境地。如马祖道一开悟前常日坐禅,其师南岳怀让问他坐禅图作什么? 道一曰:"图作佛。"怀让乃取一砖在石上磨,道一问曰:"磨作什么?"怀让曰:"磨作镜。"道一惊曰:"磨砖岂得成镜邪?"怀让反问:"磨砖既不成镜,坐禅岂得作佛?"于是道一请求开示。又如钦山一日上堂,竖起拳又放开云:"开即为掌,五指参差。"又握云:"如今为拳,必无高下。还有商量也无?"僧出众竖起拳。钦山云:"只是个无开合汉。"雪窦举此公案,乃竖拳云:"握则为拳,有高有下?"又放开云:"开则成掌,无党无偏。""且道放开为人好,把定为人好? 开也造车,握也合辙。若谓闭门造车,出门合辙,我也知尔向鬼窟里找活计。"仅在拳掌开合之中却包含了那么多层意思。还有一种"默照禅",更是一语不发,或向虚空,或向地上,画一圆相,或身体绕一圆相,用来表示自悟的境地。他们就是这样通过一些小小动作来勘破我见,接引学人。在禅师们看来,禅道就是生活之道,而生活则是指活、动、行,而不是仅指思想。对禅而言,它的发展应该指向活动,而不是用语言加以说明或表示。在现实生活中并没有什么逻辑,因为生活先于逻辑,人并不完全根据他的观念、推理来进行活动。生活中有比理性更强的东西,也就是冲动、本能或者说意志。在有意志活动的地方便有禅,如果我们要解释禅的话,也应该用动的方式来解释,只有当某种说法本身是一种活动而且不指望借它来表达意义时,这种说法才是禅。

身态语言的另一种意义是给参禅者的心理状态以一种向开悟突变的助力,

所谓棒喝的作用即在于此。临济一宗教授学人常用棒喝,以"四喝"著称:有时一喝如金刚王宝剑,有时一喝如踞地狮子,有时一喝如探竿影草,有时一喝不作一喝用。传说临济义玄禅师开悟前三次向师父黄檗希运问法,三次挨打。又如有僧问睦州:"如何是西来意?"睦州云:"你说!"僧不及答,睦州便挥棒打他。一次水潦和尚问马祖:"如何是西来意"? 祖乃当胸踏倒。师大悟,起来拊掌呵呵大笑云:"也大奇,也大奇! 百千三昧,无量妙义,只向一毛头上。"一时识得根源去,乃作礼而退,师后告众曰:"自从一吃马祖踏,直到如今笑不休。"另一次,百丈怀海和马祖酬对之间,马祖振威一喝,百丈三日耳聋眼黑,从此心波不起,如醉如痴,直下见道。也许有人会觉得禅师们这些身态语言是荒谬绝伦的。其实,这是充分把握了心理和生理因素互相转化、互相影响的科学道理。"参话头"无非是让人把复杂的心念变成"独头意识",也就是集中在一个单纯的思想对象上。"参"的过程中,迷惑困扰,寻觅计虑,不断增加心理紧张。当这种被禅师引导的特殊精神紧张状态达到最后阶段时,当胸一脚,当头一棒,或者大喝一声,连独头意识也被粉碎了,生理的刺激就会导致心路的转变。学人的念想之流突然打断,一切心理功能暂时中止,既不会有妄念,也不会有烦恼,刹那间成为有心无意识,此时心的原态就会出现,本心就出来了。一愣之下直起观照,当下见性,产生一种透彻的灵悟,也就实现了禅宗的教育目标。总之,身态语言的运用如飘风疾电,不期而至,使学人猝不及防,不假思索,当下反应。如果运用得当,易于斩断学人的情缰意锁,直下见道。对于学人见地之勘验,直觉之培养,颇有立竿见影的效果。

禅宗教育和传统教育相比较具有许多显著的特色。首先,禅宗教育强调对病施药、随机应变、即事说法、不断创新,决不死守一定之法。法眼宗就标识以"对病施药,相身裁缝,随其器量,扫除情解"为教育原则。临济宗分别学人的基础差异,提出了"四料简"与"四照用"的教学方法。由于学人对法执、我执的程度不同,在教学中应分别对待:对于我执严重者,应先破我执("夺人不夺境",或"先用后照"。人指我,境指外物,夺即破,用对我执,照对法执,都是破义);对于法执严重者,应先破法执("夺境不夺人",或"先照后用");对"我"、"法"两执都很严重者,就须同时破之("人境俱夺"或"照用同时");而对"我"、"法"都不执者,则不须破除("人境俱不夺"或"照用不时")。禅师们运用身态语言也是因时因地,灵活运用。马祖说得好:"我有时教伊扬眉瞬目,有时不教伊扬眉瞬目,有时扬眉瞬目者皆是,有时扬眉瞬目者不是。"临济授徒惯用棒喝,其门下参徒学师喝,师曰:"尔等学我喝,我今问汝:有一人从东堂出,一人从西堂出,两人齐喝一声,这里分得宾主么? 汝且作么生分? 若分不得,以后不得学老僧喝!"禅师们认为"学我者死"。有位俱胝禅师凡遇学人参问,唯举一指,别无提倡,人称"一指禅",以为含藏无尽,余味无穷。有一供养童子,每见人问事,亦竖一指应对。俱胝禅师知道后潜袖刀子,问童子曰:"听说你会佛法是吗?"童子曰:"是。"师曰:"如何是佛?"童子竖起指头,师以刀断其指,童子叫痛出走。师召童子,童回首,师曰:"如何是佛?"童子举手不见指头,豁然大悟。可见禅宗教育反对因循守旧,提倡"丈夫自有冲天志,不向如来行处行"。也就是说那些陈腔滥调,那些旧的窠臼,旧的模式,不必去接受,不必去承袭,而应当各自创新,别出手眼。所以禅宗教育始终是活活泼泼地表现着法的生命,活活泼泼地展现着每个禅师自己的教育风格。

其次,禅宗教育不同于传统教育,它不但不追求知识的积累,相反却要求人们抛弃头脑中已有的知识。所谓"为学日益,为道日损",说的正是这种情况。传统教育总是希望学生在学问上天天有进步,天天有收获。禅宗教育则要求学生天天抛弃一些东西,天天有损失。固有的概念丢掉了,某些执着放弃了,自以为是的观念破除了,才能跳出原先盲目遵循的思维定势。禅师们喜用的一句话就是"驱耕夫之牛,夺饥者之食",只有否定了人们平时以为是天经地义的东西,他才会产生一种追求事物本质的心理饥渴,才会愿意把整个身心都投入到参禅上面去。为此禅师们经常说一些自相矛盾的话,如说"张三喝酒李四醉",说"空手把锄头,步行骑水牛,人在桥上过,桥流水不流"等等。这类话听起来完全不合理,但事实上禅却充满着这种生动而不合理的话,毫不犹豫地明确否定人们所最熟习的事实和经验,使学人感到困扰和迷惑,走进理性的死胡同。

第三，禅宗教育不离生活实际，强调把教学渗透到日常生活中去，以生活中种种随处可见的现象来启发学人自悟其心。当赵州从谂到南泉普愿那里参禅时，他问南泉："什么是道？"南泉答："平常心是道。"在禅师们看来，"山河并大地齐露法五身"，禅"无所不在，所在皆无"。日常生活中的担水、砍柴、种菜、锄草、吃饭、睡觉、泡茶……无不是禅道。在禅里面没有什么超自然、不平常或高度抽象性的东西，饥来吃饭夜来眠，就像天上的飞鸟和地上的花草一样，不担心你的生活，不担心吃喝和穿衣，一切听其自然，一切服从本心自性，这就是禅的精神。传说龙潭崇信作天皇道悟的侍者，有一天对天皇说："自我来到这里至今，未蒙老师指示心要。"师曰："自你到我这里以来，我一直在向你指示心要。"龙潭又问："何处指示？"师曰："你拿茶来，我没有接茶吗？你送饭来，我没有受你的饭吗？你对我行礼时，我没有答礼吗？何处不指示心要？"龙潭低首沉思良久，天皇便说："如果你想见，便直下见，假若用心思，便差错了。"于是龙潭当下开悟。禅宗认为禅是一个活生生的事实，所以只有在我们把握活生生的事实时才是禅，任何理论上的分析都不能用在参禅上。禅师们总是将开导学人的过程带到一切日常生活中的细节上来，要求学人在行住坐卧处、言谈语默处、回头转脑处、日用应缘处，时刻不忘参禅，注意力始终放在公案上面，不要间断。如宝积禅师出门听到幕下孝子哭声哀哀，顿时身心踊跃。德山宣鉴行路见卖饼婆子问："上座要点哪个心？"师无语，至龙潭抽灭纸烛当下猛省。总之，只要在日常生活里持之以恒地训练直觉思维，就会瓜熟蒂落，豁然贯通，打破疑团，自然见道，获得禅悟智慧。

独具特色的禅宗教育曾经吸引了古代中国许多知识分子，张方平曾指出：古时人才因"儒门淡泊，收拾不住，皆归释氏"（《扪虱新话》），这是因为禅宗给当时死气沉沉的中国知识界带来了新思想、新作风。朱熹也说："达摩未到中国之前，如远肇法师之类只是谈庄老，后来亦以庄老助禅。达摩入来，遂被他一切扫除，不立文字，直造人心。……人材聪明遂被他诱得收去。"（《朱子语类》）可见连朱熹这样的儒学宗师也不得不承认禅宗教育的显著成功。禅宗教育为中国传统教育输入了新的血液，丰富了中国古代传统教育的思想方法，它在中国教育史上的地位是不可忽略的。

三、 禅林与书院

在中国教育史上,佛教教育对儒家教育产生了重要影响。特别是中国佛教禅宗教育对书院讲学制度的形成和发展,更是具有直接影响。考察禅林与书院的关系,有利于了解佛教教育在中国教育发展史上的地位和作用。

书院正式兴起是在宋初,由于历唐末五代数十年之乱,官学凋敝。宋朝刚立,暂无力办学,而士子思学,于是一批由私人创建的书院出现,满足了社会上下对文化教育的需求,书院得到了官方的扶植与资助,形成了以讲学为主、颇具规模的白鹿洞、岳麓、应天府、石鼓、嵩阳、茅山等宋初六大书院。在南宋,书院日趋发达,正式成了以讲学、藏书、供祀为特征的新型教育组织,从此书院讲学便成为后世教育中独具特色、具有重要地位的教育形式。然而历史的事实说明,无论从组织形式、学规制度以及教学活动上来分析,书院教育都与中国佛教的禅林制度有着千丝万缕的联系。

1. 禅林与书院的组织形式

首先,从书院兴建来看。这包括三方面问题,即兴建的原因、院址的选择和书院的建筑与佛教的关系。

(1) 书院兴建的原因。前面曾提到北宋初书院出现是由于官学凋敝、学士失学所致,但还有另一个重要原因是佛教的影响。从魏晋南北朝始,名士与名僧的交往论道就曾十分普遍。到唐及宋前期,文人寄寓寺院也是常事。如岳麓书院在正式创办之前,便是由佛教僧侣主持办学的。南宋欧阳守道在其所作《赠了敬序》中说:"往年余长岳麓,山中碑十余,寻其差古者,其一李北海开元中为僧寺撰,其一记国初建书院志撰者名。碑言书院乃寺地,有二僧,一名智璿,一名某,念唐末五季湖南偏僻,风化陵夷,习俗暴恶。思见儒者之道,乃割地建屋,以居士类,凡所营度,多出其乎。时经籍缺少,又遣其徒市之京师,而负之归。士得屋以居,得书以读。其后版图入职方,而书院因袭增拓至今。"(《巽斋文集》卷七)这里明确说明岳麓前身作为学校的雏形,出自僧人之手。当时文人"得屋以居,得书以读"而寄寓寺院,岳麓书院是在此基础上"因袭增拓"而成。儒佛关系如此密切,儒士又长期受佛教浸染,因此在创建书院之时,能吸取禅林的经验是十分自然的。况且当时的禅林无论就其体制或讲学等等方面都很完善,足以为书院所借鉴。可以说,书院的兴建也是儒佛长期影响和融合的产物,这不仅促进了文化教育、学术思想的繁荣,也促进了书院本身的发展。

(2)书院院址的选择。书院兴建,多择山林胜地,其义趣所旨与佛教亦有些关联。佛教教育重视禅定,因此佛教徒往往选择山林名胜之地建立精舍丛林,作为修禅和讲授佛学的处所,以便清静潜修。俗有称"天下名山僧占多",便为此故。严耕望先生在其《唐人多读书山寺》一文中认为:"名山古刹既富藏书,又得随僧斋餐,此予贫士读书以极大方便。当然政府不重教育,惟以贡献招揽人才,故士子只得因寺院之便,聚读山林,蔚为时风,致名山巨刹,隐然为教育中心之所在。五代书院制度,盖亦萌于此欤。"(《大陆杂志》二卷四期)又说:"唐代佛教承南北朝之盛况继续发展,臻于鼎盛,此亦助长读书山林之风尚,……寒士出身既微,惟有勤习诗赋以取进士科第,而贫无恃营山居之资,势必借寓书院静境以为习业之所。……由此言之,宋代书院制度,不但其性质由唐代士子读书山林寺院之风尚演进而来,即'书院'之名称,亦由此种风尚所形成,宋人承之而大其规制,以为群居讲习之所耳。"(《唐人读书山林寺院之风尚》,《民主评论》五卷二十二期)观上所言,书院制度倒也不必全由读书山林寺院之风而演来;但唐代士人读书山林,求其清静潜修却是事实,这种风气多少对书院兴建有所影响。

宋代书院为了反对科举,提倡为教育而教育,要求"潜思进学"。书院环境适宜优美宁静,以陶冶性情。所以在受佛教禅林建设的启示下,宋代书院大多择名胜之区、山林僻静之地,以创造一个良好的读书环境、潜心学习的氛围,如白鹿洞书院在江西庐山五老峰下,岳麓书院在湖南善化县西岳麓山下,石鼓书院在湖南衡阳县石鼓山回雁峰下,嵩阳书院在河南登封县太室山(嵩山)下,茅山书院在江宁府三茅山后。于此,前人均有所记述,朱熹在《衡州石鼓书院记》中述道:"予惟前代庠序之教不修,士病无所于学,往往择胜地立精舍以为群居讲习之所,而为政者乃或就而褒美之,若此山、若岳麓、若白鹿洞之类。"(《朱文公集》卷十九)吕祖谦《白鹿洞书院记》曰:"儒生往往依山林,即闲旷以讲授,大师多至数十百人。嵩阳、岳麓、睢阳及是洞为尤著。"朱熹于此更是身体力行。他于1170年在距福建建阳县约十二公里处建寒泉精舍,1183年在武夷山风景区建立武夷精舍。这些精舍在《朱子语类》中称为书院。以上事实说明,宋代书院院址的选择多少是受佛教禅林影响的。

(3)书院建筑结构。这方面与佛教的禅林建制亦有关系。

禅林也称丛林,通常指禅宗寺院而言,但后世教、律各宗也有仿禅林制度而称丛林的。初创制于唐贞元、元和年间江西奉新百丈山怀海。丛林意义,取喻草木之不乱生乱长,以示其有规矩法度(《禅林宝训音义》)。禅林建筑,最始只有方丈、法堂、僧堂和寮舍。百丈怀海不立佛殿,唯建法堂。《传灯录·百丈章禅门规式》云:"不立佛殿,唯树法堂者,表佛祖亲嘱受当代之尊也。"百丈之后,又有树佛殿于禅林。如宋慧洪《信州天宁寺记》说:"入门,层阁相望而起,登普光明殿(佛殿)顾其西则有云会堂(禅堂,即僧堂),以容四海之来者。为法宝藏(轮藏殿)以大轮载而旋转之,以广摄异根也。顾其东侧有香积厨(厨房),以办伊蒲塞馔,为职事堂(库房)以料理出纳。特建善法堂(法堂)于中央以演法,开毗耶丈室(方丈)以授道。"(《石门文字禅》卷二十一)可见宋时禅林殿堂已成规制。法堂即讲堂,为演说佛法之处,是仅次于佛殿的主要建筑。始建于晋道安,昙翼在上明东寺所造(《六学僧传·隋罗云传》),一般位于佛殿后。唐百丈不立佛殿,唯树法堂,故尤为重视。方丈室(住持所居之室)通常同处法堂内。禅堂,古称僧堂或云堂,为僧众自习群居之处所。古时僧堂兼食堂,僧众就堂而食,后世才于禅堂外另设斋堂。明徐一夔《灵谷寺碑》道:"以禅与食,不同混一也,故食堂附于库院。"(《金陵梵刹志》卷三)于是禅堂在西,厨房并设于东,遂为禅林定式。后世又常设藏经阁于法堂后。

禅林殿堂建筑呈以下图式：

```
            法
            堂
        佛      厨
        殿      库
    僧       山
    堂       门
    西       浴
    净       室
```

法堂为讲学中心，僧堂则为学僧自习斋舍。佛殿则安佛菩萨像以供礼佛祈祷。另设转轮藏殿或藏经楼，便于僧众平时习读之用。在佛殿或法堂两侧，常分建祖师堂（西侧）以奉达摩、百丈或当寺开山祖师；伽蓝殿（东侧）以供守护伽蓝（寺庙）土地之神像，故又称土地堂。这样，佛教丛林也隐括有讲学、供祀、藏书三方面功用。这种规制、建筑对书院的创建颇有影响。

北宋书院一般都只有讲堂数间、斋舍数十间、生徒百数人，建筑规模较小，不很完备。据史料记载，当时的岳麓书院初创时也仅有讲堂五间、斋舍五十二间。至咸平二年(999年)，潭州太守李允则重加扩建，有了一定的发展。北宋王禹偁《潭州岳麓山书院记》云："公（李允则）询问黄发，尽获故书，诱导青衿，肯构旧址。外敞门屋，中开讲堂，揭以书楼，序以客次。塑先师十哲之像，画七十二贤，华衮珠旒，缝掖章甫，毕按旧制，俨然如生。请辟水田，供春秋之释典；奏颁文疏，备生徒之肄业。"（《小畜集》卷十七）说明李允则的扩建发展使书院颇具规模，形成了基本规制。

从书院建筑来看，李允则扩建时"中开讲堂"，这确定了讲堂在书院的中心地位。并正式建立了藏书楼，基本上安置于讲堂之后的中轴线上，其为书院唯一楼阁建筑。又设置"孔殿"（或称"孔子堂"），"塑先师十哲之像，画七十二贤"，为以后"诸贤祠"、"崇道祠"、"六君子堂"所沿袭，成为颇具规模的书院祭祀设置。张栻《岳麓书院记》记邵颖重建之事曰："大抵悉还旧观。肖阙里先圣像于殿中，列绘七十子，而加藏书于堂之北。"以后朱熹也曾有所兴复扩建，但据《朱子年谱考异》卷四第七页注："未有改建之议。"可见李允则的扩建基本成为定制，以后只是在此基础上的扩充而已。

岳麓书院建筑旧制盖呈以下图式：

藏书楼

斋舍　　讲堂　　斋舍

大门

讲堂作为教学活动的中心，设在书院的中心部位，这在以后基本如此。藏书楼在讲堂之后。斋舍则是学生自习场所，也是学生住宿、生活区域。礼殿等祭祀场所虽没明确标位，但据记载，朱熹重建后，"书院前有宣圣殿五间，……殿后堂室（讲堂）二层……"（明杨茂元：《重修岳麓书院记》）。元延祐元年（1314 年）善化主簿潘必大重修书院，更辙而新。"前礼殿，旁四斋，左诸贤祠，右百泉轩，后讲堂，堂之后阁曰尊经"（吴澄：《岳麓书院记》）。由此推论，礼殿可能在讲堂之前，正巧构成讲堂的中心地位。

从李允则的扩建看，这时书院的建筑群落结构，本身已标志书院讲学、藏书、供祀三个组成部分的规制已基本形成。因此我们可以说书院的讲学、藏书、供祀为三大事业的重要特色在北宋已经出现，由于岳麓书院出现得较早，故为以后其他书院所仿效，尤其在南宋得以成为书院的主要特征。

比较佛教寺院与儒家书院建筑结构，其来源都是来自中国传统的院落布局，中国的宫殿也是这种布局，如有正殿、后殿，两侧为配殿等。中国佛教的寺院与印度不同，就在于它采用了中国式的宫殿结构，但从近源上说，书院的建筑则更多地是受佛教禅林的影响与启示。禅林内讲学、藏书及宗教活动于一院，还包括衣食住行等等。从其性质上看，既是一座宗教庙宇，又是一所佛教学校，它的建筑结构正是这样设立的。书院的建筑类型与以往的学校是不同的，但与佛教禅林相比较，却十分相似，这就绝非偶然了。由此，可以设想从书院建筑特点上反映出的讲学、藏书、供祀的书院基本规制也许与禅林制度亦有一定的联系，这点也是值得研究的。

我们再来考察一下寺院与书院在管理体制上的关系。

中国自魏晋以降，各地纷纷建立寺庙，僧侣猛增。一般较大的寺院都具有集徒讲学、传经授道的佛教学校性质，多则拥有学侣两三千人。为了便于管理，建立了一定的丛林制度。以前寺院的最高管理阶层为三纲：即上座、寺主、维那。上座一般以年德俱高者，由朝廷任命，处众僧之上，位居寺主、维那之上；寺主，主管一寺事务；维那（或称都维那），管理僧众庶务，位处上座、寺主之下。

唐末江西百丈怀海禅师整肃规制，建立"清规"，号为"百丈清规"。至此后，禅宗寺院职位繁多，于寺院的管理上有了详尽的分工。有了长老、首座、殿主、藏主、庄主、典座、维那、监院、侍者等等名目。北宋宗赜的《龟镜文》（《禅林备用清规》卷七称为《百丈龟镜文》）对各职事有个简略的概括，现据《禅苑清规》卷八之文兹录如下：

> 丛林之设要之本为众僧，是以开示众僧故有长老，表仪众僧故有首座，荷负众僧故有监院，调和众僧故有维那，供养众僧故有典座，为众僧作务故有直岁，为众僧出纳故有库头，为众僧主典翰墨故有书状，为众僧守护圣教故有藏主，为众僧迎待故有知客，为众僧召请故有侍者，为众僧看守衣钵故有寮主，为众僧供侍汤药故有堂主，为众僧洗濯故有浴主，为众僧御寒故有炭头，为众僧乞丐故有街坊化主，为众僧执劳故有园头、磨头、庄主，为众僧涤除故有净头，为众僧给侍故有净人。

宋以来这些制度十分通行，少有更改。至元顺帝元统三年（1335年），为了统一规制，朝廷命江西百丈山住持德辉取前诸规约本子重辑定本，并由金陵大龙翔集庆寺住持大䜣等校正，成《敕修百丈清规》，成为自明迄今的通行本。其在住持（即长老，也称方丈）之下，将所有职事分为东西两序。东序管司总务，重要职事为监院（或监寺，即古之寺主，俗称当家）、副寺（即知库或库头，管出纳）、维那（主掌僧众威仪进退纲纪》、悦众（其职数人以辅维那）、侍者（分工多人，专为住持服务）、庄主（管理寺院领地）等。西序管司教务，则为首座（即古之上座，表仪众僧等，分西堂、后堂首座）、书记（即书状，执掌文书）、知藏（即藏主，掌佛教经籍）、知客(又名典客、典宾,负责接待外来宾客)、知殿(管佛殿法堂的香灯及其他)等等。除此西序职事外,还有专职一务者,如饭头、火头、水头、碗头、钟头、鼓头、门头、园头、浴头(知浴)、塔头、柴头、磨头、炭头、炉头、锅头、桶头、灯头、巡山等等极为复杂。从总务、教务乃至衣、食、住、行都有管理规制,非常完备。这种完善的管理体制对书院组织的形成,自然提供了再好不过的参考。

从书院组织产生与发展来看,其初也是十分简单的,掌教者集教务、管理于一身,除个别书院在生徒中挑选几名高足做些助理性事务外,一般无别的管理人员。但在其发展中受禅林制度的影响,有了相当的发展。如其山长、堂长、直学之职称,与最初佛教的上座、寺主、维那亦相当。如果以《百丈清规》对照一下清初康熙年间所修的《白鹿洞志》卷十一《职事》条例,可以看出两者实际上十分相似。

一、主洞(其他书院也有称山长、院长、教授等):"聘海内名儒,崇正学黜异端,道高德厚、明体达用者主之",或由地方官充任。"无则不妨暂缺"。主持书院一切事务。

(这类似禅林住持,主管僧众,持法教示。住持一般由推选或官聘德尊齿高者担任。)

二、副讲:"主批阅文字,辨析疑义"。"聘本省通五经,笃行谊者为之"。

三、堂长:"主督视课业勤惰","诱掖调和院学徒"。"由主洞、副讲择学徒中之优者为之,不称职则更易"。

[此两职中,堂长一职在宋、清两代有所不同。清为学生班长,由诸生轮选。宋则或为一院之主,或为洞主之下(《白鹿洞志》卷二朱熹《请学堂长牒》)。故宋代堂长更似禅林维那,主调和学徒,维那又称悦众,即是此故。至于副讲之职,近似西序首座,其由德业兼修者担任,除表率众学僧外,还"分座说法,开凿后昆",督生课业,故其职似介于副讲、堂长之间。]

四、管干、副管干:"专管洞内一切收支、出纳、米盐琐碎、修整部署诸务,即于洞中择有才而诚实者为之,不称职更易"。

(此职似禅林东序监院等各知事之职,负责院内总务。)

五、典谒："专管接待宾客及四方来学者"。"择洞中言貌娴雅者充之,按季更易"。(此与知客职事相同。)

六、经长:经义斋五经各设一经长。

(这与西序首座分西堂、后堂亦近似。)

七、学长:治事斋七事各设一学长。七事包括礼、乐、射、书、数、历、律。

(这与禅林教参学者参加告香普说仪式、懂礼乐仪规的"参头和尚"相似。《百丈清规》卷二:"每夏前告香,所归堂者推参头一人。"卷五:"推熟于丛林能事者一人为参头。")

八、引赞:"主谒圣引礼"。择"声音洪亮、进退疾徐中节者"充之。

〔佛教讲经、受戒、诵经及法会道场等一切宗教仪式中都要举唱梵呗,以止息喧乱便利法事进行。赞呗有人专职,有时亦可由听众任之。另梵呗也指歌赞专职之人,为讲经法会成员之一(《开元释教录》卷六《勒那摩提传》)。书院引赞与其很相似。〕

九、伙夫。

十、采樵。

十一、门斗:司启闭、洒扫,每夜提铃巡守轮值。

(其三职与禅林饭头、菜头、火头、柴头、门头等相同。)

比较禅林与书院的管理制度,可以看出两者非常相似,书院在管理制度上受佛教禅林的影响十分明显。

2. 寺院清规与书院学规

书院的教育有一套规约,简称为"学规"。在此之前,佛教禅林为适应讲经法会等宗教活动,已制定有关生活、讲学及宗教修习等方面的规约,称为"清规"。而东汉以来,无论官学与私学如何发达,但对生活、学习、讲学并无一套规约制度。因而在书院发展过程中,佛教禅林的清规戒律曾对书院教学制度有着深远的影响,也并非偶然。朱熹门人程端蒙、董铢曾撰《学则》,后移入白鹿洞书院内,而成为书院的履行守则，为以后书院普遍采用。《程董二先生学则》与当时禅宗寺院通行的《禅苑清规》有很多相似之处。拟作若干比较如下：

《程董二先生学则》

居处必恭。居有常处，序座以齿；凡坐必直身正体，勿箕踞倾倚、交胫摇足，寝必后长者，既寝勿言，当昼勿寝。

言语必谨。致评审，重然诺，肃声气，勿轻勿诞，勿戏谑喧哗，勿及乡里人物长短及市井鄙俚无益之谈。

容貌必庄。必端严凝重，勿轻易放肆，勿粗豪狠傲，勿轻有喜怒。

衣冠必整。勿为诡异华靡，勿致垢敝简率，虽燕处不得裸袒，虽盛夏不得辄去鞋袜。

饮食必节。书院不得私有燕会，凡常食勿贪味，勿耻恶食；非节假及尊命不得饮，饮不过三爵，勿至醉。

《禅苑清规》

坐必端身，不得倚靠。不得掉臂及不得把臂同行。

不得坐卧闲话。

堂中寻常不得高声说话。

不得相聚戏笑，又说非义若之言，若相骂相打。

既已出家，参陪请众，当念柔和善顺，不得我慢贡高……徐言持正，勿宣人短。傥有诤者，两相和合，但以慈心相向，不得恶语伤人。

衣服常须净洁整齐。

不饮酒食肉，除斋粥外并不得杂食。

授食不得说话。

出入必省。非尊长呼唤,师长使令,不得辄出学门;出必告,反必面,出不易方,入不逾期。

非常住差使不得出门,非大缘事不得请假。

读书必专一。必正心肃容,以计篇数;篇数未足,而未成诵,必须成诵;篇数未足,虽已成诵,必满篇数;一书已熟,方读一书;毋务泛观,毋务强记;非圣贤之书勿读,无益之文勿观。

参禅问道者,收摄身心,不得散乱。念经求度者,温习经书不得懒惰。

几席必整齐。位置有伦,简帙勿乱;书筒衣箧,必谨扃钥。

不得擅使别人衣被,不得自移……脚头不得安经案,床头不得置枕屏,旧衣鞋袜安置床下,衣单枕被常令整齐。

相呼必以齿。年长倍者以丈,十年长者以兄,年相若者以字,勿以尔汝;书问称谓亦如之。

大者为兄,小者为弟。

《禅苑清规》制于北宋,《程董二先生学则》定于南宋,从上对照条例,两者大同小异,其中关系影响是不言而喻的。

当年程颐到一寺院参观,他看到和尚们在吃饭时那种"趋进揖逊之盛",叹曰:"三代威仪,尽在是矣!"(《二程全书》卷三十七)这一方面说明佛家的规制十分严细,与原始儒家的礼仪有相似之处,或也有所承袭。另一方面也说明当时儒

家礼仪不甚完备,佛家诚可为儒之借鉴仿效。后来朱熹也赞佛家:"其克己,往往吾儒之所不及!"(《朱子语类》卷十三)

3. 寺院与书院的教学活动及其特点

书院作为宋时教育的一种新型学校教育组织,它在发展的过程中表现出与以往官学、私学的教学活动及其特点上的明显差异,追根寻源,它与禅林讲学制度有着密切的关系。下面我们就其讲学仪式、祠祀活动以及教学上的特点同禅林讲学制度逐一进行比较,来考察其中的关系。

首先是讲学仪式。

(1)升堂讲说

佛教禅林中,高僧法师讲经说法一般采取升堂讲说的形式。这种讲学形式影响了儒家教育,也被后来书院所采用。早在南唐庐山国学时期即已有记载"升堂讲说"之事。《南唐书·朱弼传》载:朱弼"每升堂讲释,生徒环立,各执疑难,问辩蜂起,弼应声解说,莫不造理,虽题非己出,而事实联缀宛若宿构,以故,诸生诚服,皆循规范"。这说明南唐时升堂讲说已很流行,这种教学形式不同于个别教学,也不同于一般官学教学形式,更多的是采用了佛教禅林的方式。朱熹讲学白鹿洞书院也加以采用,后来成了书院教学的一般形式。

(2)开讲仪式

书院教学除平时讲学注意讲学形式之外,于开讲仪式更为隆重,这与佛教也有关系。

佛教禅林讲学制度在唐时已成定制,它在开讲仪式上极为严肃、隆重。据宋僧元照《四分律行事抄资记》卷三《释导俗篇》记唐以来讲经仪式为十法:1.初礼三宝。2.升高座。3.打磬静众。4.赞呗。5.正式讲说。6.问听应说。7.说竟回向。8.复作赞呗。9.下座礼辞。加上鸣钟集众共为十法。

书院开讲,亦有七事:1.开讲前由山长、副讲领众到大成殿向"先师"神位礼拜。2.回讲堂,由引赞喊"登讲座"。3.登席毕,引赞喊"三肃揖"。4.行礼后,山长、副讲进茶。5.进茶讫,引赞喊"鸣讲鼓"三通,肃静听讲。6.山长、副讲各拈讲

《四书》《五经》一章,并申饬规约。7.讲毕,进茶,诸生谢教,引赞喊"三肃揖",山长、副讲就馆燕息,诸生退就舍肄业(陈元晖:《中国古代的书院制度》)。

比较书院与寺院的开讲仪式,除讲学内容不同及形式略有差异,大体上基本相似。引赞之职相当于佛教赞呗或知客、维那之职;初礼三宝(佛、法、僧)其中礼佛、僧相当于书院礼"先师"神位及进茶;鸣鼓肃众与打磬静众相似,山长与副讲各拈讲,其状与佛教讲堂上立讲师、都讲两职亦相似,以及讲毕下座礼辞之类,从开讲仪式的顺序来说,书院与寺院基本相同。

另外,开讲时,寺院是长老说法,徒众两旁侧立,宾主问答,激扬宗要,似也为书院所采用。前举《南唐书·朱弼传》可为一例,而《程董二先生学则》"严朔望之仪"条也云:"书院设云板于讲座,凡朔望日昧爽,斋仆击板,始击,成盥漱,整衣冠;再击,皆升堂。师长率诸生偕先儒前再拜,焚香讫又再拜,退,师长面西列。诸生之长者,相率立齐,向上三揖,遇节日则再拜,诸生亦相向东西立齐,一揖而退。"这里虽说的是朔望之仪,但亦可为讲堂仪式的一个佐证,其中佛教仪式的意味也较浓重。

(3)初至礼

书院的山长、副讲初至某书院,规定有一定的仪式。如山长、副讲初至,院内全体学生必须出院迎接,并顺次谒大成殿及先贤祠,然后师生行相见礼,进茶,全体学生肃立敬听训诲。讲毕,布席,进酒肉,席散后,山长、副讲就馆。这种初至礼仪与禅林非常相似。

据《百丈清规》卷五"请新住持"条曰:"凡十方寺院住持虚席,须细访有道德高僧,方可参请,宜集众共议定已。"然后派专使去某寺谈判参请,如果请定,就有一套初至礼规定。"入院"条,择日定当,以两地相去路途远近计算,路近就由首座领众生去迎接,路远则由两序职事往迎。新住持来日的前一天,须挂牌告示全院准备迎接。到了那一天,要鸣钟鼓、焚香烛,众僧出院两旁对立迎接。新住持顺次往佛殿等处礼拜并说法数句,最后到法堂升座训诲说法数句,并与两序各职事及众学僧行相见礼,互相敬茶等,然后再回室就居。其仪式只是不布酒席,其他方面则与书院基本上无甚区别。

从以上三方面比较来看,书院的讲学仪式与佛教讲学仪式很相似,这种讲学仪式上的模仿,构成书院教育的一个重要方面。

其次是书院祠祀活动与佛教的关系问题。

寺院教育由于属于宗教教育的范围,因此它的宗教意味极为浓重,这是十分自然的,无论在讲经或其他一些宗教活动中,宗教性是非常突出的。在佛教寺院中,殿或堂都设有佛像、菩萨像或圣僧之像,就连僧堂与浴室、厨房等处也不例外。寺院的一切活动都离不开礼佛祈祷之类的宗教仪式,讲学时也必须先礼三宝(其中包括礼佛),其作用无非是为了警示众僧、坚守信仰等。

儒家学校教育中设有祭祀仪式,最初始于汉明帝。他为了昌明经学,提倡儒家教育,以尊孔为崇儒政策措施之一。在永平二年(59 年)开始在太学及郡国学校举行祭孔仪式,于是祀孔成为后来历代封建学校的例行活动,也为唐宋官学采用。

书院祭孔及弟子始于宋咸平二年(999 年)潭州太守李允则扩建岳麓书院。他益崇大其规模,"中开讲堂,揭以书楼","塑先师十哲之像,画七十二贤"(《小畜集》卷十七《潭州岳麓书院记》)。咸平五年(1002 年)整修后的白鹿洞书院,也塑了孔子及其弟子像。这些与汉唐遗风有关,作用在于以示铭志不忘,发扬精神,其着意培养一种宗教式的心理环境,以助教化。这虽与寺院异源,但却有异曲同工之妙。

北宋书院除了祭祀孔子及其弟子外,有的书院还祭祀本院创始人,如白鹿洞祀李渤、石鼓祀李宽、睢阳祀戚同文、茅山祀侯遗等。这同禅林一般都实行供奉本寺开山相似,禅林在佛殿或法堂西侧设有祖师堂,多是中供达摩祖师,左供百丈禅师,右供开山(本寺开山)禅师。

南宋以来,书院祭祀活动更加兴盛,并有了一定发展。所祀人物日益广泛,其特点表现在,一般书院除了祭祀公认的儒家先圣先师先贤之外,开始对本学派的代表人物的祭祀特别关注。

淳熙七年(1180 年)朱熹"作竹林精舍,释祭先圣先师,以周、(二)程、邵、司马、豫章、延平七先生从祀"(《白鹿洞志》)。这是书院祭祀一个学派先贤的最早记载,也开了祭祀本师的风气,为南宋与元代书院普遍采取。如南宋时,象山书院祭祀陆九渊,杜洲书院祀杨简;元代建泽山书院祀黄震;明代湛若水更祀本师,

"生平足迹所至,必建书院以祀白沙"(《明儒学案》卷三十七);清代阮元力复汉学,诂经精舍祀郑玄、许慎、司马迁、班固等。

进而只要是与本书院有关的名儒大师,甚至本学派大师的著名弟子也列入祭祀范围,并分别设祠供奉。

祭祀的仪式也日趋隆重,据朱熹之意,为与佛教崇拜偶像相区别,祭祀人物采用牌位,典礼则据《礼记》设"释奠"(用羊、牛全牲供祭)、"释菜"(用枣、粟、兔鱼醢等供祭),形成了一套繁杂的礼仪。

这种祭祀活动在书院中也是一种重要的教学形式,具有两方面的目的:一是为标榜学院,延续学派发展,明确本院宗旨;二是培养学风,使学者"入其堂俨然若见其人",感发信念,以加强教化的作用,树立楷模,激励后学。

以上我们就讲学仪式及祭祀活动等方面对书院和寺院作了简略的分析。下面再就书院教学上的特点与佛教寺院教学的关系进行一些探讨。书院教育是我国古代教育史上最富光彩的学校教育,在世界教育史上也有一定的地位。它在发展过程中形成的诸多教学上的特色,为我们提供了很多有益的经验,概括起来约有以下三个方面比较突出。

第一,学术研究与教学相结合。

在学术研究基础上进行教育与教学,反过来,学术研究又推动教育与教学的发展,这是书院教学上一个最显著的特点。

有的学者指出,书院最早是在官方藏书、校书和私人读书治学的基础上发展为讲学的。一批学者在校勘图书时,逐步积累丰富的知识与研究成果,为皇帝"以质史籍疑义",以学有所得,使得人来问教。唐代丽正与集贤书院如此,义门书院更是"繁书千卷,以资学者,子弟弱冠,皆令就学",书院逐步从学术研究机关发展为教育教学机构,后代书院是这条路线的延续(陈元晖:《中国古代的书院制度》,第154页)。

又有人认为,学术研究与教学相结合,这在先秦诸子各家私学里无不如此。如稷下学宫中那些学者都是边著述边讲学,阐明自己的学术观点和政治主张。

这种传统为汉代精舍大师以及后代私立书院的山长们所继承（郭令吾：《关于书院的性质与特点》，载《岳麓书院通讯》1984年第2期）。

这些说法都有一定道理，是毋庸置疑的。

但是这仅说明了书院这种教学特点的两方面的渊源，关于与佛教丛林教育的关系并未涉及。实际上，书院学术研究与教学相结合的特点很突出地表现在讲学内容与学风上具有学派的特点，这与寺院教育的特点有所关联。

如果说先秦私学教育产生了众多的流派，汉代官学与私学发展了儒学的各种流派的话，那么只能说它提供了后世书院教学的一个雏形。因为它们缺少如同书院那种完备的学校体制，所以在学派的流变中缺乏一定的稳定状况及一以贯之的师承关系。而佛教寺院教育却是早间教育和后世书院教育之间的一个重要历史环节。

隋唐时期随着佛教教育的充分发展，佛教建立了相当完备的教育体制。佛教在一系列译经、著述、讲学、判教活动基础上，创立了众多的宗派。它吸收汉代经学教育中师法、家法的经验，通过寺院教学制度，形成各学派严格的传法系统，每座寺院实际上成为某一学派或支派研究和传播的基地，从形式到内容都相当确定，不同于以所主所尊某种学说的松散的学术派别。这就为书院教学提供了一个重要的参照系。

例如南宋书院的兴盛与理学发展很有关系。每座书院基本由某个派别的著名学者担任主讲。朱熹与陆九渊所创办的书院，在讲学内容、方式和学风上就各具特色。明中叶后理学分王、湛两派，那时书院分别讲授王学与湛学。每个主讲者都以自己的研究成果通过讲授来规定书院的学术研究方向和讲学内容，形成多样的学风，他们主持的书院便成为传播和发展理学的重要基地和教学中心。这样，理学各学派的发展需求便构成了书院的学术研究与教学相结合的显著特点。比较汉唐的儒家教学，书院以学派的形成和发展延续作为教学的中心，这与佛教寺院教学的影响不无关系，很值得重视。

第二，提倡师友切磋，实行门户开放的学术交流。

书院教学的强大活力往往与此有关。但如果追根寻源的话，可以说与古代教育的遗风有关。

以稷下学宫为例，当时诸家云集，相互辩论，曾涌现出许多思想家与能言善辩之士，如田骈号称"天口骈"等。这种学术交流和互相争辩呈现出"百家争鸣"学术繁荣的局面，并使学术有了发展。如当时的黄老学派兼采儒、墨、法而发展了道家学说而自成一家，便是一个例证。此外，在师生关系上，如子贡作为孔子的高足，曾代老师解答过子禽的疑问（《论语·学而》），或代冉有问孔子是否赞成卫君（《论语·述而》），这又发展为汉代以高足弟子代授的教学形式。

但查史料记载，当时既无在课堂上师生之间质疑问难的情况，也无在某一学派的私学中进行不同学派的论学活动。而这两种情形在佛教寺院教育中倒是长期存在的。

佛教教学重视在讲堂上质疑问难，如设讲师与都讲两职，都讲重要职责之一就是发难，由讲师回答。讲堂上，除都讲之外，座下学僧听众均可发问作难，问难甚至可以"声如大瞋人，尽音呼净"，而讲师被难，从容对答。并且还规定讲师"于恶音问难"，也应"当行忍辱"（《法苑珠林》卷三十二《仪式部》）。这种情形于儒家教学中是罕见的，也许属于说法平等、无有高下的宗教平等的表现吧，但其确实是佛教教育的重要特点。

另外，在某一学派的寺院中进行不同学派的争辩论学，在佛教教育中亦是常事。如晋时沙门道恒持心无义，他的观点在荆州一带很流行。竺法汰持本无论观点，认为心无论是邪说，于是会集名僧，令弟子昙壹问难，道恒善辩不服。第二日早上又会集，由慧远主持，质难迭起，道恒一时来不及应付，慧远又催他快讲，弄得举座哗然。这是有意识地组织会集讲论，佛教更多情况则是自己找上门去进行辩难。魏晋南北朝学有成就的高僧，大多游学讲论于四方，各寺院门户开放，自由讲学在佛教教育中发展非常充分，这种风气随寺院制度完善，遂为定制。宋代惟勉编次的《丛林校定清规总要》曰："自古丛林名德尊宿到山，必请为众说法，山中主人先引座或众人率金请普说。"并把这作为丛林清规内容之一。这些做法对书院教学是有一定影响的。

书院会讲允许不同学派自由讲学讨论，由此来推动书院的学术交流、研究与教学互相结合、互相促进。这是书院教学的又一特点。

会讲最早始于宋乾道三年(1167年)朱熹、张栻的岳麓会讲。朱、张都源于二程之学,但师承有所不同。南宋理学家真德秀以为:"二程之学,龟山(杨时)得之而南,传之豫章罗氏(罗从彦),罗氏传之延平李氏(李桐),李氏传之考亭朱氏(朱熹),此一派也。上蔡(谢良佐)传之武夷胡氏(胡安国),武夷胡氏传其子五峰(胡宏),五峰传之南轩张氏(张栻),此又一派也。"(《宋元学案·补遗·武夷学案补遗》)师承不同,故朱、张在"心性","未发已发","进德之序"等问题上见解有所差异,并按各自传学区域分别称之为闽学、湖湘学。乾道三年,朱熹闻张栻得胡宏之学,特于八月专程千里,赴岳麓访问当时主讲岳麓的张栻,讨论讲学,切磋学术于讲堂,自此开创了书院自由讲学之风。在朱、张会讲之后十四年,淳熙八年(1181年),陆九渊至南康,请朱熹为陆九龄写墓志铭,朱便邀陆到白鹿洞书院讲学。当时陆九渊以"君子喻于义,小人喻于利"为讲题,演讲极为敷畅恳切,有的学生感动得流下眼泪。朱熹本人也很满意,特将陆氏讲义刻石为记,教戒后学。朱陆理学观点大相径庭,但朱熹却主动邀请不同学派的学者来他主持的学校讲学,并不囿己见,这种精神甚是可贵,同时也推动了书院会讲。

明代中叶后,在王守仁、湛若水及其弟子门徒的讲学活动的推动下,尽管王、湛观点不同,但往返讲学辩难之事互不相拒,而是互相通气,"联讲会,立书院",这不仅活跃了学术,且成为重要的教学手段之一。书院讲会延续到清代,在东林、紫阳、还古、姚江等书院还很盛行,并形成了一套严密的制度、仪式。

书院的讲会,自由讲学使它打破关门教学的旧习。当年朱熹访张栻讲学岳麓,来听讲者很多,"一时舆马之众,饮池水立涸",这种风气在书院发展史上得到了延续、发扬。

此外,书院教学过程中,师生之间质疑问难也蔚成风气。朱熹在白鹿洞书院,提倡读书有疑,常与学生质疑问难,弟子黄榦在《朱子行状》中记云:"从游之士,选诵所习,以质其疑。意有未喻,则委曲告之,而未尝倦。问有未切,则反复戒之,而未尝隐。务学笃则喜见于言,进道难则忧形于色。讲论经典,商略古今,率至夜半。虽疏病支离,至诸生问辩,则脱然沉疴之去体。一日不讲学,则惕然常以为忧。"《朱子年谱》说:"先生穷日之力,治郡甚劳,夜则与诸生讲论,随问而答,略无倦色。"这种方式既活跃了讲堂气氛,也增强了教学效果,并且融洽了师生感情。朱熹讲学恳恻至到,闻者感动,以致前来求学者"座不能容"。

从上所见,书院提倡师友切磋,实行门户开放的学术交流,不可排除有受禅林讲学影响的一面。

第三,开展以自学为主的多种教学形式,扶植后学。

这是书院教学区别于官学的另一教学特色。书院教学非常重视培养学生的自学能力,其一是重视对学生的读书指导。朱熹曾根据自己的治学经验,把读书分为若干程序,他的学生把其归纳为六条,即:(1)循序渐进,(2)熟读精思,(3)虚心涵泳,(4)切己体察,(5)着紧用力,(6)居敬持志(引自程端礼:《程氏家塾读书分年日程》卷三《集庆路江东书院讲义》)。在这基础上,他的学生程端礼制定了《程氏家塾读书分年日程》,详尽规定分年读书的书目及程序。这些都对提高学生的自学能力起到了良好的效果。其二是常由学有所得的高足弟子代教师讲课,辅导初学。如朱熹作竹林精舍,要他弟子黄榦代接讲席;陆九渊命弟子傅子云代讲,令初学者问学于邓文范;王守仁对初学者,则令高弟门人先教之,随后自己再作辅导。表现了自汉代以来,弟子次相传授的遗风承袭。其三是在集体讲授之外,重视个别指导,学生平时读书有疑可按次请教经长、堂长,直至副讲、山长。后期书院要求学生记日记,逢月之五、十,呈于师前,将其所得所疑向师请业请益,这与古代学风也有关。可见《论语·先进》"子曰:由也,升堂矣,未入于室也"。

然而,禅林与书院在这方面的教学方式也有关系。拿个别指导为例,后期书院的入室请益与佛教有关。元《敕修百丈清规》卷五"入室请益"条规定:"每月初三、初八、十三、十八、二十三、二十八日……学人入室请益。"学僧将自己平生参学,尽情发露,毫无隐藏,以求住持提持进步。应该说这种制度化的教学方式是对以往儒家"升堂入室"之举的继承与发展,而成为书院的间接渊源之一。书院入室请益的制度化与其影响可以说有相当联系的。

再就弟子次相传授来说,佛教也曾受过儒家的影响。如魏晋南北朝,道安从学于佛图澄,慧远从学于道安时,就常为代讲。教育历史上,儒家这种做法曾有过长期的中断,而在佛教教育中都得以延续。因此从近源分析,书院这种教学特点亦与佛教有关。

主要参考文献

(1) 丁钢:《中国佛教教育》

(2) 苏渊雷:《佛教与中国传统文化》

(3) 铃木大拙:《禅与生活》

第五章

中国佛教史学

佛教自汉末传至中国,经历了一个传播、发展、繁荣、衰落的漫长过程。中国的佛教史学也随着这个过程逐渐发展起来。中国古代史学十分发达,历史记载的连续性、完整性以及记载形式的多样化都是举世无双的。中国的佛教徒在这一悠久史学传统的影响下,也陆续把中国的佛教历史记录下来,积累了卷帙浩繁、内容广博的佛教史籍。在现存藏经中,包括传记体、纪传体、编年体、志乘体、类书体、目录体及纲目体等各种体裁在内的佛教史籍就有百部之多。中国佛教的史学传统不但在各国佛教史上是独一无二的,而且在中国史学史上也构成了一个重要的支脉。但是,以往的中国史学由于受到儒家正统观念的影响,往往把佛教史学排斥在外,这不能不说是中国传统史学的一大缺陷。因此,中国佛教史学的研究,无论对中国佛教文化史,还是对中国史学史的研究来说,都是一个必不可少的领域。

一、 中国佛教史学概述

中国佛教史学肇始于晋代。佛教自汉末传来后,到晋代已获相当发展。开始出现了许多杰出的僧人,他们翻译佛经,创建寺院,制定仪规,授徒讲学,对佛教在中国的传播作出了很大贡献。后人为了纪念他们的成就,便把这些僧人的生平事迹、宗教活动记载下来,这就出现了最早的佛教僧传。这些僧传便成为中国佛教史学之滥觞。

晋代佛教史籍大多为专记某一僧人行状的专传。如季颙撰写的《竺法乘赞传》(见《高僧传》卷四),王珉的《高座别传》(见《世说新语所引书目》),竺法汰的《安法师传》(见《世说新语所引书目》),顾恺之的《竺法旷赞传》(见《高僧传》卷五),唐泓的《道人善道开传》(见《隋书·经籍志》卷二)和佚名的《安清别传》(见《高僧传》卷一)、《支法师传》、《佛图澄别传》(均见《世说新语所引书目》)、《于法兰别传》(见《高僧传》卷四)、《昙遇别传》(见《名僧传抄》)等。这种传记篇幅较短,但记载细致详尽,现在保存下来最完整的是东晋法显的自传《法显传》。这部传记叙述了法显以六十左右高龄,为了自己的信念,奋不顾身,于隆安三年(399

年)从长安出发,穿越戈壁滩,逾葱岭之险,取道今印度河流域而入恒河流域,在佛教中心地摩揭提国都城留学三年,学梵语梵文,抄写经律,然后渡海,至斯里兰卡,又住两年,续得经本,最后渡海东归,几经波折,于元兴九年(413 年)回到东晋都城建康(今江苏南京),先后计有十五年之久。《法显传》就是法显对于这一历时十五年的长途而艰巨的旅行的亲笔记录,它如实反映了公元五世纪初印度、斯里兰卡和西域各国的地理、风俗、文化艺术和佛教事迹。尤其是关于于阗、天竺、师子国等地大小乘的兴衰、寺院建置、僧众数量、人民的信仰等记载,更是研究这些地区古代历史和佛教历史的珍贵资料。

晋代佛教史学界在撰写专传的同时,也出现了一种把同类高僧放在一起记述的类传。如竺法济的《高逸沙门传》和郄景兴的《东山僧传》(见《高僧传序录》)。但无论是专传还是类传都有局限性,它们所涉既不广泛,所记亦不全面,都还只是个别的、分散的记载。于是,到了南北朝时代便出现了规模宏大的综合性传记,幅度宽广,时代绵长,人物众多,卷帙宏大。梁天监年间,释宝唱撰《名僧传》,稍后,释慧皎又撰《高僧传》。从此开了佛教僧人总传的先河,后来这种总传在中国佛教史学史上几乎取得了相当于"正史"的地位。

隋唐两代是中国佛教的繁荣时期。这个时期佛教事业的突出成就是翻译佛经和西行求法,同时也交织着佛教与儒、道两家的斗争。因此,隋唐佛教史学同样也反映了这一时期佛教的时代特点。佛经的翻译至隋唐尤盛,朝廷设国立译场,有传梵、笔受、证义、证梵、缀文、字学、书手等精细分工。到唐末,大、小乘各宗经论基本已次第译出。译经既多,难免有同本异译,伪造错讹或失落译人、译地、译经年代的现象,给研究者带来困难。于是,目录体佛教史书便应运而生。虽然,在隋唐以前也有过不少经录,如朱士行的《汉录》和竺法护的《众经录》(已佚)、僧祐的《出三藏记集》等,但均不完善。隋代费长房《历代三宝记》十五卷,遂创立了后代目录体佛书的体例。隋唐两代所撰目录体佛书现存的便有十余种之多。佛教传入中国之初,多赖中亚及印度僧人来华传译佛经,往往篇章不备,或传译失真,日渐不能满足需要,所以从曹魏朱士行始,产生了西行求法运动。这一运动在唐代玄奘自印度归来后达到高潮。唐代佛教史学忠实地记录了这一中国佛教史上的壮举,其中影响最大的是玄奘的《大唐西域记》和义净的《南海寄归内法传》、《大唐西域求法高僧传》。《大唐西域记》是玄奘在外游历十七年的记录资料交给门徒辩机整理,最后由他亲自审定的著作。这部书不但记载了玄奘艰苦卓绝的游学事迹和享誉五天竺的辉煌成就,还翔实地介绍了他亲历的一百一十个和传闻的二十八个城邦、地区、国家的山川形势、地理位置、历史沿革、风土习俗、气候物产、宗教信仰、文化语言、政治情况等。二十世纪英国历史学家斯密司认为:"对这一部著作无论评价多高也不会过分。"《南海寄归内法传》共四卷,是义净西行印度求法归途中,在南海室利佛逝托人带回中国的一部著作。这部书虽以记述他在印度和南海各地所见闻的僧徒日常宗教生活方式为主,但也连带述及了佛教部派的传播、寺院的制度和学风以及一般社会的风俗民情等,留下不少印度及南海一带古代佛教史料,特别是对于印度当时佛教教育的方法和内容记载极详,是佛教史上极为珍贵的资料。《大唐西域求法高僧传》共两卷,记载了唐一代西行印度求法的高僧六十人的事迹。他们为了自己的信念,奋不顾身,不惮远征,在旅程中历尽了困苦和危险。诚如义净所述:他们"或西越紫塞而孤征,或南渡沧溟以单逝","致使去者数盈半百,留者仅有几人。设令得到西国者,以大唐无寺,飘寄栖然,为客遑遑,停托无所,遂使流离蓬转,牢居一处"。但是,这些留学僧人对佛教和中印文化的交流都作出了伟大的贡献:他们不但把印度佛学带回祖国,也把汉地的文明传播出去了。这部书以义净的亲身感受,在比《法显传》、《大唐西域记》更广阔的历史层面上反映了西行求法运动。佛教传入中国后,与代表中国本土文化的儒家和道家发生了冲突。在唐代,这种冲突更为激烈,围绕着"佛道先后"、"沙门应否礼拜王者和父母"等问题展开了持久的论战。当时的佛教史学家就编撰了《辨正论》、《集沙门不应拜俗等事》、《集古今佛道论衡》、《广弘明集》和《北山录》等护教类史书,批斥儒家道教对佛教的毁谤、歪曲和批评,维护佛教的信仰和利益。《辨正论》八卷是太宗贞观年间沙门法琳所著,全书分十二篇:一,"三教治道篇",论儒、道、佛三家优劣,提出"儒以忠孝,道以道德,释以慈悲为立教之本,而释教的慈悲范围最广";二,"十代奉佛篇",记六朝以来十代君臣敬信佛教的故实;二,"佛道先后篇",辨正释迦与老子出世先后,并考证《老子化胡经》为道士杜撰；四，"释老师资篇"，论证佛为道之师；五，"十喻篇"和六，"九箴篇"都是针对道士李仲卿的《十异九迷论》争辩佛道的高低优劣；七，"气为道平篇"，驳斥道教的虚妄；八，"信毁交报篇"，记信佛和毁佛的报应故事；九，"品藻众书篇"，品评儒家典籍和佛教经论；十，"出道伪谬篇"，抨击道教经典；十一，"历代相承篇"，抨击道教的天神、节日、法器、仪式、道经，揭发这些大多为剽窃佛教之作；十二，"归心有地篇"，引梁武帝的《舍道敕文》等说明佛教是归心之地。法琳的《辨正论》广征博引，是一部佛教史料十分丰富的著作。高宗朝，沙门彦琮因龙朔二年(662年)有诏令沙门跪拜君亲，于是搜集自东晋成帝成康六年(340年)以来，迄龙朔二年十月为止，历代有关议论沙门是否应该跪拜君亲的文献故事一百零二则，撰成《集沙门不应拜俗等事》六卷，全书分为三篇："故事篇"、"圣朝议不拜篇"和"圣朝议拜篇"，每篇分为上下卷，篇末有作者评论性的"论曰"、"赞曰"，全书之末撰有《沙门不应拜俗总论》。道宣的《集古今佛道论衡》四卷，专论东汉至唐初佛教与道教之间的论争共三十四则，主要围绕佛道两教的夷夏之争、真伪之争和地位先后之争，书中保存了许多有价值的思想资料。唐宪宗元和年间又有沙门神清会通孔老之学和诸子之学阐发佛法，撰成《北山录》十卷，史称此书"博赅三教，最为南北鸿儒、名僧、高士所披玩焉"，可见它的影响之大。这类佛教护教类史书也构成了隋唐佛教史学的一种特色。

印度佛教在发展过程中已经形成了不同学派，各有立义的宗旨和学说。这些学说传入中国后，中国佛教徒又发挥了各自的见解，形成不同的传承系统。到隋唐时期，由于寺院经济高度发达，师徒传承制度逐渐固定下来，便产生了具有组织定义的宗派，如天台宗、三论宗、法相宗、华严宗、净土宗、禅宗等。对此，佛教史学也必然会有所反映，于是中国佛教各宗派的宗派史也就应运而生。如天台宗的《国清百录》、《弘赞法华传》、《法华经传记》，禅宗的《楞伽师资记》、《传法宝记》、《历代法宝记》、《宝林传》，华严宗的《华严经传记》等。特别是反映一个宗派思想学术源流的经传记，成为佛教史学中很有特色的一种编纂体裁。在这些宗派中，禅宗的史学成就特别显著。唐开元年间，杜胐撰《传法宝记》一卷，记述了禅宗北宗传世法系。北宗自神秀以下仅四传，法脉遂绝。从此以后，天下禅宗皆出于南宗。《传法宝记》便是北宗一派仅存的珍贵史书。《历代法宝记》，又名《师资众脉传》，撰于唐大历年间，作者姓氏已佚。这是一部记述禅宗南宗支派——保唐寺禅派（即无住派）历史的著作。它记述的保唐寺禅派的传法世系共十代，其中前六代是南宗各派共同尊奉的东土六祖，其事迹主要是沿袭《菏泽神会禅师语录》的记载而来。但形成保唐寺禅派的四代传人，即智诜、处寂、无相、无处的事迹，则以是书最早也最为详备，故特有价值。《宝林传》十卷（今存七卷），为慧炬和胜持在唐贞元十七年（801年）共同编集的。这部书记载了禅宗西天二十八祖和东土六祖的事迹。是书确定的禅宗祖统说（即西天二十八祖和东土六祖的名单和排次）为后世禅宗所公认，后来的禅宗史籍无不沿其轨辙。但这部书文字鄙俗，舛误极多，影响了它在佛教史学史上的地位。到了宋代，大部分的宗派逐渐衰败，唯独禅宗仍方兴未艾，五家七宗渐次成立，禅宗的宗派史也就更为发达。其中较有影响的是契嵩的《传法正宗记》四卷，书为传记体。卷一为始祖释迦如来表；卷二至卷六为迦叶至东土六祖大鉴的传记；卷七、八叙大鉴以下至十二世的世次，涉及一千三百零四人；卷九包括《旁出略传》和《宗证略传》两部分，前者叙六祖以前旁支世系二百零五人，后者为书中所据各书的译者或著者十人传记；卷十为《传法正宗定祖图》，绘三十三祖传法故事，今藏本则有说无图。另一部重要的禅宗史是道原的《景德传灯录》三十卷，他由此创立了另一种佛教史学新体裁——灯录体。灯录体不但在宋代盛极一时，而且一直影响到后代，代有续作者。

宋代是佛教史学的黄金时代，人才辈出，著述甚丰。近人陈垣先生撰《中国佛教史籍概论》，著录自梁僧祐《出三藏记集》始，迄于清释戒显《现果随录》，凡三十五种，其中宋占十一种。唐代佛教号称极盛，而是书内著录的佛教史籍也不过十种，尚不逮于宋。宋代各种佛教史书体裁已经基本完备，除已经提及的灯录体、传记体外，尚有纪传体如《释门正统》，编年体如《释氏通鉴》，会要体如《释氏会要》（北宋释仁赞撰，已佚），志乘体如《广清凉传》、《续清凉传》和各种佛教杂史笔记等等。宋代佛教史学史上最值得注意的则是佛教通史著作的编纂。宋代以前的佛教史学基本上还处在有闻必录的"记录史学"阶段，那时的佛教史学家们还只能孤立地去看待佛教史上出现的人物、事件。佛教在唐代走向极盛,到唐末又盛极而衰的历史,促使宋代的佛教史学家们去认真思考,总结佛教在中国的传教史,探求佛教兴衰的原因,并借修史来抬高整个佛教或某一宗派的地位。因此,这一时期佛教通史著作的编纂颇为引人注目,较有影响的大型佛教通史,如《释门正统》、《佛祖统纪》、《隆兴佛教编年通论》和《释氏通鉴》等大多产生在宋代。它们受到了中国传统史学的影响,但在传统史学的基础上又有新的突破。

在中国史学史上有一种专门记载某一地区历史的志书,称为志乘体。大到一府一县之志,小到一乡一镇之志,内容涉及地理沿革、律令典例、民情风俗、重要文献与人物列传等。清人章学诚曾指出,这些方志在史学上占有重要地位,"夫家有谱,州县有志,国有史,其义一也"(《代张吉甫司马撰大名县志序》)。我国的方志起源很早,春秋战国时,已出现了记载地方史事的书籍,如晋之《乘》,楚之《梼杌》,鲁之《春秋》等。晋代《畿服经》(已佚)已具备了后来地方志的雏形。特别是在宋元以后,地方修志逐渐蔚然成风。这种风气也影响了佛教史学,晋代有周景式和慧远的《庐山记》(已佚,见民国年间吴宗慈《庐山志》著录),北魏开始出现记一地佛教史实的《洛阳伽蓝记》,唐代有《古清凉传》、《大唐京寺录传》(已佚)等,宋代有《广清凉传》、《续清凉传》、《庐山传》等。明清时期,各种佛教名山寺志更是日渐增多,如仅《普陀山志》,明万历年间就有两部,清康熙到道光年间就有四部。《栖霞寺志》明代有三部,清代有四部。清代《庐山志》多达五部。其余如《峨眉山志》、《清凉山志》、《寒山寺志》、《天童寺志》、《灵岩志略》、《金山志》、《焦山志》等名山大刹的志书也都撰于明、清两代。

明清时期,中国佛教已经衰落下来,因此,佛教史学也就少有突出成就,仅能在前代佛教史家开创的规模上守成而已,一般明清佛教史家大多致力于各种续作。传记体方面有《大明高僧传》、《补续高僧传》和《南宋元明僧宝传》;编年体方面有明人幻轮的《续释氏稽古略》;灯录体方面有《续传灯录》、《继灯录》、《五灯会元补遗》等,这些续作固然起到了拾遗补阙的作用,但也不乏狗尾续貂的劣作。清乾隆年间,废除了行之千年的度牒制度,各寺院可以自由度僧,政府不再过问,使得出家人更为杂滥,居士佛教也由此兴盛起来。于是,出现了一部专门叙述汉地佛教世俗信徒的《居士传》，共五十六卷，作者是乾隆时的大居士彭际清。全书收录自东汉到清代的居士三百零四人（包括附见七十七人），传末均注出典和作者的评论。《居士传》还著录了许多居士的佛教论著，向人们展示了在中国佛教史上有着重大影响的居士佛教之面貌。

二、 佛教史籍的体裁

中国佛教史籍的体裁十分丰富，不但沿用了传统的史学体裁，如传记体、纪传体、编年体、目录体、志乘体、纲目体等，而且还根据佛教历史的特点，创造了经传体、灯录体等体裁。这些众多的史书编纂体裁，也从一个侧面反映了中国佛教史学的发达。这里择其要者，分别介绍如下：

（一）传记体。中国佛教史学遗产十分丰富，其中绝大部分是记载历代僧人活动的传记著作。据粗略统计，现今留存和已知亡佚的各类僧传不下百余种。从晋朝到清代，为佛门高僧树碑立传的事业绵延不绝。可以说，正是这些僧传构成了中国佛教史学的主体。这些僧传虽然以写人物为主，但人物总是在一定的历史背景下活动。因而，僧人传记必然涉及一切有关佛教的大事，如佛教的兴衰、经典的译注、宗派的建立以及典章制度、寺院建筑、国际间佛教交流等，僧传里留下了丰富的中国佛教史实。传记体佛教史籍分为专传、类传和总传三种类型。

专传中较有影响的，除前述《法显传》外，还有隋代释灌顶的《天台智者大师别传》，唐代释彦琮的《法琳别传》、崔致远的《法藏和尚传》、无名氏的《曹溪大师别传》等，而最成功的应该说是彦琮和慧立共同完成的《三藏法师传》。近人梁启超先生赞誉此书在"古今所有名人谱传中，价值应推第一"（《支那内学院精校玄奘传书后》）。这是一部记述唐代高僧玄奘生平事迹的最早的也是最详的传记。玄奘不畏艰险，西行印度求法取经，归国后又全力投入佛经翻译工作。他的毕生活动在中国佛教史上产生了重大的影响。本传共分十卷，八万余字。前五卷记述玄奘早年生活及西行印度求法的经过，后五卷主要记述他归国后从事译著的情况。本传原为慧立所撰,慧立曾参加玄奘主持的译经工作达二十多年之久,亲身"目睹三藏之学行,瞩三藏之行谊,钻之仰之,弥坚弥远"。在玄奘逝世后的高宗麟德元年(664年),便将玄奘取经事迹记载下来,即为本传前五卷。当时因虑有遗缺,便藏之地下,秘不示人。待慧立病危时,始命其门徒取出公之于世。武则天垂拱四年(688年),玄奘的另一门人彦琮将这五卷重加整理,另又补撰五卷,合成现在的正文十卷。慧立和彦琮所记多得之闻见,最后完成时距玄奘逝世也不过二十余年,能见资料相当丰富,故叙述颇为翔实,对玄奘学识的丰富、求法的坚毅、识见的高深、传译的明达,都作了细致的记述。叙事层次分明,行文典雅,文字修辞都很有特色,故梁公所言决非溢美之辞。

类传有专记一地一寺僧人的。如晋代《东山僧传》、《江东名德传》,南梁释僧祐的《钟山定林上寺绝迹京邑五僧传》(见《出三藏记集》卷十二)、张孝秀的《庐山僧传》(见《高僧传序录》),唐代释僧瑗的《武丘名僧传》(见《宋高僧传》卷四)、卢藏用的《南岳高僧传》(见《传教大师将来台州录》),宋代释元敬和释元复合撰的《武林西湖高僧事略》等。也有专载某宗某派大师的,如唐代释道宣的《天台六祖略传》(见《传教大师将来台州录》)、无名氏的《华严三祖传》(见《高山寺圣教目录》卷上)和《天台山十二弟子别传》(见《传教大师将来台州录》),宋代释惠洪的《禅林僧宝传》、释士衡的《天台九祖传》,清代释续法的《法界宗五祖略记》、释悟开的《莲宗九祖传略》等。这些僧人类传中还有许多是专志某一方面僧人事迹的,如晋代竺法济撰《高逸沙门传》,"偏叙高逸一迹";南齐释法安撰《僧传》五卷,"但列志节一行";释僧宝撰《游方沙门传》,"止命游方一科"(均见《高僧传序录》);明成祖的《神僧传》,则专门把有神通的僧人事迹汇集起来。

总传发端于南梁朝释宝唱的《名僧传》,释慧皎撰《高僧传》则成为后代僧人总传的典范。这部书记载了汉明帝永平十年(67年)至梁天监十八年(520年)四百五十三年间的高僧五百二十四人(正传二百五十七人,附见二百六十七人)。是书的体例,分为译经、义解、神异、习禅、明律、遗身、诵经、兴福、经师、唱导十科。前八科之末都有论有赞,末二科纂辑在后,故有论无赞。是书之论皆先叙大意,再辨时人,不但可使系统明晰,更可知各科之通盘概略。《高僧传》十科分类的写作形式一直影响到后代,唐代释道宣在慧皎之后撰成《续高僧传》,宋代赞宁撰《宋高僧传》,明代如惺撰《明高僧传》,明河撰《补续高僧传》。

（二）纪传体。自司马迁撰《史记》而创立纪传体之后,中国历代官修"正史"都采用这种体裁。章学诚说:"纪传行三千有余年,学者相承,殆如夏葛冬裘,渴饮饥食,无更易也。"(《文史通义·书教下》)这种体裁也影响了佛教史学,南宋宗鉴撰《释门正统》是现存最早的一部纪传体佛史,作者自称本书"用迁、固法"写成,也有本纪、世家、志、列传、载记等名目。这部书的产生是由于天台宗和禅宗长期争夺佛教正统地位,作者欲借修史为教争手段,将天台宗说成是"正统相承"于释迦牟尼的宗派,从而排斥当时盛行的禅宗。纪传体创立之后,历代正史作者都利用它来分别过去数个政权同时在中国境内对立时的"正统"与"闰位"。作者心目中的正统王朝便立于"本纪"。《释门正统》同样仿照其体例,把天台宗尊为初祖的龙树,与释迦牟尼一起立为"本纪"。由于宗鉴受传统史学"直笔"之说的影响较深,明知天台宗与龙树并无直接渊源,只是这一派僧人硬扯上去的关系,故不敢把天台宗中国祖师与释迦牟尼、龙树同列"本纪",而是写进"世家"。当然,纪传体的"世家"若非宗室,至少也是功臣,"载记"则多以指"非我族类"的"僭伪之国"。宗鉴把天台宗中国祖师立为"世家",而把其他佛教宗派祖师置于"载记",同样达到了褒本门、贬异宗的目的。在列传方面,《释门正统》也表现出强调正闰之别的倾向。一般纪传体的列传分为大传与类传(或称杂传),能入大传的人物其历史地位较高。天台宗自北宋法智中兴教门而取得正统之后,其他非法智派的台宗僧人便失去正统地位。故宗鉴为法智派立中兴一世至七世列传,相当于大传。法智派以外的本宗僧人,虽在法智以前或同时,亦仅取得类传地位,如"荷负扶持传"、"本支辉映传"、"护法内传"等即是。"荷负扶持"专为唐代会昌毁佛以迄五代离乱期间维持并发扬台宗义理的僧人们立传,他们因属非法智派,故只能算作中兴以前"荷负扶持"天台宗的功臣。"本支辉映"是指与法智同学于十六祖宝云的慈云所传下来的一派。至于反对法智的台宗人物及替本宗出过力的教外僧侣,当然也列入类传,即"扣击宗途传"和"护法外传"。借巧立传名以寓褒贬之意,创始于欧阳修的《新五代史》,宗鉴这里显然也是受到了当时史学风气的影响。《释门正统》在"列传"前,还设立了"身土志"叙述佛教的宇宙观及佛法产生之经过;"弟子志"以"纪事本末"的方式叙释迦示寂以后佛教自印度以至中国的发展;"塔庙志"叙塔、庙建筑与佛教之关系;"护法志"专载有关弘法的文章和言论;"利生志"专载历代放生事迹;"顺俗志"叙各种虽不合天台宗教理,但因方便弘法,随顺俗缘所需而采用的宗教修持方法;"兴衰志"以编年史的方式叙中国佛教的兴衰;"斥伪志"载伪托佛教面貌活动的各种异教,如摩尼教、祆教、白莲教等。这八志包容了在"本纪"、"世家"、"载记"、"列传"里无法讲清的佛教史实。

宗鉴之后,又有另一天台宗僧人志磐撰成《佛祖统纪》五十四卷。他认为:《释门正统》"虽粗立体法,而义乖文糅","名位有颠错之谬"。志磐把中国祖师也一律立为"本纪","世家"则用以记载每一代祖师师弟们的事迹。志磐在"释迦本纪"中还阐述了天台宗独特发明的"五时八教"的义理,巧妙地造成了这套理论确由佛陀创立的印象。"五时八教"是天台宗的中心思想,这样一来无疑是更加强烈地标榜了天台宗的正统地位。《佛祖统纪》共有志九篇,是全书分量最大也最具特色的部分。"山家教典志"仿传统史学中的"经籍志",载天台宗"山家派"和"山外派"著述;"净土立教志"和"诸宗立教志",名虽为志,其实是传,专为天台宗以外佛教各宗派祖师和重要人物立传,标示他们都不是佛教正统;"三世出兴志"和"世界名体志",内容类似《释门正统》的"身土志",前者是叙佛教时间观,后者是叙佛教空间观,犹如传统史学中的"地理志",不过它不但记载了此岸世界的地理,还描绘了想象中的彼岸世界的地理面貌,甚至还用图画描绘了佛经中的"天空"、"地狱"、"三千大千世界"的情形;"法门光显志"记佛教的种种掌故和制度,相当于传统史学中的"礼乐志";"法运通塞志"用编年史的方法叙佛教兴衰流布的历史;"名文光教志"是专收历代大儒高僧论述天台宗的佛教文集;"历代会要志"分门别类地汇编了各种佛教史实。《佛祖统纪》还增设了"历代传教表"和"佛祖世系表"两个史表,前者"考诸祖之授受,叙奕世之禀承",将自二祖北齐慧文以至十七祖北宋法智的传授过程简单地按年排列,以"述正统之由来",使人们对天台源流较易获得印象。后者是将本纪、世家、传记所载人物以直线标示彼此传承关系,以使读者一目了然。《佛祖统纪》征引的内外典籍近二百种,包括大藏经典七十二种,天台教文二十一种,释门诸书二十四种,儒家诸书四十二种,道门诸书二十种,此外还有一些碑刻铭文。它不但是佛教通史著作中体例最完备,而且也是资料最广博、内容最丰富的一部作品。

（三）编年体。编年体是我国古代最早采用的史书体裁,但纪传体产生之后,它曾一度中衰。及至北宋司马光撰《资治通鉴》,才使编年体史书重新繁荣起来,相继出现了南宋李焘的《续资治通鉴长编》、李心传的《建炎以来系年要录》、徐梦莘的《三朝北盟会编》、清朝毕沅的《续资治通鉴》和夏燮的《明通鉴》等编年体史书。同时,佛教史学也显然受到了《资治通鉴》的影响,出现了不少佛教编年史。先是南宋隆兴二年(1164年),沙门祖琇撰《隆兴佛教编年通论》二十八卷,附录一卷。这是现存最古的佛教编年史。所记佛教史实,始自汉明帝,终于五代后周显德四年,共八百九十三年。书里广泛采用了历代僧俗有关佛教的文章和佛教碑刻资料,并用碑刻来校正佛传记载,增加了是书的信实性。祖琇在编纂史实时注意保持叙事的完整性,往往把一个事件始末、一个人物事迹放在一起集中叙述,避免了编年史按时间顺序叙事,容易造成叙事支离破碎的弊病。《隆兴佛教编年通论》的特色在"论",作者仿照《资治通鉴》里的"史臣曰",在叙事时经常夹进自己的议论,褒贬人物,辨正史实以及对易被人们忽略的要点钩沉发微。诚如近人陈垣先生所言,这部书"编纂有法,叙论娴雅,不类俗僧所为"(见《中国佛教史籍概论》,中华书局1962年版,第147页)。重要的编年体佛教史书还有南宋咸淳六年(1270年)本觉编集的《释氏通鉴》,全书十二卷,记载了周昭王甲寅始,至后周恭帝庚申一千九百三十年间佛教史实。是书采取每年必录的体例,有佛教事迹可记者则记之,无事可记也标出甲子、帝年。全书摭撷佛书五十九种,儒书四十四种,道书三种,凡引用史料皆注明出处。凡同一史实,有不同记载的则用注文比较抉择,辨析正误,如卷三考鸠摩罗什卒于姚秦弘始十五年(413年),其注云:"《释教录》云:什公卒时,诸时不定。《高僧传》云:弘始十一年八月二十日卒。此不然也。准《成实论后记》云:弘始十四年九月十五日出讫。准此十四年什仍未卒。又准僧肇《上秦主涅槃无名论表》云:肇在什公门下十有余载。若什四年出经,十一卒,始经八载,未满十年,云何乃言十有余载? 而《释教录》亦不定其年月。因看《弘明集》云有僧肇《诔什法师》，以癸丑年四月十三日薨于大寺，故今以此为准。"这就以严谨的考证，纠正了《高僧传》的错误。后人在确定罗什的卒年时多因此说。有些事实，以往史籍说法不一，作者也不能判定，便在注中明言。如卷三虽定庐山慧远卒于晋义熙十一年（415 年），但作者认为这只是一家之言，便在注中说明："《僧传》云：十二年终，又《弘明集》谢灵运诔文谓十三年终。三说未知孰是。"由此可见本觉编《释氏通鉴》的史法十分严谨。元代又有念常撰《佛祖历代通载》二十二卷。这部书的前几卷述二十八祖事悉抄《景德传灯录》，自汉明帝至五代这十余卷悉抄《隆兴佛教编年通论》。唯宋元两代是作者自撰，且笔法杂乱不堪。但其体例也有优点：用天干甲子纪年，以世俗历史为经，佛教历史为纬。不但对各种佛教史实，而且对佛教与社会政治、儒家道教的关系都给人以一个系统明晰的印象。照理佛教史应该以佛门之事为主线，但佛教史料远不如世俗史料丰富，若以佛史为经就很难用史家编年之法使儒道世道并见一书。因此，念常创此体例是经深思熟虑的。他在取舍史料时，不但略世事而详佛史，即使对于世俗历史也是详略有致。凡涉及与佛教关系的则详叙，如谢灵运以谋叛弃市事本来算不上重大历史事件，但因此事系"太守孟颉事佛精恳，为灵运所轻"，而种下祸根，因此书中记叙较详。对秦始皇统一中国这样的重大历史事件，则因与佛教无关，故只寥寥数语带过，可见念常编纂这部佛教编年史是始终把握了以佛教历史为记叙中心的。祖琇的另一部著作《佛运统纪》（已佚）、元代觉岸的《释氏稽古略》和熙仲的《释氏资鉴》也是编年体的佛史。

（四）志乘体。佛教志乘体史书包括一地之志、一山之志和一寺之志。现存最早的佛教地志是北魏杨衒之所撰《洛阳伽蓝记》五卷。洛阳自东汉明帝时建白马寺始，到晋永嘉年间有佛寺四十二所。北魏迁都到洛阳后，陡然大量增加起来，最盛时多达一千三百六十七所。后来到北魏孝静帝迁都邺城，洛阳残破以后，还余寺四百二十一所。是书所录主要是规模较大的寺庙，从城内开始，次及城外东、南、西、北，分为五卷，很有条理。所记内容包括寺庙地理位置、寺庙兴废、寺内布局、经像文物以及与寺庙有关的人物事迹。刘知幾在《史通》中曾提到这部书体例完善，既有正文，又有子注。可惜现在的通行本子中文和注不分，久已失去原来面目。从刘知幾起,历代史家对这本书的评价都很高。唐代的《大唐京寺录传》和明代的《吴都法乘》等都属此类佛教地志。佛教山志早期的有唐《古清凉传》,宋《广清凉传》、《续清凉传》、《庐山传》和元代《补(普)陀洛伽山传》等。《古清凉传》的作者是慧祥,全书五卷,第一卷为"立名标化",博引《水经注》、《括地志》、《华严经·菩萨住处品》等书叙述五台山命名和成为佛教名山的由来;第二卷为"封域里数",叙五台山地理位置和山势地形;第三卷为"古今胜迹",叙五台山寺庙兴废和佛教胜迹;第四卷为"游礼感通",记与文殊菩萨感应有关的传说故事;第五卷为"支流杂述",记载与五台山有关的人物故事。《广清凉传》和《续清凉传》,在《古清凉传》原有体例上增设五台山历代著名僧俗传记。到明万历年间镇澄撰《清凉山志》,这类佛教名山志的体例已经基本确定,记载地理景观、寺庙沿革和历史人物的内容更为突出,而且还收集了历代"名公题咏",相当于一般地方志中的"艺文志"部分。明《清凉山志》的"伽蓝胜概"一门,记载了五台山历代大小寺庙一百零四座;"高僧懿行"记载了从汉末摄摩腾到清乾隆年间达天和尚等六十三个僧人事迹,这类山志的史学价值当然也就更高了。

佛教寺志最早可以上溯到唐代的《栖霞寺记》等书。但这种刚从佛教方志、山志中分离出来独立成篇的寺史,尚难说已经具备了志书的特征。现存的寺志一般为明清时期的作品,如清代德介撰《天童寺志》就是这类寺志的代表作。全书共十卷,卷一为"山川考",叙天童寺周围地理形势;卷二为"建置考",叙天童寺历代兴废沿革;卷三为"先贤考",叙从开山祖师晋代义兴到清代慰弘等八十九位高僧事迹;卷四为"感典考",载历代帝王对天童寺的封敕褒奖;卷五为"云踪考"记历代来往于天童寺的六十四位僧人事迹;卷六为"法要考",载历代祖师机缘语录;卷七为"塔像考",记寺内佛塔佛像;卷八为"表贻考",载历代文人关于天童的诗文序赞;卷九为"辖丽考",记天童寺所辖附近小寺及庄园;最后一卷为"余考"。这些寺志的材料,或辑自文献或录自碑铭,具有一定的史料价值。如《天童寺志》"辖丽考",著录有关寺庄寺田的碑文,便是研究寺院经济的第一手资料。

(五)经传体。经传体是专门记载某一佛经传习源流的史书体裁。影响较大的有唐代慧禅的《弘赞法华传》、法藏的《华严经传记》和僧祥的《法华经传记》。

由于《法华经》是天台宗的根本经典，《华严经》是华严宗的根本经典，故它们又是能反映这些宗派历史的宗派史。以唐代沙门僧祥编集的《法华经传记》十卷为例，可知经传体史书包括这样一些内容：1.部类增减，记叙《法华经》梵本的部类（即单部流通的各种卷本）和偈品；2.隐显时异，记叙《法华经》梵本的隐显经过，相传此经结集后藏于大雪山宝塔里，佛灭度后五百年末，有一比丘往至雪山，开宝塔，获得此经，六百年初，南天竺僧龙树从比丘处受持此经，并据此经弘扬大乘佛教；3.传译年代，据佛经目录叙汉文《法华经》先后六次翻译的年代和鸠摩罗什事迹，因为罗什的译本是其中最好的一部；4.支派别行，记载《法华经》的派生经典；5.论释不同，记叙印度和中国僧人注疏《法华经》的论著；6.诸师序集，收录《法华经》的序记七篇，为研究《法华经》不同译本的重要资料；7.讲解感应，即因讲解此经而获感应的僧人事迹；8.讽诵胜利，即因讽诵此经而获感应的僧俗事迹；9.转读感应，即因咏读此经而获感应的僧俗事迹；10.书字救苦，即因书写此经而获感应的僧俗事迹；11.听闻利益，即听闻此经而获感应福报的僧俗、天人以至禽兽的事迹；12.依正供养，即依《法华经·药王菩萨本事品》烧身供佛的僧俗事迹。从这十二个方面来看，各种充满神秘色彩的感应事迹占了很大的篇幅，这就减弱了经传体史书的史学价值。后来，由此发展出许多感应记、持验记，如宋《法华经显应录》，明《法华经感应略记》、《金光明经感应记》，清《观音经持验记》、《金刚经持验记》等。

（六）灯录体。这是禅宗历代传法世系的记载。它可以上溯到唐德宗贞元年间慧炬编集的《宝林传》，昭宗光化年间玄伟的《玄门圣胄集》，五代后梁开平年间惟劲的《续宝林传》，南唐保大十年（925年），静、筠二师编撰的《祖堂集》。但真正的灯录则始于宋代道原的《景德传灯录》。景德是宋神宗的年号，灯能照暗，以法传人，犹如传灯，因而得名。全书三十卷，记叙禅宗世系源流，由七佛至于法眼宗嗣法齐，凡五十二世，一千七百零一人。灯录是介于僧传与语录之间的一种体裁。与僧传相比，它偏重于记言，除叙传主的生卒、师承、世寿、僧腊、谥、塔以外，主要部分是机缘语录和赞、偈、箴、诗、歌等文字材料。禅宗很少留下成部的著作，通常都用语录和偈、颂、铭、赞等短章以寄意。是书所辑录的菩提达摩的《略辨大乘入道四行》、僧璨的《信心铭》、玄觉的《证道歌》、神会的《显宗记》、希迁的

《参同契》都曾对中国禅宗思想发生过历史性的影响,都是中国禅宗思想史的重要资料。是书还著录了怀海的《禅门规式》,详细记载了禅宗丛林的山门轨度。与语录相比,它又是将传主按授受传灯的世系编列,相当于世俗的谱录。《景德传灯录》问世以后,引出一连串灯录,形成佛教史学中的灯录体。如北宋李遵勖的《天圣广灯录》三十卷、维白的《建中靖国续灯录》三十卷,南宋道明的《联灯会要》三十卷、正受的《嘉泰普灯录》三十卷。后来,普济综合整理了这五部灯录,写成二十卷《五灯会元》。

宋代以后,灯录体史书代有续作。如元代瑞禅师的《心灯录》、行秀的《祖灯录》(均佚),明代通容的《五灯严统》二十五卷、居顶的《续传灯录》三十六卷、文琇的《增集续传灯录》六卷、元贤的《继灯录》六卷、净柱的《五灯会元续略》四卷,清代净符的《祖灯大统》九十六卷、施沛的《续灯存稿》十二卷、性统的《续灯正统》四十二卷、超永的《五灯全书》一百二十卷。甚至还出现了地方性的灯录体史书,如《锦江禅灯》和《黔南会灯录》以及专记禅宗俗弟子的《居士分灯录》。

(七)类书体。中国史籍汗牛充栋,不易寻检,故自魏文帝时编《皇览》始,出现了一种辑录历代史料、分门别类编排的类书,如唐《艺文类聚》,宋《太平御览》、《册府元龟》,明《永乐大典》等,十分便于寻检、征引。于是佛教史家也起而仿效,出现了一些佛教类书,如《法苑珠林》、《僧史略》、《释氏要览》等。《法苑珠林》一百卷,唐代道世所撰。全书将佛教史实分类编排,共一百篇。篇各有部,部又分目,共六百四十余目。每目均以二字为题识。每篇前有述意部,相当于序论。篇末或部末有感应缘,广引故事为证。书中引证必注出典,与一般类书体例相同。凡引经论都以书名在前,引传记则书名或在前或在后。凡作者耳闻目睹之事也注明见闻来源,表示其说有证,不是虚构,甚合史法,故清代汉学家特别看重此书。《僧史略》三卷,宋代赞宁撰。本书虽名僧史,实际是佛教事物和典章制度的起源与沿革的记载。全书分五十九门,涉及面极广,从佛降生年代开始,说到佛法东传、三藏的翻译、佛寺的创建,以及出家、服装、受戒、斋忏、礼节、讲经等仪式的沿革、历代政府对佛教的管理和待遇等诸方面。对于佛教在中国传播和发展的历史,与当时政权发生的关系,对社会产生的影响,书中勾画出了一个清晰的轮廓,并举出了许多有价值的资料。《释氏要览》三卷,宋代道诚编集。它是在《僧史略》的基础上扩充起来的,共分二十七篇,六百七十九目。偏重于佛教名物典章制度称谓以及其他生活细节等方面的记载,因而保存了古代佛教制度、风俗等很多资料,特别是作者在南北各地所观察到的一些不同习尚的记载尤为可贵。

(八)纲目体。纲目体佛教史书是比较晚出的一种体裁。有明代朱世思的《佛祖纲目》、清代纪荫《宗统编年》和徐昌治《高僧摘要》等,它们都是仿照宋代朱熹《通鉴纲目》体例编撰的。朱熹因为《资治通鉴》卷帙浩繁,读者"不能领其要而及其详",故创立纲目体,纲仿《春秋》,目仿《左传》,兼采诸史之长。后世不断有人仿例续补。而佛教史家也有人奉为模拟典范,其中《宗统编年》是较为成功的一部。这部以禅宗为主的纲目体佛教编年史,始自周昭王二十六年,迄于清康熙二十八年,共记二千六百四十年间事。第一、二卷为"佛纪",述释迦牟尼一生;第三至十三卷为"祖纪",自禅宗西天第一祖摩诃迦叶始,至唐宣宗大中二年,东土第十世黄檗希运示寂,述五宗形成前史;第十四至三十卷为"五宗纪",自大中三年首建临济宗第一世义玄嗣统,至明万历四十一年,临济第二十九世正传示寂,述五宗传授史;第三十一、三十二卷为"诸方略纪",始明万历四十二年,终清康熙二十八年,述这一时期禅宗人物及其他史事。以时间为纲,将禅宗正传宗统各祖的传承衔接起来;以人物为目,注明第几世祖、讳名、居地、嗣谁、嗣宗统这一年的干支年号、嗣宗统的时间跨度等。严格遵循单传原则,例如南岳怀让与青原行思一同嗣六祖慧能,但以怀让为七祖。是书和其他佛史相比,有一个特点,即无关宗统的史事,如王公奉佛、神异灵验等一概不书。故简明扼要,脉络十分清楚。

(九)纂集体。即文献汇编体。如《弘明集》、《广弘明集》、《集古今佛道论衡》、《集沙门不应拜俗等事》和《集神州三宝感通录》等,颇类似传统史学中的《全唐文》、《唐大诏令集》、《经世文编》等书。《弘明集》为南梁僧祐所撰,全书共十四卷,收集了上自东汉,下迄齐、梁时代,僧俗有关佛教各类问题的诘难、辨析和论述文章一百七十余篇,作者约百人左右,僧人仅十九人,其余皆为当时名流。其中如习凿齿、罗含、孙盛等虽有专集行世,但其他没有专集行世的人不少。他们的文章要不是《弘明集》的编集,恐怕就难以保存下来了。这部书反映了当时人对佛教的理解，成为后人研究佛教在中国传播、发展的重要历史文献。《弘明集》是纂集体佛教史书的开山之作。唐代僧人道宣在《弘明集》基础上续作《广弘明集》三十卷。两书体例稍有不同，《弘明集》分卷不分篇，《广弘明集》则将所选文章分为归正、辨惑、佛德、法义、僧行、慈恻、戒功、启福、悔罪、统归十篇，每篇之前各冠以小序。纂集体史书保存了大量中国佛教史的原始资料。

（十）目录体。目录体佛教史书可以以隋费长房的《历代三宝记》为例，费长房在《总目序》中曾说明编写本书的原因，是认为过去的佛经目录有的散佚，有的不够完备，作者处在南北统一的隋朝，又参与国立译场，接触到更多的经籍。于是发愿总结前人成果，把佛经目录编纂得更全面更系统。全书共十五卷，分为帝年、代录、入藏录三部分和序目一卷。帝年为年表，年下间注佛事时事，或所出佛经；代录则分述历代翻译佛经情况，每代前有叙录一篇，说明当时的政治情况及与佛教关系，正文则以译述者为主，考证译经年代、译场、部帙卷数、译出次第、诸家著录等，并附译者传记；入藏录即隋代现存之经目。是书不但著录了译经，还记载了当时的佛教著述，如注疏、论著、传记、目录、类书等，很多是现已失传的书，使后人能由此了解这些著作的大概。这部著作对于隋以前的译经和撰述，提供了丰富的资料，体裁多创新。后来的《大唐内典录》、《开元释教录》等皆仿其体例。

（十一）佛教史学的体裁除上面已经提及的十种之外，还应当包括为数众多的佛教杂史笔记。如唐代《冥报记》、《释门自镜录》，宋代《林间录》、《罗湖野录》、《云卧记谭》、《丛林盛事》，明代《山庵杂录》、《见闻录》、《长松茹退》，清代《现果随录》等。这些笔记体佛史虽然以志因果报应故事为主，但也保存了不少佛教原始史料。如宋代晓莹所撰《罗湖野录》二卷，共记载宋代禅僧和习禅的士大夫言行事迹九十五则。这些记载"或得于尊宿提唱，朋友谈说，或得于断碑残碣，蠹简陈编"，保存了大量有关禅宗人物的资料。例如，禅宗史上著名的典故"百丈野狐"最早便见于《罗湖野录》。宋代另一部佛教笔记《丛林盛事》二卷，为道融所作，全书共收录丛林逸事一百四十一则，主要是北宋初年到南宋中叶禅宗各系名僧与士大夫的禅语禅行。其中许多言语故事都只见于是书，其中记叙临济宗僧人石头自回禅师的一段短短百余字的文字尤为独特。将自回的师承、身世、参禅得法的经过、禅学风格等等都表达得一清二楚。是书问世后，在禅林广为传诵，"江湖沸传之"。南宋以来的佛教史家也都十分重视此书，常常引用书中的资料。

明代无愠撰《山庵杂录》二卷，收录宋末以来丛林大德的出处言行，僧俗的善恶报应故事以及作者的所见所闻，对人、事的评论，凡一百二十九则。其中作者对一些禅林作品的记载和评论最具特色。如卷下记云："余读者庵所述《丛林公论》，足知者庵识见高明，研究精密，他人未易及也。然其间所论亦有过当者，或非所当论而论之。"实为很有见地的书评。故明代禅林中人对此书评价甚高，将它列为宗门七书之一。

三、 卓有成就的佛教史学家

在中国佛教史上，曾出现过许多杰出的僧人，他们因在思想、哲学、文学、艺术等领域作出过贡献，而受到后人的景仰。其实，佛教僧人对中国文化的贡献决不仅此而已，至少应该包括他们对史学的贡献在内。自晋代以后，中国佛教界产生了许多卓有成就的史学家，他们代代相续，对中国佛教史学的发展起到了重大作用。

南梁朝的释宝唱是中国第一部僧人总传《名僧传》的作者，他俗姓岑，吴郡人。十八岁从著名高僧僧祐出家，在梁天监年间曾任京都建康新安寺主，受命撰集《众经护国鬼神名录》、《续法轮论》等书。天监九年因染疾而发愿搜集历代僧录碑志及口述等，区别分类，撰为僧传，到十三年始编成初稿。不久，因罪将发配岭南，行前白天在各大寺庙礼忏，夜间继续蒐集资料，发奋著书，因时间紧迫，只得仓促纂辑。后来奏明梁武帝，才得以原解，于是再加芟改，始成定本。全书三十卷，传四百二十五篇，著录东汉、吴、晋、姚秦、北魏、宋、齐七个王朝名僧四百二十五人，分为法师、律师、禅师、苦节、导师、经师等科，再细分十八个子目，每科之首均有序文。这部书的优点是搜罗繁富，《名僧传》收录的僧人，有许多为后来《高僧传》所不载。所记人物事迹也大多远比《高僧传》详细，且十分重视佛教理论学说和著作。记录有三乘渐解实相事,无神我事,慧远习有宗事,竺道生立佛性义、观空义、善不受报义,昙济七宗论等,都是佛教教义上的重要言论,也是当时佛教学派或传主思想直接表露的第一手史料。后来的僧传,如《高僧传》在有些人的传记中虽也收录了一些文章,但多不涉及思想、理论方面。所以,在对佛教思想、理论的重视方面而言,宝唱的史学观点是远远超出慧皎等人之上的,可惜后来的一些高僧传记均没有把这一优良传统继承下来。《名僧传》的缺点是过于偏重文辞修饰,疏于考订史料真伪,故后人认为这部书“文胜其质”。流传到宋代便已亡佚,现仅存摘抄本一卷。宝唱的另一部佛教史著作是《比丘尼传》共四卷,著录了从晋愍帝建兴年间(313—316年)到梁武帝天监十五年(516年)的比丘尼六十五人,附见五十一人。中国的有女尼始于晋代的净检,自此以后,代不乏人。但为她们立传则始于该书。释宝唱在卷首自序撰写之由说:“像法东流,净检为首,绵载数百,硕德系兴。……夫年代推移,法规稍远,英风将范于千载,志事未集乎方册,每怀慨叹,其岁久矣,始乃博采碑颂,广搜记集,或讯之博闻,或访之故老,铨序始终,为之立传。”应该说,释宝唱的史识是非同寻常的。在中国传统史学中,由于受儒家男尊女卑观念影响,很少有能够如此真实全面地反映妇女成就的。“正史”中的“列女传”所载也大多是死节殉夫之类被扭曲的女性。释宝唱的《比丘尼传》一反这种史学传统,如此广泛和集中地反映女尼在社会上的活动和对佛教作出的贡献,实在堪称是中国佛教史学的优秀遗产。

《高僧传》的作者慧皎(497—554年)也是南梁朝人,长年住会稽嘉祥寺。他学通内外,博训经律,勤于弘法和著述,曾撰有《涅槃义疏》、《梵网经疏》等流传于世。慧皎有感于《名僧传》的缺陷而撰《高僧传》十四卷。这部书在中国佛教史学史上占有重要地位。唐代智昇认为,它“义例甄著,文词婉约,可以传之不朽,永为龟镜”(《开元释教录》卷六)。这部书的史学价值首先在于它创立了后代僧人总传的体制。是书虽受宝唱《名僧传》影响,但慧皎的写作旨趣却又在宝唱之上,他认为:“前代所撰,多曰名僧。然名者本实之宾也,若实行潜光,则高而不名;寡德适时,则名而不高。名而不高,本非所记;高而不名,则备今录,故省名音,代以高字。”(《高僧传序录》)就是说,名僧未必具有真实的修养和学识;而有真才实学的人，又每每不肯随俗俯仰，未必为当世所知。慧皎主张以"高"字为佛教历史人物评价标准。他还详述了是书分为"十科"的道理：佛教在中国的流传，实由于各宗各派大师孜孜不倦地翻译佛经，所以译经列为第一；佛法能为广大信徒所接受，有赖于法师对教义的讲说和注疏，所以义解列为第二；神通能使人们得到感化，回心向善，所以神异列为第三；安心禅寂是佛教重要的修持法门，所以习禅列为第四；恪守律法，戒行清洁是出家人道德高尚的表现，所以明律列为第五；轻身殉道，委弃形骸，以启发大众布施之心，所以遗身列为第六；吟讽经典，歌诵法言，以为音乐，所以诵经列为第七；建塔造像以示信仰之诚，所以兴福列为第八。作者草创是书时原止八科，后因宋、齐杂记中很多记载转读、宣唱的事迹，这两种方式在传教上颇有成效，因而加上后两科，经师列为第九，唱导列为第十，凑成十科。这十科虽因德业不同，各有重点，但中心仍贯穿一个"高"字，从此后代续写综合性传记，都以"高僧"为名，都只就"十科"作为增减。这就如司马迁创立纪传体一样，在中国佛教史学上实为"传之不朽"之业。

其次，慧皎的写作态度极为严肃认真。他自称："尝以暇日遇览群作，辄搜检杂录数十余家，及晋、宋、齐、梁春秋书史，秦、赵、燕、凉荒朝伪历，地理杂篇，孤文片记；并博咨故老，广访先达，校其有无，取其同异。"（《高僧传序录》）由此可见是书写作时取材之繁富，而且他还对搜集到的大量史料进行了缜密考证。如他在《安清传》中写道："余访寻众录，记载高公（即安清）互有出没，将以权迹隐显，应废多端，或由传者纰缪，致成乖角。辄备列众异，庶或可论。"

第三，是书在编纂方法上也是富有特色的。慧皎严格按照他对佛教历史人物的评价标准取舍剪裁史实。他说："今之所取，必其制用超绝，及有一分通感，乃编之传末；如或异者，非所存焉。"如有竺法度者当其生时曾名动佛教界，但他"食用铜钵，本非律仪所许；伏地相向，又是忓法所无"。慧皎认为他是"故为矫异"，属"名而不高"，故不能列入正传，只在译经论里言及之。《高僧传》著录二百五十七人，又旁出附见者二百余人，这种主、附的条件，不是依据师徒关系，而是以功德高者为传主。如齐荆州竹林寺释僧慧，所附见的昙顺是其师，僧岫是其弟子，这种编纂方法充分体现了慧皎的史学思想。此外，慧皎在叙事时必娓娓道其来龙去脉，如果正传犹不能尽畅，又必在论中补述。如他在"明律"中备述僧祐之师承以后，又特在论中详说律藏所由。他在列传中说到相关事物时，必不忘注明"说在某传"。

唐代道宣（597—667年）也是一位对佛教史学有重要贡献的高僧。他俗姓钱，吴兴人。父在南陈朝时官至吏部尚书。道宣十六岁出家为僧，严持戒律，开创律宗南山派（因他居终南山丰德寺，故名）。他不但戒行谨严，"三衣皆纻，一食唯菽，行则杖策，坐不倚床"（《宋高僧传·道宣传》），而且学问渊博，曾参与玄奘译经工作。他一生中撰述甚丰，达二百余卷。在佛教史方面就有《续高僧传》三十卷，《释迦氏谱》一卷，《释迦方志》二卷，《广弘明集》三十卷，《大唐内典录》十卷，《集古今佛道论衡》四卷，《集神州三宝感通录》三卷和《天台六祖略传》一卷，以及《佛化东渐图赞》、《圣迹现在图赞》、《法门文记》（均佚）等。这几部佛教史著作都具有很高的学术价值和文献价值。道宣继慧皎《高僧传》而作《续高僧传》，记载的高僧始南梁初运（502年），终唐麟德二年（665年），正传四百八十五人，附见二百一十九人。陈垣先生认为，若以此书与梁《高僧传》相比，《梁传》"著于偏安之时，故多述吴越，而略于魏燕。《续传》著于统一之时，文献较备，故搜罗特广"。按作者自序所说，他的资料不但来源于前人著作、碑刻铭文，而且还包括他亲身采访所得。江表陈朝，河北高齐，都有许多大德高僧，但当作者去访问时，连他们的名号也已不为人知，更不用说德行事迹了。作者有鉴于此，所以"仰托周访，务尽搜扬"，"微有操行，可用师模，即须辍笔，更广其类"，可见这部史著在取材上是相当广泛的。他的《广弘明集》是继梁僧祐《弘明集》之后又一部佛教历史文献汇编。他在编撰这部书时"博访前叙，广综弘明"，"孤文片记，撮而附列"。访采之博与搜罗之广远在《弘明集》之上。道宣的《大唐内典录》在二十余家经录的基础上，将五千余卷佛典"以类区分，合成一部，开为十卷，依列条显"。这是一部重要的目录体佛教史著作。《释迦氏谱》是释迦牟尼的传记，它的基本史料虽取自僧祐的《释迦谱》，但道宣将它重新改写过，叙事简洁，层次分明，分科布局较为合理，更适于人们阅读。《释迦方志》虽是一部释迦牟尼所居国（五印度）的地理书，但内容还涉及中印交通史迹和中国历代佛教盛衰，有着重要的史料价值。

道宣在中国佛教史学的众多领域里都取得了突出成就,他是一位杰出的佛教史学家。

赞宁(919—1001年)是北宋佛教史学家。俗姓高,吴兴人。五代后唐天成年间在杭州灵隐寺出家,后入天台山,精通南山律,时人称他为"律虎"。曾为吴越国两浙僧统。宋立国后,赞宁入朝受到宋太宗礼遇,赐紫方袍,并赐号称通慧大师。奉诏撰《宋高僧传》,他请求回到杭州旧寺编撰,历时七年之久,书成奏上,受到太宗褒奖。后又到京师,住天寿寺。先后任左街讲经首座,知西京教门事和右街僧录等职,八十余岁卒。赞宁博物多识,述作颇多,一生撰佛教论著一百五十二卷,其中属史传方面的除《宋高僧传》三十卷以外,还有《鹫岭圣贤录》一百卷(已佚)和《僧史略》三卷。赞宁的《宋高僧传》著录自唐至宋六个朝代僧人事迹,正传五百三十一人,附见一百二十六人。这部分的体例在《梁传》、《续传》的基础上有所改进。在某些人的传末,或附以"系",申明作者的意旨;或附以"通",作者自为问答。《习禅》篇是是书最精彩的部分。从唐代到宋初,中国禅宗长盛不衰,但内部分歧斗争也相当激烈,禅宗本身的宗史对此多讳而不言。是书则把南顿北渐、派别纷争的情况客观地反映出来了,成为研究禅宗史绝好材料。是书《译经》篇《满月传》仅三百余字,但传后的议论则长达三千二百字,记译经的"六例"以及唐代译场组织、译经过程十分具体翔实,也是研究佛教译经史的重要资料。赞宁与朝廷关系十分密切,长期担任僧官,因此对皇帝大臣屈意奉迎。《归田录》曾记载:宋太宗住相国寺,至佛像前烧香,问当拜与不拜。赞宁说"现在佛不拜过去佛",深得太宗欢心。这样一个俗僧,又是奉诏撰成《宋高僧传》,那么,这部书当然不可能保持《梁传》以"高"取人的传统,故持论和慧皎、道宣皆不同。他在《宗密传》里议论说:"或有诮密不宜接公卿而屡谒君王者,则吾对曰:教法委在王臣,苟与王臣不接,还能兴显宗教以不?"这自然是赞宁的自我解嘲。他的乡愿习气实在影响了在佛教史学上取得更大成就。

北宋惠洪(1070—1128年)是一位颇有争议的佛教史学家。他又名德洪,字觉洪,"少归释氏,长而博极群书"。年十四岁,父母同月并殁,依三峰靓禅师为童子。十九岁试经开封,为临济宗黄龙派法孙。他曾四次银铛入狱,九死一生,经历坎坷。惠洪才华横溢,聪明绝世,不但精于禅宗微义,而且以诗名震动京华缙绅。他在佛教史学上的主要成就有《禅林僧宝传》三十卷,《林间录》三卷和《石门文字禅》、《智证传》等。《禅林僧宝传》是专门记载禅师的传记,共著录自五代到宋政和末年(907—1118年)间各派杰出的禅师八十一人。惠洪早年读到昙颖所撰禅宗史《五家传》,见此书只记五宗机缘语句,而不记他们的事迹,便萌发重新编写《五家传》的念头。后来三十年中,他经行诸方,广泛搜集别传遗编和口头传闻,辑得百余人的材料,中经变故,到初稿时只存七十余人,后来又增补为八十一篇。《禅林僧宝传》与一般僧传稍有不同,除记载事迹之外,也记录了一些机缘语录,是介于传记和灯录中间的一种体裁。是书传后有赞,赞为散文或韵文,颇能显示作者的才华。惠洪的《林间录》和《石门文字禅》则为笔记体裁。《林间录》专门记载禅林掌故、禅师的语录偈颂和佚闻遗事,它虽不像一般禅宗史籍那样叙事较为系统集中,但它保存了许多原始资料,对编写佛教史籍也是弥足珍贵的。是书共录三百余事,还不时记下作者的一些随感。《林间录》和《石门文字禅》中有许多史学评论,如《文字禅》卷二十五有《题修僧史》说:"僧史自惠皎、道宣、赞宁而下,皆与《史记》、《两汉》、《南北史》、《唐传》大异,其文杂烦重。如户婚、斗讼、按检。昔尝憎之,欲整齐使成一体之文,仿效史传,立以赞词,使学者临传致赞词,见古人妙处,不亦佳乎!"对惠洪其人其书,历来毁誉参半。褒之者如清人毛晋则以为"佛门史迁",贬之者如宋僧惠彬则称其"传多浮夸,赞多臆说"。笔者以为,惠洪的史学理论与史学实践提出了史学编纂上的一个重要问题,即表述方法问题。陈垣先生认为,惠洪提倡的"所谓一体者",即融众说以成文,此文家之法;惠洪反对的"所谓聚众偈之文为传者",此史家之法,二者不同道。其实,我国史学界正是由于把文家之法与史家之法截然分开,才使绝大多数史学作品读起来味如嚼蜡,以致只能束之高阁而无法在人民群众中广泛传播。在这方面,惠洪倒是称得上慧眼独具。

四、 佛教史学对中国史学的贡献

中国佛教史学自晋代以后代不绝书,成为中国史学的一个重要组成部分。

中国佛教史学的发达，是受到了中华民族特别重视历史的性格之影响。这和印度民族不重视历史，故印度佛教也不重视历史记载的现象，形成鲜明的对照。一方面，中国传统史学影响了佛教史学；另一方面中国佛教史学也对中国史学的发展作出了一定的贡献。

自西汉以后，中国传统史学的历史观点一般都很难摆脱儒家思想影响，特别是评论历史人物往往都以儒家三纲五常的伦理观念为标准进行道德评判。但是，在佛教史学里，我们可以看到一种完全不同的历史观，使我们得以从另一个视角去知人阅世。例如，按照正统的儒家史观，隋炀帝杨广是历史上少见的无道暴君，尤其是弑父一案，在最重视"忠君、孝亲"的儒家看来是绝对无法开脱的大逆不道。但《佛祖统纪》一书却为他辩护，认为杨广弑父君，是因为前世宿怨，"大权现逆，非同俗间恶逆可比"，并引佛经中的阿阇世王弑父之事为证。近人陈寅恪先生认为，这种观点反映了我国存在着两种不同的文化价值论（见《武曌与佛教》，载史语所特刊《陈寅恪先生论集》，第305—315页）。周一良先生撰《佛教史观中的隋炀帝》，更为明确地指出这是一种佛教史观。又如《宗统编年》卷二十八载明代洪武二年"克新奉诏招谕吐番"条下有"发明"称："沙门出世，预人国家事，不可以为训，故削书'禅师'。"克新禅师因参与政治而在佛史中不得被称为禅师，可见佛教的道德观已渗入了史法。祖琇的《隆兴佛教编年通论》里更有许多独辟蹊径的见解。例如一般史家把魏收的《魏书》称之为"秽书"，评价极低。但祖琇站在一个佛教徒的立场上，对《魏书》能突破"正史"传统，创立宗教史体例，给予高度评价："凡佛老典教，于儒者尤为外学。或欲兼之，自非夙熏成熟，愿力再来，莫能窥其仿佛，况通其旨归而祖述源流乎？异哉，《魏书·佛老志》，不介马而驰迁、固之间，御靡旌以摩荀、杨之垒，步骤雍容，有足观者。然则魏收兼三圣人唯兼之学，平四作者不平之心，厥书独见信于后世，顾不美哉！"（见卷四《魏书佛老志论》）又如梁武帝饿死台城，在历史上几乎已成定论。但祖琇一反其说，指出梁武帝只是"屏嗜欲，绝午后食至临终斋戒不衰，在恣情丰美享用者视之，近乎饿死耳"（见卷八《梁高祖武帝崩论》）。再如新、旧《唐书》对宣宗的评价截然相反。唐武帝灭佛后，是宣宗之力使佛教重新在唐朝恢复起来，对佛门来说其功不可没。故祖琇明确表示扬旧史而抑新史。他认为，新史贬低宣宗"以察为明，无复仁思"是没有道理的。"大凡人君宽厚长者必责以优游无断，至于精勤治道，则谓以察为明。然则从而可乎？孟子曰：尽信书不如无书。盖诚然也"（见卷二十七《宣宗崩论》）。佛教史家们的这些议论虽未免带有相当的宗教感情色彩，但也仍不失为一家之言。

佛教史学对中国史学的另一贡献是丰富了研究古代历史文化的史料，填补了传统史学中的许多空白。例如，《洛阳伽蓝记》以记载北魏都城洛阳佛寺的兴废为题，实际上也记述了当时的政治、人物、风俗以及掌故传闻。如高祖迁洛，太后临朝，宦官用事，外藩举兵，诸王争立，乃至与南朝关系都有涉及，特别是叙尔朱荣等叛乱之事，委曲详尽，足以补《魏书》所未备，有很高的史料价值。中国古代有许多外来的宗教和民间宗教，如摩尼教、火祆教、白云宗、白莲教和大秦景教等。传统史学中关于这些宗教的记载很少，使后人几乎无法窥知他们的真实面貌。但在《释门正统》中则专设"斥伪志"述及了这些宗教。《佛祖统纪》的"历代会要志"也保存了这方面的史料，如"事魔邪党"一则，为摩尼教流传中国的上乘史料，近人伯希和、马司勃罗、陈垣和冯承钧诸先生均曾采用这一资料研究摩尼教。《法显传》、《大唐西域记》和《释迦方志》等著作，除述及中国本国外，还包括中亚、南亚、东南亚在内的广大地区的地理、交通、宗教、文化、物产、风俗乃至社会发展、经济制度等情况，成为研究五世纪初到七世纪亚洲历史的重要史料。特别是《大唐西域记》保存的古印度史料，更是弥足珍贵。这一地区七世纪前的史地材料多已湮没，古印度历史几乎是一团迷雾。现在要了解七世纪前的印度情况，在文献资料方面主要就得依靠《大唐西域记》和《法显传》了。印度著名历史学家阿里在 1978 年说过："如果没有法显、玄奘和马观的著作，重建印度史是不可能的。"

佛教史学在历史编纂学方面的贡献也是很有影响的。例如，传统史学对于中国历史上分裂时期的记载，总是跳不出"正闰"观念的窠臼，或是奉南方为正朔，或是以北朝为正统。司马光的《资治通鉴》载南北朝史事时即是以南朝为正统，而于南朝的每一年下附记北朝同年的兴衰大事。然而，佛教史学则采取南北分别编年的史法。如《历代三宝记》的"帝年",将魏晋南北朝分裂时期曾有译经事业之国,均一一依先后编年。《佛祖统纪》的"法运通塞志",也将南北分别编年,卷三十六为晋、宋、齐;卷三十七为梁、陈;卷三十八为北魏、北齐、北周。并且,"法运通塞志"的设立本身就是志磐在中国史学史上的一大创造。《佛祖统纪》全书是纪传体,但在纪传体中又另立《资治通鉴》式的编年史部分,按年记述佛教兴衰大事。这就融合了纪传体和编年体的长处,弥补了两者的不足。纪传体以记述历史人物为中心,分为本纪、世家、列传,对不同人物用不同表述方法,适应封建时代宣扬帝王将相主宰历史、褒奖封建伦理道德的要求,因此取得了"正史"的独尊地位。但它却难以表达历史发展的时间顺序和各历史事件、各历史人物之间的相互联系。刘知幾评论纪传体时认为:"分以纪传,散以书表,每论家国一政,而胡越相悬;叙君臣一时,而参商是隔,此其为体之失者也。"(《史通·二体》)编年体以时间顺序记述史事比较容易反映同一时期各个历史事件的联系。但历史事件的发生不是孤立的,也不是偶然现象。编年体把同一事件前后分割,有时一件史事分散在几年乃至十几年、几十年的记载之中,以致首尾不能联贯,不易于集中反映同一事件前后的联系。志磐在编撰《佛祖统纪》时充分认识了这两种编纂体裁的利弊得失,他一方面采用纪传体修史来为天台宗争夺正统地位,但又不墨守成规,敢于突破正史传统,另立一个"法运通塞志",将"自释迦鹤林诸祖继出,所以传持此道,东流震旦,逮于今而不息"的历史"系以编年",以便反映虽然"时有排毁,然终莫能为之泯没"的"通塞之相"。志磐在史学史上的这一创举可惜没有引起历代史学家的重视。

宋代大史学家郑樵在《通志》卷七十二中提出:"见书不见图,闻其声不见其彩;见图不见书,见其人不闻其语。图至约也,书至博也,即图而求易,即书而求难。古之学者,置图于左,置书于右,索象于图,索理于书,故学亦易为功。后之学者,离图即书,尚辞务说,故学亦难为功。"不过,他这种以图来补充史书文字叙述不足的理论,在传统史学中直到修撰《明史》时才被付诸实践。清人阮葵生在《茶余客话》卷十中称:"本朝修明史,历志内增图,历史所未有,其详核实过从前。"殊不知佛教史学在这方面早已远远走在前头。志磐在编撰《佛祖统纪》时已经采用了插图的方法。佛教史学特有的体裁,如灯录体还影响了传统史学体裁的变化。宋代以后灯录的盛行,影响了当时儒家学者,宋代朱熹的《伊洛渊源录》,明代孙钟元的《理学宗传》、黄梨洲的《明儒学案》、《宋元学案》和万季野的《儒林宗派》等皆是仿照灯录体而作,终于形成了一种被称为“学案体”的学术史体裁。

　自魏晋以来,中国佛教对整个中国历史而言,其重要性是不能忽视的,它几乎涉及到各种历史问题的领域。于是,研究中国历史的便离不开对佛教的研究。同样道理,研究中国史学史的,也决不可能离开对佛教史学的研究。

主要参考文献

（1）张曼涛:《中国佛教史学史论集》

（2）苏晋仁:《佛教传记综述》

（3）陈垣:《中国佛教史籍概论》

（4）陈士强:《汉传佛教护教类著作的历史》等

第六章 中国佛教文学

佛教文学是指佛教徒创作的、宣扬佛教思想的文学作品。佛教认为，宇宙万物的实相本原是不可言说、不可思议的，需要借助"异相"说明。所谓佛经"异相"，即表现为故事、寓言、神话等文学作品。故自佛教创立时起，文学就成为佛陀随缘说法的方便之门，从而产生了伟大富丽的佛教文学。佛教文学随着佛教的传播，自然而然地超越了国界，超越了世间与出世间，成为全人类的文化宝藏。佛经中的文学作品传到中国，被译为汉文，成为中国古典文学的重要组成部分。同时，它也启发了志怪小说、变文、宝卷、禅诗等中国特有的佛教文学的创作，为中国文学带来了新的文体、新的意境、新的主题、新的体裁和新的创作理论。可以说，佛教文学的输入，是魏晋以来中国文学发展的重要因素，它推动中国文学发生了革命性的转变。

一、 佛教翻译文学

自汉代安世高译经起，中国佛教徒先后把数千卷梵文佛经翻译成汉文。这些佛经本身就是伟大富丽的文学作品。佛经的体例有十二种，就是所谓"十二部经"。十二部经中以文体来分的有三类：一、长行，又叫做契经，即是经中直说义理的散文；二、重颂，又叫做应颂，即是重复叙述长行散文所说的诗歌；三、伽陀，又叫做偈颂，即不依长行而孤起直叙事义的诗歌。从内容来分的有九类：一、因缘，即是叙述当时事实的文字；二、本事，即是叙述他人过去生中事实的文字；三、本生，即是佛陀自说过去生中事实的文字；四、未曾有，即是叙述种种奇特事实的文字；五、譬喻，即是用浅近的譬喻阐明深奥的哲理；六、论议，即是往还问答法理的文字；七、自说，即是佛无问而自说法理的文字；八、方广，即是叙述广大真理的文字；九、授记，即是叙述他人未来世中成佛事实的文字。这些佛经都具有浓厚的文学色彩，佛教翻译家们在译经过程中逐渐创造了一种融会梵汉的新文学——翻译文学。它成为中国文学的重要组成部分。

佛教文学是对古代印度文学的继承和发展。在古代印度，民间口头文学创作一直是文学的主流。最古老的印度诗歌总集《吠陀本集》和两大史诗《摩诃婆罗多》、《罗摩衍那》则是口头文学的优秀代表作。《吠陀》是印度最古的文学遗产。"吠陀"一词原为"知识"和"学问"的意思,后来经过婆罗门的解释,逐渐被印度人认为是宗教的"圣典",是神示的"圣智"和"圣经"。《吠陀本集》共有四种:《梨俱吠陀》、《娑摩吠陀》、《夜柔吠陀》和《阿闼婆吠陀》。其创作内容相当广泛。《梨俱吠陀》产生最早,约在公元前1500年左右;《阿闼婆吠陀》产生较晚,约在公元前500年左右。《吠陀》包括了各种不同题材的诗歌,如神话诗歌、劳动歌谣、生活歌谣、爱情歌谣和战争歌谣等。婆罗门解释和传播《吠陀本集》的著作,一般称为吠陀文献,其中最早出现的是《梵书》。在各派《梵书》之后出现的是各派《森林书》,然后又有《奥义书》。这些吠陀文献多用散文写成,是印度最古的散文作品。有时也夹杂诗,有的《奥义书》全部都是用诗写的。这些吠陀文献包括了大量的故事、传说和寓言。继吠陀文学之后,又出现了著名的两大史诗《摩诃婆罗多》和《罗摩衍那》。这两部史诗显示了高超和卓越的口头文学创作成就。作者善于塑造生动的具有个性特征的人物形象,采用对话的形式,揭示人物形象的精神面貌和性格特征,还往往采用比喻、夸张等手法增强艺术效果。特别是《罗摩衍那》这部英雄史诗,在印度古代文学中被奉为叙事诗的典范。《吠陀》和史诗对佛教文学产生了巨大而深远的影响。

佛教十二部经中最具文学色彩的作品体裁,主要是诗歌、故事和寓言。如前所述,诗歌本是古印度的文学传统。佛教初倡,传播教义,皆用诗歌,以便记忆和传诵。故佛经多诗歌体,其中既有简短的偈语,也有长篇的赞颂。如马鸣的叙事长诗《佛所行赞》就是一篇前所未有的杰作。马鸣用韵文叙述佛陀一生,从其家世、诞生到出家、悟道、说法以至涅槃的故事。昙无谶将其用五音无韵诗体译为汉文。全诗分二十八品,约九千三百句,凡四万六千多字,为中国文学史上的第一首长诗。它写佛陀一生,虽有神化和夸饰之处,但基本上是把他作为一个"人"来写的,剔除了佛的前生即"本生"的神话故事,大致符合释迦牟尼生平历史的本来面目。昙无谶虽是东印度僧人,但来华后刻苦学习汉语,在译场中临机释滞,清辨若流,兼富于文藻,辞致华密。他译《佛所行赞》,也表现了较高的文学素养。《佛所行赞》中许多场面描写、铺叙相当细致、生动,为中国诗歌中所未曾见过。

这里试引《离欲品》中的一段可见此经译文风格：

"太子入园林，众女来奉迎，并生希遇想，竞媚进幽城。各尽妖姿态，供侍随所宜，或有执手足，或遍摩其身，或复对言笑，或现忧戚容，规以悦太子，令生爱乐心。

众女见太子，光颜犹天身，不假诸饰好，素体逾庄严；一切皆瞻仰，谓'月天子'来。种种设方便，不动菩萨心；更互相顾视，抱愧寂无言。

有婆罗门子，名曰伏陀夷，谓诸婇女言：'汝等悉端正，聪明多技术，色力亦不常，兼解诸世间，隐密随欲方；容色世希有，状如玉女形。天见舍妃后，神仙为之倾。如何人王子，不能感其情？今此王太子，持心虽坚固，清净德纯备，不胜女人力。古昔孙陀利，能坏大仙人，令习于爱欲，以足蹈其顶。……毗尸婆梵仙，修道十千岁，深若于天后，一日顿破坏。如彼诸美女，力胜诸梵行。……何不尽其术，令彼生染心？'

尔时婇女众，庆闻伏陀说，增其踊悦心，如鞭策良马，往到太子前，各进种种术：歌舞或言笑，扬眉露白齿，美目相眄睐，轻衣见素身，妖摇而徐步，诈亲渐习近。情欲实其心；兼奉大王言，漫形婇隐陋，忘其惭愧情。

太子心坚固，傲然不改容，犹如大龙象，群象众围绕，不能乱其心，处众若闲居，犹如天帝释，诸天女围绕。太子在园林，围绕亦如是。或为整衣服，或为洗手足，或以香涂身，或以华严饰，或为贯璎珞，或有扶抱身，或为安枕席，或倾身密语，或世俗调戏，或说众欲事，或作诸欲形，规以动其心。……"

这里对诸彩女的容颜姿态、举止行为极尽形容，用以衬托太子离世弃欲的坚定意志，虽然在写法上与中国叙事诗的映衬方法相同，但叙述铺衍则重复细密得多了。另外，如太子出城游观、太子观宫女睡态、太子离家后宫中悲痛等场面也都写得很细腻、鲜明、生动。从格律上看，这首诗的译文用了五言句式，但与中国五言古诗又不同，基本不押韵，却注意到声调的和谐流畅，表现出后来所说的诗歌散文化倾向。

佛经故事是佛经的一个重要组成部分。由于它们情节曲折,形象鲜明,语言生动,生活气息浓厚,因此容易对群众产生极大的吸引力。释迦牟尼非常富有文学才能,他的说法很有文学意味。释迦牟尼生前对人说法,循循善诱,尽可能利用浅显易懂、生动有趣的故事传说启发他们,让人透过具体、形象的事例来领悟他的道理。那些取自生活实际的故事,不仅可以补抽象说教的不足,其具体内容往往给人更多的启示。后来的佛经创作者们继承和发扬了释迦牟尼利用文学形式来传教说法的传统,特别是大乘佛教经典里的故事更富于幻想和形象,其规模之宏阔、意想之超拔、语言之靡丽和表达方式之奇诡,都令人叹为观止。

佛经故事从内容上分,包括传记故事、本生故事和因缘故事。传记故事是以描写佛陀的生平事迹为主,故也称佛传故事。最初只是记叙佛陀生活片断,如《转法轮经》是叙说佛陀在鹿野苑对最初的五个弟子说法。《般泥洹经》则描述他的最后生涯,后来才逐渐形成完整的佛传。佛传有多种,情节大致相同,一部分用诗歌体写作,如《佛所行赞》、《佛本行集经》等,也有用散文体写的,如西晋竺护法所译《普曜经》。在佛经中也有记述佛弟子的传记故事,如写阿难与摩登迦女恋爱故事的《摩登迦经》等。还有一些传说故事显然来自民间传说,但经过改编,被用来为宣传佛教教义而服务。如竺法护译《奈女耆域传》,写一个神医的故事,很像一部以人物为中心的传奇小说。本生故事是叙述佛陀前世功德的,这是根据佛陀在此娑婆世界已经过无数轮回的观念创造出来的,在南传巴利文《本生经》里有五百四十七个故事。北传汉译佛经里的本生故事散见于康僧会译的《六度集经》,竺法护译的《生经》,绍德译的《菩萨本生经》和《贤愚经》、《杂宝藏经》里。这些本生故事多取材于古印度民间故事,经过加工改造,附会到佛陀前世行事,创作出本生故事,如顶先王本生、睒仙人本生、须大拏太子本生等都来自民间传说。《六度集经》里的《国王本生》和《杂宝藏经》里的《十奢王缘》的故事情节,则取材于印度史诗《罗摩衍那》。因缘故事是讲因果业报,以人生事相为中心的。它们反映了古代印度的社会生活,但又充满了臆造与迷信。因缘故事主要保存在律部,以及支谦所译《撰集百缘经》和《杂宝藏经》里。这类故事一般情节都比较简单,如《百缘经》里的《长者答达多悭贪坠饿鬼缘》、《采花供养佛得生天缘》

等,一看题目即可知道内容。

佛经故事从体裁上分,既有短小精悍的小品,也有叙说详尽的长篇。例如《六度集经》就是一部短篇小说集,全书按"六度"分门别类,包括了八十一个独立成篇的故事。表现了大乘佛教慈悲为怀、自利利他、自我牺牲、精诚求道的观念。其中萨埵太子舍身饲虎,尸毗王以身代鸽,雪山童子施身闻偈,弱雉以羽带水灭火等都早已为人们所熟悉。这些故事篇幅虽不长,但描写极其生动形象,如尸毗王以身代鸽的故事说:"阎浮提国有个尸毗国王,慈悲仁恕,爱民如子。帝释天听说后想试验一下,让毗首天变为一鸽,自己化作鹰,急逐于后,将为搏取,鸽甚惶怖,飞王腋下求其救护。鹰对王说:'今此鸽者是我之食,我甚饥急,愿王见还。'尸毗王不肯答应,鹰说:'若断我食,命亦不济。'王暗想:'害一救一,于理不然,唯以我身,可以代彼。'便取利刃,自割股肉,持此肉给鹰以贸鸽命。他把鸽子和身上割下的肉放在秤盘上称,使其均等。可是身上的肉已割尽了,还抵不上鸽子的重量。他便自投于秤盘上,结果力不相接,失足堕地,闷绝无觉,良久乃苏。帝释天问他是否后悔。尸毗王回答说没有丝毫的悔意,话音刚落,身体便平复如常了。"这个故事写普渡众生的菩萨行,使人读来惊心动魄,具有很强的感染力。还有一些长篇故事情节曲折,形象鲜明,描写细腻,语言靡丽,更是具有很高艺术价值的文学作品。例如鸠摩罗什所译《维摩诘经》即是以居士维摩诘为主角的长篇故事。全书分三卷,按人物活动地点可划分为三场,就像一部三幕戏剧。第一场佛在毗耶离庵罗树国说法,弟子八千人,菩萨三万二千人,万梵天王,万二千天帝。宝积长者子等五百年轻人礼拜听法。这时听说维摩诘患病,佛陀拟派弟子前去问疾,但多数弟子因畏惧维摩诘神通辩才,不敢前往,纷纷推托。第二场转移到维摩诘方丈,佛派弟子中"智解第一"的文殊师利前来问疾。维摩示疾说法,应机化导,阐明了真空妙有、空有不二的大乘教义。表现出深邃的睿智和机敏的妙趣。第三场又回到了庵罗树国,佛陀向大众说法,肯定了维摩,并嘱咐了弥勒和阿难弘通教义。整个故事以对话为主,用生动的对话来刻画人物鲜明的形象。例如《弟子品》通过佛陀与弟子的对话曲折地表现了维摩诘的"辩才无碍":"尔时长者维摩诘自念寝疾于床,世尊大慈,宁不垂愍?佛知其意,即告舍利弗:'汝行

177

诣维摩诘问疾。'舍利弗白佛言:'世尊!我不堪任诣彼问疾。……'佛告大目犍连:
'汝行诣维摩诘问疾。'目犍连白佛言:'世尊!我不堪任诣彼问疾。……'佛告大迦
叶:'汝行诣维摩诘问疾。'迦叶白佛言:'世尊!我不堪任诣彼问疾。……'佛告须
菩提:'汝行诣维摩诘问疾。'须菩提白佛言:'我不堪任诣彼问疾。'佛告富楼那弥多
罗尼子:'汝行诣维摩诘问疾。'富楼那白佛言:'世尊!我不堪任诣彼问疾。……'
佛告阿那律:'汝行诣维摩诘问疾。'阿那律白佛言:'世尊!我不堪任诣彼问
疾。……'佛告优波离:'汝行诣维摩诘问疾。'优波离白佛言:'我不堪任诣彼问
疾。……'佛告罗睺罗:'汝行诣维摩诘问疾。'罗睺罗白佛言:'世尊!我不堪任诣
彼问疾。……'佛告阿难:'汝行诣维摩诘问疾。'阿难白佛言:'世尊!我不堪任诣
彼问疾。所以者何? 忆念昔时,世尊身小有疾,当用牛乳,我即持钵诣大婆罗门家
门下立。时维摩诘来谓我言:"唯,阿难,何为晨朝持钵住此?"我言:"居士! 世尊身
小有疾,当用牛乳,故来至此。"维摩诘言:"止,止,阿难! 莫作是语。如来身者,
金刚之体,诸恶已断,众善普会,当有何疾? 当有何恼? 默往,阿难! 勿谤如来,
莫使异人闻此粗言,无令大威德诸天及他方净土诸来菩萨得闻斯语。阿难,转轮
圣王以少福故,尚得无病,岂况如来无量福会普胜者哉! 行矣,阿难! 勿使我等
受斯耻也。外道梵志若闻此语,当作是念:'何名为师? 自疾不能救,而能救诸疾
人?'可密速速去,勿使人闻。当知,阿难! 诸如来身即是法身,非思欲身。佛为
世尊,过于三界。佛身无漏,诸漏已尽。佛身无为,不堕诸数。如此之身,当有何
疾?"时我,世尊! 实怀惭愧。得无近佛而谬听耶? 即闻空中声曰:"阿难! 如居
士言,但为佛出五浊恶世,现行斯法,度脱众生。行矣,阿难! 取乳勿惭。"世尊!
维摩诘智慧辩才为若此也,是故不任诣彼问疾。'如是,五百大弟子各各向佛说其
本缘,称述维摩诘所言,皆曰不往诣彼问疾。"《维摩诘经》塑造的维摩诘形象给人
留下了强烈的印象,特别是在中国士大夫中间产生了深远影响。作者采用对话
形式揭示人物精神面貌和性格特征的表现手法,显然可以追溯到印度古代史诗
《罗摩衍那》的影响。

另一部大乘佛教经典《华严经》也充满了浓厚的文学色彩,有人认为它实际
就是一部长篇小说。特别是《入法界品》里写善财童子寻访五十三位善知识的故

事更具特色。故事说的是一个饶有家财的善财童子,虽有世间财宝,却没有真实的法宝。后来在觉城东庄严幢沙罗林中大塔庙听文殊菩萨讲《普照一切法界经》,并在文殊指点下到各处巡访,寻师问道。他访问了五十三位善知识,其中有国王、长者、医师、船夫、外道、菩萨,甚至有淫女。最后回到金刚藏道场听善贤行愿,信受阿弥陀佛国极乐往生大法。善财童子的寻访,情节生动,形象鲜明。日本学者比它作英国宗教小说《天路历程》。《华严经》恢宏开阔,汪洋恣肆,富于大胆想象,它所创造的意境与文字在同时代的文学作品中自有其不可企及之处。

在佛经本生故事和因缘故事里包括了大量的寓言,也称譬喻经。寓言是佛经故事中最短的一种,虽然它短小精悍,但内容丰富,发人深思;虽然它情节简单,却一波三折,引人入胜。寓言蕴含的深刻哲理往往都潜藏在字里行间,即所谓"意在言外",必须经过一番思索之后才能体味,有豁然开朗的感觉。寓言的真不在于故事情节,而在于故事以外的寓意,寓意是寓言的灵魂和核心。佛教常用民间流传的寓言为"喻体",附上自己的教义为"喻依",进行弘法教化。原始佛教经典"四阿含"包含着释迦牟尼生前说法的记录,他可说是一位寓言大师,为了说法方便编造了不少生动的寓言。如《中阿含》里有一篇《箭喻经》,说佛在舍卫城祇园精舍时,有弟子鬘童子聪慧异常,一口气提出了十四个问题,如世界在时间上是常住还是无住? 在空间上是有限还是无限? 灵魂与肉体是同一还是分离? 如来是否永生等等。释迦牟尼对此不置可否(后来称为"十四无记"),却说了一个寓言故事,有人中了毒箭,他的亲人不是马上叫医生去把箭拔出来,而是先研究箭是谁射的? 从哪儿射的? 射箭的弓是木制的还是角制的? 箭头、箭杆、弓身弓弦又怎么样? 等到这些问题一一解决了,中箭的人也早已死掉了。释迦牟尼用这个寓言告诉弟子们要重视实践,重视解决人生实际问题,不要耽迷于那些形而上学的问题。他这种生动的教化方法为后世的佛教徒所继承,如小乘教徒就曾用《三重楼》的寓言来说明小乘修行次第。这则寓言说有一个富翁见人家盖的三层楼宽敞明亮,庄严华丽,非常羡慕,也想造一座同样的楼房。于是叫来木匠要求他给自己造楼。木匠开始砌砖盖房。富翁看见木匠在地上砌砖,感到疑惑,就问:"你打算做什么?"木匠答道:"造三层楼呀!"富翁说:"我不想要下面两层,你只要给我盖最上面一层就可以了。"木匠说:"哪有不先造最下层而能造第二层,不先造第二层而能造第三层的呢?"那个富翁固执地说:"我就是不要下面两层,只要最高一层。"众人听了都大笑不已。小乘佛教以阿罗汉为修行的最高果位。他们认为,要达到阿罗汉须经过须陀洹、斯陀含、阿那含。这正如修楼一样,要一层层渐次修行,不能不经渐修,一蹴而就。像这样的寓言对人很有启发,因此,寓言便为大小乘各派所乐意采用,先后出现了专门集录寓言故事的经典,如《六度集经》、《贤愚经》、《法句譬喻经》、《出曜经》、《大庄严论经》、《百喻经》等,许多大部经典也巧妙地组织了许多寓言故事。如《法华经》里就采用了"火宅"、"化城"、"系珠"、"凿井"、"剪子"、"药草"、"医师"等七则寓言,构成有名的"法华七喻"。这部经典就是因为善于运用寓言譬喻而造成了强烈的文学性,对中国文学产生了巨大的影响。"三世火宅"、"导师化城"成为中国诗文里常用的事典。

佛经里有着大量的道德寓言,围绕人际间形形色色的恩怨关系(有时候也用拟人手法以各种动物为主角)宣扬善恶报应思想。如《佛本生经》里有一则《宽心本生》,说有五百个木匠在森林里伐木,有一头大象的脚上扎了木刺,红肿化脓,它走到木匠那里,木匠用尖刀划开木刺周围的皮肤,系上一根细绳,把木刺拔出来,挤出脓水,涂上药。大象伤口愈合后,为报答木匠而帮助他们采伐木材。这则寓言说明动物尚能知恩报恩,何况是人更应该以德报德。反之,以怨报德就要受到普遍的谴责。如《六度集经》里有九色鹿的故事,说一只"睹世希有"的九色鹿,不顾艰危救了一个溺水的人。当时摩因国的王后正寻求鹿角作装饰品,国王悬赏杀鹿,溺水人见利忘义,竟引国王捉住了九色鹿。九色鹿在国王面前揭露了溺水人"受恩图逆,斯酷难陈"。国王了解其真相后非常生气,要处死溺水人。九色鹿对那个陷害自己的溺水人不但不报复,反而请求国王饶恕了他。《菩萨本生鬘》里有一个"神猴救人"的寓言故事,写的也是与九色鹿同样的题材。这些道德寓言反映了佛教徒鄙视以怨报德,反对以怨报怨,提倡以德报怨的善恶观念。许多佛教寓言故事具有很高的审美价值,如《佛本生经》里有一则《狼本生》的寓言说:有一只狼住在恒河边的岩石上。恒河发洪水,包围了这块岩石。狼躺在岩石顶上,既无食物,也无寻食的去路。狼想:"我躺在这里无事可做,不如实行斋戒吧。"那时帝释天化作山羊下凡，站在离狼不远的地方。狼一见山羊就想："我改天再实行斋戒吧！"跳将起来，扑向山羊。山羊东蹦西跳，不让狼抓住。狼抓不住山羊，转过身来，重新躺在那里，自言自语道："我总算没有破坏斋戒。"这则寓言故事虽短，却起伏有致，诙谐幽默，妙趣横生，并隐含着深刻的哲理。南齐求那毗地所译《百喻经》里搜集了许多这类诙谐幽默的寓言。据日本学者岩本裕的考证，其内容多取古代印度民间传说的愚人故事（《佛教教学研究》第二卷，开明书院1978年版，第118页）。如《傻子吃盐》便是说有一个傻子看到朋友把盐放到菜里，食之味美。就以为菜之味美全是因为有盐的缘故，便空口吃起盐来，结果口干舌苦，大伤胃口，佛教徒以此说明认识事物应把握限度，进而阐发"非有非无"的"中道"观。另一则《半文钱》的寓言说：有个商人借给人家半文钱，因为借钱的人长期不还，商人便去索债。他走到一条大河边，付了两文钱雇船渡河。回来时又花了两文钱雇船才到家。这个商人为了讨半文钱的债，结果失去四文钱，再加上路途劳累，实在是因小失大，得不偿失。这类寓言对迂腐愚蠢的思想方法和行为作了巧妙的冷嘲热讽，从反面揭示了深刻的哲理。佛经寓言充满丰富的想象力和浓厚的生活气息，是佛教文学的瑰宝。鲁迅对它们的文学价值十分重视。他曾经出资印刷了《百喻经》，并评价说："常闻天竺寓言之富，如大林深泉，他国艺文，往往蒙其影响，即翻为华言之佛经中，亦随在可见。"许多佛经寓言故事，随着佛经的翻译，在中国民间广泛流传。如"猴子捞月亮"、"瞎子摸象"、"九色鹿"等，几乎是家喻户晓、妇孺皆知的，它们经过长期的流传演变，已经融合在中国各族人民的民间故事中间，成为中国人民的精神财富。

二、 佛教通俗文学

佛教翻译文学虽经历代佛教徒的努力，逐渐在中国文化圈内有了一席之地。但它毕竟是中、印文学的"混血儿"，尚不是纯粹的中国佛教文学。况且，对此具有文学欣赏力的也主要是士大夫阶层，并未在中国社会产生广泛的文学影响。不过，佛教徒为要在民间普及佛教，必然会采用各种人们喜闻乐见的文学形式作为传教手段。于是在这一过程中就产生了中国佛教通俗文学,例如各种民间佛教故事、诗歌、变文、宝卷等等,都是带有浓厚民族特色的佛教通俗文学。

中国佛教通俗文学之发端,应指六朝佛教志怪小说。其时各种鬼神志怪小说在民间广为流传,于是佛教徒便利用这一文学形式,宣扬佛教因果思想和各种灵验事迹,以影响整个社会的思想与信仰。六朝佛教志怪小说可分为两类:一类是"应验记",以某种特定信仰为专题编集,如晋代谢敷的《光世音应验记》、刘宋张演《续光世音应验记》、萧齐陆杲《系光世音应验记》三书即是专记观世音菩萨灵验故事的,《隋志》所录王邵《舍利感应记》则专记佛舍利应验故事的;另一类佛教志怪小说的题材则较为广泛,系当时一般信仰佛教的文人采撷民间传说编集的。当时这些民间传说也是源于佛教徒的创作。这类书籍,现存的有颜之推的《冤魂志》一卷,其他有逸文可见并有作者可考的还有《宣验记》、《冥祥记》、《集灵记》和《旌异记》四种。《宣验记》三十卷,刘义庆撰。刘义庆(403—444年),彭城人,刘宋皇族,官至南兖州刺史,另著有《幽明录》三十卷和《世说》八卷,为六朝最大的小说家。《宣验记》多记菩萨灵验,劝人向善,如言:"车母者,遭宋庐陵王青泥之难,为虏所得。在贼营中,其母先本奉佛,即燃七灯于佛前。夜,精心念《观世音》,愿子得脱。如是经年,其子忽叛还。七日七夜独行自南走,常值天阴,不知东西,遥见有七段火光。望火而走,似村欲投,终不可至。如是七夕,不觉到家,见其母犹在佛前伏地;又见七灯。因乃发悟,母子共谈,知是佛力。自后恳祷,专行慈悲"(《太平广记》卷一百一十)。《冥祥记》十卷,王琰撰。王琰,宋齐间太原人,曾受五戒,并自称亲见金像之异,因撰《冥祥记》。书虽佚,然存于《法苑珠林》及《太平广记》中的尚不少。其文以叙述委曲详尽胜,如记"宋张兴,新兴人,颇信佛法,常从沙门僧融、昙翼,时受八戒。元嘉初,兴尝为劫贼所引,逃避。妻系狱,掠笞积日。时县失火,出囚路侧。会融、翼同行,偶经囚边,妻惊呼阇梨何不赐救? 融曰:'贫道力弱不能救,如何? 惟宜劝念观世音,庶获免耳。'妻便昼夜祈念,经十日许,夜梦一沙门以足蹑之,曰:'咄咄,可起!'妻即惊起,钳锁桎梏俱解。然闭户警防,无由得出,虑有觉者,乃却自械。又梦向者沙门曰:'户已开矣。'妻觉而驰出,守备具寝,安步而逸,暗行数里,卒值一人,妻惧躃地。已而相讯,乃其夫也,相见悲喜,夜投僧翼,翼匿之,获免焉"(《太平广记》卷一百一十)。"晋谢敷,字爱绪,会稽山阴人也,……少有高操隐于东山,笃信大法,精勤不倦,手写《首楞严经》,当在都白马寺中,寺为灾火所延,什物余经,并成煨尽,而此经止烧纸头界外而已,文字悉存,无所毁失。敷死时,友人疑其得道,及闻此经,弥复惊异……"(《珠林》十八)。《冤魂志》一卷,今存;《集灵记》十卷,今佚,皆颜之推撰。颜之推(531—591年以后)字介,琅邪临沂人,仕于北齐以至于隋。之推笃信佛法,《冤魂志》以经史上自春秋、下至晋宋的事例以证报应,其文词颇古雅,尚未脱儒家本色;但其报应劝戒太浅薄。如记"吴王夫差杀其臣公孙圣而不以罪。后越伐吴时,王败走,谓太宰嚭曰:'吾前杀公孙圣,投于胥山之下,今道由之,吾上畏苍天,下惭于地,吾举足而不能进,心不忍往。子试唱于前,若圣犹在,当有应声。'嚭乃登余杭之山,呼之曰:'公孙圣!'圣即从上应曰:'在。'三呼而三应,吴王大惧,仰天叹曰:'苍天呼!寡人岂可复归乎!'吴王遂死不返"。《旌异记》十五卷,为侯白所撰。侯白,魏郡人。有捷才好学,滑稽善辩。又有《启颜录》二卷,系谐谈之书,亦佚,然《太平广记》引用甚多。这种佛教志怪小说,到唐代仍久盛不衰。现存的如唐临《冥报记》、道宣《集神州三宝感通录》;存佚的如郎余令《冥报拾遗》等皆属此类。

　　唐代变文是中国最具代表性的佛教通俗文学之一。对于"变文"一词的解释,学术界一直是众说纷纭,其中以周绍良先生之说较为允当。周先生在《谈唐代民间文学》中指出:"变之一字,也只不过是变易、改变的意思而已,其中并没有若何深文奥义。如所谓变相,意即根据文字改变成图像,变文意即把一种记载改变成为另一种体裁的文字,如依佛经改变成说唱文,或依史籍记载改变成说唱文,都称为变文。"但严格说来,"变文"最初是作为唐代佛教"俗讲"的脚本出现的。敦煌卷子中所见非佛教故事的变文,如"伍子胥变文"、"王昭君变文"、"舜子至孝变文"、"张议潮变文"等,则是佛教"变文"的异化,是原始"变文"向"话本"发展的中间形态。郑振铎先生认为何以出现非佛教故事的变文,大概是"当时宣传佛教的东西,已为群众所厌倦。开讲的僧侣们为了增进听众的欢喜,为了要推陈出新,改变群众的视听,便开始采取民间所喜爱的故事来讲唱"(见《中国俗文学史》，第 258 页）。变文既为俗讲的脚本，故研究变文的起源必须从俗讲谈起。六朝以来，佛经的宣传主要有转读、呗赞、唱导三种方式。转读是咏经，呗赞是歌颂，内容都不离佛经经文。唱导则是以歌唱事缘为主，内容较为广泛，可以是佛经中的故事，也可以是中土相传的故事。起初在僧侣间讽咏佛经者称经师，他们和唱导僧是有区别的。到了梁陈之世，经师与唱导便逐渐合为一流。佛经大多是在六朝时翻译的，译文与当时口语相去不远，故六朝时讽咏经文，一般士俗都能听懂。及至中唐以后，民间口语与六朝相比有了很大变化。讽咏原文就难以让人完全听懂了，于是就不得不用唐代俗语改述经文，这就产生了俗讲，其讲经脚本即为变文。更重要的是唐代佛教已成社会普遍信仰，僧侣讲经的听众不再限于士大夫，而主要是里巷细民。于是讲经者也不得不改变方式，力求将深奥的经文通俗化，不作高深原理的探讨，取佛经中有文学趣味的故事，有说有唱地将经文内容敷演出来，劝导听众信从佛教，这也促成了俗讲的产生。道宣《续高僧传》卷三十言及当时唱导流弊云："学拘疏芜，时陈鄙俚，褒奖帝德乃类阿衡，赞美寒微翻同旌冕。如陈满月则曰圣子归门、迷略璋弘，岂闻床几。若叙闺室则诵窈窕纵容，能令子女奔逃、尊卑动色，僧伦为其掩耳，士俗莫不寒心。"其实，这样的唱导与俗讲已经是很难区别的了。

　　"俗讲"二字见于唐代文献当以段成式之《酉阳杂俎》为最早。《杂俎续集》卷五《寺塔记》述及长安平康坊菩提寺云："佛殿内槽东壁维摩变，舍利弗角而转膝。元和末俗讲僧文淑装之，笔迹尽矣。"此"文淑"实为文溆之讹。据圆仁《入唐求法巡礼行记》、《韦氏杂说》等书记载，可知文溆自元和末驻锡菩提寺，即以俗讲僧见称当世。宝历时移锡兴福寺，敬宗曾亲聆其俗讲。文宗时为入内大德，虽因罪流徙，开成、会昌之际，又重回长安依然执俗讲之牛耳，为京国第一人，历事五朝，数经流放，声誉未堕。《乐府杂录》称其"善吟经，其声宛畅，感动里人"。《因话录》称其"听者填咽寺舍，瞻礼崇拜，呼为和尚。教坊效其声调以为歌曲"。圆仁也谓"城中俗讲，此法师为第一"，云云。在唐代寺院俗讲极为盛行。《入唐求法巡礼行记》记会昌和日本僧圆仁入唐，在长安曾数闻俗讲："开成六年正月九日五更时拜南郡了，早朝归城，幸在丹凤楼，改年号，改开成六年为会昌元年。及敕于左、右街七寺开俗讲。左街四处：此赀圣寺，令云花寺赐紫大德海岸法师讲《华严经》；保寿寺，令左街僧录三教讲论赐紫引驾大德体虚法师讲《法华经》；菩提寺，令招福寺内供奉二教讲论大德齐高法师讲《涅槃经》；景公寺，令光影法师讲。右街三处：会昌寺，令内供奉三教讲论赐紫引驾起居大德文溆法师讲《法华经》，城中俗讲，此法师为第一；惠日寺、崇福寺，讲法师未得其名。从太和九年以来废讲，今上新开，正月十五日起首至二月十五日罢。""九月一日敕两街诸寺开俗讲。""会昌二年正月一日，诸寺开俗讲。""五月奉敕开俗讲，两街共五座。"可见当时僧侣对士庶当众讲经说法已一概被称为"俗讲"，唐人诗句里描写道："街东街西讲佛经，撞钟吹螺闹宫庭，广张罪福资诱胁，听众狎恰排浮萍。"（韩愈《华山女》）"无上深旨诚难解，唯是师言得其真，远近持斋来谛听，酒坊鱼市尽无人。"（姚合《听僧云端讲经》）也反映了俗讲在社会上的影响之大。这种俗讲历久不衰，以迄五代末际。当时也出现了一位擅长俗讲的高僧——圆鉴（号云辨）。圆鉴在后汉高祖时曾任洛阳左街僧录。宋人张齐贤《洛阳缙绅旧闻记》卷一称其"能俗讲，有文章，敏于应对，若祀祝之辞，随其名位高下对之，立成千字，皆如宿构"。在敦煌残卷中也保存了他的作品，即《二十四孝押座文》、《十慈悲偈》和《与缘人遗书》等三篇。圆鉴的诗文广为流传，以致远播沙洲之地，足见其在当时的影响是很大的。

关于俗讲的仪式，在敦煌残卷中有一记载："夫为俗讲，先作梵了；次念菩萨两声，说押座了；素旧《温室经》法师唱释经题了；念佛一声了；便说开经了；便说庄严了；念佛一声，便一一说其经题字了；便说经本文了；便说十波罗蜜了；便念念佛赞了；便发愿了；便又念佛一会了；便回（向）发愿取散云云。已后便开《维摩经》。讲《维摩》先作梵；次念观世音菩萨三两声；便说押座了；便素唱经文了；唱曰法师自说经题了；便说开赞了；便庄严了；便念佛一两声了；法师科三分经文了；念佛一两声，便一一说其经题名字了；便入经说缘喻了；便说念佛赞了；便施主各发愿了；便回向发愿取散。"（见 P3849，法国巴黎国家图书馆藏）这种俗讲仪式与有关典籍记载的讲经仪式大致相同，也可见俗讲即是中唐以后的一种讲经形式。俗讲时一般变文与变相相辅相成。在敦煌残卷中有《大目乾连冥间救母变文并图一卷并序》（S2614）这样的题目；在敦煌西千佛洞又发现了附有文字说明的类似连环画的《祇园图记》；《昭君变》中有"上卷立铺毕，此入下文"的说法，表明有两个画卷，而且在变文中说白与唱词的过渡处往往有"看……处"、"若为陈说"、"当尔之时，道何言语"这类提示句，表明是在唱白转换时指点听众看图。可以推测，俗讲可能是在寺院壁画前进行，也可能说唱时展示画卷。

从敦煌残卷中的变文看，其内容既有佛教性的，也有世俗性的。后者不在本文研究范围，故不论及。就佛教变文而言，也可分为讲经文和佛教故事两大类。讲经文一般是属于严格说经的，现存资料主要有《维摩诘经变文》、《阿弥陀经变文》与《法华经唱文》。但也有一些讲经文，如《父母恩重经变文》、《地狱变文》等则往往离开经文自由发挥，介于讲经和说故事之间。佛教故事也可以分为两组。一组是写佛陀生平行事的，关于佛陀的生平除去写成道故事外，也写到过去无量生的故事，如《八相成道变》、《佛本行集经变文》和《身馁饿虎经变文》等。这些故事材料来源就是刘宋宝云译的《佛本行经》与隋阇那崛多译的《佛本行集经》。另一组是写佛经里的故事，现存资料包括《降魔变文》、《目连救母变文》、《丑女缘起》等。《降魔变文》取材于《金刚经》里须达布金买地建伽蓝而引起的故事，描写生动活泼，特别是描写舍利弗与六师斗法一段最为精彩。《目连救母变文》现存资料有六种，其中伦敦藏《大目犍连变文》首尾完全，是现存写本中故事最完整的一种。目连变文取材于《佛说盂兰盆经》、《佛说报恩奉公瓦经》等佛典，说的是摩揭国中有大长者，名拘离陁，其妻为清提夫人，生育一子，名罗卜。拘离陁因修小善五戒而得升天，其妻因广造诸罪堕入地狱。罗卜后出家为佛弟子，号曰大目犍连，目连藉佛力，得上天国见父，又入地狱寻母。先至奈河遇阎罗王，又会凶恶的五道将军，经刀山剑树地狱、铜柱铁床地狱，最后到了阿鼻地狱，寻着母亲。尽管费了许多周折，由于广造盂兰盆善根，终于把母亲接到天上。这就是目连变文的大概。后来，目连救母故事在封建时代流传了一千余年。其故事情节经过历史的演变，愈来愈复杂离奇，其影响愈来愈广泛深刻。从宫廷贵族到一般士庶，几乎无不喜爱目连故事。一篇文学作品能产生如此巨大的魅力，在文学史上实为罕见。

俗讲有说有唱,因此在变文里能说的部分就是散文,能唱的部分就是韵文,这种韵散结合的格局成为变文的标准文体。其中韵文与散文的组合分为三种情况。一种是在变文开始时,先引一段经文,然后再加以敷演描述,如《维摩诘经变文》,经云:佛告弥勒菩萨,汝行诣维摩诘问疾(下接散文及韵文,从略)。《阿弥陀经变文》则用经文代替了散文部分,"复次,舍利弗,彼国有种种奇妙杂色之鸟。此鸟韵□分五:一总标羽唉,二别显会名,三转和雅音,四诠论妙法,五闻声动念(下接韵文,从略)"。这种情形不外是加重传教的效果,或许也有一些征信作用,似是早期的变文。第二种是以散文作讲述,韵文则重复歌颂散文的内容。这种结构显然是受佛经的直接影响,但也便于增强俗讲的传教效果。歌唱固然可以吸引人,但所唱韵文的内容不易听清,必须先用散文叙述一遍。这类作品很多,例如《维摩诘变文》就是这样叙述的:"当日持世菩萨告言帝释曰:'天宫寿福有期,莫将富贵奢花,便作长时久远。起坐有自然音乐、顺意笙歌。所以多异种香花,随心自在。天男天女,捧拥无休;宝树宝林,巡游未歇。随心到处,便是楼台;逐意行时,自成宝香。花开便为白日,花合即是黄昏。思衣即罗绮千重,要饭即珍羞百味。如斯富贵,实即奢花。皆为未久之因缘,尽是不坚之福力。帝释!帝释!要知,要知。休于五欲留心,莫向天宫恣意。虽即寿年长远,还无究竟之多;虽然富贵骄奢,岂有坚牢之处。寿夭力尽,终归地狱三途;福德才无,却入轮回之路。如火然盛,木尽而变作尘埃;似箭射空,势尽而终归堕地。未逃生死,不出无常。速指内外之珍财,证取无为之妙果。勤于佛法,悟取真如。少恋荣华,了知是患。深劳帝释,将谢道从。与君略出,其深悟取,超于生死。'天宫未免得无常,福德才征却堕落,富贵骄奢终不久,笙歌恣意未为坚。任夸玉女貌婵娟,任逞月娥多艳态,任你奢花多自在,终归不免却无常。任夸锦绣几千重,任你珍羞餐百味,任是所须皆总列,终归难免却无常。任教福德相严身,任你眷属长围绕,任你随情多快乐,终归难免却无常。任教清乐奏弦歌,任使楼台随处有,任遣妃嫔随后拥,终归难免却无常。任伊美貌最希奇,任使天宫多富贵,任有花开香满路,终归难免却无常。莫于上界恣身心,莫向天中五欲深,莫把骄奢为究竟,莫耽富贵不修行!还知彼处有倾摧,如箭射空随志地,多命财中能知了,修行他不出无常。

索将劳帝释下天来,深谢弦歌鼓乐排,玉女尽皆觉悟取,婵娟各要出尘埃。天宫富贵何时了。地狱煎熬几万回,身命财中能悟解,使能久远出三灾。须记取,倾心怀,上界天宫却清迥,五欲业山随日减,耽迷障狱逐时摧。身中始得坚牢藏,心上还除染患胎,帝释敢师兄说法力,着何酬答唱将来?"第三种是以散文作为"引起"而衔接着用韵文部分来描述,也就是在叙述时韵散文交互使用,而内容不再重复。那种以散文说明后再用韵文重复歌唱的形式,对没有听歌训练的人当然是方便了,可是站在常常听歌者的立场上看就未免絮烦,所以进一步改成了这种韵散文交互运用的形式。这一类的例子如《大目犍连变文》:"圣者来于幽径,行至奈河边,见八九个男子女人,逍遥取性无事。其人遥见尊者,礼拜于谒再三。和尚就近其前,便即问其所以:善男善女是何人? 共行幽径没灾退。闲闲夏泰礼贫道,欲说当本修伍因,诸人见和尚问着,共白情怀,启言和尚:同姓同名有千嬷,煞鬼交错枉追来,勘点已经三五日,天事得放却归迥。早被妻儿送坟冢,独卧荒郊孤土撮。四边为是无亲眷,狼鹈□□□□□。"变文所用的韵式最普通的是"七言",如前举《维摩诘变文》、《大目犍连变文》皆是。偶尔也有"七言"中夹杂"三言"的,不过这种"三言"韵文,大多是两句连用,这不外是由"七言"句法演变过来的。在变文里也能看到一些用"六言"、"五言"甚至"四言"写成的韵文段落,但都十分罕见,而且全篇组织仍是以"七言"韵式为主的。

变文作为一种佛教通俗文学有其独特的艺术风格。这种特色首先在于它结构的宏伟、想象力的丰富。即以《维摩诘经变文》为例,十几个字的经文,在变文作者的笔下,便把它扩大到了几百千字的散文和韵语。《菩萨品》中,如来先后叫弥勒菩萨、光严童子、持世菩萨去问维摩诘的病,他们都不愿意去,对如来的答话都差不多。但在变文中,却写得很不相同,各人有各人不愿去的心理和苦衷,描写得异常生动逼真、多姿多彩。由于变文的作者从现实生活出发,所以许多变文都表现了极强的描写能力,且在一定的程度上刻画了比较生动鲜明的人物形象。在描写的手法上,它和汉赋有着某些相似之点,排比铺张,夸奇斗富,使得故事中许多场面显得繁富美丽,令人眩目动心。《维摩诘经变文》中魔王波旬设计来迷惑持世菩萨诸节、《大目乾连冥间救母变文》中目连走遍地狱的描写、《降魔变文》

中须达布金买园等节，都是很好的例子。不仅如此，变文中的人物描写，成就也是可观的。它能突出地表现好些人物在特定环境下相当复杂的感情和矛盾的心理，具有很大的感染力。在语言的运用上，变文作者吸收了大量的佛典词汇和民间口头语言，一般都是一种半文半白的语言。在很多的散文叙述中，则采用骈体。不过这种骈体是相当灵活而自由的，和文人作品有极大的区别。变文语言的优点是：词汇丰富，比较通俗，因讲唱故，有相当强的音乐性。

宋元以后的"宝卷"是由变文直接发展而来的一种佛教通俗文学。当然，宝卷和变文一样，在民间推广开来之后，也出现了许多完全是世俗性内容的作品。这部分作品自然不在本文论及范围内。宝卷是所谓"宣卷"的脚本。宣卷，也称"说经"、"说参请"、"说因缘"。这是"俗讲"在宋初被禁之后出现的一种佛教宣传形式。据日本学者泽田瑞穗的看法，从变文到宝卷还有一个中间环节，就是佛教寺院的礼忏科仪书。这是为奉佛仪式而制作的韵散结合的文字，开始是奉请十方佛，念佛唱和，忏主自表，唱偈，然后是韵散结合的宣讲叙述。这正与宝卷的体例大体相同（参见《宝卷的研究》，增补本，国书研究会 1975 年版）。《金瓶梅词话》第五十一回《月娘听演金刚科，桂姐躲住西门宅》，写吴月娘、李娇儿等妇女听薛姑子、王姑子演唱《金刚科仪》正是当作宣卷来描写的。宣卷时必须焚香请佛，带着浓厚的宗教色彩，与一般说唱弹词不同，也可见它是脱胎于佛教奉佛礼忏仪式。从收录在《大日本读藏经·礼忏部》的数十种自唐至清的科仪书来看，也与宝卷大体相同。这些都可证明泽田的看法是有道理的。不过，宝卷与科仪书必然经历过一个较长的共存时期，没有必要因宋代盛行科仪书而否定宝卷的存在，或者否定宝卷即为说经、说参请、说因缘。

现存最早的宝卷有北宋隆兴府百府院宗镜所作《销释金刚科仪》和北宋天竺普明禅师编集的《香山宝卷》。另有在宁夏发现的《销释真空宝卷》，起初被推定为宋或元人抄本，后来日本学者从内容考察以为当是明中叶以后作品。实际上它流传时间也许更早，只是到了明中叶以后，佛教徒以刻印宝卷为功德，民间才有了大量传本行世。佛教性的宝卷可以分为两类：劝世经文和佛教故事。佛教宝卷在初期似以劝世经文居多，故宝卷往往被称为经，如《香山宝卷》又称《观世音菩萨本行经简集》,《叹世无为宝卷》又称《叹世无为经》。这些劝世经文都以通俗浅近的说唱文来讲经说法,和宋人"说经"完全相同,如《销释印空实际宝卷》开卷便云:"夫印空宝卷者,能开解脱之门,妙偈功德,往入菩提之路——印空偈空二十四品,品品而奥意难穷。"又如像《药师本愿功德宝卷》便是全演《药师本愿经》而不述故事的。也有只劝世的唱文而并不专演某经的,如《立愿宝卷》叙孝顺父母、勿溺女婴、勿吃牛犬等十四大愿,《叹世宝卷》劝人及早修行等等。叙述佛教故事的宝卷则所见极多,也最为民间欢迎,其中流传最广的是《香山宝卷》、《鱼篮观音宝卷》、《目连宝卷》、《庞公宝卷》等。《香山宝卷》是叙述观音故事:在迦叶佛生活的时代,须弥山西有一个兴林国,国王妙庄的三公主妙善一意念佛修道,不肯出嫁,后到百雀寺出家。妙庄王大为震怒,下令围寺放火,僧尼全都烧死了,妙善公主却安然无恙。又用刀斩她,刽子手的刀却连断三次。这时黑雾遮天,一头白虎把公主驮走了,公主游历地府后,在太白金星指点下,到普陀洛迦山修行,遂成正果。妙庄国王病危,公主化为香山仙人剜目断臂救王。王病愈去谢她时才知是自己的女儿妙善,于是也改行修道。后人塑千手千眼菩萨像供养之,这就是千手千眼观音的来历。《鱼篮观音宝卷》说的是金沙滩住户为恶多端,上帝欲灭绝之,观音不忍,乃下凡来超度他们。他变成妙龄女子到村中卖鱼,轰动全村。首恶马二郎欲娶她为妻,她说有誓在先,凡欲娶她的必须念熟《莲经》,吃素行善。马二郎和村中恶少皆放下屠刀,声声念佛。于是她与马二郎结了婚,不久即腹痛而亡,全村受她感化竟成善地。这类故事所以受到民间欢迎是与社会上普遍的观音信仰密切相关的。

宝卷的情节皆有一定程式,如善人受难,遍游地狱,死而复生,升天成佛等情节被经常使用。描写也大致相同,反复宣传六道轮回和累世修行可以成佛的观念。其次,因为宣卷的听众主要是妇女。宣卷人为迎合她们欣赏趣味和思想感情,一般都以妇女为宝卷主人公,描写她们在封建家庭婆媳、嫡庶、夫妇、姑嫂矛盾中受欺压、被凌辱,但由于她们忍辱、向善、修道,终于得到福报。如《刘香宝卷》写一个叫刘香的青年妇女,受尽姑嫂欺凌,但一心读经念佛,劝人行善。她被役使、驱赶,她行乞、为尼,后来丈夫得了高官,也没能动摇她学佛的意志。最后,刘香终于修成正果。这些作品曲折地反映了当时妇女悲惨的命运,但又充满了无力的说教。再次,许多宝卷里往往是佛、道、儒相混杂,例如在《佛说定劫经宝卷》里就有玉帝、孔丘和弥勒一齐登场的情节。在《救苦宝卷》里则让观音菩萨来提倡孝悌、忠信、礼义廉耻的儒家纲常,其实这也是当时三教合流的一种反映。值得注意的是宝卷这种通俗文学形式在明代还经常为民间秘密宗教所利用,例如《混元弘扬中华宝忏》和《混元门之沌教弘阳法》等宝卷就被混元教奉为经典。混元教后来发展成徐鸿儒的白莲教,在中国历史上曾掀起数次风波。又如,《苦功悟道卷》、《破邪显正钥匙卷》、《正信除疑无修证自在宝卷》和《巍巍不动泰山深根结果宝卷》被罗祖创设的"无为教"奉为"五部经"。(罗祖则被近代青帮、一贯道等组织奉为祖师。这些民间秘密宗教往往自称是佛教教派,其实他们摄取的佛教教义,很少出自于佛经,而多半是从宝卷之类的佛教通俗文学作品里抄袭过来的。)宝卷继承和发展了韵散结合的说唱形式,在通俗文学史上有一定的地位。而且宝卷很注意情节,以故事品曲折离奇吸引听众。不过,从整体上说,宝卷的艺术水平并不高,人物形象的刻画大多简单粗糙,情节多荒唐不合逻辑,语言也芜杂重复,多陈词烂调,故其文学价值实在有限。

佛教的传播还借助了民间歌谣的形式,从而极大地丰富了中国佛教通俗韵文学的内容。从敦煌卷子资料来看,这种民间佛教歌谣可以分为三组:一组是"五更转"、"十二时"一类的俚曲。以时间为序分段,"五更转"有五段,"十二时"就有十二段。一般每段都是以一句"三言"、三句"七言"组织起来的。例如《太子五更转》和《太子十二时》都是叙述释迦牟尼成道故事的。如《太子五更转》:"一更初,太子欲发生心思,须知耶嬢防守到,何时度到雪山水;二更深,五百个力士睡昏沉,遮取黄羊及车匿,朱鬃白马同一心;三更满,太子腾空无人见,宫里传声悉达无,耶嬢肠肝寸寸断;四更长,太子苦行万里香,一乐菩提修佛道,不藉你世上作公王;五更晓,大地下众生行道了,忽见城头白马骉,则知太子成佛了。"另外,《南宗赞》和《太子入山修道赞》也是取《五更转》,不过句法结构有了变化,首句也是"三言",其后便杂着"三言"、"五言"及"七言",而杂言部分也变得冗长。如《南宗赞》:"一更长,如来智惠化中藏。不知自身本是佛,无明障蔽自荒忙。了五蕴,体皆亡;灭六识,不相当。行住坐卧常注意,则知四大是佛堂。一更长,二更长,有□□往尽无常。世间造作应不及,无为法会听皆亡。入圣使,坐金刚;诣佛国,迈十方。但诸世界愿贯一,决定得入于佛行。二更长,三更严,坐禅执定甚能甜。不宣诸天甘露蜜,愿君眷属出来看。诸佛教,实福田;持斋戒,得生天。生天天中归,还堕落,努迥心,趣涅槃。三更严,四更阑,法身体性本来禅。凡天不念生分别,轮迥六趣心不安,求佛性,向里看;了佛意,不觉寒。广大劫来常不悟,今生作意断悭贪。四更阑,五更□,菩提种子坐红莲。烦恼泥中常不染,恒□净土共金颜。佛在世,八十年;般若意,不在言。朝朝恒念经,当初求觅一年川。"也许"五更转"的调子只是指结构上的五段而言,把事迹与情绪分作了由浅入深的五段,至于每一段的句法和长短,则是比较灵活的。敦煌卷子中的"十二时"除《太子十二时》外,还有一首《禅门十二时》:"夜半子,监睡还须去,端坐政观心,济却无朋彼。鸡鸣丑,擿木看窗牖,明来暗自知,佛性心中有。平日寅,发意断贪嗔,莫令心散乱,虚度一生身。日出卯,取镜当心照,情知内外空,更莫生烦恼。食时辰,努力早出尘,莫念时时苦,早取涅槃因。隅中巳,火宅难归□,恒在败坏身,漂流生死海。正南午,四大无梁柱,须知寡合身,万佛皆为主。日昃未,造罪相连累,无常念念至,徒劳漫破费。晡时申,修见未来因,念身不救住,终归一微尘。日入酉,观身知不救,念念不离心,数珠恒在手。黄昏戌,归依须暗室,罪垢亦未知,何时见慧日。人定亥,吾今早欲断,驱驱不暂停,万物皆失坏。"第二组是赞佛歌,也就是"佛曲"的歌辞。这类赞佛歌有名家依据佛经创作的,如净土宗大师昙鸾、善导、法照等人创作的《净坏赞》、《离六根赞》、《五会念佛》、《观世音赞》、《相好赞》、《般舟三昧赞》等。也有许多则是民间口头创作的,如敦煌卷子中的《好住娘》、《归去来》、《悉昙颂》、《五台山赞》等。这类歌辞皆用当时通用的俗语演唱,例如《好住娘》描写一个出家修行者与母亲辞别时的情景:"好住娘,娘娘努力,守空房,好住娘。儿欲入山修道去,好住娘,兄嫂努力好看娘,好住娘。迥头顶礼五台山,好住娘。五台山上松柏树,好住娘。正见松柏共天连,好住娘。上到高山望四海,好住娘。眼中泪落数千行,好住娘。下到山坡青草里,好住娘。柴狼野兽竟来亲,好住娘。乳哺之恩未曾报,好住娘。誓愿成佛报娘恩,好住娘。

耶娘忆儿肠欲断,好住娘。儿忆阿娘泪千行,好住娘。舍身阿娘恩爱断,好住娘。且须袈裟相对坐,好住娘。舍却亲兄热弟却,好住娘。且须师僧同戒伴,好住娘。舍却金瓶银盏却,好住娘。且须钵盂锡杖亲,好住娘。舍却曹像龙马群,好住娘。且须虎狼狮子声,好住娘。舍却持毡锦褥却,好住娘。且须乱草似一束,好住娘。佛道不远迴心至,好住娘。全身努力猛抛看,好住娘。"这类赞佛歌风格一般都是冗漫感伤,但浅易通俗。第三组是长篇的叙事歌谣,如《太子赞》以五七言相间成篇,内容也是宣传释迦牟尼成道事迹,没有多少特色。

民间的佛教歌谣有时也经过文人的加工润色,创作出通俗的佛教诗赋,其中最著名的是王梵志的五言诗。王梵志,卫州黎阳(今河南浚县)人,生卒年不详。据胡适考证,认为王梵志生当隋文帝时,他的诗在唐朝已经很风行。从王梵志的诗里可以知道,他一生坎坷,饱经忧患,既享受过殷实家庭的温暖,也尝过穷苦生活的辛酸,因此诗人把荣华富贵、世态炎凉,以及生老病死,看得十分透彻,终于走上了皈依佛门、寻求解脱的道路,从而写下了许多宣扬佛教思想的诗作,其中绝大多数是哲理诗和格言诗。有的劝说世人多行善事,有的散布地狱的阴森恐怖,有的讲说轮回报应,如他说"轮回变动急","循环作主人","身如圈里羊,命报恰相当,羊即披毛走,人著好衣裳","来生报答甚分明,只是换头不识面";要想超脱生死轮回,"须入涅槃城,速离五浊地";为了离开浊恶世界,就应当"黠儿苦读经"、"专心念三宝","恶事总须弃,善事莫相违",否则"平生不造福,死被恶道收",只能永远沉沦地狱之中。他还用诗歌形式阐释禅机佛理,如说"气实则成我,气散即成空","身如大店家,命如一宿客","非相非非相,无明无无明;相逐妄中出,明从暗里生;明通暗即尽,妄绝相还清;能知寂灭乐,自然无色生"等。王梵志的诗歌通俗易懂,朴素无华;言近旨远,发人深省;质直清新,淡而有味。口语俚词,俗谚方音皆可入诗。既明白如话,往往又出乎意料,创造出惊世骇俗、奇崛跌宕的诗歌风格。他常从生活中选取贴切形象的比喻,利用设想奇巧的对比,丰富和开拓诗的艺术境界,于乖巧的调谐中表现出深远的旨意,产生强烈的艺术效果。王梵志诗从民间歌谣里汲取了丰富的养料,又在民间广泛流传,开创了唐代诗歌中别具一格的通俗诗派。后来寒山、拾得等人的诗作都直接取法于王梵志诗,使通俗化成为中国佛教文学的一个重要特征。

三、 禅诗是佛教文学的奇葩

中国佛教禅宗创立以后,其思想方法即所谓"禅风"逐渐发生变化。自"不著语言,不立文字"的禅风演变出"文字禅"和"看话禅"。他们善于"绕路说禅",专在语言文字技巧上用功夫,并且走向词藻修饰的道路,并采用偈颂、诗歌等文人学士所喜爱的形式,由此发展出引人注目的禅诗。以往论者皆偏重于研究禅宗对中国诗歌的影响,殊不知禅诗本身就是中国佛教文学的一大杰出成就。

所谓禅诗,就是旨在表现"禅悟"这种佛教主观精神活动的诗歌创作,包括一切以述禅理、抒禅趣、写禅境为内容的诗歌作品。述禅理是指采用直接发议论方式表现禅宗哲理的说理讽喻诗,例如,唐代诗僧寒山子诗即多述禅理,"大抵佛菩萨语"。有诗说:"世有多事人,广学诸知见,不识本真性,与道转悬远。若能明实相,岂用陈虚愿。一念了自心,开佛之知见。"又说:"报汝修道者,进求虚劳神,人有精灵物,无字复无文。呼时历历应,隐处不居存,叮咛善保护,勿令有点痕。"又说:"我见利智人,观者便知意,不假寻文字,直入如来地。心不逐诸缘,意根不妄起,心意不生时,内外无余事。"又说:"自古多少圣,叮咛教自信。人根性不等,高下有利钝。真佛不肯认,置功枉受困。不知清净心,便是法王印。"又说:"寄语诸仁者,复以何为怀,达道见自性,自信即如来。天真原具足,修证转差迴,弃本却逐末,只守一场呆。"寒山诗中如此类者多不胜举,故时人以为"家有寒山诗,胜汝看经卷也"。

抒禅趣,这与搬弄禅语不同,而是借抒情咏物来表现禅理。"禅趣",也称"禅悦"、"禅味",是指禅定时体验到的那种轻安寂静、闲适自然的情趣。这种情趣体现了禅宗追求"净心"、"任性"、"无念"的宗旨。例如,唐代诗僧皎然《题山壁示道维上人》云:"独居何意足,山色在前门。身野长无事,心冥自不言。闲行数乱竹,静坐照清源。物外从知少,禅徒不耐烦。"另一首《送维谅上人归洞庭》云:"从来湖上胜人间,远爱浮云独自还。孤月空天见心地,寥寥一水镜中天。"抒发了那种飘然物外、从嚣烦的世界中寻求超脱的情趣。王维有一首《终南别业》也是抒禅趣之名作:"中岁颇好道,晚家南山陲。兴来每独往,胜事空自知。行到水穷处,坐看云起时。偶然值林叟,谈笑无还期。"行到水穷处。无路可走时,一般人或兴阑而返,或大为扫兴,但诗人则不然。水穷则止。倘有云起,便坐而看云。坐久当还,偶遇林叟,便与谈论山间水边之事。相与留连,则不能以定还期矣。一切都不着意,都不放在心上,只是随遇而安,决不因水穷无路而扰乱心中的自在平静。"行到水穷处,坐看云起时"的形象画面,恰当地表现了禅宗"任性"、"无念"之旨。

写禅境即寓禅于境。当然其中也有禅理、禅趣,但都隐藏得更深一层。其表层意境则是着力渲染景物风光。正如皎然在《答俞校书冬夜》一诗中所说:"示君禅中境,真思在杳冥。"这禅中境不是抽象的概念,而是具体的画面。禅理、禅趣皆在其中,杳冥精赜,耐人寻味。王维的山水诗可谓写禅境之极品,如小诗《鹿柴》写:"空山不见人,但闻人语响,返景入深林,复照青苔上。"这寥寥二十个字,择取空山密林之中的一隅,写出光景明灭的薄暮,表现了禅宗的色空思想。另一首《木兰柴》:"秋山敛余照,飞鸟逐前侣;彩翠时分明,夕岚无处所。"诗中同样写黄昏的景色,而把深山幽林换成了广阔的空间。它用闪烁明灭的笔法,写到了夕阳的余光在秋山上收敛了,天空中竞相追逐着的飞鸟消逝了,一时看到的彩翠分明的山色又模糊了。自然界所呈现的各种景象都是随生随灭,点出一切美好事物尽属光景无常,如同梦幻泡影那样虚空不实,宇宙间万象演变的结果亦终归于寂灭。王维写景的许多佳句,诸如"白云回望合,青霭入看无","山路元无雨,空翠湿人衣","迢迢南川水,明灭青林端","湖上一回首,青山卷白云"等都是用闪烁而朦胧的笔调,描写那种似有似无,若即若离,"色空有无之际"的意境,引导读者去领悟自然界的无常和不真实。明代胡应麟《诗薮》曾称王维的诗作"读之身世两忘,万念皆寂",可见他很善于把抽象的理念寄予在对自然界的描写之中。禅诗有其独特的意境,独特的风格。在禅诗中感情总是平静恬淡的,节奏总是闲适舒缓的,色彩总是淡淡的,意象的选择总是大自然中最能表现清旷闲适的那一部分,如幽谷、荒寺、白云、月夜、寒松,而不是大漠、阳光、桃花、骏马,就像《竹坡诗话》评论禅诗时说的那样:"幽深清远,自有林下一种风流。"

禅诗产生的渊源有三:佛经中的偈颂可以说是禅诗的直接渊源。偈颂本身有一定的韵律格式,译成汉语,也采用了诗的形式,多为五、四、六、七言。但翻译韵文要兼顾内容表达与韵律格式,实在十分困难。于是汉译佛经的偈颂虽有整齐划一的格式,却并不讲究音节、韵律,它还不能算是真正的诗。中国禅宗兴起后,许多禅师写出表示自身开悟或向别人示法的诗偈,这些诗偈乃是禅诗的先声。如慧能所作有名的《示法偈》:"菩提本无树,明镜亦非台。佛性常清净,何处有尘埃。"庞蕴居士善诗偈,存专集行世,其《示法偈》说:"但自无心于万物,何妨万物常围绕。铁牛不怕狮子吼,恰似木人见花鸟。木人本体自无情,花鸟逢人亦不惊。心境如如只个是,何虑菩提道不成。"灵云初在沩山,因见桃花而悟道,有偈云:"三十年来寻剑客,几回落叶又抽枝;自从一见桃花后,直到如今更不疑。"这些诗偈虽然技巧上尚不纯熟,但已经可以说是很有禅味的说理讽喻诗了,后来许多禅诗创作就是顺着这条路子走出来的。如唐代诗僧拾得就说过:"我诗也是诗,有人唤作偈;诗偈总一般,读时须仔细。"禅诗的产生还受到民间歌谣的影响,在民间广泛流传的王梵志的五言诗就包括了许多说理讽喻的禅诗。此外,还有许多禅诗也是采用民歌体创作的,如自在的《三伤歌》:"世人世人不要贪,此言是药思量取。饶你平生男女多,谁能伴尔归泉路。"完全取民间口语,取民歌形式,宣传释氏之言。

中国自《诗》、《骚》、汉魏古诗以来的正统诗歌创作也是禅诗的重要渊源,特别是魏晋时期的"玄言诗"和禅诗的关系更为密切。玄言诗虽以玄学思想为基调,但在佛教般若文学的影响下,已开始形成一种游悠自得、寂静恬适的诗境。谢灵运的山水诗则成为玄言诗向禅诗过渡的中介,如"池塘生春草,园柳变鸣禽";"云日相辉映,空水共澄鲜"等名句已见禅心。到了唐代,佛教徒有意识地以禅入诗,以诗参禅,更促进了禅诗的兴起和发展。但绝大多数的禅诗创作仍不离正统诗歌的深刻影响,且不说王维、苏轼这样的文人之作,即使像以通俗见长,把诗作为参禅悟道的寒山子这样的诗僧也仍可见受正统诗歌的熏陶之深。如其"人生不满百,常怀千载忧"之诗句即出于《古诗十九首》;"践草成三径,瞻云作四邻"则出于陶渊明《归去来辞》和《停云》;"屋际何所有,白云抱幽石"则出于谢灵运《过始宁墅》等等。总而言之,禅诗正是在中国正统文学、民间文学与佛教文学的深厚土壤里开出的一朵奇葩。

唐代既是中国诗歌的黄金时代，也是中国佛教的鼎盛时期，这就促成了禅诗创作的繁荣局面。这一时期涌现出许多优秀诗人，创作了大量的禅诗。其中最著名者首推王维。王维，字摩诘，太平人。开元九年登第进士，从此踏上仕途。晚年在辋川别墅过着亦官亦隐的生活，以至终老。王维既是一位有独特风格的大诗人，又是一个虔诚的佛教徒。他与当时南北宗的禅师交往甚密，特别是结识南宗神会大师后，曾亲聆其传法心要。神会告诉王维："众生本自心净，若更欲起心有修，不可得解脱。"（见《神会禅师语录》）也就是说，人们本身就具备清净本性，因此日常生活就是禅宗所理解的修行。只要"任运自在"，随心所欲，就可以得到解脱。而如果有意识地"起心有修"，则反而不能达到目的。神会的"大奇"语开启了王维活泼灵动之心，他对人说："此南阳郡有好大德，有佛法甚不可思议。"自此以后便倾心南宗，经常"焚香独坐，以禅诵为事"。故早在生前，他就有"当代诗匠，又精禅理"的名声，死后更被誉为"诗佛"。前文已说到王维的山水诗是写禅境之极品。这一方面是因为他对禅理有深刻的理解，另一方面也得力于他超绝的诗才，能够非常熟练地运用诗歌艺术手段来表现抽象理念，在描绘自然美的生动画面中寄寓禅理的意蕴。禅宗主张法身遍一切境，"青青翠竹，尽是法身；郁郁黄花，无非般若"（《景德传灯录》卷二十八）。他们从一机一境、万物色相中悟解禅理，体验内心宁静的禅趣。在他们看来，以净心对外境，一切外境皆是空灵、寂静、虚淡的。因此在王维笔下的山水林泉无不被赋予某种禅悟的意味，表现出他灵魂深处的回声。例如，他写深山便力求显示其空灵："空山不见人，但闻人语响"（《鹿柴》），"人闲桂花落，夜静春山空"（《鸟鸣涧》）；他写林薮则意在渲染其寂静："木末芙蓉花，山中发红萼。涧户寂无人，纷纷开且落"（《辛夷坞》），"古木无人径，深山何处钟？泉声咽危石，日色冷青松"（《过香积寺》）；他写明月便联系到对"虚融淡泊"的精神追求，如"松风吹解带，山月照弹琴"（《酬张少府》），又如"独坐幽篁里，弹琴复长啸；深林人不知，明月来相照"（《竹里馆》）。一个欣然自得的诗人与世隔绝、超然物外，独自在幽静的竹林里忘情地弹琴，时而发出长啸。诗人此时已凌驾于尘世之上，没有任何念虑的牵挂、俗事的缠绕。

"一刹那妄念俱灭",进入了"消魂大悦"的"无差别境界"。这里的"明月来相照"反衬了"深林人不知",以表达诗人离世绝尘的精神境界。王维的山水诗虽然没有直接谈禅说教,但如同宋人葛立方所说,它们是"心融物外,道契云徽"(《韵语阳秋》卷十四),这正是说明了这类作品的佛教文学性质。王维的诗作既含蓄隽永,神韵超然;又平淡自然,深入人心。其禅理、禅趣只在似有似无之间,如"羚羊挂角,无迹可求,非有妙悟,难以领略"(郭绍虞《照隅室古典文学论集》),达到了很高的艺术水平。

唐代还出现了众多的诗僧。他们大多由文人而转入禅宗,往往"一食自甘,方袍便足,灵台澄皎,无事相干……青峰瞰行,缘水周舍,长廊步屟,幽径寻真,景变序迁,荡入冥思"(《唐才子传》),遂成为禅诗创作的基本队伍。这些诗僧现在有姓名可考的有百余人,《全唐诗》收四百零二家,共四十二卷,约为唐诗的二十分之一,实际作品恐怕远不至此。虽然诗僧们的作品并不一定是禅诗,但正如刘禹锡所说:"近古以降,释子诗闻于世者相踵,因定而得境,故翛然以清。"述禅理,抒禅趣,写禅境毕竟是诗僧创作的主要倾向。据刘禹锡的说法:"世之言诗僧,多出江左。灵一导其源,护国袭之,清江扬其波,法振沿之。"(《刘宾客文集》卷十九)也就是说,灵一是第一位知名的诗僧。他生于开元十五年(727年),卒于宝应元年(762年),曾留下《灵一集》一卷,今佚。灵一的诗"思入无间,兴含飞动",善于创造人境俱夺之境。如有《溪行纪事》诗:"近夜山更碧,入林溪转清,不知伏牛路,潭洞何纵横。曲岸烟已合,平湖月未生,孤舟屡失道,但听秋泉声。"沿溪而下,山谷愈加幽深,溪流更加清澈,月未上,已黄昏,山更碧,林更青,寂静无人中,一叶孤舟缓缓飘泊,一片沉静,只听见秋泉淙淙之声,这是多么寂寞幽静的无人之境。高仲武评论他说:"自齐梁以来,道人工文多矣,罕有入其流者。一公乃能刻意精妙,与士大夫更唱迭和,不其伟欤?"(《中兴间气集》卷下)不过,话虽这么说,当时最著名的诗僧则还是寒山子。寒山子生卒年代不详。《四库总目》卷一百四十九《寒山子诗集》提要称其为"贞观天台广兴县僧"。《太平广记》卷五十五录杜光庭《仙传拾遗》云:"寒山子者,不知其名氏。大历中,隐居天台翠屏山。"据近人余嘉锡、王运熙等人考证,皆以杜光庭"大历中"的说法为是。传说寒山子,用桦皮做帽,布裘敝屣,或吟咏于长廊,或歌啸于村墅。他曾写道:"一住寒山万事休,更无杂念挂心头;闲于石壁题诗句,任运还同不系舟。"于此也可见寒山那种虚融清净、淡泊无为的处世态度。他的诗常写在竹木石壁和人家的厅壁上,后人把它们编集起来,有三百余首。如前文所说寒山诗多为说理讽喻诗,这些诗作"发露化机,规论人事,似近俗而有深意"(见游潜《梦蕉诗话》)。深奥玄妙的佛语禅理皆用浅近的口语和各种比喻、民谚、谐音、歇后语表达出来,通俗化成为寒山诗最显明的特征。他自称:"有个王秀才,笑我诗多失;云不识蜂腰,仍不会鹤膝;平侧不解押,凡言取次出。我笑你作诗,如盲徒咏日。""有人笑我诗,我诗合典雅;不烦郑氏笺,岂用毛公解。不恨会人稀,只为知者寡;若遣趁宫商,余病莫能罢;忽遇明眼人,即自流天下。"可见他完全是自觉地追求这种浅白、自由的诗歌风格。黄宗羲曾说:"夫寒山、拾得村墅屋壁所抄之物,岂可与皎然、灵澈絜其笙簧? 然而皎、灵一生学问,不堪向天台炙手,则知饰声成文,雕音作蔚者,非禅家本色也。"(《南雷文约》卷四)这是说寒山、拾得的通俗诗才是禅诗本色。因为在禅宗看来,一片净心就是佛心,显露真心就是好诗;倘让内心迂于文字雕饰,反而是净心被迷误的表现。故禅诗就应当直抒本心,不必在形式上雕饰。寒山子对禅宗通俗诗风的形成作出了重要的贡献。

拾得是和寒山子齐名的诗僧,大历年间隐居于天台国清寺,和寒山子过从甚密。他的诗传下来的有五十余首;同时国清寺还有一个诗僧叫丰干,和他的诗合为一集称《丰干拾得诗》。拾得与寒山、丰干在中国诗坛有"天台三隐"之称。他们的诗风相近,皆有山林幽隐之趣,直抒胸臆,其味可掬。其诗云:"嗟见世间人,永劫在迷津;不省这个意,修行徒苦辛。""君不见三界之中纷扰扰,只为无明不了绝;一念不生心澄然,无去无来不生灭。""无去无来本堪然,不居内外及中间;一颗水精绝瑕翳,光明透满出人天。""平生何所忧,此世随缘过;日月如逝波,光阴石中火;任他天地移,我畅岩中坐。"拾得的禅诗近于偈颂,正是反映了禅诗由偈颂演变而来的轨迹。

皎然也是大历、贞元之间的著名诗僧。他俗姓谢,是谢灵运的十世孙。从小出家为僧,居抒山。和当时著名的文人颜真卿、韦应物、顾况等多有交往,常有诗歌唱和,时人称为"江东名僧"。皎然的诗作受正统诗歌影响较深,比较讲究形式格律。他的作品编为《抒山集》(又称《皎然集》)七卷传世,无论是述禅理、抒禅趣,还是写禅境皆有不少佳作。例如《题湖上草堂》:"山居不买剡中山,湖上千峰处处闲。芳草白云留我住,世人何事得相关。"如《戏呈吴冯》:"世人不知心是道,只言道在他方妙。还如瞽者望长安,长安在西向东笑。"《南池杂咏》:"夜夜池上观,禅心坐月边。虚无色可取,皎洁意难传。若问空心了,长如月正圆。"皆是脍炙人口的名篇。皎然虽以诗名家,但其主要贡献还是在于把禅宗思想引进诗论,其论诗专著《诗式》、《诗议》、《诗评》三种对后人影响很大,在中国诗歌理论发展中有着重要地位。

唐代著名的诗僧还有贯休、灵澈、齐己等人。贯休,俗姓姜,晚唐五代时人。七岁出家,日读经书千字,过目不忘。他既精禅理,诗亦奇险,兼工书画。他为人有强梗之性,"一条直气,海内无双",被称为"僧中之一豪"。故当五代动乱之际,他虽奔走于吴越钱镠、荆南成汭、西蜀王建幕下,但身世始终坎坷不平。钱镠自称吴越国王,贯休投诗,有"满堂花醉三千客,一剑霜寒十四州"之句。钱令其改为"四十州"。他说:"州亦难添,诗亦难改。闲云孤鹤,何天不可飞?"遂入荆南,馆于高季昌处。"感时政,作《酷吏辞》,复被疏远"。贯休写了不少慨叹人生无常的诗,劝人参禅悟道,超脱生死轮回。如《山居诗》云:"掣电浮云真好喻,如龙似凤不须夸。君看江上英雄冢,只有松根与柏槎。"《偶作因怀山中道侣》云:"是是非非竟不真,落花流水送青春,姓刘姓项今何在? 争名争利愁煞人。必竟输他常寂默,只应赢得苦沉论;深云道者相思否? 归去来兮湘水滨。"他的乐府诗颇得古乐府和元白新乐府意趣,立意超拔,奇崛不群,被誉为"所长者歌吟,讽刺微隐存于教化,体调不下二李、白贺也"(《宋高僧传》卷三十)。贯休诗作在音律上也有突破,他改变了中国古韵文以两个音节为一音步的节奏,采用了比较自由的节奏,造成奇崛的诗风,如"藏一千寻瀑布,出一十八高僧"(《怀南岳隐士二首》);"寻班超传空垂泪,读李陵书更断肠"(《灞陵战叟》);"田地更无尘一点,是何人合住其中"(《再游东林寺作五首》)。论者以为这是受偈颂翻译的影响,虽然破坏了声韵的和谐,但扩大了诗的表现力。灵澈,俗姓汤,贞元年间云门寺僧,与皎然、柳宗元、刘禹锡、刘长卿、权德舆等交游,名震都下,为缁流所嫉,造蜚语激中贵,获罪徙汀州。有诗一卷,今存十六首。其诗有云:"山边水边待月明,暂向人间借路行;如今还向山边去,只有湖水无行路。"(《归湖南作》)"贯花留净室,咒水度空山;谁识浮云意,悠悠天地间。"(《送道虔上人游方》)"月色静中见,泉声深处闻。"(《石帆山》)皆透露出一种超尘绝世的禅趣。他曾写《东林寺酬韦州刺史》讽刺那些佯称出世的达官贵人:"年老心闲无外事,麻衣草座亦容身;相逢尽道休官好,林下何曾见一人。"当时"世俗相传以为俚谚"。齐己,俗姓胡,晚唐五代时人,在大沩山同庆寺出家,后挂锡衡山东林寺。曾在荆南高季兴处任僧正,有《白莲集》十卷传世。齐己的诗作题材广泛,但无论咏物、写景、抒情、怀古,皆不离"空"、"寂"、"闲"的禅味,如咏《秋苔》有"独怜苍翠文,长于寂寥存;鹤静窥秋片,僧闲踏冷症"之句;写《严陵钓台》有"夫子垂竿处,空江照古台;无人更如此,白浪自成堆"之句;《书古寺僧房》有"万法心中寂,孤泉石上澄;劳生莫相问,喧然不相应"之句;题《听琴》有"万物都寂寂,堪闻弹上声。人心尽如此,天下自和平"之句。意境超迈,被推许为有"宰相器"(陈纪儒《佘山诗话》卷下)。

禅诗中另有一类作品更近有韵的禅学论文,如真际禅师的《证道歌》和洞山的《宝镜三昧歌》等。真觉禅师是六祖慧能下旁出的法嗣,号永嘉大师。他的《证道歌》把修证悟入的禅理用澄澈的笔致吟咏,语意高峻,波澜层出;吟讽时妙趣横生,余味无穷。《证道歌》共一千八百五十八字,是由二百六十七句组成的古体诗。大体是七言,有时又插入六言句,形成六、七、七、七的结构。全诗用韵巧妙,对仗工整。如"无明实性即佛性,化作空身即法身";"梦里明明有六趣,觉后空空无大千";"六般神用空不空,一颗圆光色非色";"三身四智体中圆,八解六通心地印"等皆是用极工的对偶句述说禅理。《证道歌》具有自在无碍的构想,丰富多彩的词藻。如述禅师在山中静坐的情景:"入深山住兰若,岑崟幽邃长松下;优游静坐野僧家,阒寂安居实潇洒。"又如写佛徒禅悟的境界:"江月照松晚风吹,永夜清霄何所为。佛性戒珠心地印,雾露云霞体上衣。"都具有强烈的艺术魅力。这样的作品决非是世间庸流辈所能及的,不愧为中国佛教文学的精品。

禅诗对唐代诗人的影响很深,它一扫唐初浮艳的诗风,给诗坛带来一种刻意追求清、寒、幽、寂的气氛。如柳宗元的《江雪》诗："千山鸟飞绝，万径人踪灭；孤舟蓑笠翁，独钓寒江雪。"完全是一幅空旷幽静寂寞的山水画。杜牧的《题宣州开元寺水阁阁下宛溪夹溪居人》："六朝文物草连空，天淡云闲今古同；鸟去鸟来山色里，人歌人哭水声中；深秋帘幕千家雨，落日楼台一笛风；惆怅无因见范蠡，参差烟树五湖东。"在鲜明的意境中，自有一种远想遐思，精光妙理。韦应物的《滁州西涧》："独怜幽草涧边生，上有黄鹂深树鸣；春潮带雨晚来急，野渡无人舟自横。"这备受后人推崇的末句更表现了一种茫不知所措、任意东西的玄思。另外像常建的《题破山寺》："清晨入古寺，初日照高林；曲径通幽处，禅房花木深；山光悦鸟性，潭影空人心；万籁此皆寂，唯闻钟磬声。"李白的《寻雍尊师隐居》："群峭碧摩天，逍遥不记年；拨云寻古道，倚树听流泉。花暖香中卧，松高白鹤眠；语来江色暮，独自下寒烟。"俱有禅意。白居易是个虔诚的佛教徒，他的诗作更多直接的说教，如《逍遥咏》："亦莫恋此身，亦莫厌此身。此身何足恋？万劫烦恼恨。此身何足厌？一聚虚空尘。无恋也无厌，始是逍遥人。"又如《读禅经》："须知诸相皆非相，若住无余却有余，言下忘言一时了，梦中说梦两重虚。空花岂得兼求果，阳炎如何更觅鱼？摄动是禅禅是动，不禅不动即如如。"白居易的此类诗作饱含禅味，语言通俗直露，接近于寒山一派。

晚唐五代以后，禅宗信徒广泛地借诗说禅。如临济义玄禅师在对答门人时就这样说："有僧问：'如何是夺人不夺境？'师云：'照日发生铺地锦，婴孩垂发白如丝。'僧云：'如何是夺境不夺人？'师云：'王令已行天下遍，将军塞外绝烟尘。'"（《镇州临济慧照禅师语录》）禅师间还用诗句斗机锋，义玄又有一段与风林禅师的对答："林问：'有事相催问，得么？'师云：'何得剜肉作疮？'林云：'海月澄无影，游鱼独自迷。'师云：'海月既无影，游鱼何得迷？'风林云：'观风知浪起，玩水野帆飘。'师云：'孤轮独照江山静，自笑一声天地惊。'林云：'任将三尺挥天地，一句临机试道看。'师云：'路逢剑客须呈剑，不是诗人莫献诗。'风林便休。"禅师们所用韵文，有些用现成诗句，有些则是自己创作。故宋代以后禅师诗作数量激增，但大多单调空疏，诗味索然。沦为禅理的图解。如叶梦得说："近世僧学诗者极多，皆无超然自得之气，往往仅拾掇摹效士大夫所残弃。又自作一种僧体，格律尤凡俗,世谓之'酸馅气'。"(《石林诗话》卷中)法眼宗文益禅师也对禅师们用诗说禅的滥俗提出过批评(见《宗门十规论》)。不过,宋代的文人诗在禅宗思想长期潜移默化的影响下,倒反而出现了许多极富禅味的佳作。特别是苏轼,甚至被誉为"诗禅"。苏轼字子瞻,眉山人。仁宗嘉祐二年,年方二十二岁的苏轼已踏上宦途。中年以后,生活坎坷,但始终谠言直论,不枉己阿人。苏轼识力超迈,才思横溢。他留下诗作三十二卷,这些作品隽绝雅健,骨力风韵并盛,有清逸之韵,发高古之音,如行云流水,有巧极天工之概。黄庭坚称:"如大国楚吞五湖三江。"蔡絛云:"天才宏放,宜与日月争光。"敖陶孙评:"屈注天汉,倒连沧海,变幻百怪。终归浑雅。"沈德潜说:"苏子瞻胸有洪炉,金银铅锡皆归熔铸,其笔之超旷,等于天马脱羁,飞仙游戏,穷极变幻,适如意中所欲出。"苏轼思想的显著特点是"杂",儒、佛、道三家思想对他都有吸引力。他既想做一个风节凛然、敢作敢为的儒者,又追求老庄的隐逸生活。青年时习禅,晚年更热心佛教,自称"东坡居士",故其诗的妙处在于禅心的自然流露。如著名的《题西林壁》:"横看成岭侧成峰,远近高低各不同;不识庐山真面目,只缘身在此山中。"从观山景悟出世界万物因主体观察角度不同而结果相异的道理,体现了禅宗"彻悟言外"的思想。又如:"人似秋鸿来有信,事如春梦了无痕","白云自占东西岭,南山云起北山云","回头自笑风波地,闭眼聊观梦幻身","我今身世两悠悠,青天所逐来无恋"等诗句则表达了人生无常、虚空悲凉的心境。从苏轼的禅诗可以看到他那种以透脱的禅理认识世界,看待人生,飘然超脱的人生态度。因此,历代士大夫对苏轼推崇备至也不是偶然的,他代表了唐宋以来中国士大夫纵横于儒佛道之间的思想倾向。

宋代诗人里王安石、黄庭坚的作品也写得很有禅味。如王安石中年后倾心佛教,晚年舍宅为寺。他的《怀钟山》诗云:"投老归来供奉班,尘埃无复见钟山!何须更待黄粱熟,始觉人间是梦间?"又如《柘冈》诗:"万事纷纷只偶然,老来容易得新年;柘冈西路花如雪,回首春风最可怜。"都表达了人生如梦的伤感。再如黄庭坚,号山谷道人,出于苏轼门下,与乃师并称"苏黄"。他的诗作也享有盛名。王渔洋说:"山谷虽脱胎于杜,顾其天姿之高,笔力之雄,自辟庭户,实足配食子美。"马端临也称:"山谷自黔州以后,句法最高,笔致放纵,实天下之奇作,自宋兴以来,一人而已。"黄庭坚精禅理,曾为黄龙派祖心禅师入室弟子,其作诗往往偏于说理。如《寄黄龙清老三首》之一:"万山不隔中秋月,一雁能传寄远书;深密伽陀枯战笔,真成相见问何如?"又如《奉答茂衡惠纸长句》:"罗侯相见无杂语,苦问沩山有无句;春草肥牛脱鼻缰,菰蒲野鸭还飞去。"把议论融化到叙述之中,不露痕迹地表明了自己的参禅悟境。

禅诗创作"以禅入诗","以诗说禅",使中国古代诗歌创作于山水、田园、玄言之外,推向了"理趣"的新境界,在中国诗坛上得以独树一帜。而且禅诗的兴起还影响了中国的诗歌理论。在宋代以后出现了"以禅喻诗"的新诗论。"以禅喻诗"和"以禅入诗"显然不同。喻诗是以禅道作比喻来说明诗道。苏轼《送参寥诗》云:"欲令诗语妙,无厌空且静;静故了群动,空故纳万境。"苏轼之后,受其影响的韩驹、吴可论诗更重引禅理。如韩驹《赠赵伯鱼诗》云:"学诗当如初学禅,未悟且遍参诸方;一朝悟罢正法眼,信手拈出皆成章。"吴可的《学诗诗》进一步提出"学诗浑似学参禅"。杨万里论诗也颇带禅味,如说:"不分唐人与半山,无端横欲割诗坛;半山便遣能参透,犹有唐人是一关。"(《谈唐人及半山诗》)"要知诗客参江西,正如禅客参曹溪;不到南华与修水,于何传法更传衣。"(《送分宁主簿罗宏材秩满入京》)诗中所用词语,如参透、传法等都是禅家话头,其故作不了了语,也落禅家机锋。"以禅喻诗"、"以禅论诗"的趋势,至南宋严羽提升为比较完整的理论体系。严羽自称是参禅精子,说"以禅为诗,莫此亲切","是自家实证实悟者"。所著《沧浪诗话》是一部对后人很有影响的名著。他提出"大抵禅道惟在妙悟,诗道亦在妙悟","惟悟乃为当行,乃为本色"。又说写诗"要不落言筌","言有尽而意无穷";"造句须圆","须参活句"。这些都是"以禅喻诗"的基本概念,是对几百年来禅客谈诗的系统总结和创造发挥。到了清初王渔洋又发展了严羽的诗论,提出神韵说。如说:"严沧浪以禅喻诗,余深契其说,而五言尤为近之。如王、裴辋川以绝句,字字入禅。他如'雨中山果落,灯下草虫鸣';'明月松间照,清泉石上流',以及太白'却下水精帘,玲珑望秋月';常建'松际露微月,清光犹为君';法然'樵子暗相失,草虫寒不闻';刘慎虚'时有落花至,远随流水香',妙谛微言,与世尊拈花,迦叶微笑,等无差别,通其解者,可语上乘。"(《蚕尾续文》)又说:"'神韵'二字,予向论诗,首为学人拈出。"(《池北偶谈》)还说:"舍筏登岸,禅家以为悟境,诗家以为化境,诗禅一致,等无差别。"(《香祖笔记》)由禅的境界悟出"神韵",并进而主张"诗禅一致",这种受到禅宗思想影响的诗论在中国文学批评史上有其突出的地位。

四、 佛教和中国文学的发展

魏晋以来的中国文学在佛教思想和佛教文学的影响下,发生了革命性的转变。无论是在文体、意境、主题、体裁,还是在创作理论方面,都呈现出与先秦、两汉文学不同的面貌。刘熙载曾说:"文章蹊径好尚,自《庄》、《列》出而一变,佛书入中国又一变。"(《艺概》卷一)佛经的输入确实是给中国文坛带来了完全不同于以往传统的思想内容和表现形式,推动了中国文学的变化和发展。

中国自汉魏以来的文学日益走上专事辞章骈偶、追求雕饰华靡的道路。如曹丕力主"诗赋欲丽",陆机论文也倡议"其为物也多姿,其为体也屡迁,其会意也尚巧,其遣言也贵妍",反映了当时文坛轻内容、重形式的倾向。与此相反,当时的佛教翻译家们则以朴实平易的白话文体译经,但求通晓,不加藻饰,自由畅达,条分缕析,创造了一种新的文体,即所谓"译经体"。它对于改变当时中国文学文体方向起了重要作用,并深刻地影响了后来文学的发展,为唐代古文运动的兴起奠定了基础。译经体是梵汉结合、韵散相间的。这种文体自由灵活,保持了印度佛教文学固有的重复排比、夸张比喻等手法,多用外来语和外来句式。它与讲究词藻事典、偶对声韵的骈文截然不同。在这种文体影响下,中国佛教徒里出现了许多文学家,他们把译经体的风格与中国传统的散文技巧相融合,发展了一种不以篇什修辞之美为主要规范的论说文体用以明佛论道。如慧远的长篇论文《沙门不敬王者论》和《三报论》等,骈散间行,辞气清雅,精严简要。用骈俪处,条分缕析,也不是空洞地玩弄词藻。这种论说文体实开唐宋古文家议论文字的先河。译经文体与骈文相比,它的第一个特点是比较质直,如慧皎评论安世高译文"辨而不华,质而不野"(《高僧传》卷一),僧肇评论鸠摩罗什译文"质而不野,简而必诣"(《出三藏记集》卷十一)。这种质直的文风对当时和以后的文坛都产生了潜移默化的影响。例如文风质直的《洛阳伽蓝记》和《水经注》,显然都受到了译经体的影响。唐宋古文家的文笔也受其熏染,如苏轼说柳宗元"南迁,始究佛法,作曹溪南岳诸碑,妙绝古今"(《书柳子厚大鉴禅师碑后》)。他自己也是这样。钱谦益说:"吾读子瞻《司马温公行状》、《富郑公神道碑》之类,平铺直叙,如万斛水银随地涌出,以为古今未有此体,茫然莫得其涯涘也。晚读《华严经》,称心而谈,浩如烟海,无所不有,无所不尽,乃喟然而叹曰:'子瞻之文其有得于此乎?'"(《初学集》卷八十三)译经体的第二个特点是比较通俗,这是普及佛教教义的需要。佛经一般是面向民众的,故"其传经者当令易晓,勿失厥义,是则为善"(《出三藏记集》卷七)。大多数佛经广设譬喻,文字浅俗。诚如近人胡适先生所说,译经体以"宗教经典的尊严,究竟提高了白话文体的地位,留下了无数文学种子在唐以后生根发芽,开花结果。佛寺禅门遂成为白话文与白话诗的重要发源地,这是一大贡献"。

中国固有的文学受到实用理性传统的影响,从孔子"不语怪、力、乱、神"到荀子的非天无神,一般文学作品都重现实、重人生、重伦理,很少张开幻想的翅膀。中国先民也有神话传说,但它们已消融在伦理与历史之中。中国古代的圣人是先知先觉,但他们仍是人,不是神。《山海经》的记载是够荒诞离奇的了,但仍能从中发现古代地理学的影子。中国古代诗歌,如《诗经》、《楚辞》的艺术思维皆基于联想。联想的两端关系极为简单明确,说花就联想美人,说关雎就联想求偶,所有的联想都限制在眼前可模拟描述的比较具体的事物之间。而且伦理中心主义也渗透到文学领域,一切归之于伦理,又从伦理外推。如《楚辞》中"善鸟香草以配忠贞,恶禽臭物以比谗佞,灵修美人以媲于君,宓妃佚女以譬贤臣,虬龙鸾凤以托君子,飘风云霓以为小人"(《楚辞章句·离骚序》),文学的意境被压缩在伦理和功利的狭小圈子里。佛教文学则富有上天入地的想象力,它创造了三十三天、十八层地狱、三千大千世界这样的神奇境界,表现了强烈的浪漫色彩,这对缺乏想象力的中国文学有着极大的解放作用。佛教超三世、通阴阳的观念,使人们的思想打破了现世规律的束缚,不但承认有现世,还有前世、来世;不但有人间,还有天空、地狱，这就给中国文学带来了新的意境。例如《西游记》里描写的"天宫"和"西天"，极其优美、富丽、新奇。其实，它们只是《佛说无量寿经》里那个"无量寿国"的复制，只是《华严经》里那个"华严世界"的翻版。又如，从六朝小说开始，后代小说、戏曲、民间文学中反复出现了对地狱冥界的描写，那里阴森恐怖，鬼魂游荡，有官府、有刑狱，有像人间一样的社会机构。这样的地狱阴间，在佛教传入以前，中国虽也有类似概念，但这些概念是比较渺茫模糊、支离破碎的。把地狱想象得那么具体，那么生动，那么组织严密，则是印度人的创造；连阎王爷也是印度的"舶来品"。《阿含经》卷十九写到"大海底有沙渴罗龙王宫殿"，《杂宝藏经》说到"恒河水龙宫"，于是中国小说就创造出了一个神秘而瑰丽的水底世界，那里居住着龙王和他的虾兵蟹将，还有龙婆、龙女、龙子龙孙。人间特殊的人物也有可能游历龙宫，与龙王交往。如唐代李朝威的《柳毅传》写书生柳毅与龙女恋爱的故事，元代张好古写《张羽煮海》的故事，都曾受到《贤愚经》卷八《大施抒海品》的启发。佛教文学创造的意境不但神奇，而且富于变化；中国神魔小说的神变情节皆是与此相关。例如，《卢志长者经》中讲到帝释天化为卢志长者施行教化事，有真、假卢志长者之争。《西游记》里的真假美猴王、真假牛魔王大约即是受这个故事的启发而创作出来的。车迟国斗法的情节，则是由《贤愚经》卷十《须达起精舍品》舍利弗降伏六师外道的故事衍化而来。《贤愚经》里描写的分身、化身等情节更是经常见于中国的神魔和武侠小说。这类充满浪漫色彩的文学作品在先秦、汉代文学里是很少见的。正如胡适先生所说："中国的浪漫主义的文学是印度的文学影响的产儿。"

佛教在中国的传播，对中国传统思想造成了很大的冲击。近人王国维先生曾指出，"佛教之东，适值吾国思想凋蔽之后。当此之时，学者见之，如饥者之得食，渴者之得饮……"(《论近年之学术界》，见《静安文集》)。这种思想冲击也波及到文学创作主题的拓展。佛教人生如梦、一切皆空、六道轮回、善恶报应的观念，给中国文学作品，特别是古典小说的主题思想注入了新因素。例如唐人传奇《南柯太守传》、《枕中记》和后来《聊斋》中的《续黄粱》等作品中，那种"人生如梦"的主题思想就是佛教的。从六朝小说开始，轮回转生、因果报应一直是小说反复表现的重要主题。如《霍小玉传》写妓女霍小玉与负心文人李益的恋情。李益负心，小玉愤死加以报复。又如《错斩崔宁》，写一个"十五贯戏言成巧祸"的冤案。崔宁和小娘子被枉杀，但最终冤案被平反，坏人受处罚，冤仇总算报了。甚至在历史题材的小说里，也用因果报应来解释历史事变。宋代讲史的《新编五代史平话》写刘邦猜忌功臣韩信、彭越、陈豨，把他们满门抄斩。这三个功臣向天帝诉冤，天帝可怜他们无辜被杀，让他们分别托生为曹操、孙权和刘备，三分了刘家天下。明清小说有许多优秀经典作品，虽然艺术上已经相当成熟，但仍脱不出佛教思想的影响。如《三国演义》开卷便说："滚滚长江东逝水，浪花淘英雄。是非成败转头空，青山依旧在，几度夕阳红。白发渔樵江渚上，惯看秋月春风。一壶浊酒喜相逢，古今多少事，都付笑谈中。"渗透着强烈的佛教"色空"观念。另一部文学名著《红楼梦》的主题也带有佛教色彩，从第一回"甄士隐梦幻识通灵"，到最末一回"贾雨村归结红楼梦"；从空空道人访道求仙，到贾宝玉出家为僧。描写儿女缠绵之情、荣华富贵之乐，但结局是穷困潦倒、分崩离析。全书以梦开始，以梦告终，贯穿着佛教人生如梦、世事无常、因果报应的思想。

佛教文学的输入，还为中国文学体裁的发展作出了贡献。在诗歌方面，马鸣的《佛所行赞》带来了长篇叙事诗的典范，梁启超先生认为，中国古代第一首叙事长诗《孔雀东南飞》即是受此影响而产生的。中国旧诗可以分为古体诗和律体诗两大类。古体诗在格律上比较自由，律体诗则讲究严格的平仄协调。律体诗始于南齐沈约、谢朓等人倡导的永明体。永明体的特点就是在格律上要避免平头、上尾、蜂腰、鹤膝、大韵、小韵、旁纽、正纽等"八病"。八病说的理论基础是四声。如前所说，四声说源于佛经的声明论，可见律体诗的产生也须追溯到佛教。六朝以后，小说逐渐登上文学舞台与诗歌分庭抗礼。六朝志怪小说和唐人传奇小说的产生和发展，是受到了佛教叙事文学，包括佛传、本生和因缘故事的鼓舞。宋人的话本小说则又是由唐代变文发展演变而来的。唐代佛教俗讲发展为宋代"说话人"在说书场所"说话"（即说故事），说故事的底本即为"话本"。话本分为"讲史"和"小说"两类，前者多用浅近文言，粗具长篇规模；后者多为白话短篇。例如宋人说经话本《大唐三藏取经诗话》，共三卷十七章，叙述唐三藏玄奘和猴行者赴西天取经故事,即已粗具长篇章回小说雏形。由话本小说进一步发展为分回标目、故事连接、段落整齐的章回小说。著名长篇小说《三国演义》《水浒传》、《西游记》《红楼梦》和《金瓶梅》等就是明清章回小说的代表作。章回小说用散文体叙事,但掺杂了"词曰"、"有诗为证"等韵文体,留下了佛经文体韵散相间的痕迹。佛教文学还催发了中国戏剧的产生。我国自元杂剧表演形式出现,才有合乐歌、舞蹈(身段)、科白的正式戏剧。元杂剧即源于宋代目连戏。目连救母的故事早已在中国民间广泛流传,唐代出现了多种目连变文。到宋代又出现了目连戏,据孟元老《东京梦华录》的记载:七月十五中元节,市肆乐人上演《目连救母杂剧》,从七夕一直演到七月十五。可见情节已相当复杂,很可能是连台本戏。这是中国戏剧史上关于杂剧的最早记载。后来的元杂剧不仅取材于传奇小说,有的还直接描写佛教故事。其中如金院本《唐三藏》和元杂剧中郑廷玉的《布袋和尚》、吴昌龄的《唐三藏西天取经》。再如,李行道的《包待制智赚灰阑记》中有二妇人夺子的情节,据近人考证,是出自《贤愚经·檀腻鞨品》里国王断案的故事。中国通俗文学的体裁也与佛教文学有很深的关系。如前所说,佛教通俗文学中的变文和宝卷,也曾被用来反映世俗生活内容,后来由这种佛教讲唱文学派生出诸宫调、弹词、鼓词等民间通俗文学体裁。诸宫调相传是北宋传艺人孔三传首创,流行于宋、金、元几个朝代。作品流传到现在的已经不多,只有《西厢记诸宫调》是完整的。另有两种残本是《刘知远诸宫调》和《天宝遗事诸宫调》。这种体裁采用韵散交替的形式,重点在歌唱。《西厢记诸宫调》共用乐曲一百九十三套,包括了各种不同宫调的乐曲,故名诸宫调。乐曲之前有散文解说,其体裁显然是模仿变文的。弹词在明清两代盛行于南方,特别为妇女所喜爱。清代还出了不少著名的女弹词作家,如陶怀贞作《天雨花》、陈端生作《再生缘》、邱心如作《笔生花》。现在还留下三百多部弹词作品。这些作品篇幅都比较长,有的长达几百万字,内容广泛,尤以写男女悲欢离合居多,故常有细腻的描写、深挚的情思。弹词也以歌唱为主,但在唱词之间插入一些讲说。鼓词和弹词性质相近,主要流行在清代北方民间。它与弹词不同的是内容偏于演述慷慨激昂的历史故事,歌唱时要击鼓伴奏。弹词与鼓词的渊源皆远绍变文。

　　佛教不但影响了文学创作,而且对中国古代文学理论也产生过重大影响。中国在魏晋以前,文学依附于经学,没有独立的文学观念。魏晋是所谓文学自觉的时代,在此之后文学理论才逐渐独立地发展起来。在中国人建立和发展文学理论的过程中,佛教思想成为重要的借鉴与依据。佛教对中国古代文学理论的影响主要体现在以下这些方面:第一是"妙悟说",前文提到"以禅喻诗"是佛教禅宗影响下产生的诗歌创作理论,而以禅喻诗的要旨在于"妙悟"二字。在佛家的认识论中,妙悟是认识的最高阶段。悟者,觉也,有了解、领会等义。就认识来说,对事物由现象到本质、由感性认识到理性认识,才能称得上了解和领会。但佛家用这一"悟"字,并不强调用逻辑推理所获得的理性知识,不是借助于逻辑推理去认识事物的本质,而是一种不言之喻、无言之辩,往往通过一种事物或一个比喻、一句微言妙谛而获得启示,心领神会,默会于心,如世尊拈花、迦叶微笑之类便是。妙悟的特点有三:一是真实性。《涅槃·无名论》说:"玄道在于妙悟,妙悟在于即真。"佛家所谓悟道,即是对事物本质的认识,也就是对真理的领悟,这才是真知,否则便是虚幻、假象的认识。严羽认为对诗歌自身的艺术规律,即诗道的认识,也要妙悟。只有认识诗歌的特殊规律并掌握这种规律,才算是对诗歌本质的认识。二是直观性。悟性是感性材料的综合认识,这种认识是和事物的感性特征联系在一起的,具有直观的性质,而不是纯抽象的思维。也正是这点,和艺术审美的形象思维有相通之处。所以,严羽在谈诗道的妙悟时,特别提出"其妙处透彻玲珑,不可凑泊,如空中之音,相中之色,水中之月,镜中之像"。三是偶然性。佛家讲悟,并不认为是天生的智慧,而是长期参禅的结果,但是到妙悟天开之境,则带有偶发的性质。妙悟并不是逻辑推理的结果,而往往是藉某一事物的启示,悟出某种具有普遍意义的道理。这种悟可能长期求之不得,而一时豁然贯通。犹如文学创作,长期构思未有结果,忽然文思畅通,似有神助。佛家称之为顿悟,文学家称之为灵感。其实,这都是人们对事物的认识过程中的一种表现,只不过是认识在由量变到质变的关键时刻表现出偶发的性质罢了。这关键又称"关捩子",或称禅机,一旦妙悟,即可头头是道,左右逢源。明胡应麟对此作了透辟的解释,他说:"严氏以禅喻诗,旨哉!禅则一悟之后,万法皆空,棒喝怒呵,无非至理;诗则一悟之后,万象冥会,呻吟咳唾,动触天真"(《诗薮》卷二)。严羽之后,有不少理论家对妙悟说进行了发挥。如叶燮的诗论也深得妙悟之理。他认为文艺的内容是理、事、情三者,但并非人人可言之理,人人可述之事,也非抽象说理,直书其事,平叙其情,而是要"得其神理",在艺术境界中,"呈于象,感于目,会于心……划然示我以默会意象之表",以至"妙悟天开"(《原诗》)。妙悟说把人们对文学的伦理价值的重视,引向对审美价值的追求。对文学不是片面重视其伦理方面的功利性,而是强调其审美价值。它对中国古代文学理论的影响是很深的。

第二是"意境说"。意境包含意与境两者。意是指思想内容,境是艺术形象和画面。中国古代文论也把意境说成是由情和景两大要素构成的。中国文学理论中最早论述意境的是诗僧皎然。关于意,皎然说:"立言曰意",写诗首先要立意,"诗人意立,变化无有倚傍,得之者悬解其间"(《诗式·立意总评》)。他在很多地方强调了"意"在诗歌创作中的地位,如说"关意为上,反此为下"、"假象见意"、"义即象下之意"、"意静神王"等等。这显然是受佛教"六根"说的启示而提出的理论。"六根"中眼、耳、鼻、舌、身所感觉到的声、色、香、味、触为"五境",而"意根"则属感知,所谓"法境"是五根所获得的感觉综合形成知觉,故说:"对境觉知,异乎木石,名为心;次心筹量,名为意"(《止观》二上)。诗歌中的"意",必须借景和象得以表现,成为"境象"(《诗议》)。皎然谈"境"之处甚多,《诗式》中有《取境》一条,提出"取境之时,须至难至险,始见奇句"的观点。在谈到辩体十九字时说:"夫诗人之思初发,取境偏高,则一首举体便高;取境偏逸,则一首举体便逸。才性等字亦然。"所谓"取境",就是创造艺术意境。此后,在中、晚唐论意境成为风气,到吕温又进而提出"造境"的主张,即认为文学艺术的意境是由心识中产生出来的,这显然是受到佛教唯识宗"唯识无境,境由识变"思想的影响。王昌龄《诗格》总结诗有三境:物境、情境、心境。物境可谓是所取之境,情境与心境则是所造之境。按唯识宗的说法,万物唯识,但缘境又能生出新的识。反映到文学创作中,作家在取境、造境之后,又可以从这个心造的境之中生出新的情思。所以创作中也有"缘境"说,如皎然说"诗情缘境发",是说从诗境中生发出新的诗情。

梁肃也说"心迁境迁,心旷境旷;物无定心,心无定象"(《心印铭》,见《全唐文》卷五百二十)。他们都说明了意与境的相互启发关系。"意境说"后经王国维《人间词话》的发挥,又称为"境界说"。他说:"词以境界为最上,有境界则自成高格。""境非独谓景物也。喜怒哀乐亦人心中之一境界。故能写真景物真感情者,谓之有境界。否则谓之无境界。""境界"一词为佛经中普遍使用,例如"比丘自佛,斯义弘深,非我境界"(《无量寿经》),"我弃内证智,妄觉非境界"(《入楞伽经》),"了知境界,如幻如梦"(《华严梵行品》),"神是灵威,振动境界"(《杂譬喻经》)。在佛教中,"境界"是专指人的认识范畴,其特点是感性的而不是理性的,是直观的而不是抽象的,是主观意象而不是客观物自体。而这一切也正是文学艺术的特征,符合审美活动的规律,没有这些特征,文学审美就成为不可能。所以,王国维选择了"境界"代替意境,并把它作为文学的根本,成为他的文学理论的核心,这和佛学理论的影响是分不开的。从《人间词话》联系作品的分析中可以看出,作为文学审美对象和范畴的"境界",是审美主体主观的精神和客观事物相互作用的产物,是主客观的统一,是心物感应的结果。审美活动是人们对客观世界的一种特殊的认识活动。境界的构成,以主观的情态和客观的景物为基本元素,而作家主观的艺术构思活动(即所谓"神思"),是实现艺术境界形成的契机,"意司契而为匠","窥意象而运斤",都强调了作家艺术构思活动的重要作用。

第三是"现量说"。文学是用形象去反映世界,因此文学审美活动是形象思维活动。关于形象思维和逻辑思维的差别,我国古代文论家早已注意到。如陆机、刘勰等对文学创作中的形象思维现象,已作过生动的描述。但是,他们都未能从理论上作系统的分析。佛教因明学传入中国,关于"三量"的理论,直接从人的思维活动阐述了不同思维形式的区别。这种理论直接间接地影响了中国古代文论家对文学思维活动的认识。王夫之就直接把"三量"中的"现量"和"比量"作为两种不同的思维形式,去阐述文学思维活动的特征。现量和比量,从认识论的角度说,是两种最基本的认识方法:现量是感觉知识,比量是理性知识;从思维活动来说,又是两种基本的思维形式:现量是对事物形象的直觉,比量是用逻辑推理的方法去认识事物。王夫之对现量作了很明确的解释,认为"现者,有现在义,有现成义,有显现真实义,现在不缘过去,作影现成,一触即觉,不假思量计较,显现真实,乃彼之体性本自为此,显现无疑,不参虚妄"。他把这种现量说应用于诗歌理论,指出:"'僧敲月下门',只是妄想揣摩,如说他人梦,纵令形容酷似,何尝毫发关心?知然者,以其沉吟'推'、'敲'二字,就作想也。若即景会心,则或推或敲,必居其一,因景因情,自然灵妙,何劳拟议哉?'长河落日圆',初无定景;'隔水问樵夫',初非想得:则禅家所谓现量也。"(《夕堂永日绪论》内编)。认为作诗应"即景会心",合乎"现量"的要求,也就是说要来自于现实生活,而不是无病呻吟、凭空杜撰,因情因景,则或推或敲,俱可自然灵妙,不必脱离实景而凭主观想象去推敲。如王维"长河落日圆"、"隔水问樵夫",都是不费推敲,不是想出来的,而是即景会心所得,合于"现量"的要求。王夫之从现量出发,反对那种人工雕琢、矫揉造作的诗,认为没有真情实感,尽管貌合形似,但无神理,生意索然,有匠气,没有士气。王夫之提出的现量说有助于克服文学创作中脱离现实的倾向。

第四是"言外之意"说。文学创作要以语言来创造意境,但语言和意境之间又存在着差异和矛盾,往往是"言不尽意"、"言有尽而意无穷"。佛教对言意关系有其独特的看法,认为诸法实相是绝对的,因此它也就不能用具体的语言名相来表现,这就是所谓"言语道断,必行灭处"。名言非实相,但非名言又无以表实相,实相是不可言说又是不得不用言说的,故佛教强调的是对语言要无所贪著。利用语言来表示实相,正如人以指示月,应当视月而不视指。佛教关于言、意的理论,对中国文学的发展影响深远。六朝时范晔即提出文章应"以意为主,以文传意",文字达意即可,不能浪荡而忘返。强调"事外远致",即应在文章所写事象外表现出更深刻的旨趣(见《全上古三代秦汉三国六朝文·全宋文》卷十五)。范晔的理论显然是受到了佛教的影响。唐代皎然更进一步指出创造理想的意境不能依赖语言的雕琢,而应追求"文外之旨"。他说:"夫诗人造极之旨必在神诣,得之者妙无二门,失之者邈若千里,岂名言之所知乎?"(《诗式》卷一)皎然所谓"必在神诣"不需名言的"妙无二门",依据正是禅宗的"不立文字"、"以心传心"。神诣可以摆脱名言,而写诗又需要名言。为了解决这个矛盾,他提出了"文外之旨",也就是用诗的语言来表达语言之外的"真意"。所以,他认为,读好的诗,可以"但见情性,不睹文字,益诣道之极也"(《诗式》卷一)。到了晚唐司空图著《二十四诗品》,提出:"不著一字,尽得风流","超以象外,得其环中"等等都是追求"言外之意"的发挥。

主要参考文献

(1) 孙昌武:《佛教与中国文学》

(2) 孙昌武:《唐代文学与佛教》

(3) 胡适:《白话文学史》

(4) 陈允吉:《唐音佛教辩思录》

(5) 梁启超:《翻译文学与佛典》

(6) 张中行:《佛教与中国文学》

(7) 张文勋:《儒道佛美学思想探索》

(8) 葛兆光:《禅宗与中国文化》

(9) 郑振铎:《中国俗文学史》

第七章

中国佛教艺术和审美

佛教艺术是以一整套艺术形象和艺术手段为其信仰服务的宗教艺术,它的美的理想和审美形式必然要求适应宗教内容的需要。但是,佛教艺术并不因此而失其审美价值,佛教艺术家们总是按照一定的理想和审美经验去创造具有美感的形象和境界,观赏者们在受到宗教情绪感染的同时也总会产生一定的审美感觉和审美判断。当然,艺术一旦纳入佛教文化体系,佛教思想必然给艺术的内容与形式打上深刻的烙印,使佛教艺术不同于一般世俗艺术。不过,任何艺术体系的产生与发展都不可能完全脱离人们周围的现实世界。起源于古代印度的佛教艺术传到中国,必然受到中国社会生活的影响,也必然受到中国传统美学思想和艺术风格的影响,从而逐渐形成具有中国民族特色的佛教艺术体系。中国佛教艺术不仅为中国艺术宝库增添了夺目的光彩,也在人类艺术史上留下了辉煌的业绩。

一、 佛教艺术及其审美特征

佛教艺术起源于印度,自从释迦牟尼创立佛教之始,佛教与艺术就难分难解地结合在一起。《楞严经·圆通章》所说佛教修习方法:第一是憍陈如等的闻听妙理的修法;第二便是优波尼沙陀的观察色相的修法;其次便是香味触等的修法,最后则为观音的依音声而证耳根圆通的修法。在佛教的创始人看来,艺术与宗教是相通的,人们在美的享受中能进而求理之真,谋事之善。佛教艺术涉及音乐、建筑、雕塑、绘画等众多领域,其中最主要的则是佛教造像艺术(包括雕塑与绘画)。

佛教音乐的产生一直可以追溯到佛教的创立时期。据说释迦牟尼是在菩提树下得道的。菩提树又称乐音树,所谓"微风吹树叶,而出音乐之声也"。这虽近于神话传说,但也曲折地反映了佛教与音乐的关系。在印度,念诵佛经本身就有很强的音乐性,念诵十二部经不管长行、偈颂都称为呗,即所谓"天竺方俗,凡是歌咏法言皆称为呗"(《高僧传·唱导篇》)。"呗"是梵语"呗匿"之省略,意即赞颂与歌咏。呗的特点就是合乐,"设赞于管弦,则称之为呗","昔诸天赞呗,皆以韵入弦管"(同上引文)。"天竺国俗,甚重文制,其宫商体韵以入弦为善"(同上引文)。据《唱和宝积》所言,早期印度佛徒诵经时,皆用达卜(鼓)、贝(螺号)、蛇笛(唢呐)等伴奏。可以说,重视音乐文化乃是古印度的文化传统。据英人麦克唐纳所著《印度文化史》称,"四种吠陀经及三种梵书,都是诵唱的圣经,经文的音韵都是合音乐的"。其中最古老的《梨俱吠陀》就是一部古代印度歌集,梵文"梨俱"意为"歌"。"吠陀"意为知识。佛教的产生不可能脱离这种音乐文化传统,"四吠陀"本来就是佛教经藏的渊源。佛教认为音乐的功能是"宣唱法理,开导众心"(《高僧传·唱导篇》),"集众行香,取其静摄专仰也",音乐能止断外缘,止息内心,因而在宗教仪式上唯有先歌唱呗赞然后才能做法事。一般人根据《沙弥律仪·十戒》:"七戒七日,不歌舞倡伎(原注:倡伎者谓琴瑟筝管之类是也)"等戒条,得出佛教禁歌舞音乐的结论。其实,佛教反对的是世俗音乐,认为那是"淫音婉娈,娇弄颇繁",更反对"用外道歌音说法"。《毗母尼经》卷六说用外道歌音说法有五种过患:一不名自持;二不称听众;三诸天不悦;四语不正难解;五语不巧故义亦难解。意思是这种行为会使僧侣染上俗声,引起俗人毁訾议论,削弱佛教庄严性,使俗人不信佛教理义。《佛本行集经》卷五十还以佛的名义宣布:"不得依俗歌咏而说法。"所谓禁歌舞音乐也就是要维护佛教音乐的纯正性。佛教音乐有其独特的审美观念,即《长阿含经》所说的梵声五种清净:一者其音正直,二者其音和雅,三者其音清彻,四者其音深满,五者周遍远闻。也就是说佛教音乐是以静、远、肃穆、平和为其审美标准的。

塔和石窟是最早也是最有特色的佛教建筑。塔,梵文为 Stūpa,音译是窣堵波,亦作浮屠,意译为方坟、圆塚、庙塚等。塔在佛教中是以一种崇拜对象产生的。据《十诵律》记载,佛陀在世时,王舍城的给孤独长者就已经开始起塔,供养佛陀的头发、指甲以示崇敬。但一般认为塔始于佛陀涅槃时,为安置佛舍利以供信徒顶礼膜拜而建,可能是由古印度坟墓演化而来。公元前三世纪中叶,印度阿育王时代建塔之风达到了空前的高潮。据考古学家鉴定,今印度马尔瓦邦保波尔附近的桑奇大塔便是阿育王时代的遗物。它是早期佛塔的典型代表,其形制是由台基、栏楯、覆钵、平头(或称宝箧,方箱形祭坛)、竿、伞(也称相轮、露盘、轮盖等)等部分组成。其中相轮是佛塔的重要标志;不同果位的塔葬者,其相轮层数不一,相轮愈多,崇敬愈加。这种埋有舍利的塔也称舍利塔。印度另有一种在石窟寺的中堂后壁上雕刻的佛塔,供佛徒们在修行中随时礼拜,称为支提塔。后来印度佛教密宗兴起,又出现一种金刚宝座塔,由中央大,四隅小的五座塔组成,以供奉金刚界五部的五方佛,印度菩提伽耶的金刚宝座塔是这类佛塔的代表。

印度佛教寺院分为精舍和支提(也称招提)。精舍立有佛塔佛像,中为殿堂,四周环置僧房。著名的如祇园精舍和那烂陀精舍,虽早已废毁,然遗址尚存,仍能窥见当时的宏规巨制。支提即依山开凿的石窟寺,石窟原先是供僧侣修行居住的地方,中间是僧侣集会的大厅,三面是住人的小室。早期石窟但有塔而无佛像。大乘佛教兴起后,塔被移到后面,原来修塔的地方,立起了佛像。并且出现了专门供人瞻仰礼拜的"礼拜窟",窟内布满佛教雕像和壁画,成为名副其实的佛教艺术博物馆。在印度马哈拉施特拉邦,安得拉邦,古吉拉特,中央邦和拉贾斯坦至今还有一千两百多个石窟。其中尤以阿旃陀石窟群最为著名。阿旃陀三十个石窟里的精美雕刻和壁画是佛教艺术的宝藏。阿旃陀石窟艺术,被认为是世界文明史上的奇迹之一。

佛教雕塑艺术产生在阿育王时代。现存蓝毗尼园佛陀诞生地与鹿野苑佛陀初转法轮处所立的石柱和桑奇大塔栏楯上的雕刻,是早期佛教雕刻的代表作。这些雕刻作品都回避了佛陀的形象,而采用各种动物、花木和图案来暗示和代表某些宗教寓意。蓝毗尼石柱为阿育王所建,柱上雕刻着玫瑰、棕榈叶和莲花图案。柱端圆盘上刻有瘤牛、大象、雄狮、奔马,每一种动物之间都用轮宝隔开。桑奇大塔的雕刻较晚,技法更加流丽优美,大塔北门和东门上刻有女夜叉像,裸露的胴体,披肩的长发,身段成优美的 S 形,纵身向外倾斜,凌空飘舞,摇曳多姿,充满浓郁的南印度原始风味。直到公元一世纪印度贵霜王朝时期,佛教雕刻和壁画中才出现了释迦牟尼佛像。由于这些佛像创始于犍陀罗(今巴基斯坦白沙瓦一带),通常被人们称为犍陀罗艺术。犍陀罗地区曾经留下过亚历山大远征军的足迹,连续几代人受到希腊文化的熏陶,因而犍陀罗艺术是希腊化的佛教艺术。希腊"人神同形同性"观念与大乘佛教佛像崇拜的主张相结合,导致了造像艺术的产生。早期犍陀罗佛像酷似希腊神话中的太阳神阿波罗：椭圆形脸，深眼薄唇，高额通鼻，长发卷曲，身披罗马式"陶格"，显示出高傲的神情和机智的性格；唯有眉间白毫和背后的光轮才是佛像的标志。后期犍陀罗艺术里的希腊风格已经逐渐减退，佛像的脸型，服饰以及形体神态都愈益符合印度人的审美习惯。印度佛教造像艺术在公元四世纪的笈多王朝最为繁荣。笈多艺术摆脱了异国情调，散发出浓郁的乡土气息。现藏于印度鹿野苑博物馆的一尊佛陀说法像和另一尊藏于秣菟罗博物馆的佛陀立像，是笈多艺术的杰出代表作。笈多造像的特点是佛像右肩袒露，胸部丰满。薄如蝉翼、轻如烟纱的衣裳，如被水打湿般紧贴身上，隐隐凸显全身的轮廓。柔和的曲线展示了人体的身段之美，洋溢着青春的生命力。佛像表情肃穆慈祥，显示出低眉沉思的神态。印度佛教造像在笈多王朝以后日趋庸俗怪谲，充斥了密宗多面多手的形象和繁琐迷离的手印坐势。由此，佛教艺术在印度本土很快走向了萎缩和衰落。

佛教绘画也是一种造像艺术形式。印度佛教绘画以阿旃陀石窟壁画最精美最丰富，保存得最完整，代表了佛教艺术的最高成就。阿旃陀石窟大约开凿于公元前150年，一直持续到公元七世纪，前后长达八百多年的时间。第9、10号窟是阿旃陀最古老的石窟，壁画题材多取自人物风俗、动物植物。两窟的画风不同，但都形象生动，各尽其妙。第1、2号窟是阿旃陀石窟壁画的晚期作品。1号窟前厅两边墙上是大型佛传画，左边是《释迦降魔变相图》，释迦牟尼端坐中央，他的四周群魔乱舞，烈火四起。魔女千姿百态，妖媚迷人。释迦却在菩提树下凝神静虑，表情庄严，岿然不动。后廊墙上是两幅庄严的菩萨像，右边一幅莲花手菩萨，眼睛向下凝思，面部表现出悲悯一切众生的深沉寂静。第16、17号窟的壁画更为丰富，大部分是佛传画，从佛陀诞生、出家、成佛、说法到涅槃。画面构思精妙，装饰华丽，人物姿态生动，布局紧凑和谐。第16号窟左墙上有一幅悉达多王子与妻儿诀别的壁画。画面上耶输陀罗公主憔悴的面容、无神的眼睛、疲倦的手指，恰如其分地刻画了她内心极端的痛苦。王子凝望着妻儿，眸子里没有留恋，只闪烁着立志抛弃世俗间一切羁绊的神色。第17号窟前厅后墙上有一幅宽约四米的壁画，描写释迦成佛后回到家乡的情景。画面上的释迦体格高大，面容清瘦,前额宽阔,眉眼细长,肩披黄色袈裟,神态静穆庄重,具有很强的立体感。耶输陀罗公主泪如泉涌,但又似在极力控制着自己的感情。他们的儿子罗睺罗虽然天真幼稚,但在陌生的父亲面前双眉紧锁,眼神忧郁,面带惧色。艺术家们以卓越的才能把人物的内心情感刻画得淋漓尽致。这些宏伟绚丽的壁画充分显示了印度古代佛教艺术家在绘画上的高超造诣。

印度是佛教艺术的发源地,但佛教艺术在历史上很早就已经越出印度国境,传到阿富汗、中国、朝鲜、日本、斯里兰卡和东南亚各国,催发和推动了这些地区佛教艺术之弘扬。阿富汗巴米羊石窟,中国敦煌、云冈、龙门、麦积山、炳灵寺、天龙山、响堂山石窟,日本镰仓大佛和奈良东大寺的卢那舍佛,斯里兰卡伽尔寺大石佛像,印尼爪哇岛上的婆罗浮屠,柬埔寨的吴哥窟都是佛教艺术的奇葩。虽然不同地区不同民族的佛教艺术风格各异,但在审美观念、审美判断、审美情趣和审美方式上,它们仍然有着许多共性,这就构成了佛教艺术的审美特征。

什么是美?不同时代、不同民族以及不同文化背景的人们,必然会有不同的审美观念。古希腊的亚里士多德和中国以孔子为代表的先秦儒家认为,美就是善。德国先哲黑格尔认为,美是理念的感性显现。中国道家老庄则认为,美就是自然。不同的审美观念,就会产生不同的审美情趣,使人们从不同的角度获得美感享受。佛教是以出世为美,以虚空为美,以寂静为美的。对世俗艺术家来说,最重要的任务是反映现实世界以及人们周围的人物和现象。然而佛教艺术的本质是超乎俗世之上的,它主要的任务不是反映现实,而是引导观赏者进入一个超出世间的美感世界。它所表现的不是我们周围的世界,而是凡夫俗子所无法感受、无所洞悉的非物质的空灵飘渺的超自然界。在佛教看来,现实世界里的一切都不过是"因缘生法"中出现的幻影,不是实体,没有自性,因此是不值得留恋,更不值得去表现的。只有那个"非有、非无、非亦有亦无,非非有非非无"的虚空境界,才是最高的实在,才是我们应该向往的最高境界。正如龙树在《大智度论》中说:"观一切法从因缘生,从因缘生即无自性,无自性毕竟空。毕竟空者是名般若波罗蜜。"般若波罗蜜就是虚空的境界,就是"妙境","妙土"。以"空"为核心的一切悟道之法都是"妙法"、"妙旨"。《法华玄义序》说:"妙者,褒美不可思议之法也。"

"妙"是佛家对一切至美之物的命名。可见在佛教里,虚空是与美的观念相联系的。早期佛教徒认为,这种虚空之美是很难表现的。《杂阿含经》卷十五说:"画师,画师弟子集种种彩色欲妆画虚空,宁能画否?"《金刚经》也说:"若以色见我,以音声求我,是人行邪道,不能见如来。"佛的本性就是虚空,以种种色彩,种种音声是无法描绘与观察的。因此,在原始佛教艺术里便回避了佛的形象。因为任何线条、色彩和形象实在都无法表现伟大而永恒的佛。与其为人们提供一个不真实的崇拜对象,不如留下一个无限的空间让他们去充分地自由想象佛的一切庄严美好,让他们依靠自身的修持和思维证悟去接近佛,在内心树立宗教形象,激发宗教情绪。近世伟大作曲家之一 John Cage 曾经默坐钢琴前许久,以作为其作品之发表。他自己声称是受佛教美学思想影响,以为艺术的最高境界是无法表现的,欣赏者只有在虚空中与表演者契合心灵。这种理论实在是把佛教美学思想推展到了极致。然而,艺术表现若坚持"本来无一物"的境界,宗教与艺术都是无以生存的。因此,后来大乘佛教一变原始佛教在理论上漠视艺术的态度,在一定程度上认可了以声色为形式,艺术地表现佛教精神的合理性。主张佛教徒可以通过对佛像的瞻拜来体认自己的宗教感情,这样就出现了佛教造像艺术。但佛教造像艺术仍以虚空为美的理想。尘世的万事万物都处在时间之中,因而不断地迁流转变,永无常住。而那个空灵飘渺的极乐世界是超越时间的,时间上的常住不变必然表现为空间上的寂静不动。佛像作为这个永恒的涅槃世界的体现者必然充满庄严静谧,现出超越世俗的无我之相。因此,无论是印度犍陀罗或笈多艺术的佛像,还是中国早期佛像都被刻画成静止不动的状态。他们充满宁静、肃穆和睿智,脸上露出神秘的微笑和沉思,似乎去尽人间烟火,对世界的一切已经完全超脱。在佛教艺术家们看来,一个人当他内心充满超乎俗世的神秘感受时,当他在一定程度上沉浸于静谧的神秘生活时,是处于不动的状态的,这种寂静之美不过是虚空之美的另一种表现形式。虚空性是佛教艺术审美的第一个特征。

常任侠先生曾指出:"用象征的手法来描画佛传,是佛教艺术特有的方法。"可以说,象征性是佛教艺术审美的第二个特征。因为象征是反映虚空世界的最恰当的艺术表现形式。象征是一种符号,它和其他任何符号一样,在认识过程中是实在的对象、过程和现象的借代。象征物往往与所标志的客体具有某些相似之处。在它的外部形式中包含着所要揭示的某种观念的内容,通过联想就可以找到二者之间的联系。但是,象征又不同于所标志的客体的形象,形象必须再现认识客体在感性上被感知的一切特点,象征则可以"抓住一点,不及其余",只要能够引起一定联想就可以了。因此象征可以标示实际并不存在的虚幻的客体,它是此岸与彼岸、人间与天上、尘世与佛国的中介。佛像本身就是一种象征,它对佛是一种"不似的临摹",只是标示佛的一切庄严美好,并不反映佛的具体形象。可以说象征是佛教艺术全部创作方法的基础。在禁忌佛陀具形的早期佛教艺术里,象征是唯一的表现手法,在阿育王石柱、桑奇大塔的雕刻和阿旃陀石窟早期壁画中,佛发佛足印表示佛陀;一头六牙小白象代表佛陀托胎下凡;摩耶夫人手攀娑罗树暗示佛陀降生;空马上擎华盖比喻王子逾城出家;菩提树下一个空座位意指佛陀悟道;舍利塔表示涅槃;法轮表示光芒、旋转和轮回,象征佛陀说法;一柄三股叉是佛、法、僧三宝的标识。佛教艺术里最常见的是莲花,佛教赞叹莲花有香、净、柔软、可爱四德,把它视为吉祥物,体现佛教离尘脱俗,清净无染的思想。这种对莲花的崇尚渗透在佛教文化的各个方面,成为美的象征。这种刻画人物而不显示人物本身的象征性手法,使人们透过可视的片断形象产生联想,从而领悟不可视的完整形象,这是一种绝妙的艺术语言。

当佛陀造像出现在佛教艺术中之后,象征性仍是一种主要艺术特征。在各种佛本生壁画中,画面所渲染的主题本身就带有某种象征性。佛陀生前时而以尸毗王现身,时而又以毗楞竭梨王显形,或者化为一头九色鹿。其实画里的人形物象都不过是一种符号。这里故事情节的发生、演变都无关紧要,关键在于暗示一种意蕴,展现一种抽象的、永恒的精神,让观赏者联想到佛的坚忍的意志、慈悲的德性和宽广的胸怀,从而增强对佛的信仰。在艺术造型手法上,我们也仍然能时时见到这种象征性。例如,在塑造佛像时规定了多种手势:手下垂,掌向下,手指向前伸屈,称"施与印",象征佛的慈悲;手平肩伸出,掌向前,手指向上指,称"施无畏印",以表示佛陀使人安心;手臂前伸,手指向上,以食指或中指触大拇指,称"论辩印",以象征佛陀斥破异道;手臂向下垂,手指触地,称"指地印",以表示群魔来扰,佛陀召地神作证;双手合十于当胸,称"合掌印",以示敬礼;……这些手姿组成无声而永恒的语言,似在解说佛陀心灵深处微妙的法音。

规范性是佛教艺术审美的第三个特征。佛教艺术规范是与一般艺术的审美规范不同的。一般艺术的规范是对历史上一定艺术成就的总结,是艺术创作规则的记载,是美的表现,它为发扬这些艺术成就并使之臻于完善创立了基础。但由于艺术规范本身蕴含着束缚艺术创作发展使之处于僵化的因素,因而随着时代的变迁,人们的审美情趣也会发生改变。因此,任何艺术规范都必然会被突破。然而,佛教的艺术规范则主要是一种宗教规范,它主要不是从人们的审美习惯而是从宗教观点出发来确定的。例如,在佛教绘画的构图布局上,人物形象的大小不是取决于他们所处的空间位置——较远的形象应当描绘得较小——而仅取决于他们具有的宗教意义。因此,佛的形象总是大于菩萨、罗汉等形象。又如,根据佛经中所说,"法身无性","一切诸法非男非女"的论点,在早期佛教造像中,从佛、菩萨到飞天,都是没有男女生理特征的非男非女、亦男亦女的形象。再如,自笈多艺术时起,在佛像造型方面就逐渐形成了许多定则,规范了佛像的"三十二相"和"八十种好"。三十二相是指佛陀生来就有的三十二种神异面貌,如"手足柔软相","眉间白毫相","手过膝相","身金色相","身如狮子相","身广长等相","四十齿相","顶髻相"(头顶上有肉髻)等等。八十种好是以佛的头、面、鼻、口、眼、耳、手、足等细微之处描述他的奇特长相,如指甲狭长薄润,光洁明净;指头圆而细长柔软,不见骨头;唇色红润光泽,上下相称;耳轮宽阔,成轮埵形;面形长宽匀称,皎洁如秋月;鼻梁修长,不见鼻孔等等。并且规范了佛像的坐势和手势。佛像双腿交叉,足心向上平放在另一条腿上,称为"莲花座";右腿盘于左腿之下,称为"勇健座",双腿交叉微抬,称为"瑜伽座";一腿弯曲,另一腿自然下垂,称为"游戏座"(也称"安逸座"),另有一种更为优美的坐姿称为"大王游戏座"(也称"大王安逸座"),以左边一腿弯曲,右膝屈起以支右臂,右臂自膝部自然垂下,身体略向后仰,以靠着宝座的左臂支撑;这种坐势线条显得十分柔软随意。佛教造像的手势变化多端,这在上文已经论及。不仅如此,许多佛经,诸如《观佛三昧海经》、《大乘百福庄严相经》、《创立形像福报经》等还在尺寸度量上对造像作了详细规定。如立像全身之长为一百二十分,肉髻高四分,由肉髻之根下至发际也长四分。面长一十二分,颈长四分,颈下到心窝,与两乳平,为一十二分。由心窝到脐为一十二分,由脐至胯为一十二分。以上是上身尺寸,共为六十分,当全身之半。胯骨长四分,股长二十四分,膝骨长四分……以上是下身尺寸,亦当全身之半。佛像宽度尺寸,由心窝向上六分处横量至腋为一十二分。由此向下量至于腕为一十六分,由腕向下量至中指尖为一十二分,共为六十分,当全身之半。左右合计,等于全身之量。菩萨造像也有相好、服饰、手印、量度的规定,从造像尺寸度量上说,大致与佛相仿,只是顶无肉髻,胯无胯骨,发际、颈喉、膝骨、足跌各减佛四分之一,以上六处共减十二分。佛身量为一百二十分,菩萨就是一百零八分;天神像、明王像更减至九十六分,鬼神像减至七十二分。这种繁琐的规定束缚了艺术家们的创造才能,因此历代都有许多优秀的艺术家突破了这种规范性,任己胸臆,随意表现,把自己的种种想象、情绪、面貌移情于佛像,从而才使各种风格的佛教艺术之花得以竞相开放。

二、 汉唐佛教艺术与审美

西汉末年,佛教东渐。佛教艺术也随之东来,经过西域地区,传至中原汉土。汉唐之际,中国本土的佛教艺术蒸蒸日上。古代艺术家按照自己的生活习惯、思想感情和审美要求,对印度佛教艺术从模仿到创新,使之经历了一个逐渐中国化的过程,终于创造了具有独特民族风格的中国佛教艺术。

在雕塑艺术方面,北魏初期佛教造像一般直接取法印度粉本,带着明显的犍陀罗艺术和笈多艺术风格。例如,云冈昙曜五窟的佛像,不但面容体态因袭了印度人的形象,而且衣服也显然出自热带国度。一种是衣服从左肩斜披而下,右胸和右肩裸露在外的"偏袒右肩式"。另一种是"通肩式",薄衣贴体,随着身体的起伏形成若干平行弧线,领口处的披巾自胸前披向肩后。当时的艺术家皆恪守印度造像规范,但到北魏晚期,龙门、麦积山和炳灵寺石窟的造像已经明显地中国化了。佛像的"秀骨清相"透露出中国魏晋以来士大夫的审美情趣。衣服也变成质料厚重,衣袂飘扬的"冕服式"中国长袍。佛教艺术家们的创作已经不再满足于"依经熔铸","精分密数",而是开始从生活中汲取营养,并愈益适应群众的审美要求和伦理观念。例如中国人往往喜欢把菩萨想象成温柔安详、可亲可近的慈母,随时会帮助他们化险为夷,摆脱苦海。于是艺术家们就突破了印度佛教"洁身无性"的造像原则,创造出各式各样、端庄秀丽、栩栩如生的女身菩萨像。及至隋唐时期,敦煌莫高窟和天水麦积山更发展了我国独创的彩塑艺术。把绘画和雕塑艺术结合起来,使艺术家们能够较之石刻雕像更得心应手地施展其创造才能。虽然莫高窟的早期彩塑仍然留有模仿石刻的痕迹,但到隋代以后已经走向成熟,在唐代更是获得了成就,色彩日趋丰富,技巧更加娴熟,人物刻画相当细致准确。虽然他们只能重复一些固定的宗教内容,但同一定名的佛菩萨却不断出现不同的形象。例如,莫高窟第 419 窟的隋塑迦叶像,方头大脸,满面是风霜遗留下来的皱纹,他张口露齿舒坦地笑着,一看就能感受到经过无数苦行磨炼的僧徒的和善与开朗。在盛唐 45 窟的迦叶,却表现为另一类型的长者,顾长的面部,高而突出的有皱纹的额头,紧锁着的双眉与俯视着的眼睛,表现出一个有丰富经历的行者的思维状态。

在绘画艺术方面,初期的佛教画也都是依据印度传来的图样摹写。例如,三国时期的佛画家曹不兴就是模仿康僧会从西域带来的样本绘制佛像的。我国新疆克孜尔石窟的壁画,其风格与印度阿旃陀石窟、阿富汗巴米羊石窟壁画显然是一脉相承的。那种充满肉感的裸体女性,突出的乳房,曲折的腰肢,动荡的舞姿,一看就是印度艺术风格。在莫高窟北魏时期的作品中仍然可见这种印度佛教壁画的遗风。但自南梁朝画家张僧繇始,佛教画的中国化已见端倪。张僧繇虽然常用印度画法,但在人物形象的表现上并不墨守成规,而是大胆创新,建立了独具一格的"张家样",南北朝后期的佛画家多受此影响,成为当时最广泛的流行风格。中国佛教画经隋代展子虔、唐代阎立本的推动,到吴道子创立"吴家样"则标志着臻于成熟。"吴家样"是突破北齐曹仲达带有笈多风格的"曹家样",沿着中国传统的绘画风格发展起来的。宋人评论说:"吴带当风,曹衣带水。"这不但是指两者在描绘人物服装上的不同，更重要的是指出了吴道子在绘画技法上的特点。吴道子的绘画并不追求色彩绚烂，所谓"浅深晕成"，"敷粉简淡"，而是充分运用线条变化塑造艺术形象。他发挥中国毛笔挥洒自如的长处，使运笔、运力、运情相结合，创造了具有较强运动立体感的"莼菜条"，以表现人物细微的透视变化，即表现所谓"高侧深斜、卷褶飘带之势"。敦煌莫高窟和各地寺院的佛教壁画虽出自民间艺人之手，但也融合了中国传统技法，逐渐与印度风格相远，表现了中国艺术家的智慧和独具的风格。特别是莫高窟壁画充分发挥了丰富而具创造性的想象能力，如西方净土变、维摩变、劳度差斗圣变、涅槃变、降魔变等都是主题明确，内容丰富而复杂，又具有动人力量的作品。富丽的色彩，优美的造型，活泼健劲的线纹，纵深复杂的构图，都反映了中国佛教绘画艺术的卓越水平。

在音乐方面，佛教传来不久，便有人创造了"梵呗"，模仿印度声律制成曲调来歌咏汉文佛经。传说最初创造梵呗的是三国时魏国的曹植，他在东阿鱼山删治《瑞应平起经》，制成鱼山呗四十二契。同时，吴国有支谦依《无量寿经》、《中平起经》造《赞菩萨连句梵呗》三契。康僧会传泥洹呗声，清靡哀亮，为一代模式。但这一时期的佛教音乐尚未脱离印度和西域佛教音乐系统而独立发展。东晋时期，庐山慧远创立了唱导制度，为规范中国佛教音乐的目的、内容、形式和场合奠定了基础，并使融合了中国民间说唱方法的唱导发展成为一类独立的佛教音乐艺术。由于印度梵声与中国汉语的结合，转读佛经也开始向哀婉风格发展。南齐僧辨创制的"哀婉折衷"一路风格逐渐为天下所宗。永明七年（490 年），萧子良"集京师善声沙门"于一处创制"经呗新声"，使这种以哀婉为特征的转读风格形成体系，取得正统地位。标志着佛教音乐向中国化迈出了一大步。后来梁武帝萧衍亲制梁朝雅乐，其中《善哉》、《大乐》、《龙王》、《断苦轮》等十首，"名为正乐，皆述佛法"，开创了中国佛曲的先声。及至唐代，佛曲大盛。唐代佛曲不仅吸收了西域佛国音乐，而且也融合了中国传统的民族音乐。例如，晚唐少康便是在民间音乐的基础上创作了许多新的佛曲，《宋高僧传》称"康所述偈赞，皆附会郑卫之声，变体而作。非哀非乐，得处中曲韵"。这种用中国百姓所熟悉喜爱的音调演唱的佛曲和呗赞音乐、唱导音乐一起构成了完整的中国佛教音乐系统。

自汉入唐,佛教艺术由模仿到创新的同时,它所表现的思想内容也逐渐发生了从天上到人间、从出世到入世、从虚空到实在的转变。这种转变在包括雕塑和绘画的佛教造像艺术里最为突出。宗教是人类社会的自我异化,宗教艺术则从一开始就是把人们的幻想又转化为自身形象的异在,两次折光反映,它的神秘色彩就被可以直观的原本出自现实的形象所冲淡。因此,佛的形象逐渐还原为人的形象,彼岸世界逐渐还原为现实世界,这是佛教艺术发展的必然。北魏造像里那种秀骨清相、长脸细颈、飘逸自得、不可言说的神秘微笑,超凡绝尘的潇洒风度,到隋代一变为方面大耳、短颈粗体、朴厚拙重的形象;及至唐代塑像更是变得健康丰满,慈祥和蔼,充满了人情味和亲切感。例如,莫高窟第 384 窟佛龛左侧的唐代供养菩萨像,除了身上的装束以外,已经很难找出菩萨的味道来,实际上已是一个高高发髻、眉长颐丰的少女,露在微微下垂的眼帘里的凝视着的眸子,隐约含笑的樱唇和叉手跪下的娇柔,揭示了少女在祈祷时的心理活动,表现了她对生活的欲求与幸福的冥想。有些寺院里的菩萨形象干脆就以贵族家庭的女伎为模特儿,难怪当时佛教徒感叹说:"自唐来笔工皆端严柔弱似妓女之貌,故今夸官娃如菩萨也。"(《释氏要览》卷中)在唐代壁画上出现的,不仅有场面宏大的出行图,气势磅礴的阅兵式,有贵族的歌舞宴饮,围猎战争,也有争吵打架、谈情说爱、打鱼卖肉等民情风俗。在那些程式化的佛传画和经变图里,艺术家们对题材和构图进行了巧妙的处理。例如莫高窟 445 窟北壁一幅盛唐的弥勒变,那些与现实生活有着距离的东西被摆在不重要、不引人注意的地方。相反,具有浓厚生活气息的饮宴、剃度等场面都被安排在画面最显著的位置上,所占篇幅几及全画的三分之一。作者在按照陈规描绘佛与菩萨像时,虽然技术是熟练的,但形象则比较一般化;而在表现世俗生活时却用了极其细致生动的手法刻画了不同的场景氛围和人物个性,反映了作者对现实生活与彼岸世界的感情差别。在这些佛教画里还穿插了许多生活小景:如敦煌壁画里《行旅休息图》(《法华经变》)中马在地上打滚,表现休息的主题;《挤奶图》(《维摩变》)的小牛拒绝被强迫拉开,这就使挤牛奶的平凡行为带了喜剧的意味;《树下弹筝》(《报恩经变》)是极其优美的爱情场面。这些富有情趣的生活小景被选择出来得到艺术再现,反映了艺术家对生活的真切了解与细致感受。唐代净土变相虽是描写西方极乐世界,但画面上举目便是金楼玉宇,仙山琼阁,万紫千红,歌舞升平,集中了当时人间被认为是美的一切事物。它给观赏者带来的不是主张人生寂灭、世界虚空的出世思想,而是对生活的肯定,对于幸福与欢乐的向往。

自汉入唐,中国佛教艺术的审美情趣也逐渐从崇高转向优美,从对抗转向和谐。北朝佛教造像往往给人们带来一种浑厚壮伟、阴冷紧张、触目惊心的崇高感。这种崇高感正是能够使人们对佛菩萨生起欣羡和崇敬之心的心理基础,它使佛像产生了一种为一般玄妙难读的佛经所不及的感召力量和宣传效果。英国美学家博克在《论崇高与美》一书里曾经说过,崇高所引起的情绪是惊惧,"在惊惧这种心情中,心的一切活动都由某种程度的恐怖而停顿。这时心完全被对象占领住,不能同时注意到其他对象,因此不能就占领它的那个对象进行推理。所以崇高具有那样巨大的力量,不但不是推理产生的,而且还使人来不及推理,就用它不可抗拒的力量把人卷着走"。博克的论说完全适合佛教艺术。德国哲学家康德认为,崇高感来自于对象体积的无限大和对象既引起恐惧又引起崇敬的那种巨大的力量或气魄。中国佛教造像规模一般都甚为硕大雄伟,云冈昙曜五窟的本尊像,四川乐山大佛和潼南大佛,敦煌莫高窟的北大佛和南大佛,龙门奉先寺的卢舍那佛像,陕西彬县大佛和浙江剡溪石城寺大佛都大得令人望而生畏。巨大而庄严的佛像超越了人们感受或想象所能容纳的惯常的极限。使人的力量在它的威力之下相形见绌,显得微不足道,人们就会自然而然地匍匐于佛像脚下获得精神的寄托和心灵的慰藉,最后导致身心完全的皈依。但是,对无比大的崇尚可说是历代佛教造像的通则,北朝造像的崇高感主要还在于它那种既引起恐惧,又引起崇敬,由恐惧而生崇敬的力量与气魄。这种审美效果又往往是在充满矛盾对抗的构图造型中获得的。例如,在莫高窟北魏壁画里,有许多表现佛本生题材的画面,最常见的有割肉贸鸽、舍身饲虎、须达拏好善乐施等故事。尸毗王盘腿端坐,身躯高大,安详镇定,无所畏惧,决心用自己的血肉来换下鸽子的生命。那个矮小而满脸凶狠的刽子手在割他的腿肉,鲜血淋漓,惨不忍睹。舍身饲虎的场面更为阴森凄厉;山岩下七只初生的小虎环绕着奄奄欲毙、饿极了的母虎,小王子从高岩跳下堕身虎口,饿虎舐食王子,血肉横飞,令人毛骨悚然。须达擎王子施舍自己的儿子,目睹儿子遭人捆绑鞭打,王子饮泪吞声,看着哀哀无告的儿子被人牵走。一边是狰狞凄惨的杀气,另一边是镇定自若的神情;一边是鲜血淋漓的肉体,另一边是善良美丽的灵魂;一边是失子的难言之苦,另一边是施舍的忘我之乐。这就构成了肉体与精神,世俗与宗教,人生与佛性的强烈对比。肉体的极端痛苦更突出心灵的平静安宁;对现实苦难的无情唾弃更突出对宗教精神的热情歌颂。残酷的细节描写,阴森的氛围渲染,固然获得了恐怖和惊惧的审美效果,但人们心理上因此带来的压抑很快就会转向振奋。恐怖和惊惧会支撑起一股悲壮沉雄之气,最后"把我们的心灵力量提高到超出惯常的凡庸",使佛像前的善男信女们与佛发生震撼灵魂的交流。

随着佛教艺术逐渐走向世俗,崇高也就逐渐让位于优美。尤其是到了唐代,沉静、文秀、典雅以及和谐已经成为主要的审美风范。诸佛诸菩萨的姿势仪态显得轻盈、安详、圆润和微妙。例如莫高窟第 130 窟的南大佛,第 158 窟的佛涅槃像,龙门奉先寺的卢舍那佛和炳灵寺第 51 窟的三尊像,均体现出纯粹的唐人风味。天龙山的唐代造像更是显示了佛教艺术中塑造优美形象的高度成就。他们大多体态丰腴,表现出肉体富有弹性的柔软和圆浑的感觉。神态怡和安详,眼睛里溢露着无限清纯的气韵。佛像多垂足端坐,稳重的坐势与衣褶弧形曲线构成的美妙流动感相结合,静中见动,动静结合。菩萨像或坐或立,姿态自然,婉转多变。天龙山造像创造了人体美的典型。敦煌壁画里的飞天则是另一种优美的形象,他们有的脚踏彩云,徐徐降落;有的手捧莲蓬,直冲云霄;有的昂首挥臂,遨游太空;有的俯冲直下,势如流星;有的随风飘荡,宛如游龙。可谓千姿百态,绚丽多彩,开创了一个优美的境界。

中国佛教艺术的优美感还存在于各种表现因素的和谐关系之中。在莫高窟唐代大型经变图中,以本尊为中心向四周展开了层次繁复但秩序井然的结构,数百人物和花木、禽鸟组成一曲大合奏。空中悠悠飘荡的飞天与池前活泼喧闹的乐舞遥相呼应,多样的形象统一在同一的主题下,形成了优美的律动。唐代艺术家们不仅在处理形象之间的关系上,而且在处理色彩,处理塑像与壁画之间关系上都表现出崇尚和谐的艺术风格。北朝造像用色饱和度较高,多用对比色,色调阴沉冷漠,形成凝重、压抑的格调。唐代造像则以调和色为主,用色较为淡雅,往往在一个基调里间以对比色,以求活跃画面氛围,但又不遮蔽调和的基调,使整个色彩的配置和谐一致。莫高窟的彩塑不但在色调上与壁画统一起来,而且彩塑与壁画的组合在造型与心理描写上也具有整体性。彩塑成了佛龛壁画的中心人物,壁画则成为彩塑群像的延续,两者达到了高度的和谐一致,使唐代造像艺术获得了卓越的成就。

三、 禅宗的艺术审美

中国佛教艺术在晚唐五代以后走上了两条完全不同的发展道路。一方面传统的造像艺术完全世俗化、程式化了。虽然还有一些比较成功的作品,如四川大足石刻,太原晋祠宋塑,麦积山宋塑以及宋人李公麟、马和元,明人丁云鹏、仇英的佛教人物画,但实际上都已经是世俗人物写真,没有多少宗教气息了。一般造像则显得刻板呆滞,毫无生气,失去了往日的光彩;及至发展到不惜重金,一味往佛像上涂金粉,贴金箔,想用尘世的俗气来弥补艺术的平庸。另一方面,佛教禅宗的艺术审美风格却日益光大,特别是渗透到绘画和书法领域,更使这两门艺术焕发出夺目的光彩。

中国佛教禅宗自六祖慧能后逐渐形成波澜壮阔的伟丽气象。"不立文字,不加言说,直指人心,见性成佛,心心相印"的祖师禅法、顿悟法门很适合当时士大夫的思想与趣味。于是天下士大夫趋之日众,风靡愈广。这股汹涌澎湃的禅宗思潮冲击到画坛,产生了一个划时代的名家,即首创泼墨山水的王维。王维自安史乱后已无心世事,遂耽于禅悦。他的画风也为之一变;变钩研之法而用渲染,超然洒落,高远淡泊,开创了幽寂清远水墨淡彩的南宗画风。唐武宗会昌法难后,唯禅宗因不拘形式而得以保全,及至宋代,诸宗归禅,一枝独秀。中国佛教至禅宗而达极致,中国绘画也至禅画而趋顶峰。张璪、荆浩、关仝、郭忠恕、董源、巨然、米芾父子以至黄公望、王蒙、吴镇、倪瓒"元代四大家"等先后发展了南宗画风。以禅机与画意相结合,使禅宗的超然襟怀与萧疏清旷的山水融为一体,在中国绘画艺术中另辟一天地。这一画派虽然主要以山水、花鸟、怪石、奇松等自然景物为题材,但其艺术审美之渊源一直可以追溯到印度佛教艺术。近人方豪先生说"宋代绘画,仍有佛教题材,惟不在寺塔,而在气势高远、景色荒寒,以表现明心见性的修养",(《宋代佛教对绘画的贡献》,载《现代学苑》第七卷第十期)其说实在精到深刻。可以说,禅宗艺术是宋元以来中国佛教艺术的主流。

远静淡虚是禅宗艺术追求的审美理想。因此,在禅宗影响下的音乐、书法、园林、盆景、绘画等艺术都追求这种远、静、淡、虚的意境。特别是南宗画派的风格更是体现了这种审美情趣,故他们的画又有"禅画"之称。远山、幽谷、萧村、野渡、白云、暮雪、寒江、秋月、孤松,几乎是他们绘画的永恒主题。例如,唐代王墨常画山水松石杂树。五代关仝以描绘秋山寒林见长,他因创造了"灞桥风雪中,三峡闻猿时"的意境而知名,号称"关家山水"。北宋李成的《寒村平野》,"气象萧疏,烟村平远"。范宽的《临流独坐》表现深郁的山坳间腾起弥漫浮动的云雾,吞吐变灭,给人以忘身万山之中的感觉。元代四大画家中黄公望的《富春山居》、《天池石壁》简练、平静、幽深;吴镇的《秋江渔隐》空灵飘逸;倪瓒的《渔庄秋霁》、《江岸望山》、《雅宜山斋》以天真幽淡为宗。王蒙的画恬淡自然,多画秋山草堂,夏日山居。因为自然景物"其格清淡,其理幽奥",最适于表现空寂寥落、清淡深远的意境。于是山水画逐渐取代人物画、风俗画的地位,成为中国画的主流;而朦胧恬淡的水墨山水更是成为山水画的主流。南宗画家在表现手法上,一般都习惯用青、白、淡绿、浅绛等浅淡的色彩来取得静谧的审美效果;以距离的深度来强调大自然的肃穆庄严,深不可测。同时,许多画家还用无人之境来表现静寂幽深的情趣。如黄公望的《富春山居》,苍山兀立,幽林点缀,偶见两山间小桥横空,溪边茅屋藏露其中,却无一点人间气象。倪瓒的《秋亭嘉树图》也创造了一种"结庐人境无车辙"的意境。因为喧嚣的人类会扰乱静谧的自然,所以只有无人之境才能表现静寂幽深的气氛。南宗画家的山水画里经常留下大片的空白。例如,南宋马远的《寒江独钓》,一叶扁舟飘浮在水上,四周是一大片空白。不着一笔,却有力地描写了江面的空旷渺漠。这片空白有强烈的暗示作用,可以刺激观赏者的想象力。倘若观赏者走进画面，也坐在这一叶扁舟上眺望江面，那片虚空的空白一定会变得真实起来。这就是《金刚经》上说的"色即是空，空即是色"。空白之处虽似空无一物，但绝非空无所有，万事万物皆由虚空而来。六祖慧能所言"虚空能含日月星辰，大地山河"（《坛经》），在绘画里得到了充分体现。可见南宗画派的大师们无不具有禅宗精神，他们的作品无不是禅境的示现。禅宗艺术就这样把人们从喧嚣的尘世提升到了虚无缥缈的空灵境界。禅宗追求的远静淡虚，说到底就是佛教艺术的出世之美、虚空之美、寂静之美。禅宗艺术是对原始佛教艺术审美的复归。但这不是简单的复归，而是一种否定之否定，是佛教艺术摆脱了尘世的俗气之后在更高层次上的复归。禅宗艺术不再重复以往那种对佛像的膜拜，而是演变到纯粹精神的反映。

禅宗以虚空为至高无上的美境，所以说它继承了原始佛教的美学思想，体现了佛教艺术的审美特征。但禅宗的美感经验却别出心裁，它主张通过"悟"去把握"空"的美妙。悟是一种特殊的思维活动，它具有直觉性，凭借对具体形象的直接观照去感受"空"的妙谛。它又具有一定的理解，但这不是严密的逻辑思维，而是一种富于想象和幻想的心理活动。悟具有偶然性和随意性，只要某种偶然契机的触发，即可突然妙悟。一悟之后则"万法皆空"，一草一木一石一水皆能显示出虚空之美。此时便能"信手拈来，头头是道"。可以说，悟是一种非理性的直觉体验。紫陌禅师说："天地可谓大矣，而不能置于虚空之外；虚空可谓无尽矣，而不能置于吾心之外。故曰：以心观物，物无大小。"（《长松茹退》）所谓"以心观物"就是指悟，就是指这种非理性的直觉体验。这是一种最高的体验，最真实的体验，因而也是最美的体验。在禅家看来，每个人内心的悟性是审美活动中的决定性因素。有人面对山川溪石，林木葱茏，却只感到山是石头的，水是流动的，溪水比河水清，石头比豆腐硬。有人则能从败墙上看出山幽水寒，从朽木里看出龙飞凤舞，其差别即在于悟性的高下。因此，在禅宗艺术家看来，要表现虚空寂静的真如佛性，不一定要描摹庄严的佛像，只要能把他们内心那种领悟了虚空妙谛之后的禅悦痛快淋漓地表现出来即可。世间诸相都足以解脱苦海中的波澜；雨竹风花皆可以显现虚空寂静的禅境；木石花鸟、山云海月尽是禅家对照净境、了悟妙法的机缘。心灵与宇宙不二,两者之间的调和形成一种广大的象征:以心胸表现山水,以山水表现心境。在禅宗艺术里山水景物是自我观照过程的物化,是内心清净悟性的外化。因而最重要的既不是形似,也不是神似,而是理趣,是气韵,是本心的自然流露。作画时不能受"画法"的束缚,而要"笔忘手,手忘心",忘得干干净净,凭下意识随手挥出,不加雕饰。唐代张璪绘画自称"外师造化,中得心源"。他作画常常手握双管,一时齐下,随意纵横,应手间出。后人评论其画:"非画也,真道也,当有其事,已遣去机巧,意冥玄化,而物在灵府,不在耳目。"(符载《观张员外画松石序》)王墨善水墨山水,作画每在酒酣之后,即以墨泼,脚蹙手抹,或浓或淡,随其形状,为山为石,为云为水,应手随意,倏若造化,俯观不见其墨污。尤其是他作画时或笑或吟,状类疯癫,完全是一派禅僧气象。及至北宋,这种随意挥洒的泼墨画已成文人时尚,称为"墨戏"。其中以米芾父子成就最大。米芾以画烟云中的山和树出名,他自诩"山水古今相师,以有出尘格者,因信笔作之,多烟云掩映树石,不取细意以便己"。倪瓒曾与友人论及画竹说:"余之竹聊以写胸中逸气耳,岂复较其似与非,叶之繁与疏,枝之斜与直哉?""仆之所画者,不过逸笔草草,不求形似,聊以自娱耳。"明末李日华则以为:"绘事不必求奇,不必循格,要在胸中实有吐出,便是矣。""点墨落纸,大非细事,必须胸中廓然无物,然后烟云秀色,与天地生生之气自然凑泊。"清初的石涛和尚更直截了当地说:"至人无法,非无法也,无法而法,乃为至法。""不可画鉴,不可沉泥,不可牵连,不可脱节,不可无理,在于墨海中立定精神,笔锋下决出生活,尺幅上换去毛骨,混沌里放出光明。纵使笔不笔,墨不墨,画不画,自有我在!"(转引自无往《禅宗对我国绘画的影响》)在禅宗艺术家看来,绘画不过是为了寄性写情,直抒胸臆,因此不但忽略了物形之描摹,而且可以突破时空界限,求得"梵我合一"、事事无碍的无上境界。王维曾作《袁安卧雪》,有雪中芭蕉。又作花卉,不问四时,以桃、杏、芙蓉、莲花同入一幅。后人评论其"意在尘外,怪生笔端","得心应手,意到便成,故造理入神,回得天机,此难与俗人论也"(沈括《梦溪笔谈》)。在禅宗艺术里,明明看不见的看见了,明明听不见的听见了,明明不可能在一起的矛盾的事物在一起了。因为这一切都是不重要的,只有"心"——"意"是唯一的主宰。于是，人们对艺术品的审美价值判断也发生了变化。晚唐时，书画理论中的"神妙能逸"四格中的"逸"格已经出现。及至宋代黄休复撰《益州名画录》，逸格已超越神妙能而上升为最高的审美境界。时人以为"画之逸格，最难其俦，拙矩规于方圆，鄙精研予彩绘，笔简形具，得之自然，莫可楷模，出于意表，故目之曰逸格耳"。这种独特的审美范畴影响到人们艺术欣赏的方式也必须随之变化，观赏者也必须有参禅的功夫，在直觉体验、沉思冥想中与创作者沟通心灵。即所谓"先观其气，次观其神，而画笔次之"（《玉堂嘉话》卷二），"先观天真，后观笔墨，相对忘笔墨之迹，方为得趣"（汤垕《画论》），只有这样才能感受更多的"弦外之音"、"象外之象"、"韵外之致"。没有禅宗精神，纵使面对名画杰作，也无法欣赏，无法理解。在禅宗影响下，南宋山水画对自然之表现已转为对自我之表现。所以说，它是一种超自然、超现实的宗教艺术。

禅宗艺术风格注重简练与含蓄。在禅家看来，佛性是无法用语言文字色彩去描述的。所以"不立文字"的禅宗到了非用文字不可的时候，也仍尽力使之简练。因为只有简到极点才能留出大量空间，让人们去沉思冥想，去发掘更多的韵外之致。绘画也是如此，倘若巨细不遗，一览无余，观赏者的悟性也就被束缚住了，不可能产生那种妙不可言的艺术魅力，不可能"心越神飞"，让自己的心灵在想象的世界里自由地驰骋。因此，南宗画家大多讲究笔法简练，形象草率，一挥而就。《宣和画谱》评论关仝的绘画"其脱落豪楮，笔愈简而气愈壮，景愈少而意愈长也"。阮元《石渠随笔》评论倪瓒的绘画"枯树一二株，短屋一二楹，写入纸幅"，却远比那些仔细描摹的画更耐人寻味，更富有萧疏淡远之韵。清人程正揆《青溪遗稿》卷二十二《题卧游图后》说："论文字者谓增一分见不如增一分识，识愈高而文愈淡，予谓画亦然，多一笔不如少一笔，意高则笔减，何也？意在笔先，不到处皆笔。繁皴浓染，刻画形似，生气漓矣。"这种萧疏简淡的画风与言简意赅的禅宗偈语可谓同出一源。一幅简淡的小景，何异于一首自况的短偈，它们都是流露禅心的智慧方式。于是明人遂有"画禅"之说。含蓄虽不是禅宗艺术的独创，但作为一种艺术风格，它在禅宗影响下，被推到了极致。含蓄也是一种象征性的表现方法，但它不同于原始佛教艺术里的比喻性象征。例如，原始佛教以莲花比喻佛教的离尘脱俗、清净无染；以法轮比喻佛法的光辉灿烂，无往不胜，流转不息等等。这种比喻由于是理性思维在起作用，处在一一对应的水平，比较简单，比较粗糙。禅宗的含蓄则不然，那些笔意疏放，意境萧疏的水墨山水画并不规定某一明确的哲理，但它包罗了多层次的内容。把心灵中空寂的感受深深地隐藏在意象的背后，让观赏者去一层层地领悟。这时，观赏者的审美活动不是被动的，他不但在追溯艺术家构思时的内心体验，而且还能不断补充进自己的感受与想象。一般艺术品给人的美感经验是一次完成的，但禅宗艺术品则把人们的审美活动过程推向无限；每一次观赏都会产生新的联想，带来新的美感。

禅宗思想也影响到书法艺术，形成独特的禅宗书法理论与风格。晚唐宋元以来的许多书法家把书法看成是禅的表现方式。宋人朱长文的《继书断》中说："书之至者，妙与参道，技艺云乎哉！"他们认为书法应是"真心"的自然显现，所谓"书法犹释氏心印，发于心源，成于了悟，非口手所传"（释晋光《论书法》，《佩文斋书画谱》卷六）。"笔性墨情，皆以其人之性情为本。是则理性情者，书之首务也"（刘熙载《艺概》）。人的本心是书法的本原，具体的字不过是这种本心的载体而已，因而写字时要摆脱一切外物的束缚，突破前人之规矩，让自己的"真心"得到充分显现。宋代著名书法家黄山谷曾说："老夫之书，本无法也，但观世间万缘，未尝一事横于胸中，故不择笔墨，遇纸则书，纸尽则已，亦不计较工拙与人之品藻弹讥。"（《书论》）书法和绘画一样，自宋以后也以不拘常格，超凡脱俗的"逸"格为至高之美，置于"神、妙、能"三格之上；其艺术风格转向追求空灵、古朴和凝练。特别是不少禅僧书法家寓禅于书法，借点、画、线条所构成的抽象、朦胧、无形之相抒发胸臆、笔走龙蛇、得意忘形，形成了书法上的狂怪之风。宋代许多书法名家的作品里都充满禅味、禅趣，尤其是苏、黄、米、蔡四大家以及张即之等人的书法更是向来被视为典型的禅书代表，他们的书法作品流传到日本后被称为"禅家样"。可以说，正是由于禅宗思想的影响，唐宋以后，在绘画和书法艺术领域里出现了群星灿烂的局面。

四、 佛教艺术在中国艺术史上的地位

佛教艺术的传入,虽然首先是为了适应宗教的需要,但同时也给中国传统艺术灌注了新的活力。传统和外来因素的吸收和融合,使建筑、雕塑、绘画、音乐等艺术得到空前发展,产生了许多杰出的艺术家,取得了卓绝的艺术成就,开辟了中国艺术史上的新纪元。保存至今的大量佛教艺术遗产成为中国艺术史上一座又一座丰碑,为中国艺术宝库增添了不少光彩。

1. 寺塔建筑

中国传统的建筑形式主要是殿、堂、楼、台、亭、阁、苑、囿等。但在佛教传入以后,全国各地到处涌现出壮丽的寺塔建筑。晚唐诗人杜牧有“南朝四百八十寺,多少楼台烟雨中”的诗句,就是描写古代中国寺塔之多。寺院、佛塔、石窟乃是典型的佛教建筑,它们虽源于印度,但又逐渐与中国传统的建筑风格相结合,形成具有中国民族特色的佛教建筑。

中国最古的寺院是东汉明帝时,在洛阳为印度和尚摄摩腾等建造的白马寺,它是按照当时官署的形式建造的。以后,汉族地区的佛寺基本上采取了中国传统的院落形式。以一座殿堂式的“正房”为主体,加上“侧座”、“耳房”、“回廊”等次要建筑物,构成一组完整的建筑群。不但左右均衡对称,而且高低起伏变化,表现出一定的韵律节奏的连续性。五台山的南禅寺(建于 783 年)和佛光寺(建于 867 年)是中国现存最古的佛寺建筑。佛光寺大殿,广七间,深四间,造型宏大、庄严、简洁,是典型的唐代建筑风格。殿内有三十余尊唐代佛像,梁柱间有唐代题字,壁上有唐代绘画,集中地展现了唐代四种佛教艺术。其次,河北蓟县独乐寺有一座结构精美的山门和一座三层木构“观音阁”,均建于 984 年,也是我国古代建筑的精品。明代建造的五台山显通寺、南京灵谷寺佛殿是一种拱券式的砖结构殿堂,俗称“无梁殿”,也是中国建筑史上的首创。

塔原来是印度佛教徒用来珍藏佛骨舍利的。关于中国建造佛塔的最早记载见于《后汉书·陶谦传》：笮融"大起浮图祠，上累金盘，下为重楼。又堂阁周四，可容三千许人"。所谓"上累金盘"，就是金属制成的相轮，相轮层数有一、二、三、四直至十三层。所谓"重楼"就是汉代的多层木结构高楼。这种中印合璧的木塔是中国佛塔最初的基本样式。相传最大的木塔是北魏时的洛阳永宁塔，此塔高一千尺，百里之外都能望见。可惜塔成后不久便被焚毁了。后来多改为砖塔，也有少数石塔。木塔则逐渐减少，现存唯一的木塔是山西应县佛宫寺的辽代释迦塔。此塔建于 1056 年，高六十六米，共五层，建筑雄伟，结构精巧。河南嵩山嵩岳寺砖塔（建于 502 年）则是现存最早的砖塔，塔高四十米，为十二角十五层密檐塔；塔身轮廓优美，是为古代佛教建筑的卓越典范。汉地佛教现存最大的石塔是福建泉州开元寺双塔，一名镇国，始建于唐，一名仁寿，始建于五代。初皆为木塔，宋代先后改为石塔。琉璃佛塔有河南开封繁塔、祐国寺塔，北京玉泉山塔，山西赵城广胜寺飞虹塔。其中以飞虹塔最为精美。这座八角十三层的佛塔，塔身以琉璃砖装饰，砖面还有佛、菩萨、金刚力士造像。我国还有三座大型铁塔，即江苏镇江甘露寺塔，山东济宁铁塔和湖北当阳玉泉寺塔。此外，还有几座小巧玲珑的金塔、铜塔和陶塔，也可谓别出心裁。

中国古代建筑家在融合印度窣堵波塔和汉代重楼的基础上，进行了富于匠心的创造，出现了丰富多彩的佛塔造型，为万里江山平添了无限风光。古代佛塔从平面上看，以正方形和八角形的居多，也有六角、十二角和圆形塔。塔身造型一般分为多层塔和密檐塔。多层塔层层相累，各层高度约略相等，塔的表面仿造出木塔的柱梁斗拱。如西安慈恩寺大雁塔（建于 652 年）、荐福寺的小雁塔、香积寺塔（建于 681 年）等都为方形多层塔，其中大雁塔最为典型，塔高六十余米，共七层，造型朴实庄重，为纪念唐代玄奘法师西行求法归国而建。密檐塔是第一层较高、第二层以上突然缩短，形成层檐密接的样式，如嵩岳寺塔、北京天宁寺塔、洛阳白马寺齐云塔等皆属此类。这类佛塔多半不设楼梯，不能随意登临远眺，也不用柱梁斗拱等仿木结构装饰，但轮廓线条格外优美。元代以后，西藏佛教开始传入内地，在汉地出现了藏式瓶形塔（又称覆钵塔）。北京妙应寺的白塔（建于 1271 年）是其代表作，此塔由高大的塔基、须弥座、瓶形塔身和塔刹构成，塔的四周又各建一座角楼,外观古朴稳重,气势非凡。明代还出现了一种金刚宝座塔,这是仿印度菩提伽耶的金刚宝座塔设计建造的。一般是在一长方形高台(宝座)上建造五座方形密檐塔,大塔居中央,四隅各有一小塔,北京五塔寺(大正觉寺)塔是这一类型塔的代表作。北京香山碧云寺的清代舍利宝座塔,塔台上于五座密檐塔外加了两座瓶形塔,使其在同类塔中别具一格。云南西双版纳景宏飞龙白塔则融合了南传佛教国家的建筑风格,塔台上居中是一座主塔,四周环绕着八座小塔,挺拔秀丽,宛若玉笋破土而出。在众多的佛塔之中还有一种小型单层的僧人墓塔。其中以山东长清灵岩寺的唐代僧人惠崇墓塔最为典型,这是一座单层重檐石塔,端庄肃穆,造型优美。河南嵩山少林寺有建寺千余年来的僧人墓塔两百多座,不但数量居全国佛寺之冠,而且造型各异;方形塔,圆形塔,六角形塔,应有尽有,多彩多姿,成为举世闻名的"塔林"。

石窟是最古老的佛教建筑,它原本是印度佛教僧人的住处,后来发展成为两种形式:一种是供比丘修禅居住的"禅窟",另一种是雕造佛像,供人瞻仰的"礼拜窟"。从公元四至八世纪之间,印度石窟艺术向东传播。在我国新疆的库车、高昌,甘肃的敦煌、永靖、天水,大同的云冈,义县的万佛堂,洛阳的龙门,太原的天龙山,邯郸的南、北响堂山,济南的千佛崖,南京的栖霞山,杭州的飞来峰,四川的广元、大足和云南的剑川,分布着一连串的石窟寺。这些石窟寺的形式和布局经过长期演变,仿照汉地庙堂样式,逐渐形成平面的中国式石窟。它们熔古代建筑、雕塑、壁画于一炉,成为独特的佛教综合艺术。其中以敦煌、云冈、龙门和麦积山的四大石窟最为著名。特别是敦煌莫高窟,这座屹立在沙漠里的艺术宫更是宏伟壮观。崖壁上密布着高高低低、大大小小像蜂窝一样的洞窟,它创建于公元366年的东晋时代,以乐尊和尚首创,法良次之。之后洞窟越来越多,经北魏、隋唐、五代、宋、元各代的陆续开凿,成了一个包罗万象的壁画与雕塑的艺术宝库。绘满了壁画和安置着彩塑的洞窟有一千余处,约计彩塑有二千四百余尊。壁画如展开连接起来,数量约可达六十华里。莫高窟不但规模大,而且艺术成就也达到了最高峰;不但是我国伟大的文化遗产,而且在世界上也是罕见的文化奇迹。

佛教寺塔不但为研究我国古代建筑留下了许多宝贵实物,而且还影响了中国传统的建筑艺术风格。例如,中国佛塔的须弥座台基形式,源出于印度佛教。据佛经记载,它是须弥山之巅的神圣佛座,居于世界之中心,具有坚固不坏、妙高无比的性质。于是,须弥座便成为佛教建筑艺术的特征之一,但后来却为中国古代建筑所普遍采用。如雄伟的天安门城楼即坐落在一个占地两千平方米的汉白玉须弥座之上。北京故宫太和殿、皇史宬、太庙、九龙壁等也无不以须弥座为其台基造型,它几乎已经成为一种民族建筑风格的标志。

2. 雕塑艺术

中国雕塑艺术在汉代已经达到很高水平。特别是西汉石刻,风格简朴雄健、浑厚有力、形象生动。由于佛教的传播,雕塑艺术为佛教所用,并受到印度犍陀罗和笈多艺术的影响,发展成为具有中国民族风格的佛教雕塑艺术。佛教雕塑艺术包括石雕、木雕、玉雕像、铜铁铸像、泥塑像、夹纻像和瓷像等,表现题材有各种佛、菩萨、罗汉、天王、力士等佛教崇拜对象。丰富多彩、绚丽多姿的佛教造像为中国雕塑艺术宝库留下了丰富的遗产。

在江苏连云港孔望山汉代摩崖石刻中已经出现了最早的佛像。东晋戴逵、戴颙父子皆以擅长雕刻和铸造佛像而知名,成为佛教雕塑艺术中国化过程中作出杰出贡献的代表人物。戴逵不满足于模仿外来样式和固守量度仪规,善于从生活中吸取营养,运用他通赡的机思来巧凝造化。他在建康瓦官寺作的五尊佛像和顾恺之的维摩诘壁画,狮子国的玉像,被时人赞为"瓦官寺三绝"。据历史记载,戴逵还是汉地最早制作夹纻干漆像的艺术家。

北朝时期,佛像的铸造极为盛行,特别是云冈、龙门以及河西一带的石窟更是佛教雕塑艺术的瑰宝。云冈石窟是汉地已知现存最早的石窟,始建于北魏文成帝和平年间(460—466 年)。云冈石窟造像规模巨大,在石壁上雕出的佛像大多高大雄伟,如昙曜 5 窟、13 窟。5 窟的本尊佛像高达十四至十八米,宽肩粗颈、脸形丰满,给人以充满生命力的感觉。一般佛像都带着一种温和恬静、含蓄而亲切的笑容,生动地刻画了佛像的内心感情。云冈早期造像手法吸收了印度笈多艺术风格,但其表现显然又是承继了汉代雕塑艺术的技巧。有些早期造像采取了浅雕与立雕相结合的手法,在圆浑的躯体上用线勾出衣褶,使之具有强烈的装饰性。龙门石窟是云冈石窟的继续,其造像最盛的时期是北魏晚年。后来,在唐代高宗、武后、中宗三朝又重新兴起大规模的修造。古阳洞、宾阳洞和莲花洞是最有代表性的北魏石窟。宾阳洞的两块浮雕作品《帝后礼佛图》,生动地刻画了一组人物形象,它构图十分复杂,艺术家巧妙地处理了人物间的错综关系,在多样中又有着完整统一的气氛。艺术家着意表现了贵族们在宗教活动中,那种虔诚严肃的心境和静穆而又行进着的活动状况,具有很高的艺术价值。莲花洞窟顶中央的大莲花藻井,莲花花瓣微凹,极富有真实感,莲花周围的飞天不是依靠羽翼,也不是依靠云彩的衬托,才飞升起来的。天女在天空乘风飞翔,衣上的飘带随着天女的流动在翻飞,使你感到这是一种合乎自然的优美的运动。天女体态轻盈而又真实自然,艺术家简练、概括而又生动地捕捉了表现人的富有韵律的动态,代表了北魏雕塑艺术的杰出创造。奉先寺是龙门最具代表性的唐代石窟,那座举世闻名的卢舍那大佛身高十三米,面容庄严典雅,表情温和亲切,目光里充满了睿智;佛像的身躯以及手的姿态都表现出内心的宁静和坚定。李泽厚称其为"中国古代雕塑作品中的最高代表"。庄伯和在《佛像之美》一书里也认为"卢舍那佛的理想美立足于中国人的审美意识上,而构成千年难得一见的杰作"。在卢舍那大佛的周围,还有端庄矜持的菩萨、文静温顺的阿难、孔武有力的天王、刚烈威猛的力士和天王脚下那个无所畏惧的小鬼。各自独立,但又相互呼应,构成一组以卢舍那大佛为主体的群像。

敦煌莫高窟和天水麦积山石窟更发展了彩塑艺术,它把雕塑与绘画结合起来,乃是中国古代雕塑家的独创。自唐宋以后,各地寺院盛行泥塑,逐渐取代了石刻佛像。莫高窟的唐代彩塑达到登峰造极的地步,技术上由简朴发展到精致熟练,在风格上一变原先"透骨清象"而为神气自如、肌肤丰润、备极人性的健康和美丽等特点。如第320窟盛唐的菩萨像,衣褶的曲线表现了轻柔的质地,也表现了肢体的轻微动态,菩萨全身微微右倾,身体重量落在右脚跟,头部也微向右倾,眼向着龛前方,这一站立姿态既不呆板,又恰当地表现了安静的心情。在群像的塑造上也充分显示了艺术家们的才能。如第 328 窟九尊彩塑像没有一个人物的姿态是相同的。阿难、迦叶不仅在面部表情上表现了年龄、性格以及情绪的差别,而且以迦叶正立合掌,阿难袖手斜倚来加强这种区别,突出对称里的变化。作者充分利用佛龛只有主要一面视角的特点,巧妙地把九尊塑像安排在梯形平面上,使人物既是相互联系,又完整地呈现了每个人物的优美姿态,表现了杰出的创造才能。隋唐时期涌现了一大批优秀的佛教雕塑家,其中最知名的有杨惠之;据说塑壁技术(在墙壁上堆塑出山峦形势以及屋宇人物)和千手千眼菩萨形象即是由他创造的。他的雕塑在当时和吴道子的绘画齐名,故有"道子画,惠之塑,夺得(张)僧繇神笔路"之说。

宋代以后的佛教雕塑,以各种罗汉像最有特色。如山东长清灵岩寺的四十余尊罗汉,江苏甪直保圣寺尚存的十余尊罗汉,苏州东山紫金庵雷潮夫妇所塑一十八尊罗汉都是宋代作品,在追求神态的真实感方面都很成功。紫金庵一十八尊罗汉个个惟妙惟肖,罗汉眼睛看似微闭,但不管你变换什么角度,他的目光总是注视着你;罗汉手上的泥塑手绢轻柔透明,宛如真的纱巾。故素有"两绝"之称。清代云南昆明筇竹寺和苏州西园寺的五百罗汉像也很有特色。尤其是苏州西园寺的济公像的脸部表情,从三种不同角度看去有不同视觉效果,右看是满脸笑容,左看是一脸愁气,从中间看则是啼笑皆非,实为不可多得的雕塑杰作。在各地寺院里还有许多铜佛、玉佛、瓷佛和木雕佛像精品,特别是那些木雕佛像,双目传神,栩栩如生,甚至精致到能见缕缕发丝和衣带飘动时的折褶。

造像碑和石刻经幢也是中国佛教雕刻艺术的独创。佛教造像碑盛行于北朝,这是在中国固有的碑碣形式上发展起来的。现存美国波士顿博物馆的北魏永熙二年造像碑可为其代表作。最上刻佛像,其次为护法天王,再次是维摩诘经变,再次有供养人像,下方为碑文。经幢本来是以织物制成,在幢上写经,随风飘转,以代诵读。唐代以后多有石刻经幢,取其经久不坏。其上所刻经文起初多为密宗咒语,后盛行陀罗尼经幢。幢盖和幢座上往往有浮雕人物,非常精美。这些也都是中国雕刻艺术史上极有价值的文物。

3. 绘画艺术

佛教绘画艺术在中国绘画史上具有举足轻重的地位,尤其是自东汉到六朝的佛教画更是成为当时绘画艺术领域的主流。唐代佛教壁画则在中国绘画史上达到一个空前绝后的高潮。佛教画是从印度伴随佛教传入中国的,传说东汉明帝曾"令画工图佛像置清凉台及显节陵上"《魏书·释老志》。"又于白马寺壁画千乘万骑绕塔三匝之像"(《冥祥记》)。这可能是最早的佛教画;在绘画的题材、手法和技巧上沿用了印度佛画的样式。

佛教画包括各类佛、菩萨、罗汉、天王以及历代高僧像,佛传、本生、经变、故事图,山寺图和曼荼罗画。中国最早的佛画家是三国时期的曹不兴,他画五十尺长的佛像绢画快捷准确,比例匀称。到西晋时,其弟子卫协,有画圣之誉,曾绘有七佛图,为世人所称。卫协弟子顾恺之也是一位杰出的佛画家,他追求神韵,画好的人物常常几年不点眼睛,等到有神来之笔才点睛完画。传说他在瓦官寺壁画维摩诘像,时人捐十万钱争取一观。南朝佛画家,宋时有陆探微,梁时有张僧繇。张僧繇擅长用简练的笔墨绘画佛像,史称其"笔才一二,而像已应焉"。旧时画法多为平面而无阴阳明暗之分,张僧繇创立了"没骨法",不以笔墨勾勒线条而以重色渲染。他在建康一乘寺画匾额,采用印度凹凸画法。所绘花卉图案,远望有立体凹凸的感觉,一时名传天下。张僧繇在画坛上是一个独步古今的人物,当时有"望其尘躅,有如周孔"之说,他的佛画骨肉兼得,形神俱备,形成独具一格的"张家样"。

北宋曹仲达佛画颇享盛名。曹氏来自中亚的曹国,带有西域风格,在中原既久,画艺渐近于中国民族风格,创立了"曹家样",为唐代盛行的四大风格之一。它的特点是衣服紧窄下垂,显然是受到了笈多艺术风格的影响。它与唐朝代表中国传统风格的吴道子的"吴家样"相辉映。所谓"曹衣出水,吴带当风",就是对他们各自艺术风格的概括。吴画衣带宽博,飘飘欲仙。吴道子为古代佛画第一人。他一生曾在二十五个寺院作壁画三百余幅,变相人物,奇形怪貌,无一相同。长安菩提寺有吴道子画维摩变,其中舍利弗描绘出转目视人的效果。他在赵景公寺画的执炉天女窈眸欲语有动人的表情;而地狱变相,则是"笔力劲怒,变状阴怪",若有一股阴气袭人而来,观者不寒而栗。据说长安屠户渔夫看了都为之改业。吴道子绘画技术娴熟,挥洒自如。他绘佛像光轮不用界笔直尺,完全是空手描出,一笔而成。有时"立笔挥扫,势若风旋"引起观者的喧呼。吴道子的画风一直影响到宋代以后,可以说中国风格的佛教绘画艺术在吴道子手中是最后形成了。吴道子的弟子以卢楞伽最为知名,他的遗作《罗汉图》现藏故宫博物院。中唐时的周昉创"水月观音"的形象传于世,他的佛画风格也曾长期流行,被称为"周家样"。五代时贯休和尚以画罗汉知名,他画的罗汉状貌古野,不同凡响。

唐代佛教壁画盛极一时,据近人俞剑华《中国绘画史》统计,当时绘有佛画的寺院多达一百八十三座,知名画家有七十人。到宋代,成都大圣慈寺的九十六院,还留有唐代壁画八千五百二十四间,其中有佛一千二百一十五尊,菩萨一万零四百八十八尊;罗汉、高僧一千七百八十五尊;天王、明王、力士二百六十三尊,佛传、经变、变相一百五十八幅,可见当时寺院壁画的规模之大。在寺院之外,唐代佛教石窟壁画也极其辉煌灿烂,令人叹为观止。其中尤以敦煌、新疆等地石窟壁画最为丰富。敦煌莫高窟壁画的题材主要是佛经经变故事、净土变相以及佛菩萨像等。其重要的洞窟如初唐的第 220 窟,盛唐的第 335 窟、第 130 窟和第 172 窟,中唐的第 112 窟,晚唐的第 156 窟等都存有辉煌灿烂的作品,可为唐代佛教绘画艺术的代表。这些洞窟壁画内容丰富,色彩绚丽,生活气息浓郁,具有诱人的魅力。虽则出于无名画家之手,但这些民间画家都充分发挥了他们的想象力和艺术天才,把丰富的佛教故事细致生动地表现出来了。唐代最流行的是佛教净土宗,因此净土变相在壁画中表现得最多,约占两百二十八壁。净土变相就是用绘画描写西方极乐世界,以劝导人们信仰阿弥陀佛。这些净土变相规模的宏伟,构图的严整,色彩的灿烂和形象的优美是无法比拟的。在构图上利用建筑物的透视造成空间深广的印象,而丰富复杂的画面仍十分紧凑完整。天空的澄碧深远,楼台亭榭的庄严雄伟。砖地石栏的雕镂精致,池水的清澈流畅,莲花的瑰丽纯净,表现了最繁华富丽的境界;佛与菩萨的庄严柔丽,乐舞的和谐妩媚,表现了人的纯善、优美与智慧,这是中国古代绘画中带有浪漫主义色彩的杰作。第 220 窟的维摩变是初唐作品,画面上的维摩诘披衣而坐,倾身持麈尾,神态文弱散漫。不但表现出他是在病中,又深刻地表现了他是一个具有高度智慧而又高傲自负的长者。画家没有简单地用一般慷慨激昂的谈论着的动作、姿态和表情来表现一个"辩才无碍"的形象，而是用他将要发言以前那一刹那的思维状态来表现他的思路敏捷与博学，用他那深沉的思考与迫不及待的表情，来表现他将要发表高超言论。画家还用整个场面与所有人物的情绪来烘托他的情态，在维摩诘四周听法的僧、俗、帝王呈现了不同的情绪：有的表现了惊骇与惶惑；有的表现了回味与思索；有的寻视别人的眼光，想从别人那里得到证实；而有的则故作镇静，表示自己已经理解。维摩变说明唐代绘画所达到的高度水平：对人物形象的刻画，已从外形的真实达到内心的真实，从情节的明确达到了情绪的明确。古代艺术家的伟大创造，至今仍给人们以美的享受和艺术创作上的巨大启发。

在佛教禅宗思想影响下，唐宋以后的士大夫追求闲静清妙、高远洒落的情趣，于是自然兴起一种寄兴写情的画风。唐代由王维一派的文人画发展到宋元以后的写意画，别开了一种幽淡清香、水彩墨淡的风格，由此也见佛教对绘画艺术的影响。同时，中国特有的书法艺术也在佛教影响下发展到了新的高度。佛教经典浩繁，动辄以十万颂计。佛徒若非精娴翰墨之术，就很难广为传布。因此，在中国佛教徒中产生了许多杰出的书法家。据近人田光烈统计，自六朝迄近代有文献可征的僧俗书法家有两百九十三人。对他们来说，起初书法只是为抄写经典，故特重运腕捷疾，星驰电掣，纵笔如飞，字体工拙则或非所计，于是僧俗书法家大多以草书见长。其昭昭者如隋代释智永，唐代释怀素和释怀仁等。他们对书法艺术的贡献之大都是举世公认的。

4. 佛教音乐

伴随佛教而来的还有印度和西域地区的佛教音乐，在魏晋六朝时期，觱篥、胡笛、唢呐、琵琶等印度和西域乐器以及《阿弥罗众僧曲》、《蔓度大音香积》、《普光佛曲》、《弥勒佛曲》、《大乘》等一批佛曲经丝绸之路传到汉地，与中国传统音乐相掺和，经过中国佛教音乐家的改编、加工和创新，形成了具有民族风格的中国佛教音乐。三国时，曹植在模仿印度佛乐声律的基础上，创作了适合汉语歌颂的梵呗，成绩斐然，"创声则三千有余，在契则四十有二"，一契便是一个曲调，四十二契是四十二个曲调联奏。当时人称曹植的作品为"鱼山呗",后世尊他为中国古代佛教音乐的创始人。东晋时确立的唱导制度,为后来规范佛教音乐的目的、内容、形式和场合奠定了基础。中国佛教音乐在风格上有南北之分;南方"婉转",北方"直声"。一般以三国康僧会为南派佛教音乐的始祖,以西晋竺法兰为北派佛教音乐的代表。但南北佛乐长期互相交流,到隋唐以后,北方佛教音乐也日趋南方化了,形成了中国佛教音乐特有的远、虚、淡、静的意境。中国佛教音乐无论南派、北派,从内容上都可以分为呗赞、唱导、佛曲三种类型。

呗赞是用于佛经课诵和法事法会场合的庙堂音乐,包括佛教仪典、朝暮课诵、道场忏法中所用的音乐,它体现了佛教的庄严性。在印度,歌咏十二部经,无论长行(散文)偈颂(韵文),都称为呗。在中国则称念诵散文为转读,称歌咏韵文为梵呗。转读的旋律性不强,而梵呗音乐典雅舒缓,旋律起伏跌宕,以合于管弦为其特征。经常使用的乐器以钟、鼓、引磬、木鱼、铃铙为主,有时也用笛、笙、唢呐、二胡、三弦、琵琶等。这类音乐一般渊源古远,且代代相传,不容更易,具有某种神圣性。因此一直到现在仍然顽强地存在着。例如北京智化寺音乐在乐谱、乐器、乐调、曲牌以及演奏技巧和方法上,都保留有唐宋古乐甚至更远年代的一些乐制。由于其传授方式和使用场合的特殊性,故使之成为我国古典音乐珍贵的"活化石"。梵呗音乐对中国器乐的发展产生了很大影响,据近人考证,中国清商三调的清、平、侧之名以及琴曲中的"折字"转调法便是借自佛教呗赞音乐的。

唱导又称"宝唱"、"唱说",一般用于宣扬佛教教义的俗讲,体现了佛教的通俗性。它有唱诵,有辩说,建立在"众技多娴",随时设辩的基础上,讲究音乐性,但不刻意语言文字的声律。它不拘一格,从多种民间说唱艺术中采摘音乐素材,走上了地方化、民歌化的道路。在隋代,唱导音乐因南北社会风尚的差别而分为"纤婉"、"雄远"等多种风格;在唐代则"附会郑卫之声"。唱导歌辞一般保留在唐代变文文本中,它们多用重句联章,多作"三三七七七"体,具有明显的民歌特征,可谓俗乐化了的佛教音乐。唱导音乐推动了中国民间曲艺的演进。宋以后的"说经"、"说参请"、"鼓子词"、"诸宫调"、"词话"、"宝卷"等讲唱艺术都可以看作它的余绪。《金瓶梅》第74回"吴月娘听宣王氏卷"中便记载了比丘尼在市民家中宣讲宝卷的情形,其所唱除偈诵之外,还有《一封书》、《楚江秋》、《山坡羊》等时曲,可视为佛教唱导深入民间的例证。

佛曲即礼佛娱佛之曲,是佛教庆典音乐,后来逐渐演为佛教名义下的燕乐之曲。中国佛曲最初来自西域地区,到隋唐时大盛,成为汉地上层人士的"流行音乐"。在隋七部乐、九部乐及唐九部乐、十部乐中都有大量西域佛曲,如《隋书·音乐志》提到"于阗佛曲";《唐会要》卷三十三提到"龟兹佛曲";《羯鼓录》有"诸佛曲辞"十首;《乐书》记唐代乐府曲调中有《普光佛曲》、《弥勒佛曲》、《日光明佛曲》、《大威德佛曲》等二十六首佛曲,这些佛曲成为当时宫廷音乐中富有特色的部分。同时,许多汉族传统音乐,也被改编为佛曲,在宗教活动场合使用。南朝时,梁武帝在裁定梁朝雅乐时,亲自创作述佛法之乐十首,开汉地佛曲之先河。到唐代,《落梅》、《杨柳》、《春莺啭》、《柘枝》等传统乐曲也被改编为佛曲。明成祖朱棣也曾颁布《诸佛世尊如来菩萨尊者名称歌曲》五十卷,通令全国佛教徒习唱,其中大部分曲调为当时流行之南北曲。现在仍有近两百首南北曲调为佛教音乐的常用曲。佛曲的影响不但波及到唐大曲、唐散乐、唐戏弄、唐杂曲等许多方面,并且一直延续到近世;现在仍存的全国各地民间器乐曲的诸多乐种、乐曲形成过程中几乎都有佛曲影响的痕迹。佛教音乐丰富了中国传统音乐,并成为中国传统音乐的重要组成部分。

主要参考文献

(1) 金维诺:《中国美术史论集》

(2) 王逊:《中国美术史》

(3) 俞剑华:《中国绘画史》

(4) 葛兆光:《禅宗与中国文化》

(5) 张文勋:《儒道佛美学思想探索》

(6) [苏]乌格里诺维奇:《艺术与宗教》

(7) 陈允吉:《唐音佛教辨思录》

(8) 张曼涛:《佛教与中国文化》

(9) 王小盾:《汉唐佛教音乐述略》等

第八章
中国佛教风俗习惯

中国佛教徒在生活方式、社会交往、人生礼仪和信仰活动等方面都与世俗百姓有着显著区别,他们独特的风俗习惯构成了中国佛教文化的一个重要内容。中国佛教风俗习惯一方面来源于佛教本身的戒律仪规,显然留有古代印度社会风俗的痕迹;另一方面也受到中国本土传统民间风俗的影响。它是随着佛教在中国文化圈里的传播而逐渐形成的;这些风俗习惯一经形成之后,反过来又推动了佛教向民间的广泛传播。从某种意义上说,风俗习惯的潜移默化作用远比译经、讲经、创宗、立说等传教方法更为有效,更容易被社会底层的普通民众所接受。同时,佛教的传播,也对中国社会产生了移风易俗的作用。它不但带来了许多新的风俗,改变了许多旧的礼制,在一定程度上,它还使中国古代的社会风气为之一变。中国社会风俗习惯中蕴含的佛教因素甚至一直延续到现在。因此,研究佛教风俗习惯,不但属于佛教文化史的范围,而且也是中国民俗学研究的重要课题。

一、 中国佛教僧侣的生活方式

佛教徒有出家和在家之分。出家是梵语"波伏尔耶"(pravrujvu)的意译,即指离开家庭,独身修行。在古印度各派宗教都提倡出家,出家人称为"沙门"。佛教创立后也继承了这一传统习惯。佛教认为:"家者,是烦恼因缘,夫出家者,为灭垢累,故宜远离家也。"(《大毗婆沙论》)"在家迫迮,犹如牢狱,一切烦恼因之而生;出家宽廓,犹如虚空,一切善法因之增长"。(《涅槃经》)因而出家是佛教提倡的解脱之道。出家教徒男众名为"比丘",俗称"和尚";女众名为"比丘尼",俗称"尼姑"。比丘又称"僧人"。僧是梵语"僧伽"略称,意为众。凡三人以上组成的教团即为僧伽。僧尼是佛教的主要实践者和传播者,他们在佛教中的地位极其重要,与"佛"、"法"并称"三宝"。在家信徒男众称"优婆塞"(清信士),女众称"优婆夷"(清信女),俗称"居士";他们的地位当然远不如僧尼重要。僧尼出家之后就完全抛弃了世俗生活的价值目标,宗教信仰成为他们的生活中心,宗教精神渗透到衣食住行、起居坐卧、待人接物等一切方面,形成了完全不同于世俗之人的生活方式。

在佛教里，合法的出家必须依律受戒。出家者先找到自己愿意皈依的比丘为"依止师"，为他剃除须发，授"沙弥戒"十条，便成为沙弥。受戒前还要经过僧团审查。例如，未满七岁或超过七十岁；父母未曾允许；身有负债；身有缺陷或精神病；现任官员等属"十三难"、"十六遮"者都不准授戒。依止师对弟子负有教育与赡养责任。俟其年满二十岁时，经僧团同意，召集十位师父（即"三师七证"，三师：得戒和尚、教授和尚与羯磨和尚；七证是七位尊证，他们有极大的尊严），在戒坛上共同为他授具足戒。比丘有二百五十戒，受戒后才正式成为比丘。出家女信徒受沙弥尼戒后，至十八岁还要受戒叉摩那戒六条，成为"戒叉摩那尼"。然后才能在二十岁时先从比丘尼，后从比丘受比丘尼戒。比丘尼有三百四十戒。当大乘佛教盛行之后，修大乘佛法的比丘可以根据自愿，从师受菩萨戒，但不是必须受的。这种程序到元代基本废弛，明末开始规定"三坛同受"制度。出家者先请一位比丘为"剃度师"，为己剃发而不受任何戒。然后在某些丛林寺院公开传戒时，前去受沙弥戒、比丘戒、菩萨戒；这三种授戒仪式在若干时日内连续完成。实际上，戒律就是佛教徒的生活规范，出家生活就是一种在佛教戒律约束下的宗教生活。按佛教规定，剃度时出家者应先穿着原来的俗服拜别父母尊亲。然后，师父为他剃除须发，穿上僧服（见《度人经》、《善见论》等）。从剃除须发那一刻起，就标志着他告别了世俗生活，开始采取另一种新的生活方式。

出家僧侣和世俗之人在外表上除了要剃除须发外（自元代始，僧尼还要在头顶上燃香烫戒疤作为标志，近年已废除），在衣着上也有所分别，从而形成与众不同的"僧相"。按照原始佛教规定：比丘只能穿"粪扫衣"，即从垃圾堆、坟场上捡来的破旧衣服。这样可以远离贪着，有益于道心增长。后来也允许接受居士施衣，并规定了僧服"三衣"。其中一件是"五衣"，梵名"安陀会"，即由五条布缝成的衬衣。一件是"七衣"，梵名"郁多罗僧"，即由七条布缝成的上衣，是在日常公共场合所穿。一件是"祖衣"，梵名"僧伽梨"即由九条以至二十五条布缝成的大衣，遇有礼仪或外出时所穿。三衣又称"衲衣"，因为它的每一条布要由一长一短（五衣）、二长一短（七衣）、三长一短（祖衣）的布块拼成。因其呈田地畦垄的形状,又称"田相",象征僧人可为众生福田。三衣也称"袈裟",袈裟是染色的意思。意即僧服不能是正色、纯色,必须染成"坏色",即在一种底色上点染另一种颜色。一般是以赤色居多,点染青、黑和木兰(褐)色。不过,汉地佛教徒自从武则天依唐代三品以上官员服紫的规定,赐给沙门法朗等九人紫袈裟后,一直以赐紫衣为荣誉,故引起了袈裟颜色的紊乱,已经不再拘泥于戒律的规定了。中国气候要比印度寒冷,只有三衣不能御寒。于是中国僧尼服制除袈裟外,另有圆领方袍的俗服。这种方袍衣袖宽大,又称"海青"。据明人考证,源出李白诗:"翩翩舞广袖,似鸟海东来。"东海有鸟,名海东青,李白此言翩翩广袖之舞如海东青也。其后时代变更,俗人服装改变了式样,而僧人始终保持原样,故方袍便成为专门的僧服了。僧人方袍多为黑色,故古时僧徒便有"缁衣"之称。后来,一般把三衣称为法服,方袍称为常服。另有一种"缦衣",为五条布缝成,但无"田相",为受过"五戒"的沙弥、沙弥尼和在家男女信徒礼佛时穿。僧侣得到居士供养的衣服,必须要经过一定的受持仪式后才能合法使用。僧尼穿衣称为"搭衣",必须遵守一定的仪节,并要持诵"著衣偈"。法会上必须穿法衣,古时还要遵守原始佛教规制,偏袒右肩。在中国佛教史上,还因此引起一场争论。晋代有何无忌考撰《难袒服论》指责右袒为蔑弃常礼,后慧远撰《沙门袒服论》和《答何镇南书》为沙门右袒辩护,指出印度与中国、沙门和世人习俗不同,但这并不妨碍儒佛之间"仁爱"与"慈悲"的沟通,这就巧妙地坚持了沙门袒服的立场。但后来右袒还是因为不合汉地习惯而废除了,现在只有蒙藏地区佛教僧侣仍保持这一习俗。

在饮食方面,佛教僧侣也有许多特殊的习俗。印度原始佛教规定,僧侣过午不食。按照《毗罗三昧经》的说法,食有四种:旦,天食时;午,法食时;暮,畜生食时;夜,鬼神食时。故午后饮食是非时食。《萨婆多论》则认为当时沙门皆以乞食为生,"从旦至中是作食时,乞不生恼,故名为时。从中已后,至于夜分,是俗人宴会游戏之时,入村乞食多有触恼,故名非时。从旦至中,俗人作务,淫乱未发,乞不生恼,故名为时。从中已后,事务休息,淫戏言笑,入村乞食,喜被诽谤,故名非时。从旦至中,是乞食时,得食济身,宁心修道,事顺应法,故名为时。从中已后,宜应修道,非乞食时,故名非时"。这种说法似乎更切合古代印度社会的人情风俗。但这种"持午"的习惯在中国佛教寺院里并未普遍实行；中国寺院一般早晚吃粥，中午吃饭。

中国僧侣还严格实行素食习惯。本来在印度原始佛教戒律里并没有不食肉的规定。《四分律》还有佛言"听食种种鱼"，"听食种种肉"的记载。《十诵律》也规定能吃三种净肉："不见、不闻、不疑为我而杀之肉"，即对于自己没有亲眼看见、亲耳听见和怀疑是特地为出家人而杀生的肉都可以吃。佛教传入中国之初，并没有普遍禁止食肉。依宝唱《比丘尼传》记载，当时有一部分比丘尼不食肉，还得到宝唱的赞扬。但大乘佛教则认为食肉就是杀生。从南朝刘宋以后开始流行的《梵网经》规定了"不得食一切众生肉，食肉得无量罪"，"不得食五辛：大蒜、草葱、韭、薤、兴蕖"。南朝梁武帝笃信大乘佛教，于是大力提倡僧尼禁止食肉。他撰写文章论述断禁食肉的必要性："众生所以不可杀生，凡一众生，具八万户虫，经亦说有八十亿万户虫，若断一生命，即是断八万户虫命。"（《与周舍论断肉敕》，载《广弘明集》卷二十六）他还集僧尼一千八百四十八人于华林殿，请云法师讲《涅槃经》中"食肉断大悲种子"之文。天监十年（511 年）梁武帝集诸沙门立誓永断酒肉，并以法令形式告诫天下沙门，若有违犯便要严惩不贷。在梁武帝的提倡下，我国僧侣逐渐改变了食三净肉的习惯。素食也就逐渐成为中国佛教风俗习惯的主要特征之一。

佛教认为，"食为行道，不为益身"（《大智度论》）。因此，对食物不论精粗，但能维持生命、令得修道即可。食量要适中，"若过分饱食，则气急身满，百脉不通，令心壅塞，坐卧不安。若限分少食，则身羸心悬，意虑无固"（《增一阿含经》）。一切僧食必须平等，无论凡圣上下都不能有差别。《僧祇律》规定，如有居士施食给上座和尚，上座必须问明是否一切僧尽得。只有一切僧个个有份，上座才能接受施食。寺院僧众一般须在同一斋堂一齐用膳。僧众用膳以鸣鼓三声为号，然后按次序排列。早餐和午餐前当依《二时临斋仪》以所食供养诸佛菩萨，为施主回向，为众生发愿。开饭与饭毕离席的动作，要依维那鸣椎为准，不得自由行动。碗筷的摆法与取菜吃饭的方式都有一定之规，如不得将口就食，不得将食就口，取钵放钵并匙箸不得有声，不得咳嗽，不得搔鼻喷嚏等等（见元《敕修百丈清规》

卷六）；饭前要念供养咒，饭后要念结斋咒，在不同的斋僧场合还有各种不同的咒愿。

印度佛教戒律规定僧侣不准"掘土垦地"。认为锄头入土会斩断蚯蚓，捣毁蚁窝，切碎螺蚌，也就是伤生害命。僧侣皆依靠乞食为生，必须是居士布施之物才能食用。《萨婆多论》认为，受而后食有五种意义："一为断窃盗因缘故；二为作证明故；三为止诽谤故；四为成少欲知足故；五为生他信敬心故。"中国僧侣最初也都是依靠布施为生，但在重视农耕的中国社会，乞食为生难免受到责难。于是，唐代百丈怀海制定禅林《清规》，倡导"一日不作，一日不食"的农禅生活。实行"普清法"，即无论上下都参加集体生产劳动，以求自给；住持和尚还须躬先领头，为人表率。百丈怀海到了晚年，仍耕作不辍，弟子们过意不去，就偷偷把农具藏起来，他找不到农具，一天没有下田干活，就一天不吃饭，这种身体力行的高风激励了后人。从此，中国僧尼逐渐形成宗教修持与生产劳动相结合的传统习惯。

在睡眠方面，佛教要求僧侣尽量减少睡眠。因为过多的睡眠会使人精神萎靡，影响修行。睡眠姿势是右胁在下方的侧卧，称为"狮子卧"。临睡前也要念诵"睡眠偈"。有一种僧侣修习"长坐不卧"的苦行，称为"不倒单"。此外，走路、下床、出居屋、上厕所时也都有一定之规，有一定的偈诵要奉持，使僧侣们时时刻刻不忘出家人的身份和救度众生的责任。在交际礼节方面，凡遇师长、前辈、长老和同参道友等都须行礼，通常是戒腊低的向高的行礼。在僧团里，比丘尼的身份低于比丘，故女众不问戒腊高低都须向比丘行礼。印度僧尼行礼的方式极其复杂。一般来说行礼时要脱去鞋履，肉袒右肩，双手合十，口云和南（"和南"梵语，也作"南无"，音那谟，意为皈依）。礼法则有旋绕、跪拜、顶礼等。据玄奘《大唐西域记》记载："致礼之式，其仪九等：一发言慰问；二俯首示敬；三举手高揖；四合掌平拱；五屈膝；六长跪；七手膝踞地；八五轮俱屈；九五体投地。凡斯九等，极惟一拜，跪有赞德，谓之尽敬。远则稽颡拜手，近则舐足摩踵。"印度佛教礼节传至中国，因民情风俗之异也有变化。《法苑珠林》卷二十八述及两者区别认为："彼则拜少而绕多，此则拜多而绕少，彼则肉袒露足而为恭，此则巾履备整而称敬。"一般来说，中国僧尼常行的礼节，对于佛像和尊长，行较重的致敬法，即五体投地的顶礼。对于平辈则行问讯礼,曲躬合掌而已。按照律法规定,有些场合是不须作礼的。例如自己在读经或持经时,长辈在低处而自己在高处时,长辈在卧时、漱口时等都不须行礼。按照佛教律法规定,出家僧尼不得礼拜君主俗亲。但这一规定显然与中国传统伦理观念相冲突,故经过长期的辩论抗争之后,中国佛教徒不得不改变了这一礼仪制度。

佛教僧侣出家后必须在寺院居住。在印度,佛教徒受比丘戒满五年后,便可离开依止师,自己单独修道,游行各地,随意居住,有时在屋檐、庙廊、树下、旷野、荒冢,铺上一领随身携带的坐具,盘足趺跏,便心安理得地度此旦暮了。他们并没有特别的身份证明和僧籍。佛教传到中国之初,情形也大致如此。但后来出家人数激增,引起许多社会、经济问题。故北魏时始设"僧籍",由政府指定僧籍隶属于某个寺院。元代以后,出家人僧籍依剃度师僧籍而定。一般只属于子孙寺院(俗称小庙),丛林寺院则不开僧籍。佛教僧侣有游方参请的习俗,即辞别师长,四出游历,寻师访友,请益佛法,如赵州从谂禅师八十高龄还行脚云游,汾阳善昭禅师平生曾参访了八十一位高僧大德。僧侣参访时,便要在当地寺院暂时居住。一般子孙寺院只准本寺僧侣居住,不接待外来僧众。僧众在游方参请时可以到丛林寺院居住,叫做"挂单"或"挂搭"。"单"是指僧侣行李,挂单便是安放行李,暂不他往的意思。游方僧人住进寺院后,起先住云水堂,言其如行云流水,过而不留。在云水堂住相当时日之后,经本人要求和住持允许,可以进禅堂或念佛堂,成为寺中的基本僧众。按照《百丈清规》所说,在中国禅宗丛林寺院里,住持为僧团长老,地位最高,居于"方丈";其余僧众按受戒先后在僧堂居住。僧堂又分若干寮舍,每舍设寮主一人,管理日常事务。这类丛林寺院一般规模较大,有些寺院常住千余人乃至两千余人。住云水堂的僧尼可以随时他往;住禅堂或念佛堂后,如要离寺他往,只能在每年正月十五或七月十五提出申请告别。在中国还出现了一种寄居世俗官僚势要之家的"门僧"(也称家僧,门师)。这些僧尼往往妄托与某施主彼此注定的因缘,受其供养,并为主人做功德佛事祈求宏福大愿。唐代这种风气大盛,以致朝廷也不得不几次诏令禁止,如开元十七年七月诏:"或妄托生缘,辄在俗家居止,即宜一切禁断。"(《唐大诏令集》卷一百一十三)

开元二年也有类似诏令："如闻百官家多以僧尼道士为门德往还，妻女亦无避忌，或诡托禅观，祸福妄陈，学海左道，深戾大猷，自今已后，百官家不得辄容僧等至家缘吉凶，要须设斋者，于州县陈牒寺观，然后依数听去"。(《唐会要》卷四十九)可见在这种门僧制度下，许多僧尼已由清信之士变成世俗凡庸，从出家人变成官宦人家的家人了。

在原始佛教时期，僧众的日常行事，除了出外乞食，每日各自修行。修行的方法，一是学习教理，或听佛说法，或互相讨论。二是修习禅定，趺坐或者经行(在林间来往徘徊)。后来，寺院有了佛像和佛经，于是又有礼拜供养佛像和诵读佛经的行仪。僧众定时念持经咒，礼拜佛像、梵呗歌赞和忏悔祈愿，称为"课诵"，或称"功课"。佛教初入中国，也是弟子随师修行，没有统一规范日常行事。到东晋时，道安的弟子多达数百人，无法一一督导，于是便创僧尼修行规范：一是行香、定座、上经、上讲之法，即为讲经仪规；二是常日六时行道，饮食唱时之法，即为课诵临斋仪规；三是布萨、差使、悔过等法，即为忏悔仪规。当时天下寺院普遍遵行。其后，中国佛教各宗成立，对僧尼的宗教生活都有不同的行仪规定。如天台宗智𫖮大师创立止观法门，规定寺众分为三等，或依堂坐禅，或别场忏悔，或知僧事。依堂之僧每天要四时坐禅、六时礼拜。(见《国清百录》)唐代以后又在此基础上形成了寺院普遍实行的"早晚二课"制度，即早晨与黄昏在大殿举行拜佛诵经仪式。在明代又逐渐统一为每日"五堂功课"、"两遍殿"。早殿有两堂功课，念诵《楞严咒》为一堂功课，念诵《心经》、《大悲咒》"十小咒"等为一堂功课。念诵的起止都有"香赞"，并用钟、鼓、磬、木鱼等法器伴奏。晚殿有三堂功课，一堂功课是诵《阿弥陀经》和念佛名，为自己往生西方净土祈愿。另一堂功课是礼拜八十八佛和诵《大忏悔文》，表示自己改悔过恶，发愿今后精进修行，永不退转。在一般寺院里，逢单日念《阿弥陀经》和念佛，逢双日拜八十八佛和念《大忏悔文》。第三堂功课是蒙山施食，则是每天都要举行的；僧众于每日中午的斋食取出少许饭粒，到晚间按照《蒙山施食仪》一边念诵，一边施给饿鬼。这一仪式源于密宗。(蒙山在今四川雅安，相传甘露法师在蒙山集成此仪。)

按照佛教传统习惯，僧众还需每半个月(农历十五、三十日)集体诵读《戒本》

一次,同时诚意检讨有无违犯戒律的行为。若有干犯,便应向众人或长老发露与依法忏悔,这种习惯称为"布萨"。在禅宗和净土宗盛行之后,中国寺院还实行"打七"的宗教活动,即在七天之内,僧徒完全摒绝外缘,一意精修,睡眠说话都减少到最低限度。"打七"时间有一七(一个七日)乃至十七(十个七日)的不同。"打七"又分为"打禅七"和"打净七"。"禅七"是冬天举行的参禅,自阴历十月十五至腊月初八止。"打净七"即称念阿弥陀佛名,可以随时举行。按照印度佛教传统,每年夏季自四月十五日到七月十五日的三个月中,僧尼应该聚集定居在一寺之中,不得随意他往。一则防止僧众在雨季中因四处游方而践踏虫蚁等生灵,二则可以作短期的专心修行。一般称为"结夏"、"安居"、"坐夏"。中国佛教寺院也遵行这种习惯。《荆楚岁时记》载:"四月十五日,天下僧尼就禅刹挂裰,谓之结夏。"如因事延续,不及定居,最迟也应在五月十五定居下来,这叫做"后安居"。七月十五,安居日满,僧众应集合一堂,互相举发一切所犯轻重不合戒律之事,以相策励,这叫做"自恣"。经过自恣之后,标志受戒的年龄增长一腊,所以坐夏也称为坐腊。

中国佛教僧侣的生活方式因时代不同而有演变;因地区不同而有差异;因宗派不同而有分别。但变化差别之中又具有一定的共同特性:出家生活首先是一种宗教生活,故不但各种宗教活动构成了他们日常生活的主要内容,而且饮食、穿衣、睡眠、出行也无不渗透着宗教内容。人们维持生命所必需的基本活动也成为宗教精神的仪式化。其次,出家生活又是一种团体生活,故不但要有种种规定约束各个成员,不致因个人行为妨碍众人,而且还强调团结友爱,互相合作。特别是中国禅宗丛林有着细密的分工,全寺四十八个职位,和饮食有关的就有典座、贴案、饭头、菜头、水头、火头、茶头、行堂等职称。寺众各司其职,分工合作,保持了僧团生活的高度和谐。第三,出家生活又是一种和平宁静、严谨俭朴、极有规律的生活。因为这样的生活方式才能保持僧众内心的静谧恬淡,超脱清高,才能使他们的心灵上升到虚空无我的涅槃境界。

二、 中国民间佛教信仰习俗

任何一种外来文化的移植,只有在广泛传播、逐步深入到人民大众中去之后,才真正可以说在这个社会里站住了脚跟,获得了生机。佛教在中国的传播也是如此。僧尼是佛教的主要实践者和传播者,他们绝大多数都是披着袈裟的知识分子,他们把佛教带进了中国人的社会生活。但是,只有当"家家观世音,处处弥陀佛"的局面形成之后,佛教才真正成为中国社会生活的一个重要组成部分。不过,人民大众不可能像少数僧侣知识分子那样去把握复杂深奥的佛教教理,去钻研历史发展造成的教理变化或各宗派教理的相互冲突。他们只关心"有求必应"的现世利益,只能接受通俗易懂的道理,采用喜闻乐见的形式,去完成他们的宗教实践。这就形成了各种民间佛教信仰习俗。

烧香拜佛是中国民间佛教最普遍的信仰习俗之一。在印度原始佛教时期,佛陀否认存在创造宇宙万有和主宰一切的神,反对婆罗门的祭祀和神祇崇拜。佛教徒皆依据佛陀的言教和他制定的戒律来指导自己的宗教实践,靠自身的修持与思维证悟来获得解脱,并不需要建立佛像来顶礼膜拜。只是在大乘佛教兴起之后,才主张通过对佛像的礼拜来体认自己的宗教感情。因为传入中国汉地的主要是大乘佛教,所以中国佛教一开始就十分重视礼拜佛像。一般汉地寺庙都以佛殿为主体。宋慧洪《潭州白鹿山灵应禅寺大佛殿记》说:"营建室宇,必先造大殿,以奉安佛菩萨像,使诸来者知归向故。昼夜行道,令法久住,报佛恩故。"在佛殿上,一般供释迦牟尼佛像或阿弥陀佛像。较大的佛殿则供三尊佛像,或称"三身佛",代表法身佛、报身佛和应身佛;或称"三世佛",代表中、东、西三方不同世界的佛。宋辽时代佛殿也有供五佛乃至七佛的。佛殿里设置宝盖(又称"华盖")、幢、幡、骊门等饰物象征佛的庄严。佛像前还设有香水、杂花、烧香、饮食、燃灯五种供物,后来也有简化成香炉、花瓶、烛台"三具足"的。礼拜佛像时必须焚香敬礼。按照佛经上的说法,香为信心之使,凡夫俗子与佛隔越,故须烧香遍请十方佛菩萨前来接受供养。东晋以后又有一种"行香"的习俗,即用燃香熏手或将香末撒在经行之处;东晋道安制定的僧尼规范里就有行香之法。唐高宗时,薛元起、李义府也曾奉诏为太子行香。善男信女礼佛时须五体投地,顶礼膜拜。"五体投地"即指两肘、两膝和头都要着地。先立正合掌,右手褰衣,屈两膝,次屈两肘,以手承足,然后顶礼。"顶礼"即用头顶礼尊者之足。向佛像顶礼,则舒二掌过额,承空,以表示头触佛足。明代以后,中国佛教徒中还出现了"朝山进香"的习俗,即到名山大刹去礼拜佛菩萨。这可能是受到禅宗僧侣游方参道的影响。一般佛教徒都以参拜山西五台山、浙江普陀山、四川峨眉山、安徽九华山这"四大名山"为一生中最大愿望。相传五台山为文殊菩萨道场,普陀山为观音菩萨道场,峨眉山为普贤菩萨道场,九华山为地藏菩萨道场。四山之中以五台山最为著名。明代曾有"金五台、银普陀、铜峨眉、铁九华"之说。至今在普陀山等处仍时常能见成群结队的善男信女们身背黄香袋,沿着崎岖的山路,一步一叩地来到香烟缭绕的佛菩萨像前顶礼膜拜。

许愿还愿是和烧香拜佛密切相关的一种民间佛教信仰习俗。最初发愿是指信徒依据佛法精神而发出一种自度度他的誓愿,在一生中甚至于生生世世都依照这种誓愿去奉行。大乘佛教的共通本愿是四弘誓愿,即"众生无边誓愿度,烦恼无尽誓愿断,法门无量誓愿学,佛道无上誓愿成"。此外,佛教徒往往还依照自己的性向、志趣而另有与众不同的别愿。如地藏菩萨的"地狱不空,誓不成佛",阿弥陀佛的四十八大愿等。中国佛教徒在发愿时还有"发愿文"之作,如《大藏经》中保存的"智者大师发愿文","善导大师发愿文","慈云忏主发愿文"等。发愿时通常是在佛像前口念佛号,行跪拜礼,然后读发愿文,最后报上自己的姓名即告完成;也可以在拜佛之后简单地说出自己的誓愿。发愿的本旨在于坚定佛徒的信仰之心,随时激励、引导和匡辅自己的宗教实践。后来,这种发愿逐渐演变为在烧香拜佛时许愿还愿、祈福禳灾,包括求子、求财、求官和求去病消灾、长命百岁等等。如唐高祖李渊在做隋朝郑州刺史时,因儿子李世民患目疾而至草堂寺礼佛许愿。后李世民疾愈,李渊即造一尊石佛像送到草堂寺供养以为还愿(见《全唐文》卷三《草堂寺为子祈疾疏》)。又如,《辨正论》记载:晋义熙十一年,郭宣、文处茂因受梁州刺史杨收敬牵连获罪,"二人遂发愿,若得免罪,各出钱十万上西明寺作功德。少日俱免，宣依愿送钱向寺，处茂违誓不送"。《宣验记》载，荥阳人高荀为杀人被囚，誓当舍恶行善，"若得脱免，愿起五层浮屠，舍身作奴，供养众僧"。可见这种发愿的内容主要已经不再是要求在内心产生佛教的精神力量，而更多的是对佛教作出某种实际的允诺以为功德。所谓功德，"功"是指做善事，"德"是指得福报。一般指念佛、诵经、写经刻经、布施放生、塑像造塔、修建寺院、广作佛事等等，甚至还有以割肉供养、舍身供养为功德的。例如《高僧传·法进传》载，法进在饥荒之年，"净洗浴，取刀盐，至深穷窟饿人所聚之处"，"投身饿者前云：施汝共食，众虽饥困，犹义不忍受，进即自割肉，和盐以啖之"。《南史·梁本纪》载，梁武帝太清元年，"时有男子，不知何许人，于大众中，自割身以饴饥鸟，血流遍体，而颜色不变"。又如，梁武帝曾经三次舍身给同泰寺，每次都被群臣以钱一亿万赎回。虽然梁武帝的舍身近似变相布施，不过，舍身一举决非梁武帝之发明，由此也可见当时社会确有这种习俗。

吃素念佛诵经也是在中国民间广泛流传的佛教信仰习俗。吃素也称"吃斋"。出家僧尼必须终身坚持素食，在家信徒则分别在三长斋月，四斋日，六斋日，十斋日持斋。"鱼肉不御。迎中（日中）而食"。三长斋月，指在正月，五月，九月三个月中自初一至十五持斋；四斋日是指在每月的初一、初八、十五、廿三这四天里持斋；六斋日是指在每月的初八、十四、十五、廿三、廿九、三十这六天里持斋；十斋日是指在每月的初一、初八、十四、十五、十八、廿三、廿四、廿八、廿九、三十这十天里持斋。当然也有许多在家信徒自愿断荤腥，持长斋。如《涑水记闻》载，唐人李思元"素不食酒肉，洁净长斋，而其家尽不过中食"。张元是"发誓愿长斋，日则诵经四十九遍"。《报应记》载唐人王陁"因病遂断荤肉，发心诵《金刚经》，日五遍"。薛严"蔬食长斋，日念《金刚经》三十遍"。《广异记》载，唐人孙明"善持《金刚经》，日诵二十遍，经二十年，自初持经，便绝荤血"。一般佛教徒都在吃素持斋的同时念佛诵经。念佛在印度原始佛教里最初是指想象佛陀伟大的事迹、德性和庄严形象，使信徒祛除内心的污染，进入寂静的涅槃境界。这种念佛法门其实就是一种禅定观想的修持方法。但自北魏昙鸾之后则转为"持名念佛"，即持诵或唱念佛名。唐初道绰和尚又加以弘扬推广，他劝人念弥陀佛名，念时用数珠记数。"或用麻豆等物而为数量,每一称名便度一粒"。他在并州汶水玄中寺每天念佛名号以七万为限。一时间"道俗子女,赴者弥山……人各掐珠,口同佛号,每时散席,响弥林谷"(《续高僧传·道绰传》)。在道绰之后,又经善导、少康等人弘扬,持名念佛成为净土宗的主要修行方法,也成为中国佛教徒的普遍信仰习俗。诵读佛经本来是出家僧尼的常课。宋代赞宁曾说:"入道之要,三慧为门,若取闻慧,勿过读诵。"也就是说佛教徒须藉诵读来理解经义,再依经义来修行。可是在中国民间佛教里,则并不注重能否通晓经文的意义,认为只要念出声来,即有一种不可思议的愿力,会产生神秘的感应效验。于是诵经祈福的习俗便在中国民间蔚然成风,如《报应记》载,唐人吕文展"专心持诵《金刚经》,至三万余遍";元初"读《金刚经》五十年";《酉阳杂俎》载,唐丞相张镒之父"酷信释氏,每旦更新衣,执经于像前,念《金刚经》十五遍,积数十年不懈";"段文昌念《金刚经》十余万遍";《冥祥记》载晋人周珰"讽诵众经二十万言"。中国佛教徒一般以诵读《法华经》、《华严经》、《阿弥陀经》、《金刚经》和《观音经》最为普遍,并且还产生了许多因诵经而得到灵验的故事。如诵《法华》而使天神来听,鸟兽群集;诵《华严》而使死囚得释,死而复生;诵《金刚》而使刀刀俱裂,化险为夷;诵《观音》而使溺者脱险,转危为安;诵《阿弥陀经》则可死后不入地狱,往生西方极乐世界等等。这些事迹固然类似神话,但也反映了社会上对诵经习俗的推崇。当时社会上还流行书写佛经的习俗,许多佛教徒为表示对佛教的虔诚之情甚至忍痛刺血写经。如《旧唐书》卷一六二载,韦绶丧父,"刺血写佛经"。《法苑珠林》载,唐人司马乔卿"刺血写《金刚般若经》二卷";李观"丁父忧,乃刺血写《金刚般若心经》、《随愿往生经》各一卷";《涑水记闻》载,唐人屈突仲任"刺臂血朱和用写一切经";甚至唐肃宗的皇后也刺血写佛经(《旧唐书》卷十)。不但民间写经,而且官方也不惜工本,广写佛经。如《隋书·经籍志》记载,隋文帝时诏令,"京师及并州、相州、洛州等诸大都邑之处,并官写一切经,置于寺内;而又别写,藏于秘阁。天下之人,从风而靡,竞相景慕,民间佛经,多于'六经'数十百倍"。中国佛教徒还把佛经刻在深山幽谷的摩崖,或刻在石柱、石碑之上。摩崖石经,始于北齐,以泰山经石峪的《金刚经》和徂徕山映佛崖的《大般若经》最为著名。碑刻石经历史最久、规模最大、保存最好而具有代表性的是北京房山石经。自隋大业年间，静琬发起刻造，一直绵延到明代。刻经人不但有历代的贵族官僚、僧尼名士，而且还包括各行各业的善男信女。

造像造塔，修建寺院是佛教徒祈福禳灾的重要功德。自魏晋以后历代佛教信徒造像、造塔、造庙不计其数。南朝萧齐时共有寺院两千一百一十五所，因为社会上造塔建庙泛滥成灾，武帝不得不下诏规定："自今，公私皆不得出家为道，及起立塔寺、以宅为精舍，并严断之。"（《南齐书·武帝纪》）萧梁之世，仅京师一地即有佛寺七百多所，史称："钟山帝里，宝刹相临，都邑名寺，七百余所。"（《续高僧传·义解篇》）杨衒之《洛阳伽蓝记序》记载，北魏时期"王侯贵臣，弃象马如脱履；庶士豪家，舍资财若遗迹，于是招提栉比，宝塔骈罗，争写天上之姿，竞模山中之影。金塔与灵台比高。广殿共阿房等壮，岂直木衣绨绣，土被朱紫而已哉！京师表里凡有一千余寺"。北魏孝文帝也称，当时"内外之人，兴建福业，造立图寺，高敞显博，亦足以辉隆至教矣。然无知之徒，各相高尚，贫富相竞，费竭财产，务存高广"（延兴二年四月诏）。及至隋唐此风愈盛，据道宣《大唐内典录》的说法，文帝开皇、仁寿间，全国修建佛寺约有五千所。唐代到武宗灭佛时统计，全国有大、中寺院四千六百所，小的庙宇（招提，兰若）四万所。诚如唐初法琳和尚所说："自五百余年来，寺塔遍于九州，僧尼溢于三辅。"（《破邪论》上）虽然这些佛像寺塔绝大多数是僧尼、朝廷和官府所造，但其中民间私人修造者也为数不少。龙门石窟和敦煌莫高窟的佛像题记上就留下了许多施主、供养人的姓名。他们或者是希望出征平安、仕途日升，或者是希望去病免灾、延年益寿。在唐代还有人用僧侣逝世火葬后的骨灰和泥压制成佛像称为"善业泥像"。明清以后的善男信女则不惜重金捐资为佛像贴金，如浙江灵隐寺佛殿的释迦牟尼像就用了九十六两黄金把佛像表面涂得金碧辉煌。"为佛菩萨重塑金身"就此成为许多信徒许愿的"口头禅"。许多有钱人还把屋舍庄园施为寺庙，如唐代就有尉迟乐以所居为奉恩寺；王维以舍庄为寺；鱼朝恩献通化门外赐庄为章敬寺；王缙舍第为宝应寺。这些还都是历史上的知名人物，一般民间所献不计其数。宋代更有一种功德坟寺，这是建造于贵族墓地范围内的私人寺院，其住持的任命和寺院事务的管理均由坟寺主人自行决定,虽然这些佛像寺塔的施主、供养人主要是地主、官僚或者富商大贾。但是许多穷苦的信徒为了来世能够摆脱人间的苦难,也同样把卖儿贴妇钱捐助给佛教事业。如《涑水记闻》载:"唐神龙年中,襄阳将铸佛像,有一姥至贫,营求助施,卒不能得。姥有一钱,则为女时母所赐也,宝之六十余年。及铸像时,姥持所有,因发重愿投之炉中,及破炉出像,姥所施钱,著佛胸臆。"再如,鲁迅小说《祝福》中描写祥林嫂倾其所有,到庙里捐造门槛,以为功德,也是反映了旧时一般贫苦信徒的信仰习俗。

在中国民间,普通百姓从事造像、造塔、刻经、造庙和其他大型宗教活动时,经常采取集资的方式,动员全村、全乡乃至一个地区的人力物力,于是各种社邑组织便应运而生。《僧史略》说:"历代以来成就僧寺为法会社也。社之法,以众轻成一重。济事成功,莫近于社。今之结社,共作福因,条约严明,愈于公法,行人互相激励,勤于修证,则社有生善之功大矣。"我国古代的社,最初是先秦农村公社的残留。在汉代乡里普遍立社,全体居民不分贫富都参加,其主要活动是祭祀社神——土地神。起先立社有一定之制,后来出现了百姓自由结合而成的私社。佛教传入中国后,在南北朝时期便出现了由共同信仰佛教的居民组成的法社和义邑。据历史记载,最早的结社是庐山慧远建立的白莲社。白莲社有道俗一百二十余人,其中在家居士皆是当时名士。他们在庐山东林寺立阿弥陀像,建斋立誓,求愿往生西方净土世界。后来这种法社在民间一直十分流行,特别是唐末至两宋时更为兴盛。贞元年间,吴郡包山的神皓设有西方法社。江州兴果寺的神凑结成菩提香火社。白居易于长庆二年(822年)曾经参加杭州龙兴寺僧南操创立的华严社。这个法社规定社人每天要念诵《华严经》一卷,一年四季都要举行斋会。华严社拥有社人布施的斋用良田四十顷。白居易还为它撰写了一篇《社诫文》(《白氏文集》卷五十九)。义邑,也称社邑、邑社、田社、行社等,创始于北魏,主要是在家信徒为造像修寺刻经而结成的信仰团体。从北魏太和七年(483年)的造像碑铭等资料看,当时有些义邑规模很大,成员人数多达一百余人。其中包括邑主(又称邑维那、邑长、社老等);传教僧人邑师(又称社僧);担任劝助布施财物的劝化主;筹建道场佛堂的道场主或佛堂主;献助法器、经典、灯明的钟

264

主、经主、灯明主以及出资造佛像的像主等。义邑在隋唐时期更为活跃。《酉阳杂俎》记载，唐大中年间，长安百姓梦见云花寺观音菩萨显灵，"遂立社，建塔移之"。《涑水记闻》记载，"开元初，同州界有数百家，为东西普贤邑社，造普贤菩萨像，而每日设斋"。北京房山石经题记和洛阳龙门石窟题记也记载了幽州、涿州行社每年四月八日皆刻石经，洛阳北市丝行社人在龙门凿窟供佛。从敦煌文书里也可以看到，当地邑社的主要活动是"修理兰若及佛堂"，"于普光寺上灯"，"布施财物"（见 s.5828 号文书），"行香不到，准条合罚"（见 s.1475V（2）号文书）。不过，当时义邑的活动内容除造像、修寺、刻经之外，还扩大到了念经、斋会和俗讲等。据《续高僧传·宝琼传》记载，宝琼领导的义邑邑人各持《大品般若经》一卷，以备平时诵读。每月开设斋会，各邑人依次念经。这种义邑一般有成员二十至四十余人，几乎遍及村村寨寨、各行各业。宋代以来中国民间佛教团体尤以净土宗的念佛结社最为风行。省常在西湖昭庆院，刻阿弥陀佛像，用血书写《华严·净行品》，组织了一个有一百二十六人的净行社，他被称为净土宗七祖。至道二年（996 年），知礼在浙江四明延庆寺发起念佛施戒会。仁宗时，大臣文彦博和净严禅师一起在京师创立净土会，聚集僧俗十万人念佛。直到近代，各地还有净业社和念佛莲社等团体。

法会是一种集体举行的佛教仪礼。印度原始佛教强调"自业自得"的生命律则，故并不重视法会这种礼仪形式。但在中国形形色色的法会则成为佛教的重要标帜。这些法会的仪轨，绝大多数是由中国古代僧侣所制定，几乎没有宗派差别，在一种法会里，往往会有净土、密宗和禅宗思想杂糅其中。尤其是到唐代以后，各种法会皆逐渐失去本来面目，转为以祈祷为主，演变成民间信徒追求现实利益的信仰习俗。中国的佛教法会按其性质大致可分为斋僧、礼忏、超度、纪念、放生法会等。斋僧会是中国最早的法会，汉代笮融和汉灵帝都曾设饭斋僧。佛教以僧人为三宝之一，故在家信徒皈依三宝，必须供养僧室。斋僧会便是在这种信仰背景下产生的一种出家僧尼集体接受供养的仪礼。斋僧会按照僧人多少分为五百僧斋、千僧斋和万僧斋。梁武帝曾设千僧斋；北魏孝武帝，唐代宗、德宗、懿宗时都曾设万僧斋。还有一种八关斋会也是供养斋食的，这是一种在家信徒一日一夜内接受八种戒的法会。后来，以供养僧人为目的的斋会演变为具有超度荐福、纪念报恩等用意的活动，如唐太宗曾为阵亡将士设斋行道；虞世南曾为疾病痊愈而举行千僧斋；贞观四年胜光寺因丈六释迦绣像竣工而举行千僧斋；贞观六年为求雨而举行斋僧会。由于这种施食思想的流行，除斋僧会之外，又出现了不分道俗、男女、贵贱，不设任何差别，不限制人数，尽量供应免费饭食的"无遮大会"。斋会所需费用皆由施主负担。能够承办这种斋会的当然只有封建帝王了。相传梁武帝于中大通五年（533年）二月在同泰寺开讲《金刚经》，设道俗无遮大会，参加者有三十一万九千余人。

礼忏是一种以忏悔罪孽为目的的法会。在印度佛教戒律上本有布萨忏悔之法，但在中国并未普及。自晋代以后，中国佛教徒按照大乘教义创制忏法，遂使忏悔逐渐法会化。忏法盛行于南北朝的齐梁时代。梁武帝因当时僧侣食肉，召集京师高僧辩论，制断食肉，并令诸僧七日忏悔。亲制《慈悲道场忏法》，又称《梁皇忏》。此后采用大乘经典中忏悔和礼赞的内容而成的各种忏法十分繁兴，至隋代智𫖮时遂具备了独自的形式。他制定的《法华忏法》既是修行的方法，又是忏悔的仪式，内容分为严净道场、净身、三业供界、奉请三宝、赞叹三宝、礼佛、忏悔、行道旋绕、诵《法华经》、坐禅实相正观等十法。实质是借礼拜、赞叹、忏悔以安定心思，然后从诵经、坐禅两方面正观实相。如是周而复始的修行，以达到证悟。唐宋是忏法全盛时代，各种忏法层出不穷。最为普及的有唐代知玄的《慈悲水忏》，宋代知礼的《大悲忏》、遵式的《净土忏》以及《药师忏》、《地藏忏》等。本来忏法是佛教徒自己修行的方法，和他人增益福德毫无关系。但后来逐渐演变为民间佛教祈福的习俗。施主给以财物指定僧人修何忏法、诵何经典。举行礼忏法会也就成为僧侣职业。明代以后，僧侣以应世俗之请而作佛事的称为应赴僧，寺院礼忏佛事也几与贸易谋利无异了。

超度死者的法会以水陆法会和焰口法会最为重要。水陆法会是《梁皇忏》和唐代密教冥道无遮大斋相结合发展起来的一种法会。相传梁武帝梦见一位高僧对他说："六道四生，受苦无量，宜兼水陆大斋，以普济之。"武帝乃与宝志和尚广寻经教，历三年而在镇江金山寺撰成科仪。其实，这是后人附会。一般认为水陆法会盛行于宋代,其科仪也为宋人而定。北宋熙宁中,杨锷整理金山旧仪,撰成《水陆仪》三卷,盛行于世。南宋末年志磐又续成《新仪》六卷。于是金山旧仪称"北水陆",志磐所撰称"南水陆"。宋以后又屡有修订,现在通行的是明代袾宏订正的《水陆仪规》。水陆法会流行之初,主要是战争之后超度死难者的法会,后来则包括超度地方上的孤魂野鬼和自己的已故亲友。如苏轼曾为亡妻宋氏设水陆法会。王机宜为亡弟留守枢密兴办水陆法会于南京蒋山太平兴国寺。由于这种法会规模较大,故富者可独力营办,称"独姓法会",贫者只能共财修设,称"众姓水陆"。焰口原是密教的一种仪规,其源出于唐代不空所译《救拔焰口陀罗尼经》。"焰口"是鬼王的名称,亦译作"面燃"。经中说阿难在静室中修习禅定,至夜三更,焰口鬼王告阿难说:"你三日后命将尽,生饿鬼中。"阿难惶怖求救于佛陀,佛陀为说此施食的方法。此后,这一施饿鬼食法便成为修持密教者每日必行的仪规。但中国在唐末密教失传后,施食仪规也失传了。直到元代时,由于藏族喇嘛进入汉地,密教随之复兴,焰口施食之法也得以复传。但由于诸家传承不一,仪规十分杂乱,故有"七家焰口八家忏"之说。但重大法会圆满之日或丧事期中举行焰口施食则已经成为一种共同的民间信仰习俗。

纪念法会包括佛菩萨的诞辰、涅槃日、成道日以及天子诞辰、国忌日举行的法会。天子诞辰和国忌日在宫中及寺院举行法会,这是印度和西域佛教完全没有的,也反映了中国佛教政治色彩的浓厚。一般认为天子诞辰的庆祝法会始于唐玄宗。这类法会的内容主要是讲经和斋僧。在唐代还有佛舍利供养法会也近于纪念性质的佛教活动。据历史记载,贞观五年(631年),岐州刺史张亮请开法门寺塔出舍利示道俗。于是京师内外奔赴塔所,日有数万,或有烧头炼指、刺血洒地者。元和三年(808年)十二月,宪宗遣人往法门寺奉迎佛骨至京师,先在宫内供奉三天,然后历送诸寺礼敬供养,"王公士庶竞相舍施,惟恐弗及,百姓有破产充施者,有烧顶、灼臂而求供养者"(《旧唐书·宪宗纪》)。韩愈还因为上书谏迎佛骨而被罢官远流。咸通十四年(873年)三月,懿宗再度遣人往法门寺迎佛骨,"自京城至寺三百里间,道路车马,昼夜不绝"(《资治通鉴》卷二五○)、"四月八日,佛骨至京,自开元门达安福门,彩棚夹道,念佛之音震地"(《旧唐书·懿宗纪》)。

中国民间放生习俗并不始于佛教。《列子·说符篇》说，"正旦放生，示有恩也"，可见节日放生，古已有之。佛教传入中国后，更是大力提倡放生。《梵网经》上说："若佛子以慈心故，行放生业。""故常行放生，生生受生常住之法。"隋唐智颛大师倡导大规模的放生，当时天台山临海之民，在他的影响下舍扈梁六十三处为放生池。唐肃宗乾元二年(759年)诏天下设放生池八十一所，颜真卿撰《天放生池碑》称："环地为池，周天布泽，动植依仁，飞潜爱护。"宋真宗天禧元年，敕重修天下放生池，僧人遵式，大臣王钦若等上奏请以杭州西湖为放生池。后来，知礼又倡导在佛诞日举行放生法会，并撰有"放生文"，作为放生仪规。这就使放生习俗完全佛教化。此后，杭州西湖每年四月初八日举行放生会，善男信女们特地坐在船上，装着买来的鱼、龟、螺、蚌投放水中，终日不绝。各地百姓也起而仿效，竞相举行放生法会。直到近代民间仍有放生会组织，禁止杀生，收购鱼虾飞鸟等动物用来放生，以积功德。

在中国佛教里有许多节日。随着佛教和中国传统文化的逐渐融合，这些节日也逐渐越出了佛教寺庙高高的院墙，成为民间普遍的岁时风俗。农历四月初八是佛教最大的节日——佛诞节。这一天，寺院里要举行"浴佛法会"，在大殿里用一水盆供奉太子像(即释迦牟尼佛诞生像)，全寺僧侣和信徒用香汤为佛像沐浴，作为佛诞生纪念。太子像为高数尺的童子立像，右手指天，左手指地。据佛传的说法：佛初诞生时，右手指天，左手指地，说道"天上地下，唯我独尊"。并且步步生莲花，预兆着将来舍身出家，普度众生的志愿。此时天空中天女散花，九龙吐水，为太子浴身。但中国汉族地区寺院内的太子像很多是左手指天，这是因为印度的习惯尚右，汉族的习惯则是尚左，佛到了中国也就"入境随俗"了。浴佛的习俗始于印度，是从一种求福灭罪的宗教要求演变而来的。佛教以外，婆罗门教早就有一种浴像的风俗，起源于印度人使精神清洁的思想。按照唐代义净《南海寄归内法传》的记载，在印度浴佛并不专在佛诞日，而是"大者月半、月尽合众共为；小者随至所能每须洗沐"。赞宁《僧史略》认为，"疑五竺多热，僧既频浴，佛亦勤灌耳"。浴佛习俗大约在东汉流行于中国寺院，《三国志·吴书·刘繇传》记笮融"每浴佛，多设酒饭，布席于路，径数十里，人民来观及就食者且万人，费以巨亿计"。这大概可以看作"浴佛会"的滥觞。后来这种习俗逐渐流传到朝廷和仕宦之间,到了南北朝更是普遍流行于民间。

佛诞节还有一种行像的习俗,即用宝车载着佛像巡行城市街道。《僧史略》上说:"行像者,自佛泥洹,王臣多恨不亲睹佛,由是立佛降生相,或作太子巡城相。"这是行像习俗的起源。西晋法显旅行印度时,在西域和印度都曾亲见当地行像的盛况。南北朝时,行像之俗传入中国。据《魏书·释老志》载,世祖初即位,亦遵太祖太宗之业,于四月八日,舆诸寺佛像,行于广衢,帝亲御门楼临观散华,以致礼敬。《洛阳伽蓝记》卷三载:"四月七日,京师诸像皆来此寺(景明寺)。尚书祠部曾录像凡有一千余躯,至八日节,以次入宣阳门,向阊阖宫前,受皇帝散华。于时金华映日,宝盖浮云,幡幢若林,香烟似雾,梵乐法音,聒动天地;百戏腾骧,所在骈比,名僧徒众,负锡为群,信徒法侣,持花成薮;车骑填咽,繁衍相倾。时有西域胡沙门见此,唱言佛国。"自南北朝至于唐宋,行像的风气渐次推广,四川、湖广、西夏各地都见流行,亦称为"巡城"、"行城"。《僧史略》说:"今夏台灵武,每年二月八日,僧载夹纻佛像,侍从围绕,幡盖歌乐引导,谓之巡城。以城市行市为限,百姓赖其消灾也。"

民间在佛诞节还要煎香药糖水相互赠送,或者用大豆、青豆煮熟了,洒上盐汁送人,称为"结缘豆"。如遇风和日丽的天气,寺院还要把藏经搬到阳光下曝晒。村妪们竞相称颂佛名,并把自己背熟的经卷互相传授,称为"传经"。许多信徒还在这一天集资刻经、造像。北京房山的石经洞里就有许多唐代石经,题记上都写明刻于四月初八。可见唐代此风已经相当盛行。

关于佛诞日究竟是哪一天,历史上有许多误会,五代两宋时期多有以二月八日或十二月初八为佛诞节。宗懔《荆梦岁时记》记载:"二月八日释氏下生之日。"《辽史·礼志》也有记载说:"二月八日为悉达太子生辰,京府及诸州皆雕木为像。"宋代孟元老的《东京梦华录》则以为是十二月初八。其实,二月初八是佛出家日,十二月初八是佛成道日;寺院内也都有简单的纪念仪式,但与四月初八的佛诞日则不是一回事。

不过,在我国云南和蒙藏地区都明确地把四月十五日作为佛诞日,同时也是佛成道日，佛涅槃日。这也许是所依据的佛典不同的缘故吧。

农历七月十五日，是中国古代祭祀祖先的中元节。自从佛教传入我国后，与佛经故事"目连救母"相结合，演变成为佛教节日——"盂兰盆节"（亦称盂兰盆会）。盂兰盆是以竹竿斫成三脚，高三五尺，上端有一盏灯笼，挂上纸钱、纸衣帽一块焚烧。民间相传灯笼一亮，陆地上的鬼魂就会汇聚拢来，至于河里的水鬼则以放河灯来通知他们。这一天，家家户户都要在祖先牌位前供上三牲、五牲或其他食品祭祀。无家可归的孤魂野鬼怎么办呢？各家也要从下午四点起在家门口供上饭菜招待他们，否则就会受到饿鬼的报复。有些地区还在盂兰盆会时演鬼戏。"盂兰盆会"这个佛教节日和目连救母的故事有很大关系。佛经上说，佛弟子目连的母亲死后变为饿鬼，目连使尽自己的神通不能救济其母。释迦佛传授给他一部《盂兰盆经》，教他在每年阴历七月十五日以一百种食品款待各方僧人，他在厄难中的母亲就能得到解脱。盂兰是梵语，意思是倒悬；盆是汉语，是盛供品的器皿。传说盂兰盆可以解救祖先倒悬之苦。于是，每年七月十五就有了"盂兰盆会"。据说，最早举行盂兰盆会的是梁武帝，此后成为一种民间信仰习俗，相沿不绝。据《法苑珠林》记载，唐代的"盂兰盆会"十分壮观。每年皇家送盂兰盆到寺，盂兰盆极为奢丽，往往用金银珠宝装饰，并有音乐仪仗及送盆宫人随行。长安城中诸寺作花腊、花瓶、假花果树等斗奇争胜。老百姓也有到各寺献盆献物的，也有赶来看热闹的，倾城而出，万人空巷。唐代宗以后，改为在宫中内道场举行盂兰盆会，设唐高祖以下七圣位，将帝名缀在巨幡上，从太庙迎入内道场，沿途百官，迎拜导从，和尚诵经，非常壮观。到了宋代，盂兰盆会的习俗相沿不改，但富丽庄严远不如前，代之以荐亡度鬼，故民间俗称"鬼节"。

农历七月三十又是一个佛教节日，名为"地藏节"，俗称地藏菩萨生日。地藏是释迦牟尼涅槃后弥勒佛未生以前，世间众生赖以救苦的一尊菩萨。他曾发誓：要在普度众生以后始愿成佛，因此常常现身于人、天、地狱之中救助苦难。旧时饱受苦难的劳苦大众把他作为精神寄托。各地均有供奉地藏的庙宇，每年七月三十，善男信女必来烧香膜拜。江南地区，家家户户还在这一天晚上于庭院四角，门前屋后的地面上遍燃棒香，叫做"烧地头香"，俗称"烧狗矢香"。《海虞竹枝词》写道："端整今朝拜地藏，阶前灯火放光芒，来生缘自今生始，儿女争燃狗矢香。"据说，这一风俗后来又与苏州人民纪念元末农民起义领袖张士诚联系起来。张士诚统治苏州时较得民心，死后苏州人还怀念他，就借用地藏节烧地头香的形式来寄托哀思，名为"烧九四香"，因为张士诚的乳名叫"九四"。日子一久，"烧九四香"便讹传为"烧狗矢香"这个很不文雅的名称了。

农历十二月初八俗称腊八。民间习惯家家户户在这一天用干果五谷煮粥，称为"腊八粥"，原来是寺庙僧尼煮来赠送施主的。十二月初八是"佛成道日"，相传释迦牟尼于成道之前，有牧女曾向他进献乳糜。于是寺庙中都于是日诵经，并煮粥供佛，渐渐广传民间，成为一种信仰习俗。据《东京梦华录》记载，这在宋代已成为民间普遍的习俗。初八日，诸大寺"送七宝五味粥与门徒，谓之'腊八粥'。都人是日各家亦以果子杂料煮粥而食也"。腊八粥当时也被称为"佛粥"。著名诗人陆游就曾经写过"今朝佛粥更相馈"的诗句。

在佛教传入中国以前，腊月初八本来是一个祭祀祖先的日子。"腊"这个名词起于三代，夏称"嘉平"，殷称"祀"，周称"大腊"。据说，它的意思有猎捕禽兽来祭祀祖先，因为在古汉语里，"腊"与"猎"是相通的。腊八来临前夕，十二月初七的夜半，人们还要进行一种神秘的舞蹈活动，叫做"傩"。它的原意是"赶鬼"、"逐邪"。《论语·乡党》篇记载："乡人傩，朝服而立于阼阶。"可见至少在孔子时代，民间已有傩舞。《荆楚岁时记》记述：南北朝时，村人在这一天都系上腰鼓，戴上面具，装扮金刚力士以逐疫鬼。到了宋代，傩舞变成了乞丐要钱的把戏。他们三五成群，化装成鬼神，敲锣打鼓地挨户乞讨。"傩"在明代已经消失了。

除此之外，中国佛教寺院还流传着一些不见于经典的诸佛、菩萨的诞辰纪念日。如正月初一是弥勒佛生日，二月二十一日是普贤菩萨生日，七月十三日是大势至菩萨生日，九月三十日是药师佛生日，十一月十七日是阿弥陀佛生日。特别是二月十九日观音生日，六月十九日观音成道日，九月十九日观音出家日，民间的纪念活动更为热闹。各地都要举行观音庙会，普陀山观音道场更是人山人海，肩摩踵接，前来进香礼拜观音的信徒络绎不绝。有些妇女还从二月初一开始吃素，直到二月十九为止，俗称"观音素"。这些中国佛教节日充分反映了印度佛教习俗在中国传统文化积渐薰染下的演变。

三、 佛教对中国民俗的影响

1. 佛教与民间宗教

在佛教东来之前，中国民间几乎没有共同的、系统完整的宗教信仰。在民间流行的主要是自然崇拜、鬼神崇拜和巫术占卜之类的迷信。中国本土宗教——道教也是在佛教的影响下创立和发展起来的。其思想来源——道家学说则主要是一种自然观和社会观，况且其影响也主要在士大夫阶层；在社会底层民众中间并没有多少人对"道生一，一生二，二生三，三生万物"之类的道理感兴趣。古代中国社会有着最暴虐的专制皇权、最严密的官僚网络、最残忍的严刑峻法、最庞大的寄生人口，还要在最贫瘠的土地上养活世界上最众多的人口。因此，祖先们所遭受的苦难也就可想而知了。他们需要幻想的太阳，需要灵魂的抚慰，需要在彼岸世界找到幸福和欢乐。可是在佛教传入中国之前，中国人并没有那种作为"对现实苦难的抗议"的宗教，没有那种作为"人民幻想的幸福"的宗教，留给他们的只是"没有任何乐趣、任何慰藉的锁链"。佛教正是在这样的历史背景下，才得以在中国社会广泛传播，渗透到千百万中国人的心灵之中。在佛教的传播过程中，不但和当时社会的主要意识形态——儒道思想发生交涉，而且也和民间宗教相互影响、相互吸收和相互融合；而后者却是至今仍为治学者所忽略的。

自然崇拜包括对天上、地下各种自然现象的神化和崇拜。任何民族的原始宗教都存在着这种自然崇拜。因为自然界对先民们有着一种完全异己的、具有无限威力的、不可制服的力量，使他们望而生畏、畏而仰之，把自然万物想象成与人一样是有意识有意志的。他们用人格化的方法来同化自然力，从而创造了许多自然神。古代中国是一个农业社会，风雨雷电等气象神、地神、河神与农业神便成为自然崇拜的主要对象。特别是雨神和河神的地位更为突出，因为水是农业的命脉，古代社会尤其如此。在安阳发现的殷墟中，有关求雨、卜雨和祭祀雨神的甲骨文相当多，说明当时雨神崇拜之频繁。河神也是重要的崇拜对象，因为江河对先民们的生活也有密切关系。殷周时代，人们用牛羊祭河神，战国时还有河伯娶妇的祭礼（见《史记·西门豹列传》）。在佛教传入中国后，佛经上记载的龙王与中国民间信仰的龙神相结合逐渐取代了雨神、河伯而成为司水之神。龙本来是华夏族的图腾，在中国本土一直属于动物神崇拜系统。佛经上的龙，在梵语中称"那伽"，又译"龙象"，长身无足，为诸阿罗汉中修行勇猛有最大力者，是佛教护法神之一。《孔雀王经》、《大云经》、《僧护经》、《六度集经》、《最胜经》、《法华经》、《华严经》、《海龙王经》等均载有龙王事迹。《海龙王经·请佛篇》说龙王居住在大海之底的龙宫；《华严经》说，龙王有降雨功能；"有无量诸大龙王，即如毗楼博义龙王，婆竭罗龙王等，莫不勤力兴云布雨。令诸众生热恼消灭"。因此，后来能兴风作浪、呼风唤雨的龙王是佛教之龙，而非中国"土龙"。宋代《云麓漫钞》说《史记·西门豹传》说河伯，而《楚辞》亦有河伯祠，则知古祭水神曰河伯。自释氏书入，中土有龙王之说而河伯无闻矣"。梁《高僧传》已载有释昙超向龙乞雨灵验的事迹。并有庐山慧远在旱年"颂《龙王经》于池上，俄有龙起上天，雨乃大足"的记载。后来，我国民间村村寨寨到处都可以看到龙王庙，龙王成为求雨和避免洪水灾害的主要祈求对象，这种风俗无疑是与佛教有关的。

上天崇拜是自然崇拜发展到殷商时才产生出来的。中国远古时代，人们对于天空空间本身并没有加以神化崇拜。因为他们观察天空时，首先注意到的是日、月、星、云、雷、电、风、雨等影响他们生活的东西，对天空本身并不认为它对人的生活有什么影响。到了一定阶段，人们才需要解释复杂的天象过程，如为什么先闪电打雷，然后刮风行雨，雨后又出现彩虹，在雷、电、风、雨诸神之间是如何安排这一切的。当人间出现了最高统治权威以后，人们就设想出一个比原来诸神更高的具有无限权威的天神，称为帝、上帝、天、天帝、皇天等等。于是人们相信上天可以支配气象上的现象，以影响人间祸福；也可以支配社会命运和社会的统治者。人们相信上天的权威具有绝对性，天命是最高的命令，天命不可违，"获罪于天，无所祷也"，"死生有命，富贵在天"，"谋事在人，成事在天"。由于上天高不可攀，因此，祭天是最高统治者的专利，历代天子祭天有郊祭、庙祭和封禅大典。对于庶民百姓来说，上天是深不可测的，人们无法想象天帝的尊容和天堂的美景。但佛教净土思想在民间流传开来之后，天堂与人间的距离一下子被拉近了。《阿弥陀经》描绘的"西方弥陀净土"周围被七重栏楯，七重罗网，七宝行树重重环绕。国土平坦，气候温和，地以金银玛瑙等自然七宝合成，到处被奇花异草覆盖，散发出芬芳的香味，到处是七宝树，金枝玉叶、光彩夺目，花间林下还有各种羽毛美丽的鸟儿在昼夜不停地歌唱，优美动听，这里的宫殿、楼阁、讲堂、精舍都用七宝建成，外面又覆盖着各种宝珠，每临深夜，光同白昼。这里的人民已经断除了一切烦恼，人人都以上求佛道，下化众生为己任。一切物质财富都是社会公有，任何人不得占为己有。这里的黄金七宝就如人间的泥土一样触目皆是，人们所需之物"随意所欲，应念即至"，彻底铲除了巧取、豪夺、垄断等丑恶现象。"其土庄严之事悉皆平等，无有差别"，故人与人之间平等相处，相敬相亲。无种族相，故无种族歧视；无国土强弱相，故无侵略战争；甚至无男女相，故没有男子对妇女的压迫，也没有家庭的纷争和拖累。总之"其国众生，无有众苦，但受诸乐，故名极乐"。这幅美妙的图景，一下子抓住了每个在苦难中挣扎的中国人的心灵。它不能出现在人间，而只能是在天上，于是人们对天的神秘感逐渐被一种虚幻而具体的想象所代替了。佛教的西方弥勒净土演变为"西天"。死后"升天"，"上西天"就成为人们的憧憬与希望。后来的道教就是民间天帝崇拜与佛教思想的糅合与杂交。倘若只有一个至高无上的玉皇大帝，而没有天上的极乐世界，没有升天成仙的急切愿望，道教就不可能在旧中国民间拥有广泛的信徒。

鬼神崇拜起源于灵魂不灭观念。先民们迷信人死后肉体是会消失的，但灵魂却不会死亡。失去肉体的灵魂即鬼魂，他们生活在另一个世界，也要吃喝住行，也有喜怒哀乐。他们具有超人的力量，能够对人的行为进行监视和赏罚。人们为了希望鬼魂不要作祟，不要对自己产生危害，就对鬼魂设祭献祀，消除鬼魂的不满，向鬼魂表示屈服，取悦于鬼神。后来，那些对本氏族、部落作出一定贡献的英雄或首领死后，其鬼魂又被尊之为神。人们也对他们的亡灵献祭奉祀，祈求他们死后的英灵也能像生前一样保佑自己的家族和部落。中国的鬼神崇拜在民间始终有深刻的影响，渗透在人们的风俗习惯之中。佛教传入中国之后，并没有排斥和打击民间的鬼神信仰。相反，却是用三世轮回、因果报应学说去改造和充实这种民间宗教信仰。中国民间崇拜的鬼神分别在佛教的"六道"里找到了自己的位置。有的上了天,成了天界的护法天神,如关羽、李靖等等;有的下了地,成了地狱的罗刹饿鬼。行善者死后可超生天堂,作恶者死后则要堕入地狱受尽煎熬,神神鬼鬼在另一个世界的生活成了每个人将来都不能逃脱的归宿,鬼神崇拜就这样成为佛教教义最生动的注脚。古时鬼神崇拜的形式主要是丧葬之礼。殷周时代已经产生了"尚鬼"和"尚文"的丧俗,到孔子最后完成了一套制度化的儒家"丧礼"。魏晋南北朝到隋唐五代的二百余年间,佛教对传统"丧礼"产生了很大的影响。由此形成儒佛道三教融混的民间丧俗。自北魏始,从死者断气身亡始,至七七四十九天内,丧家要斋僧、诵经。每七天一次,共七次,称为"七七斋"。按照佛教轮回观,人死后七七四十九天内,分七阶段,随业力受生。故死者亲属要斋僧诵经,替死者消弭恶业。七七斋之记载始见于北魏胡太后父国珍卒之诏,而唐代以后已经盛行。如《旧唐书·姚崇传》载,姚崇临死戒子孙说:"若未能全依正道,须顺俗情,从初七至终七,任设七僧斋;若随斋布施,宜以吾缘身以物充,不得辄用余财,为无益事。"后来,有的丧家还要举办大规模的水陆法会。死者入殓时,还有以佛经陪葬的。如《南史·张融传》载,融临死遗令要"左手持《孝经》、《老子》,右手执小品《法华经》"。有人生前未能出家修道,到入殓时还要遗命穿圆领方袍的僧服(见《南史·刘杳传》)。子女为了尽孝不但要请和尚诵经、布施、做佛事,在守丧期间还要坚持素食,戒绝鱼肉。如刘宋时,谢弘徽因兄丧"蔬食积时,哀戚过礼,服虽除,犹不啖鱼肉"(《宋书·谢弘徽传》),甚至还有刺血写经和自残身体的。如《法苑珠林》记载,唐代司马乔卿"丁母忧,居丧毁脊骨立,刺血写《金刚般若经》二卷"。《新唐书·孝友传》记载,万敬儒"三世同居,丧亲庐墓,刺血写浮屠书,断手二指"。《新五代史·何泽传》记载,"五代之际,民苦于兵,往往因亲疾以割股,或既丧而割乳庐墓。"佛教传入之后,不但丧葬之礼起了变化,而且还出现了盂兰盆会这样专门超度亡魂的"鬼节",这都使得佛教与鬼神崇拜的结合不但体现在观念上,而且完全礼仪化了。

祖先崇拜是鬼神崇拜的发展,也是鬼神崇拜的一种形式。祖先崇拜和一般鬼神崇拜不同的是它有长期固定的崇拜对象,并且与崇拜者有血缘联系。人们尊崇祖先的亡灵,定期举行祭祀,认为祖先的亡灵会保佑子孙后代,赐予他们幸福;后来人们又用这种民间信仰来维护宗法制度。因此,中国人特别重视祖先崇拜。中国古时的祭祖活动都是在宗庙里举行的,祭祀时所用的器具、摆设、祭者的服饰、仪仗与祭祀的程序,都依主祭人的身份等级与祭祀名目的不同而各有详细、严格的规定。到汉代以后,民间逐渐出现了寒食祭扫祖坟的习俗。这种习俗起源于古代印度扫佛塔的礼俗。《上生经》、《僧一经》、《正法念经》等佛经对扫塔均有记载,《三千威仪》还对扫塔的礼仪作了详细规定。汉魏已降,由于佛教东渐,印度扫塔之礼传来中国,与中国民间祖先崇拜相结合,才转而成为扫墓之俗。这种风俗在唐代已经十分普及。据《全唐文》卷三十《玄宗许士庶寒食上墓诏》说:"寒食上墓,礼经无文。近代相传,浸以成俗,士庶有不合庙享,何以展用孝思,宜许上墓拜扫,编入五礼,永为常式。"《新唐书·柳宗元传》载:宗元(于永贞之年)贬永州司马,诒京兆尹许孟容书曰,"先墓在城南,无异子弟为主,独托村邻……近世礼重拜扫,今阙者四年矣。每遇寒食,则北向长号"。其时的祭祖观念已不只是祈求祖先保佑,更恐怕香火断绝,使祖先沦为孤魂饿鬼,子孙必落得不孝之骂名了。古时祭祀祖先皆用牛羊猪等牲牢,但经南朝梁武帝在佛教不杀生的思想指导下提倡素食之后,一般祭祖皆用蔬食时果,这也是民间风俗的一大变化。

巫术是一种利用虚构的超自然的力量来实现一定愿望的法术。它一般不以客体为崇拜对象,只是按照一种固定程式,对客体施加影响和控制。巫术不同于宗教,但它又是宗教的起源之一。中国古代巫术相当发达,早在商代就已经有了关于巫术的记载,比如在大量场合用甲骨占卜,请"商巫"求雨求年等。后来各种巫术在中国民间始终十分活跃。佛教传入之初,就曾经借助巫术在民间开展传教活动,汉魏时期来华传教僧人有的能解鸟语,有的能使钵中生莲花,有的能预知海舶从印度驰赴中国。他们以种种"神通"吸引信徒。《高僧传·安清传》记载,安世高"七曜五行,医方异术,乃至鸟兽之声,无不综达"。《昙柯迦罗传》也记载,昙柯迦罗"风云星宿,图谶运变,莫不该综"。因此,时人把他们看成"恍惚变化,分身散体,或存或亡,能小能大,能圆能方,能老能少,能隐能彰,蹈火不烧,履刃不伤,在污不染,在祸无殃,欲行则飞,生则扬光"的巫师术士(见《理惑论》)。

后来,佛教也始终把各种巫术作为弘法手段。梁、唐、宋三《高僧传》里皆有《神通》一科,就是专门记载那些巫师和尚的。及至明代,许多和尚已经和巫师难分难解,他们"有作地理师者、作卜筮师者、作风鉴师者、作医药师者、作女科医药师者、作符水炉火烧炼师者"(袾宏《竹窗三笔》)。宋元之后,中国民间出现了许多秘密结社,如白莲教、弥勒教、大乘教、罗祖教等异教组织。它们大多是摄取佛教教义,利用巫术吸引群众而发展起来的。例如,罗祖教便是由明宪宗成化年间北京密云雾灵山和尚罗孟鸿创立的。他奉禅宗初祖菩提达摩为罗祖教初祖。自二祖至七祖也照搬禅宗的传统世系,自称八祖。并抄袭佛经和民间神话传说撰成《五部六册》谓之《龙经》,宣扬"释迦退位,弥勒掌教"。后来罗祖教又衍生了先天道、一贯道、归根道、瑶池道等许多会道门。这些异教组织都有浓厚的巫教色彩。如一贯道就是采用上坛扶乩的巫术来迷惑信徒的。扶乩始于唐代,这是一种弄神作鬼来卜问吉凶的巫术。巫师经一定的请神仪式后,自称"紫姑神"附体显灵,在沙盘上画写文字来显示神灵意旨,回答卜问。这种巫术迷信在中国民间相当盛行,在社会上成为一种专业职业,特别是江南地区历代都有"扶乩"为业的男巫女巫,他们往往成为各种异教组织的社会基础。在北方的巫教"四大门"里干脆就把观音菩萨、弥勒佛和济公和尚像和他们的主神"四大家"一起挂在香坛上,可见佛教对民间巫术的影响实是十分深刻的。

佛教影响民间宗教,民间宗教也改造了佛教本身。因此,在中国社会底层民众中间流行的佛教,不但和儒道合流,而且又和各种自然崇拜、祖先崇拜、巫术迷信相融,已经逐渐失去了其本来面貌。

2. 佛教和民间风俗

魏晋以来,佛教在中国民间得到广泛传播,逐渐渗透到了人们社会生活的一切方面,出现了"家家观世音,处处弥勒佛"的局面,民间风俗习惯在佛教影响下为之一变。如人死以后,做小辈的,无论贫富,必须诵经念佛,超度亡灵,否则便是不孝;久旱不雨,全村上下,无论男女,必须烧香拜佛,断屠祈雨,否则便是不诚。七月十五盂兰盆会,里巷之内不问是僧是俗,都要出一份子演目连戏,超度孤魂野鬼。许多人取和尚的名字,许多地方以寺塔命名。人们的语言中也掺入了佛教语汇,诸如世界、如实、实际、平等、现行、一刹那、清规戒律、相对、绝对之类无不出自释氏之言。许多佛教教义成为人们口耳相传的俗语民谚,例如:"救人一命,胜造七级浮屠","人死如灯灭","色不迷人人自迷","灭却心头火,燃起佛前灯","远处烧香不如近处作福","求佛求一尊","不受磨难不成佛","闲时不烧香,临时抱佛脚","做一日和尚撞一天钟"等等几乎家喻户晓。初生婴儿,父母唯恐其多病多灾,要取个小和尚的名字为乳名,或穿和尚衣服;或寄养于佛寺;或拜僧尼为师,以期三宝加被,消灾免难,长命百岁。如隋炀帝杨坚幼时就曾寄养于尼寺,拜女尼智仙为师,取名"那罗延"(意为金刚不可坏),至十三岁方始还家(见《集古今佛道论衡》卷二)。中国传统礼教要求妇女守节,夫死不嫁,甚至有自尽殉夫的所谓"节妇"、"烈妇"。佛教在中国流传开来之后,妇女守节的方式也有变化。许多妇女在丈夫死后削发为尼,青灯长夜,了此一生。较早的记载见于《南史·杜龛传》:杜龛兵败被杀,其妻王氏因此截发出家。《南史·张彪传》载,张彪死,其妻杨氏"以刀割发毁面,哀哭恸绝,誓不更行。陈文帝闻之,叹息不已,遂许为尼"。《北史·杨烈传》载:杨烈家"一门女不再醮,魏太和中于兖州造一尼寺,女寡居无子者,并出家为尼,咸存戒行"。即使不出家的寡妇也终身吃素念佛,这给她们的寂寞余生带来一丝精神慰藉。

佛教不但影响到普通百姓的风俗习惯,而且也改变了士大夫阶层的风气。自魏晋以来,就形成了士大夫与名僧交往的风气。《晋书·谢安传》称安未出仕前"寓居会稽,与王羲之及高阳许询、桑门支遁游处,出则渔弋山水,入则言咏属文"。又据《世说新语》记载,像支遁这样的僧侣与名士们已交契无间,如鱼得水。与名僧道安结交的士大夫更多,其中襄阳名士习凿齿对他的推崇和两人的交游在历史上传为美谈。道安的弟子慧远隐居庐山数十年,但与他结交的士大夫们络绎不绝,"殷仲堪国之重臣,桓玄威震人主,谢灵运负才傲物,慧义强正不惮,乃俱各倾倒"。他在庐山结白莲社,追随者就包括了刘遗民、周续之、雷次宗等一代名士。佛教带来离俗无执、慈悲恬淡的风范,深深地感染了当时的士大夫,造成了魏晋士风的转变。战国以来那些摇唇鼓舌的辩士,朝秦暮楚的游士,一诺千金的侠士,已经不再为当时士大夫所推崇。相反,印度佛教里那个不与世争、不著世相、慈悲待人、恬淡寡欲的大居士维摩诘才是他们最高的理想人格。于是,许多士大夫乐于以居士自诩,如白居易自称香山居士,苏轼自称东坡居士,李贽自称温陵居士,王维干脆取名为王摩诘。他们对佛法津津乐道,对法性孜孜以求。两宋时期士大夫们更以说禅为时髦,虽然多数人并不真能参透禅理,但是常把禅宗的公案、偈语挂在嘴边已成为一种风雅。时人把这种谈话的点缀称为"口头禅"。唐代以后,士大夫还喜欢借寓寺院读书,因为寺院环境幽静,藏书丰富,当时高僧又多为硕学之士,加之寺院经济殷富,往往能无偿供给贫穷士人食宿。《南部新书》说:"长安举子,自六月已后,落第者不出京谓之过夏,多借静坊庙院及闲宅居住,作新文章,谓之新课。"其中如唐开元进士杨禛为避烦嚣,借石瓮寺文殊院居住。元和时,京兆韦思与董生、王生三人于嵩山崇岳寺肄业,自春至七月均居其间。德宗大历五年,李开平客于东阳寺中,读书岁余。又如王播客寓扬州惠昭寺木兰院,遭"饭后钟"之辱,后相文宗。李端少时居庐山,依皎然读书。又如宋代文同《丹渊集》录《重过旧学山寺诗》中有"当年读书处,古寺拥群峰"之语。元代杂剧《西厢记》里的书生张珙也是因为往普救寺读书遇见崔莺莺才惹出一场千古风流韵事。

佛教在中国民间的广泛传播,改变了许多旧的礼制,也产生了许多新的习俗。如土葬原是我国传统的葬法,民间一直有"归土为安"的丧葬观念。汉代以前人们把焚尸作为奇耻大辱。如战国时燕军围攻齐国即墨城,掘齐人冢墓,大烧死尸,齐人"望见皆涕泣,俱欲出战,怒自十倍"。但在佛教传进中国后,火葬却逐渐成为仅次于土葬的一种主要葬法。火葬本是古印度的葬法,在佛教里称为"荼毗"之法。它随着佛教东来之后,先是流行于僧人中,宋代以后才在民间盛行起来。如《东都事略·太祖纪》记载:建隆三年(962年)宋太祖曾敕令:"近世以来率多火葬,甚违典礼,自今宜禁断"。宋高宗绍兴年间,大臣范同言也曾上奏:"今民俗有所谓火化者,生则奉养之具,唯恐不至;死则燔燎而捐弃之。"顾炎武《日知录》也指出:"火葬之俗,盛行于江南,自宋时已有之。"

在唐代以后,一般寺庙往往在佛教节日或固定日子举办"庙会"(也称庙市),远远近近的百姓辐辏而来,称为"赶庙会"。庙会也就成为地方居民经济生活和娱乐生活中的重要风俗。这种风俗在宋代以后更为盛行。《东京梦华录》记载,当时开封相国寺为百姓交易之所。每月开放五次,各种珍禽异兽,日用什物,笔墨纸张,绣花饰物,古玩图书,土产香药应有尽有。《燕翼贻谋录》也有同样的记载,"东京相国寺乃瓦市也,僧房散处,而中庭两庑可容万人。凡商旅交易皆萃其中,四方趋京师,以货物求售,转售他物者必由于此"。这种风俗一直延续下来,清代《妙香室丛话》也载,"京师隆福寺,每月九日,百货云集,谓之庙会"。此外《南部新书》记载:"长安戏场,多集于慈恩,小者在青龙,其次荐福。三者皆寺"。可知当时娱乐场所也都集中在寺院。寺院的庙会不但打破了唐以前国家严格限制商品经济发展的坊市制度,而且还萌生了中国最早的典当业。寺院即为商人贸易之地,商人一时资金周转不灵,将货物抵押给寺院,以高利借贷,这也是可以想象的事。《南史·甄彬传》曾记载,南梁朝甄彬以一束苎麻为抵押到长沙寺院去质钱。《南齐书·褚澄传》也记载,褚澄的哥哥褚渊死后,澄以钱一万一千,到当地招提寺去赎回皇帝所赐白貂皮坐褥。到宋代,此风更盛,陆游《老学庵笔记》载:"今僧库辄作质库取利,谓之长生库,至为鄙恶。"可见最早的当铺起源于佛教寺院。

佛教的传播还影响到中国民间的饮食习俗。现今茶叶已经是中国人最普及的饮料,但依照文献记载,茶最早是作药物的;约在南北朝时,随着佛教的兴起才产生了饮茶之风。特别是唐代以后,禅宗日盛更使饮茶习俗风行天下。《封氏闻见记》说:"开元中,泰山有降魔大师兴禅教,学禅务于不寐,又不夕食,皆许其饮茶。人自怀挟,到处煮饮,从此转相仿效,遂成风俗。"宋代以后,一般禅寺还设有茶堂,供禅僧参禅待客饮茶。设有茶头,负责烧水煮茶,献茶待客。每日必于佛前、祖前、灵前供茶汤。早起洗漱后,先饮茶,后吃饭,坐禅时,每焚一炷香,就要饮茶。新住持晋山时,也有点茶、点汤的礼节。献茶汤时要鸣鼓,称为"茶鼓"。后来,民间还有专以茶汤开筵的"茶汤会"。《都城纪胜》载:"此会每逢诸山寺院作斋会,则往彼以茶汤助缘,供应会中善人。"茶汤会上还举行品尝、鉴评各种茶叶质量的"斗茶"活动。至今佛寺于四时令节犹集众举行"普茶"之仪。佛教寺院提倡饮茶,也重视生产茶叶,许多寺院都设有茶场。我国的许多名茶最初都产于寺院。如苏州洞庭山碧螺春,原名"水月茶",即产于洞庭山水月院。福建乌龙茶则源于武夷岩茶，宋元以来以武夷寺僧生产的最佳。相传著名的茶具紫砂陶壶也是明代江苏宜兴金沙寺一位老僧创制的。饮茶之风不但流行于中国民间，而且还随着佛教传到朝鲜、日本等国，成为这些国家的重要民俗。

中国民间的某些礼俗，最初起源于佛教，但在中国传统文化积年累月的影响下，逐渐转变演化，失去了本来面貌。但只要人们拨开历史的迷雾，仍能窥知它们与佛教的渊源关系。如唐代以后出现的割股疗亲的风俗，反映的是中国儒家传统的孝亲观念，起源则是印度的佛教习俗。佛经里有许多佛陀以己身布施众生的本生故事，如"萨埵舍身"、"尸毗割股"、"挑眼于人"、"割肉贸鸽"等等。汉魏已降，舍身供养的传说开始随佛教一起远播中土，到南北朝时已脍炙人口。由传说到信仰，由信仰而仿效。割股啖人，割肉贻鸟的佛教习俗，一一出现于中土。如《高僧传·法进传》载，法进当凉州饥荒之年，死者无限，"乃净洗浴，取刀盐，至深穷窟饿人所聚之处，次第授以三归，便挂衣钵著树，投身饿者前云：施汝共食，众虽饥困，犹义不忍受，进即自割肉，和盐以啖之"。《南史·梁本纪》载，梁武帝太清元年，"时有男子，不知何许人，于大众中，自割身以饴饥鸟，血流遍体，而颜色不变"。与舍身供养同时传入中土的还有佛陀以血肉医疗病人之说。如《涅槃经》说："我于尔时，从善友所，传闻佛说《大涅槃经》，心中欢喜，即欲供养，贫无财物，遂行卖身，薄德不售，因即欲还家，路见一人，而复语言，吾欲卖身，君能买不？其人答言：我家作业，人无堪者，吾有恶病，良医处药，应当日服人肉三两，卿若能以身肉三两，日日见给，便当与汝金钱五枚。我时欢喜，……至病人家，虽复日日与肉三两，以念偈故，不以为痛，日日不废，足满一月，某人病瘥，疮亦平复。"《弥勒所问本愿经》也说："时有太子，号曰所现，端正姝好，从园观出，道见一人，得病困笃，见已有哀伤之心。问于病人，以何等药，得疗卿病，病者答言：唯王身血，得疗我病。尔时太子，即以利刃，刺身出血，以与病者，至心施与，意无悔恨。"在这种佛教传说影响下，唐人认为人肉可以作治病方药。《新唐书·孝友传》载，"唐时陈藏器著《本草拾遗》，谓人肉治羸疾，自是民间以父母疾，多割股肉而进"。陈藏器之所谓人肉可以为治羸病的方药，和佛经之所谓良医处方日服人肉、人血可以疗病的传说，两相比较，适相神肖，可见陈藏器之以人肉列为方药，实渊源于佛经传说。舍身供养是印度方外的习俗，而中国自有其传统礼教。与其割股供佛，可以祈福；不如割股疗亲，可以尽孝。于是唐代以后出现了割股疗亲的风俗。《新唐书·王友贞传》说，"友贞少为司经局正字。母病，医言得人肉啖良已。友贞剔股以进，母疾愈，诏旌表其门"。这是文献上最早的记载，可见，割股疗亲自武则天时已形成，而后来的孝子每每因此受朝廷旌表，浸染推演，蔚成风气。中唐以后，自朝廷至于民间对于这一风俗已视若平常，凡称孝友的几乎没有不割股的，而割股的也没有不受到朝廷褒扬的（详见《新唐书·孝友传》）。五代时，此风犹盛，"诸道多奏军人百姓割股，青齐河朔尤多"（《新五代史·太祖纪》）。到了宋明仍盛行割股疗亲的风俗。

正月十五夜是中国民间传统的元宵节。元宵又有"灯节"之称，届时家家户户在门前高悬彩灯。入夜后，人潮汹涌万众聚欢。古往今来，曾有许多文人墨客，以元宵灯会为吟咏对象。其中，如唐人苏味道的"火树银花合，星桥铁锁开"，宋人辛弃疾的"东风夜放花千树"等都是脍炙人口的名句。关于元宵灯会的起源，历来有种种说法，据近人金宝祥先生考证，认为是起源于印度佛教"大神月变"的燃灯礼佛。

古代印度每逢此夕，相传天雨奇花、寺塔舍利，大放光明，呈现一番神灵变异的瑞象，而四方僧俗都会集在寺塔周围，树轮灯，散香花，奏乐礼拜，竞相供养。汉代这一印度佛教习俗传到中国。《僧史略》说："汉法本传曰，西域十二月三十日，是此方正月望，谓之大神变。汉明帝令烧灯，表佛法大明也。"自魏晋以至南北朝，正月望日燃灯礼佛的习俗大抵已渐趋底定。降及隋唐，益复兴盛，但其性质，已不是礼佛求福，而是歌舞升平了。《大唐新语》说："神龙之际，京城正月望日，盛饰灯彩之会，金吾弛禁，特许夜行，贵游戚属及下隶工贾无不夜游，车马骈阗，人不得顾，王主之家，马上作乐，以相夸竞，文士皆赋诗一章，以纪其事。"到了北宋则灯彩之秩，游观之盛，歌舞百戏之美，更是旷古无俦了。唐宋正月燃灯习俗虽说由于汉魏以降几百年的积渐蜕变，和那旨在燃灯供养、以表佛法大明的古代印度，大神变月的燃灯习俗，渐异其趣，但印度佛教习俗的残迹余风却依然点缀其中。唐崔液《上元夜》的"神灯佛火百轮张，刻象图形七宝装，影里如闻金口说，空中似散玉毫光"的吟咏，以及孟元老《元宵》的"以彩结文殊普贤跨狮子白象"的记载,也正可说明这一内容。

3. 佛教与社会公益

在私有制的阶级社会里,诸如架桥铺路、掘井造林、救灾济贫之类的事业,都要花费相当的资金,但对于受益者来说又是无偿的,这是一个很大的矛盾。那么,这种特具社会公益性的事业在古代中国究竟由谁来组织兴办呢?最初是由国家来承担的。如《周礼·月令》上说:"九月除道,十月成梁。"先秦时期国家还有专职官员负责桥梁、道路、林木;遇灾荒之年,也由政府发仓赈济。《晏子春秋》记载,"齐景公之时,霖雨十有七日,晏子请发粟于民","上贫民万七千家,用粟九十七万"。这是见于文献的最早的救灾记载。但国家兴办社会公益事业也有很大弊端,许多官吏经常趁机贪污,中饱私囊,或者不负责任,敷衍了事。于是到后来民间自办逐渐成为主要方式。除了通都大邑、官路驿道和大灾荒之外,发公帑架桥铺路或救灾济贫的事就日渐稀少了。民间自办公益事业的兴起,一方面是社会需要,另一方面也与佛教在中国社会的传播有很大关系。大乘佛教倡导一种福田思想,所谓福田,即有福之田,如能广行布施,即能积聚功德,成就佛果。由此而称佛为福田。这种福田思想不断发展,由佛福田到佛法僧三宝福田,再到包括父母、师长、贫病者、孤独者最后甚至及于畜生的福田。同时把福田分为对三宝的敬田,对父母师长的恩田以及对贫病者的悲田,悲田即慈悲之田。并认为对悲田进行布施供养和救护,其功德最大。《像法决疑经》说:"我于处处经中说布施者,欲令出家在家人,修慈悲心,布施贫穷孤老乃至饿狗。我诸弟子不解我意,专施敬田不施悲田,敬田者即是佛法僧宝,悲田者贫穷孤老乃至蚊子。此二田中悲田最胜。"后来,这种福田布施的受者转移到了施物本身,这就是施物福田。架桥、铺路、掘井、造林便属施物福田。于是又有了七福田、八福田的说法,西晋译出的《佛说诸德福田经》说:"佛告天帝,复有七法,广施名曰福田,行者得福即生梵天。何谓有七?一者兴立佛图,僧房堂阁;二者园果浴池,树木清凉;三者常施医药,疗救众病;四者作牢坚船,济度人民;五者安设桥梁,过度羸弱,六者近道作井,渴令得饮;七者造作圊厕,施便利处。"其中造林、施药治病、造船架桥、掘井和设立公共厕所等显然都是属于社会公益事业。于是,佛教福田思想就成为古代社会公益的指导思想。同时,由于僧侣是出家人,能够不辞辛苦,专心致志于公益事业,又有从事劝募化缘的经验和受戒律约束、不贪不偷的特点。因此,也就成为组织兴办社会公益事业最理想的人选了。在古代中国,佛教徒经常参与社会公益事业,主要包括如下方面:

施药治病 《梵网经》上有"八福田中看病福田为第一福田"的说法,可见佛教至为重视救死扶伤的公益事业。中国古代医院即起源于佛教。晋代和尚竺佛调住常山寺时对信徒中的患病者,施以医疗(《续高僧传·那连耶舍传》)。南朝末年的慧达和尚在扬州设立"大药藏"以济百姓(同上书,慧达传)。同时,信奉佛教的齐文惠太子和其弟竟陵王子良还设立了"六疾馆",收容病人。北魏宣武帝也曾设馆收容近畿病人。到了唐代出现了一种"悲田养病坊"的机构,这种机构初为寺院创立,并由僧尼主管,费用主要依靠寺田收入和僧尼的劝募筹集。《太平广记》卷四十五记载,洪昉禅师"于陕城中,选空旷地造龙光寺,又建病坊,常养病者数百人"。唐武宗会昌灭佛后,僧尼还俗,"悲田坊无人主管,必恐病贫无告"(《全唐文》卷七〇四《论两京及诸道悲田坊状》),养病坊的经营才转到地方缙绅手里,由国家支付费用。但武宗之后又恢复了僧尼的管理权,不过当时佛教寺院经此打击已一蹶不振,故仍由国家资助部分经费。宋代仍有治病机构"安济坊",一般为朝廷所设,派僧人管理。佛教重视治病救人,在僧侣中就自然涌现了一批名医,如杯度弟子善医伤寒,丰千善医头风,耆域擅长外科,单道开擅长眼科,于法升精通妇产科,他们甚至还能使身染绝症者起死回生。例如,佛图澄曾使石勒暴病气绝的儿子复活过来。佛教徒为人治病常具常人不易有的耐心,仁慈的献身精神。如晋武帝太康九年(288年),瘟疫流行,死者相继,竺法旷不怕传染,深入乡里,拯救危急。唐代智俨和尚常到病坊为病人说法,并吸吮脓血,洗涤秽物。志宽和尚把贫病无依者抬到寺里亲为治疗,并为患者口吸腹痛的脓血。人们死后,对许多贫苦无亲或客死异乡者,佛教徒也担负起了料理丧葬的义务。寺院经常成为这些死者寄柩的地方。宋神宗时还诏令开封界僧寺"旅寄棺柩,贫不能葬,令畿县各度官不毛地三、五顷,听人安厝,命僧主之"(《宋史·食货志上》六)。

有些地方寺院还设立了称为"漏泽园"的公墓埋葬无主亡魂。

救灾济贫 《优婆塞戒经·庄严品》上说:"欲舍一切苦因缘,故施与贫穷。"于是对世人急难的救济,也就成为佛教徒的社会义务。一般佛教徒多爱好布施贫穷者和老弱孤寡者。如僧诠性好檀施,周赡贫乏,居无缣币。刘宋太宗月给兴皇寺僧道猛钱三万,猛将所获,皆赈施贫乏,营造寺庙。石虎对单道开资给深厚,开皆以惠施。布施的内容除钱财外,还有饭菜、粥食。许多寺院往往在灾荒之年开仓施米施粥,如唐至德二年(757年)僧英干于成都南市施舍粥食,以济贫穷。这种风俗也影响到许多富家大户,以施米施粥为功德善举。这虽然有地主阶级虚伪的一面,但有时对缓解饥民倒悬之厄也不无小补。佛教的无遮大会除宗教意义之外,也有施食济贫的用意。故法藏和尚在《梵网戒本疏》里把设无遮大会列为"八福田"之一。在历史上,国家的济贫赈灾也经常委托佛教寺院管理。如北魏沙门统昙曜和尚就曾经倡议设置僧祇粟,特划出"凉州军户赵苟子等二百家为僧祇户,立课积粟,拟济饥年,不限道俗,皆得拯施"(《魏书·释老志》)。这在当时战乱频仍、土地荒芜、连年饥馑的情况下,应该说起了一定的积极作用。历史上,佛教徒还创设了类似"养老院"、"孤儿院"的慈善机构。如梁武帝普通二年(521年)就曾设孤独园,收容老人孤儿。唐代悲田院也收容孤儿寡老。宋代还有专门收容鳏寡孤独的"居养院"。在乡间,居养院往往设于寺院之内(见《朱文公集》卷九十二)。

架桥铺路 在隋唐以后,架桥铺路等公益事业已经和佛教思想联系起来。如《金石萃编》所录隋开皇十一年(591年)建洛州南和澧水石桥记,碑文称"县老人宋文彪等悟镜像之非冥,知水泡之难持,董修十善,回向一乘。各竭资助,兼相劝化,敬造石桥,以济行者"。宋绍兴八年(1138年)僧人祖派、智渊和乡绅黄护等建造平桥,桥亭中有一副对联"世间有佛宗斯佛,天下无桥长此桥"。上联赞佛徒造桥,便利行人,慈悲济世,下联说此桥之长为天下之最。说明架桥铺路造凉亭已经和北朝的凿窟造像一样,成为一种佛教功德。这些公益事业往往有僧人主其事,如《泉州府志》载:泉州历代造桥总数为二百六十座,宋元间僧人参加建造的就有六十座之多。许多僧人在这方面功绩卓著,为后人景仰。如隋唐蜀郡僧渊和尚,目睹锦水江波溺死者众,发愿造锦水江桥(《续高僧传·僧渊传》)。唐武宗时的道遇和尚因见船行至黄河天险——洛阳龙门潭常遭翻覆,乃与白居易等发愿打通此路,劝募两岸民众,共同出资出力,终于夷平了这一险津(《白氏长庆集》卷七十一)。五代道者禅师"逢缘必作,随处立功,建濠河津要之桥梁,修府郭瓮狭之歧路"(《两浙金石志》卷四)。元代僧人法助一生修建了安南弥寿桥、卢溪桥等十座桥梁。

挖井造林 这也是中国佛教传统的公益事业之一。历史记载可谓不计其数,择其要者有隋代通幽和尚曾立四大井,并置漉具供民众使用;唐代慧斌和尚在汶水之阴,九径之会,建义井一区,为父母追福;宋代崇宁(1102—1106年)初,久旱,泉皆竭,杭州天竺寺金华僧一夕梦古松旁有泉涌出,次日晨掘地果得之,因名梦泉。相传六祖慧能自黄梅传衣钵之曹溪,五百大众欲夺取之,追至大庾岭,久立告渴,祖手拈锡杖点石,泉涌,清泠甘美(见《坛经》)。透过这类传说的神学色彩,也可窥知僧人居于崇山峻岭,不畏艰难,挖井开泉的事迹。故古代天下名泉几乎全为僧寺所有,佛教徒们还积极参与兴修水利的事业。如宋庆元六年(1200年),僧侣募工浚泉州东湖一万四千七百七十五丈,冬开浚一万四千三百四十丈。后官府便将浚河管闸的职责委于僧侣。清初,川僧大郎见金马江之东百余里间,高田数万顷,不得灌溉,乃托钵行乞,出册募资,集众导川。使当地百余里间悉为沃野。民感其德,称为大郎堰、大郎渠。唐代明远和尚忧虑淮水及泗水的泛滥,说服地方官民,种松杉楠桧樫等树一万株,以防水灾。苏州玄通寺僧慧旻劝励栽树数十万株,通给将来三宝功德。千百年来凡有佛教寺院之处便见绿荫掩映,装点着祖国锦绣河山。凡此种种皆可见历代佛教徒热心公益,造福百姓的无量功德。

主要参考文献

(1)周叔迦:《法苑谈丛》

(2)南怀瑾:《禅宗丛林制度与中国社会》

(3)朱天顺:《中国古代宗教初探》

(4)金宝祥:《和印度佛教寓言有关的二件唐代风俗》

(5)道端良秀:《中国佛教和社会的交涉》

第九章

中国佛教的思想历程

佛教作为对古代印度文化的变革和总结,有着极其丰富的思想内蕴。佛教的输入,给当时死气沉沉的中国思想界注入了新的气息,为那些陷入经学罗网不能自拔的士大夫开辟了一个新的精神境界,引起了中国古代自儒学独尊以来的第一次思想解放运动,同时它也给苦难的民众带来了灵魂的抚慰。中国人对佛教思想的接受并不是完全被动的,而是经过一番思考、选择和发挥的功夫,使其朝着中国化的方向发展。中国佛教思想体系的建立,决不是一朝一夕完成的,而是经历了近千年的时间。自东汉安世高译经始,印度佛教大、小乘各宗各派的思想便被陆续介绍到中国。安世高传译的主要是小乘经典,另有支娄迦谶一派则系统地介绍了大乘佛教思想。小乘佛教宣传六道轮回、因果报应的思想最早在中国佛教徒中引起反响,但即兴即灭,影响很快就消退了。相反,大乘佛教则滋生繁茂,源源不断,成为中国佛教的正统和主流,应该说,中国佛教徒作出了这样的选择,决不是偶然的。任何一种外来文化的移植,首先都必须得到本民族知识分子的认同,经过他们的选择、吸收和传播,才能在这个社会里站稳脚跟;因为知识分子是民族文化的传承者。佛教在中国传播的历史同样如此,它最初只是在士大夫和上层贵族中间吸引了信仰者。于是选择什么,不选择什么,就和士大夫阶层的文化传统以及他们在当时社会环境里扮演的角色有着密切的关系。大乘佛教自利利他、济度众生、"入世"、"救世"的思想,和中国士大夫经世济民、兼善天下的传统如出一辙,这就是大乘佛教思想得以在中国发扬光大的深层原因。在中国佛教走过的思想历程中,大致经历了汉魏两晋"比附黄老,迎合玄学"的阶段;南北朝"学派林立,异说纷呈"的阶段;及至隋唐"融会贯通,判教创宗",使中国佛教思想臻于成熟。尔后士大夫阶层选择了禅宗,强调"自觉"、"顿悟",不离日常生活。底层民众则选择了方便易行的净土宗,提倡称名念佛,死后往生西方极乐净土。"各宗归禅,禅净一致"逐渐成为后期佛教思想的主要特征。

一、 印度佛教思想

佛教思想是在对古印度婆罗门教、"六派"沙门思潮进行总结和变革的基础上产生的。释迦牟尼提出的原始佛教思想,以"四谛"为中心说,包括"八正道"、"十二因缘"、"五蕴"等理论。"四谛"即苦、集、灭、道谛。"谛"是真理、实在的意思。这是对原始佛教思想的高度概括。苦谛是说世间存在的一切皆是种种痛苦的表现;集谛说明痛苦的原因或根据;灭谛指出消灭痛苦只有超脱生死轮回,即言佛教理想的涅槃境界;道谛标明消灭痛苦,超出轮回,证得涅槃之途径与方法。可见所谓"四谛",又是以苦谛为其核心的。佛教十分重视考察人生现实问题,对人生作出价值判断,寻求人生的真实。原始佛教思想可以说是一种人生哲学,这种人生哲学的始点和基石,便是提出"一切皆苦"、"苦海无边",认为苦是人生的本质。在佛经中常见的有"二苦"、"三苦"、"四苦"、"五苦"、"八苦"、"十苦"等说法,甚至还有一百十种苦,它们从不同的角度,描述和分析了人世间的种种痛苦。其中最普遍的说法是说人生有生、老、病、死、怨憎会、爱别离、求不得和五取蕴等"八苦",其中生、老、病、死为根本四苦。怨憎会苦是说人们不得不与主观上不爱的人或物聚合在一起,而引起的痛苦;爱别离苦则是不得不与所爱之人或物分离而引起的痛苦;求不得苦是说人们的欲求往往难以满足,求之不得徒生苦恼;五取蕴苦乃是一切痛苦的汇合处。"五蕴"指(1)色蕴,相当于物质现象,包括地、水、风、火四大元素,也即精神活动的主体和客体。(2)受蕴,相当于感觉,即对外界感受所引起的感觉内容。(3)想蕴,相当于知觉或印象。(4)行蕴,相当于意志,它是"先于行动的心的努力"。(5)识蕴,相当于意识即统一各种心理作用的意根。"五蕴"与"取"(指一种执著的追求)联结在一起就产生种种贪欲,称"五取蕴"。佛教认为,人生的一切感受都是苦,即使乐也不过是苦的特殊表现。一切快乐只是相对痛苦而言。所谓"相对立名,假说有乐。谓受上苦时,于中苦起乐想;受中苦时,于下苦起乐想"(《大毗婆沙论》),绝对的永恒的快乐是没有的。佛教还在空间和时间上把人生的苦加以扩大化、绝对化,苦不但是无边无际、覆盖世界的,而且是无始无终、轮回流转的。在空间上,"三界无安,犹如火宅",三界(欲界、色界和无色界)犹如火宅,芸芸众生于此备受煎熬。在时间上,过去、现在和未来都浸透了痛苦,始终无法逃脱地狱、饿鬼、畜生、阿修罗、人和天的"六道"轮回。上升下堕,死此生彼,生生延续,世世浮沉,在茫茫苦海里历尽磨难,永无了期。佛教把人生痛苦绝对化和普遍化，抹杀了生命快乐的一面，必然导致消极悲观的厌世主义。但是佛教对"苦"所作的分析如此细密精到，则是其他任何宗教和哲学思想体系所望尘莫及的。

集谛分析人生痛苦的原因或根据，提出人的命运取决于一定的因果关系。什么样的原因（称因缘），必然导致什么样的结果（称果报）。每个人都是自己造因，自己受报。"业"既是众生所受果报的前因，也是众生生死流转的动力。"业"是行为的意思，包括身业（行动）、口业（语言）、意业（心理活动）等三业。业有善恶之分，众生所造善业、恶业都会引起相应果报，决定来世在不同境界转生。"业"本身又由"烦恼"所引起。由于烦恼而造种种业，业引生未来或为天，或为人，或为阿修罗、畜生、饿鬼、地狱的身心。于是又起烦恼，又造业，又生身心。这样的生死轮回没有终止。而有生死轮回就有痛苦存在。因此《对法论》称："云何集谛，谓诸烦恼及烦恼增上所生诸业，俱说名集谛，由此集起生死苦故。"

佛教又把业报轮回、生死流转的过程划分为十二个环节，即"十二因缘说"。这十二个环节是：无明、行、识、名色、六入、触、受、爱、取、有、生、老死。无明是观察众生生死流转的根本原因，它和"行"是属前世的。中间八个环节是就现世的存在来说的，最后两个环节则是指来世的。在人生轮回流转过程中，十二因缘涉及过去、现在、未来三世，现在的果必有过去的因，现在的因，必将发生未来之果，其次序可以从顺逆两个方面加以观察。

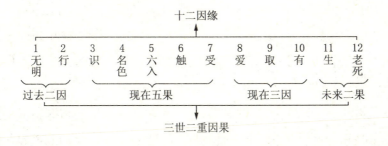

如果自原因往结果顺推："无明"造出种种业，这种业在现世看来即为"行"（对来世来说则为"有"），称为"无明缘行"；前世的无明和业成为现世生存的原因。具体来说，"行缘识"，前世的业力带来现世托胎时的心识，这种识决定往相

应的处所去托胎。"识缘名色",识托胎后,在母体中形成"名"(精神)和"色"(肉体)。"名识缘六入",身心在母体中发育出六种不同的感觉器官,包括眼、耳、鼻、舌、身、意等"六入"。"六入缘触",触指触觉,胎儿出生后,六种器官与外界事物相接触而产生触觉。"触缘受",由触引起苦、乐和不苦不乐三种感受。"受缘爱",由受引起贪爱和欲望。"爱缘取",有了贪爱欲望就会有执著追求的冲动。"取缘有",由取又造种种业,招致来世之果报。于是"有缘生",今世的业,为来世的"有",导致来世的"生"。"生缘老死",有生必有老死。如果从结果往原因逆推,即从老死推至无明,也可归结到无明是造成生死忧悲苦恼的根本原因。这十二因缘像一串链条,互相依待,互生作用,说明了众生生死流转的因果联系。

灭谛是说痛苦的消灭。既然无明是导致生死流转之苦的根源,那么没有了无明,也就没有了一切烦恼和业力,一切痛苦也就从此归于寂灭。无明灭,行灭,识灭,乃至生老死灭,就是涅槃。"涅槃"是梵语音译,也译为"泥洹","灭"。唐代玄奘则译为"圆寂",意思是智慧福德圆满,永恒寂静的最安乐的境界,这是佛教追求的理想境界。

道谛是消灭痛苦的途径和方法,主要是"八正道":(1)正见,正确的见解;(2)正思维,正确的意志;(3)正语,正确的语言,远离一切妄语、恶语、谤语、绮语和戏论;(4)正业,正确的行为,使身口意皆合于佛法;(5)正命,正当的生活方式,反对欺诈、仗势骗夺他人财物以养自己的邪命生活;(6)正精进,使身口意毫不松懈地努力向正见所指的目标前进;(7)正念,正确的思想,经常忆念着正见,使正见不忘失而经常显现;(8)正定,在正见指导下修习进入无漏清净的禅定。

释迦牟尼在其四谛说里,贯穿着缘起论的宇宙观。缘起论是原始佛教思想的理论基础。佛教里一再引述的《法身偈》称:"诸法从缘起,如来说是因。彼法因缘尽,是大沙门说。"所谓"缘起",即"诸法由因缘而起",一切事物或一切现象的生起,都是相对的互存关系和条件,离开了关系和条件,就不能生起任何事物或现象。佛说:"若此有则彼有,若此生则彼生;若此无则彼无,若此灭则彼灭。"说的就是同时或异时的互存关系。佛经中说缘起有十一义:无作者义、有因生义、离有情义、依他起义、无动作义、性无常义、刹那生灭义、因果相续无间断义、种种因果品类别义、因果更互相符顺义、因果决定无杂乱义。这十一义归结起来就是宣称无造物主，无我无常，因果相续。佛教认为，宇宙和人生中没有造物主（神）的主宰。宇宙本为时空概念的组合。宇宙间一切事物，大至宏观世界，小至微观世界，无时无刻不是前后相续，刹那变灭着的；一多大小，统摄万有。这种万物流转不息的现象，用现在的话说叫做"生命之流"。众生万物，都是无始无终的生命之流中的现实。而现实世界中的一切存在，都是因缘所生。过去的积累是因，现在的是果；现在的积累为因，将来的为果。因果重重，相续无尽，上溯过去无始，下推未来无终。一切现象的生起，都是由各种现象相互关联所造成的，然后经过成、住、异、灭四个阶段，又孕育了新生命的开始。通常所指为某物，只是众缘和合，等流相续的假相而已。自然的生物和人，没有一息不与全人类、全宇宙的呼吸相通。一手指可以搅动太平洋的海水，一呼吸可以变换全世界的空气，而肉眼所以不见，只是因为其动、其变太微罢了。既然我们看到了宇宙人生是这样的无始无终，我们就能够把心量放到无量无边的大，而与真如世界相契合。与天地精神相往来，破除一切偏执。只有破除了法、我两执，才能领会宇宙人生的真谛，达到"无我"的佛的境界。这就是佛教全部理论中的要义。

公元一世纪至二世纪时，在印度社会又产生了一种大乘佛教思想。大乘佛教兴起后，把原先的部派佛教一概称之为"小乘"。"乘"是"运载"、"道路"的意思。在大乘佛教看来，小乘是小道，是佛为小根器的人所说的教法。大乘佛教宣称自己能运载无量众生从生死大河的此岸达到菩提涅槃的彼岸，成就佛果。大乘佛教的主要精神在于：(1)大乘以成佛为修行的目标，而小乘则认为佛只有一个即释迦牟尼，凡人修行只能达到阿修罗为究竟；小乘偏重个人解脱，大乘则致力于一切众生的解救，以建立佛国净土为理想。(2)在理论上，对法空的解释，小乘拘泥于佛说，认为凡佛说的都实在，他们一般不承认万法皆空，只承认人无我，所谓人空法有。大乘则主张"我法二空"，一切存在都如泡如影，如梦如幻。(3)在修行方法上，小乘认为要实现自己的理想，非出家过禁欲生活不可。大乘则反对逃避现实世界，主张在现实中求解脱。因此，大乘很重视在家修行，不提倡出家。

大乘佛教在形成和发展过程中，又分为三大思想流派。起初有龙树、提婆的中观学派。他们依据《般若》、《宝积》、《华严》、《法华》等经典，由"法性本寂"立论，认为人们对于世间一切现象，如果没有真正智慧，就不会得其实相。由此产生颠倒分别的无益戏论（执著），而招致人生的无穷痛苦。但这种迷执可以从根本上解除，最重要的是体会一切事物现象的"实际"，认清一切事物并无实体，也就是无自性，即是空。这就是空观。因此这一派也称大乘空宗。不过，只是这样去认识空是不够的，还应明白诸法是一种"假名"（概念）。如果光说空，不就否定一切了吗？世界上又何以会有千差万别的事物呢？为了不致产生这样的误会，所以说法虽然是空的，但还有假名。对诸法不仅要看到无自性（空），还要看到假设（假有），两者又是相互联系的，因无自性才是假设，因为是假设才是空。用这种不落一边的方法观察问题就是"中道观"。中观学派即因此得名。龙树用这种中观方法去体会缘起论，得出"不生不灭，不断不常，不一不异，不来不去"的结论，称为"八不缘起"（或称八不中道），发展了释迦牟尼提出的缘起论。中观学派在解释"空"时，又提出了他们的真理观——二谛说，二谛即真谛和俗谛。他们认为诸法实相是空，故不可言说，此为"真谛"（胜义谛），也称"第一义谛"。但佛为说法方便，又必须用假名（概念）去表现，这种假设被称为"俗谛"。"若不依俗谛，不得第一义谛"，倘没有言说施设的俗谛，就无法使大家了解真谛。不偏于俗，不偏于真，这才是中道。中观学派以龙树所著《中论》、《十二门论》和提婆的《百论》为基本理论著作。

另一大乘教派——瑜伽行派，形成于公元四世纪至五世纪的笈多王朝，实际创始人是无著、世亲兄弟。这一派因以《瑜伽师地论》为主要经典，并奉瑜伽师实践进程为规范而得名。他们认为，一切皆空的说法会导致否定三宝，否定成佛的主体和理想境界的存在，从而危及佛教自身的存在。于是提出众生的识是变现万法的根源，由于万法唯识所变，故万法（境）是空无的；由于识能变万法，故识是实有的。此派主张境无识存，所以又称"大乘有宗"。

在印度大乘佛教思想发展过程中，还出现了一种如来藏思想（或称涅槃佛性说），其中最流行的法典是《涅槃经》和《胜鬘经》。《涅槃经》宣称如来法身常住不变和一切众生悉有佛性，皆可成佛，特别是主张被认为没有佛性的一阐提也有成佛的可能性，为其显著的特色。《胜鬘经》提出心以"清净"为本质，即"自性清净心"。清净心向上发展便是"菩提心"，它的存在才使作为果的菩提成为可能。一切众生皆有此心，故皆可能成佛。但现时不能察觉，乃因烦恼所障蔽，即所谓"心性本净，客尘所染"。只要转染成净，恢复本心便能成佛。《胜鬘经》对佛性说更加肯定，它把佛性扩展到心性，这实际是佛教的人性论，是他们对于人性的注解，以及人生根据的说明。涅槃佛性论虽然在印度佛教思想体系中并不占主要地位，但却给后来中国的佛性思想的发展以极大的影响。

公元七世纪时，印度又出现了密教。密教是佛教和婆罗门教——印度教的混合物，它以高度组织化的咒术仪礼和俗信为特征；从其经典《大日经》和《金刚顶经》中可以看到，密教的基本思想体现在：宇宙本体是和森罗万象合二而一的。如果离开了本体也就无所谓现象，离开了现象也就无所谓本体（当相而道，即事而真）。宇宙的本体和现象都是由六大（即地、水、风、火、空、识）所组成的。这种关于六大的学说虽见于原始佛经，但与密教提倡的有所不同。前者只承认六种元素是随缘而起、刹那生灭的现象，而不承认其为本体的存在，但后者则承认其为宇宙的本体。密教的兴盛乃是印度佛教衰落的表现。

二、 汉魏两晋：比附黄老　迎合玄学

西汉末年，佛教从印度经西域地区传入中国。佛教作为古印度文化的代表和中国本土文化是完全异质的两种文化形态。故在其输入之初，中国人对佛教思想的认识是混沌模糊的。在他们看来，佛教和中国固有的黄老之术相似，只是一种祭祀的方术。汉明帝在给楚王英的诏书中称其"诵黄老之微言，尚浮屠之仁祠"，就是把"浮屠"与"黄老"相提并论的。当时中国的佛教徒也自称其教为"佛道"，"道术"。如牟子《理惑论》就是把佛教看成九十六种道术之一："道者九十六种，至于尊大，莫尚佛道也。"在他们看来，释迦牟尼佛"恍惚变化，分身散体，或存或亡，能小能大，能圆能方，能老能少，能隐能彰，蹈火不烧，履刃不伤，在污不染，

在祸无殃,欲行则飞,坐则扬光",无非也是一个道家神仙。当时来中国传教的外国僧人为了在中国站住脚,也故意用占验、预卜吉凶、看病等方术吸引信徒,甚至在讲经时也攀附道家学说。致使汉代中国人往往曲解佛教思想,以为"此道清虚,贵尚无为,好生恶杀,消欲去奢"(《后汉书》卷三十)。有些理解甚至与其原义大相径庭,如印度佛教倡"诸法无我"说。所谓"我"不但指创造宇宙万物的"梵",也是指生命体内在的灵魂。"无我说"断然否定那种绝对妙乐的精神实体的存在,但是汉代佛教徒却在道家神仙思想的影响下,把它曲解为"神不灭论"。袁宏《后汉纪》曾说:"佛者,汉言觉,其教以修慈心为主,……又以人死精神不灭,随后受形,生时所行善恶,皆有报应,故所贵行善修道,以炼精神不已,以至无为而得为佛也。"袁宏之言显然是反映了当时中国人的佛教观,这种解说深深地影响了后代的中国佛教思想。

自东汉末年始,统治集团内部争权夺利,矛盾重重,战乱频仍,时局动荡,在意识形态上居于支配地位的儒家今文经学和谶纬神学,内容空虚荒诞。不但丝毫无助于解决当时现实的社会政治问题,而且日益成为束缚人们思想的僵死教条。旧的道德规范制度和社会秩序崩溃,激起士大夫的疑虑和反感。以前宣传和相信的那套伦理道德、鬼神迷信、谶纬宿命、烦琐哲学等规范、价值,在大多数士大夫看来已经都是虚假的或值得怀疑的了。于是,"学者以庄老为宗而黜六经,谈者以虚薄为辩而贱名俭,行身者以放浊为通而狭节信,进仕者以苟得为贵而鄙居正,当官者以望空为高而笑勤恪"(干宝《晋纪·总论》,见《文选》卷四十九),要求彻底摆脱外在的标准、规范和束缚,以获取把握所谓真正的自我,便成了魏晋时期的一种自觉意识。因此,反名教而重自然的玄学就作为这种自觉意识的反映在士大夫中间流行起来。魏晋玄学,以老庄为宗,就本末、有无、一多、体用等哲学范畴问难析理,反复辩论,称为清谈,先后出现了三大流派。先是曹魏正始年间,何晏、王弼等主张"贵无"论,认为"天地万物皆以无为本"(《晋书》卷四十三),宣称名教出于自然。其末流则为嵇康、阮籍等极言"越名教而任自然",认为名教违反自然。他们使酒任性,玩世不恭,非毁名教,破坏纲纪。西晋初,裴頠一派则针锋相对地提出"崇有"论。认为"生以为己分,则虚无是有之所谓遗者也",万物的自生是必然的结果。"无"只是"有"的一种表现形式。稍后,向秀、郭象等人折衷何晏、王弼的"贵无"与裴頠的"崇有",提出"独化"论。认为"无不能生有",有也不能生有,"生物者无物而物自生"。"有"是各自独立的绝对,世界只是无限多个绝对的"有"。他们在名教与自然的关系上,也采取调和立场,主张名教即自然。这些流派构成了魏晋玄学的大观。

在这种情况下,大乘佛教中与玄学相近的般若性空思想便盛行起来。正如道安所说:"于十二部毗目罗部最多,以斯邦人老庄行教,与方等经兼忘相似,故因风易行"(《毗奈耶序》)。佛教般若学虽然也重在说空论无,但佛教的"空"、"无"是"因缘生"的意思,和老庄哲学里那种能够作天地之始、万物本原的"无"完全不同。只是因为尚玄想、重思辨的般若学在一定程度上能满足士大夫们谈玄说空的需要,因而在包罗万象、千头万绪的佛教思想学说中受到了中国士大夫的格外青睐。同时,佛教徒为了传教需要,也尽量对《般若经》采取各取所需、削足适履的实用主义态度,以般若学说去迎合玄学思想,使其能为士大夫们接受。魏晋时期出现的"格义佛教",就是用中国传统的儒家思想,特别是当时流行的老庄玄学来说明佛教教理,几乎使当时的佛教成为一种玄学化的佛教。般若系统的经典在汉末已有支谶、支谦译出的《道行般若经》、《大明度经》,但当时并未引起注意。曹魏时朱士行西行得梵本九十章,后译出为《放光般若经》。西晋竺法护译《光赞般若经》,于是,般若思想在中国的传播遂越来越广,到东晋之初更蔚然形成士大夫阶层中的普遍思潮。当时阐发和弘扬般若思想有所谓"六家七宗"。"六家七宗"的名称始于刘宋昙济《六家七宗论》,此论今佚。梁宝唱《续法论》中曾经引用。唐元康《肇论疏》说:"梁朝释宝唱作《续法论》一百六十卷云,宋庄严寺释昙济作《六家七宗论》。论有六家,分成七宗。第一本无宗,第二本无异宗,第三即色宗,第四识含宗,第五幻化宗,第六心无宗,第七缘会宗。本有六家,第一家为二宗,故成七宗也。"据近人汤用彤先生考证,六家七宗的代表人物是:

六家	七宗	代表人物
本无	本无	道安(性空宗义)
	本无异	竺法深 竺法汰(竺僧敷)

即色	即色	支道林（郗超）
识含	识含	于法开（于法感，何默）
幻化	幻化	道壹
心无	心无	支愍度，竺法蕴，道恒
		（桓玄，刘遗民）
缘会	缘会	于道邃

这些流派在两晋之际几乎同时在江南产生，然后传播到北方，经历了长达百年之久的发展过程。其间多次展开辩论，如于法开与支道林辩即色义，竺昙壹与道恒争心无义，郗超与法汰论本无义。通过这些辩论，有些流派被历史所淘汰，有些流派则上升到支配的地位。其中最有影响的是本无宗、心无宗和即色宗。这三个流派大致和魏晋玄学中的贵无、崇有、独化三派相对应。

本无宗以道安为主要代表。现在虽然已没有能反映道安"本无"思想的第一手资料可依，但尚能在后人转述中窥其大概。如隋吉藏《中观论疏》说："一者释道安明本无义，谓无在万化之前，空为众形之始。夫人之所滞，滞在未有，若诧（宅）心本无，则异想便息。……详此意，安公明本无者，一切诸法，本性空寂，故云本无。"又如《名僧传抄·昙济传》也引昙济所撰《七宗论》说："第一本无主宗曰：如来兴世，以本无弘教……夫冥造之前，廓然而已，至于元气陶化，则群象禀形，形虽资化，权化之本，则出于自然，自然自尔，岂有造之者哉？由此而言，无在元化之前，空为众形之始，故为本无，非为虚豁之中能生万有也。"由此可见，道安的本无宗虽然认为"无在万化之前"，但强调的是"一切诸法本性空寂"，反对"虚豁之中能生万有"的说法。因此，他比较接近大乘佛教般若性空的本义，被认为是般若学的正宗。但是本无宗"以无为本"的思想，主要还是来自于王弼的贵无派，和般若空宗主张的非有非无的本体论仍有差距。他在否定物质的同时，却充分肯定了精神现象，这也不符合空宗本义。本无家的异宗以竺法深、竺法汰为代表。他们也强调"诸法本无"是第一义谛，但他们所说的"无"则是能生万物的"无"，这更显然是掺和了王弼的"贵无"思想。心无宗的代表人物是竺法蕴、支愍度等人。《世说新语·假谲篇》记载："愍度道人始欲过江，与一伧道人为侣。谋曰:'用旧义往江东,恐不办得食。'便共立心无义。既而此道人不成渡。愍度果讲义积年。后有伧人来,先道人寄语云:'为我致意愍度,无义那可立?治此计权救饥尔,无为遂负如来也。'"这段记载的真实性尚可存疑,但至少说明心无义的阐发确有迎合当时江东清谈名士学术兴趣的一面。所谓心无义即主张"空心不空色"。吉藏《中观论疏》曾作这样的介绍:"温法师用心无义。心无存,无心于万物,万物未尝无。此释意云,经中说诸法空者,欲令心体虚妄不执,故言无耳。不空外物,即外物之境不空"。这就是说外在的万物并不是空幻不实的,但只要人们"令心体虚妄不执",不让虚妄的心念生起执着,那么外境即成空幻不实的"无"。心无宗这样解释"空",是对般若性空本义的曲解。从他们肯定物质世界存在的思想倾向来看,实是裴𬱖"崇有"论在佛教界的回音。即色、识含、幻化、缘会四家的共同主张是"色不自有,虽色而空",也就是说万法并不是自己存在的,而是有因有缘才存在的,所以万法皆空。他们都反对心无宗"不空外色"的主张,但各有各的说法。即色宗以支道林为代表,这是各家中最出色的一家。安澄《中论疏记》引他所著《即色论》云:"吾以为即色是空,非色灭空,此斯言至矣。何者?夫色之性,色不自色,虽色而空。如知不自知,虽知恒寂。"也就是说物质世界的"空",不是泯灭之后才变得空幻,而是它本性即空。这显然是与心无宗的思想直接对立的。但支道林仍未全面理解般若本义,般若性空原理的全面表达应该是"色即是空,空即是色"。但支道林在肯定了"色即为空"以后,又说"色复异空"(见《世说新语·文学篇》刘孝标注引《妙观章》),这就破坏了般若学本体论的结构。识含宗的代表是于法开,他著《惑识二谛论》云:"三界为长夜之宅,心识为大梦之主,今之所见群有,皆于梦中所见。其于大梦既觉,长夜获晓,即倒惑识灭,三界都空。是时无所从生,而靡所不生。"(见《中观论疏》)他把"有"归结为"心识"所含。心识有梦有觉,梦时惑识流行,呈现出种种可见的现象,是为俗谛。觉时惑识尽除,觉悟到万法皆空,是为真谛。识含宗虽然否定了物质现象,但仍和本无宗一样,肯定精神现象。识含宗以神识之划分诠释本空之外象何以幻化为实有,也系受玄学之影响,盖当时精神与心识的关系正是玄学家们研讨的问题之一。幻化宗是竺法汰的弟子道壹所立。他在《神二谛论》里说:"一切诸法皆同幻化,同幻化故名为世谛,心神犹真不空是第一义。若神复空,教何所施,谁修道?隔凡成圣,故知神不空。"(见《中论疏记》)这也是由本无宗的境空心(神)不空发展出来的流派之一。缘会宗为于道邃所立,他们主张:"明缘会故有,名为世谛,缘散故即无,称第一义谛"(《中观论疏》)。缘会也就是缘起,缘会义和般若经"因缘生故空"的本义相近。但他又说:"缘会故有是俗,推拆无是真。譬如土木合为舍,舍无前体,有名无实。故佛告罗陀,坏灭色相,无所见。"(《中论疏记》)于道邃偏重缘会,其思想来源似出于小乘佛教的"析色明空"。在即色、识含、幻化、缘会四宗里,影响最大的是即色宗,它的理论成熟程度超过了其余各派。但可以说"六家七宗"的研究方法均未脱离"格义"的影响,均未摆脱玄学的约束,因而对印度佛教般若思想均未能完整准确的理解。

鸠摩罗什来华后,重译了大小品《般若经》,新译了《大智度论》、《中论》、《十二门论》和《百论》。这对魏晋以来盛极一时的般若思潮起到了拨乱反正的作用,拨开了笼罩在般若性空学说上的玄学迷雾,恢复了它的本来面貌。罗什的弟子僧肇依据师说撰《肇论》,其中最重要的是《不真空论》、《物不迁论》及《般若无知论》。这三论系统地介绍了般若性空学说的本义,使中国人恍然了悟"格义迂而乖本,六家偏而不即"(《出三藏记集》卷八)。僧肇用自己创造的概念"不真空"来阐述般若性空思想。什么是"不真"?"不真"指"假名"。论内一再提到"诸法假号不真","故知万物非真,假号久矣"。什么是"空"?万物从假名看来是不真,执着假名构画出来的诸法自性当然是空。所谓"不真空",就是"不真"即"空"。僧肇用这样一个新命题来讲空,是纠正以前各家对性空的种种误解。这就是说,有(色)与无体用相即,相互依存,是同一体的两个方面,应该从万物假有中看出他的本性空无。以"中"解"空"正是印度龙树之学的本义;从世谛说是非无(有),从真谛说是非有(空),非有非无同时并存,合起来才构成空义。龙树学说的核心正是空与假有的统一,可见僧肇之论是对龙树般若思想的正确阐述。僧肇在答刘遗民的信中还进一步提出,万物本空,原来如此,并非人们主观上给予的。他说:"即万物之自虚,岂待宰割以求通哉?"宰割,指小乘佛教的分析而言。小乘讲空是"析色明空",以为事物由极微积成,经过分析才见其为空无。说不真即空,就是讲万物原本是空,不待分析。僧肇还从动静关系阐明即体即用的中观思想。《物不迁论》通篇在于证明动静如一,住即不住。如云:"必求静于诸动,故虽动而常静。不释动以求静,故虽静而不离动。然则动静未始异,而惑者不同。"意思是说,非谓由一不动之本体而生各色变动之现象。本体与万象不可截分,截分宰割,以求通于动静之真际,则违真迷性而莫返。可见"即动即静"之义正是要说明即体即用之理论。虽然僧肇在般若学说方面进行了正本清源的工作,但他仍然未能完全摆脱玄学的影响,僧肇少年时代"志好玄微,每以《庄》、《老》为心要",受到玄学的熏陶。后来在罗什门下撰《肇论》,以般若为中心,对当时玄学所讨论的一些主要问题,也是佛教思想的基本问题作出了总结性的回答。其中不仅运用了玄学的语言,思想上也与玄学划不清界限。例如《不真空论》说:"审一气以观化","物我同根,是非一气",这显然是和玄学思想相一致的。

三、 南北朝:学派林立 异说纷呈

鸠摩罗什译经在中国佛教史上是一划时代的事件。他在长安先后译出九十八部,四百二十五卷大小乘经律论藏,这些佛经的传译为中国佛教的发展提供了丰富的思想资料。经罗什和昙无谶、佛驮跋陀罗等人的努力,到南北朝时各派佛经的汉译本已经大致齐备,介绍印度佛教思想的使命已经基本完成。于是中国佛教徒得以精研细选,各承一说,形成了学派林立、异说纷呈的局面。南北朝的佛教学派或称师、或称家、或称宗(此"宗"有别于隋唐佛教宗派)。举其大概主要有属于大乘系统的涅槃师、三论师、地论师、摄论师和属于小乘系统的成实师、毗昙师、俱舍师六家。其中影响最大的是涅槃师的涅槃佛性思想,所谓佛性,即指成佛的根据和可能性。

涅槃师是研习和弘扬《涅槃经》的佛教学派。此经"以妙有为指南,佛性常住为宗致",提出佛身是常,佛性是我,一切众生悉有佛性等思想。同时还提出"如来藏"概念,把佛以法为身的"法身"思想联系到"心识"方面。认为法身的本质不在法上,而是以"心识"为其本原的。这就为瑜伽行一派开辟了道路。在印度大

乘佛教般若、瑜伽、涅槃三大系统中,涅槃学说实为影响中国佛教思想最深的一个系统。后来,隋唐时期完全中国化的佛教宗派——天台、华严、禅和净土,无一不受到涅槃学说的影响。东晋末年,法显译出六卷本《泥洹经》,立即引起中国佛教徒的注意。自罗什门下道生首倡,特别是昙无谶所译北本《涅槃经》传来之后,佛教界便靡然从风,从此一直成为中国佛教思想的主流。涅槃说在此时取代般若空宗而盛行于中国佛教界,决不是偶然的。东晋末年以来,阶级之间、民族之间、统治集团之间的斗争空前激烈,世事无常,人生如寄,普遍的痛苦和生命的危机,不但使士大夫对现实生活失去信心转而寻求解脱。同时"一切众生皆有佛性"的宗教平等观对无法改变现实中不平等命运的下层民众也产生了巨大的吸引力。这是涅槃学迅速传播的社会条件。此外,涅槃佛性思想和汉代"神不灭论"思想有着某些相通之处。例如梁武帝就把佛性解释成人心中的"不失之性"——"真神"。这个人人本有的"真神",使人"异于木石",因而能够成佛。汤用彤先生提出,"武帝佛性之真义,实即可谓常人所言之灵魂"。涅槃学与这种中国传统观念的结合,也使之得以风靡南北朝。

道生是罗什门下最有个性的弟子,他不拘旧说,常有自己的创见。从道生起,中国佛教徒开始对印度佛教思想自由发挥。这种发挥不同于以往的"格义",不是以儒道思想去理解佛教,而是在佛教思想理论体系内的创造和革新,从而逐渐形成了具有中国特色的佛教思想。道生的涅槃学说主要包括两个内容:一是"佛性论",二是"顿悟说"。道生在般若实相义的基础上建立了他的佛性论,把法、法性、佛、佛性、理、实相等融通起来,认为它们名称不一,实则不异,都是真如的体现,即"万法虽殊,一如是同"。自法显译出《泥洹经》后,"一切众生悉有佛性"的思想已为中国佛教界所接受。但《泥洹经》是主张一阐提(断绝一切善根的人)不具佛性、不能成佛的。道生对此表示怀疑,他认为既然众生皆有佛性,一切众生都可成佛。那么一阐提也属含生之类,属众生之列,因此也有佛性,也能成佛。道生不滞经文,孤明先发,在当时引起轩然大波,并殃及自身而被逐出京城。道生坚持己说,立誓说:"若我所说反于经义者,请于现身即表厉疾,若与实相不相违背,愿舍寿之时据师子座!"直至昙无谶所译北本《涅槃经》传来,果称一阐提有佛性，"于是京师诸僧，内惭自疚，追而信服"。竺道生被追称"涅槃圣"，其学说也逐渐成为中国佛教界的主导思想。"顿悟说"是与其"佛性论"密切相关的。在他的涅槃学说体系中，佛性是解脱的内在依据，顿悟是实现解脱的方式。小乘佛教重视数息行观的修炼，大乘则较重义解，直指本体，因此有渐悟、顿悟之分。在般若学盛行之时，对悟道方法就有不同意见。如支道林、道安、慧远、僧肇等都主张要修习"十住"阶次，即一发心住、二治地住、三修行住、四生贵住、五方便具足住、六正心住、七不退住、八童真住、九法王子住、十灌顶住，这是一个逐渐收敛意念的过程。七住之前是渐悟过程，此后进小飞跃、大飞跃，而后悟道成佛。这叫做小顿悟。道生认为这种悟道方法是错误的。在十住内没有悟道可能，只有在十住之后一念"金刚道心"，才可一下子断绝妄惑，得到正觉，这叫顿悟。为什么呢？因为道生的顿悟说是建立在所谓理不可分基础上的。他认为："理者是佛，乖则凡夫。"这个理是一个整体，是不可分割的。如果以为渐修可以成佛，便是将佛性条块分割了。因此，佛性必须整体悟得。道生得到北本《涅槃经》后，曾在庐山精舍讲说，此即为中国南方最初的涅槃师。另外他的同门慧观著论主张渐悟，并创立二教、五时的教判，以《涅槃经》为第五时常住教，看成是佛说的最高阶段。他和道生并为南方涅槃师中两大系统。在北方则有慧嵩、道朗曾参与昙无谶译场，笔受《涅槃》，并分别作《义记》、《义疏》。特别是道朗亲承昙无谶，撰有经序，阐发《涅槃》的玄旨；又在所作《义疏》中，立五门剖判《涅槃经》，发明佛性中道的深义。这是中国北方最初的涅槃师。此后，南、北方均出不少涅槃师。到了隋代，吉藏写《大乘玄论》，把过去各家涅槃师的说法作了总结，共有十二家。另外，他的同门慧均著《四论玄义》（现存残本），也讲到各家对佛性不同的主张，认为根本之说三家，枝末之说十家，共计十三家，与吉藏的说法大同小异。吉藏所举的十二家是：

一、以众生为正因佛性。在《涅槃经》内，佛性的因义是多方面的，就作为决定因的意义来说，名为正因。吉藏于此说只举出所宗，并未提到它的代表人物。今由其他材料确定主此说的为梁代僧旻。

二、以六法为佛性。五阴（蕴）及其假名之人，《涅槃》说为六法。实际就是指的众生,不过分析之为六法罢了。此说代表人是梁代智藏。

三、以心(识)为佛性。这也属于智藏的说法,因为众生扩大而为六法,缩小则为心。

四、以冥传不朽为佛性。这指识神而言。因为识神冥传不朽,构成轮回的主体,所以应以此为佛性。主此说的以法安为代表。

五、以避苦求乐为佛性。这也是由识神思想而来,识神在流转过程中,有避苦求乐的作用。此说的代表是法云。

六、以真神为佛性。上一家指识神的作用言,这一家则是指识神的本体。主此说者为梁武帝萧衍。

七、以阿黎耶识自性清净心为佛性。这种说法并非涅槃师说,而是后来的地论师和更后一些的摄论师提出的。

八、从当果上讲佛性。就是从将来可以成佛这一点上说众生具有佛性。这是道生的主张。

九、从得佛之理上讲佛性。就是说,一切众生本有得佛之理,为正因佛性。这是慧令之说。

十、以真如为佛性。此说以宝亮为代表。

十一、从第一义空来讲佛性。这是北方涅槃师的共同看法。

十二、以中道为佛性。这是道朗的说法。

吉藏分上述诸说为三类:第一类是一、二两家,他们所主张的佛性都是指人而言,但因为有假(人)有实(五蕴)而分为二。第二类是三至七的五家,都是由心上讲佛性的。第三类是八以下各家,都是指理而言的,换言之,都是由境上成立佛性。隋代统一后,就当时佛教义学立为"五众",而《涅槃》居五众之首。并先后以法慈、童真、善胄为涅槃众主,足见涅槃师在当时仍极隆盛。入唐后,以独讲一经名家的南北涅槃师遽尔衰落;其学说思想则为天台、华严、禅宗等继承和发扬。

三论师是以罗什译出的《中论》、《百论》、《十二门论》三部论为依据的佛教学派;有时也包括《大智度论》在内,或称"四论师"。三论本属印度龙树、提婆大乘中观学派的基本著作，以《大品般若经》为主要经典。大乘般若学自罗什、僧肇开始回归印度本来面目。《肇论》发挥诸法缘生性空之理，被推为三论师的第一部中国论著。什肇之学原在北方流传，刘宋时得僧朗传播，乃流入南方。当时江南盛弘《成实》，三论的玄纲几乎断绝。僧朗到江南后，非难了成论大乘师，并破斥从来视三论与《成实》一致的旧说，使三论学重归纯粹。僧朗在钟山草堂授周颙三论学，周颙因而著《三宗论》，影响颇大。僧朗后入摄山，游于法度门下，并继承了法度栖霞寺法席，遂开"摄岭相承"的学派。梁武帝时，僧诠、僧怀、慧会、智寂等十人到摄山从他咨受三论大义，其中僧诠学有成就，有"山中师"，"止观诠"等称号；僧诠门下有法朗、智辨、慧勇、慧布，时称"诠公四支"，各具独到的见解，由于他们的弘扬而摄岭三论之学更加恢宏。后法朗入京住兴皇寺讲学，门徒几遍全国，知名的有二十五哲，而以慧哲、慧炬、明法师、吉藏四人为最著。吉藏传承摄山学统而在隋代建成一大宗派。三论师的中心学说是诸法性空的中道实相论，认为一切万有只是因缘和合而生，所以无自性，无自性即毕竟空无所得。但为引导众生而假名说有，这就是中道。为了阐明空无所得的道理着重阐发了龙树学说中的"真俗二谛"、"八不正道"二义。依三论师的说法，三论的义旨不出破邪显正二途，破邪是破有所得，显正是显无所得。但其宗旨是破而不立，即只斥破颠倒虚妄，别无所有，故破邪也就是显正。至于所破邪执，主要是不明人法二空而执着有实我实法的外道；虽已了达人空而仍执着诸法实有的毗昙师；虽了达人法二空，但仍未除去遍空的成实师以及虽除遍空仍执涅槃有得的涅槃师。隋代的三论宗在思想上并无创新，不过是对什肇乃至僧诠、法朗一系的三诠义学进行了系统总结而已。入唐后不久，即因天台、唯识宗相继盛行而渐次衰落。

地论师和摄论师同属印度瑜伽行派的两个支流，但因各持见解不同而相互砥砺。地论师是弘扬《十地经论》的佛教学派。《十地经论》是印度大乘瑜伽学系的重要典籍。作者世亲初从声闻乘出家，后闻其兄无著讲《十地经》有省，便改变所宗而先撰成《十地经论》，以赞扬大乘，巩固了瑜伽一系学说的理论基础。这部《十地经论》是在北魏宣武帝永平元年至四年（508—511年）时由勒那摩提、菩提流支二人合作译成的，共十二卷。不过摩提与流支所习并不尽同，因之从他们二人传习《地论》的,也就发生异解,而形成南北两道。对南北道的解释,一般都说从相州去洛阳的通道,有南有北,两家学徒即沿着两道分别发展而得名。地论师所学,并不限于《十地》一论,思想上还受到先后流行的涅槃师、摄论师的影响,所以学说的性质比较驳杂。其南北两道互有争论之点,则集中于"当常"与"现常"的主张。"常"是涅槃或佛性的异名。北道地论师以众生的根本意识即阿梨耶识为诸法的依持,说一切法从阿梨耶识生起。阿梨耶识虽和如来藏(佛性)无别,但并不具足一切功德。一切功德必待新熏而后生,亦即是说众生的佛性必须成佛后始得,当果而现,后天所有。这就是"当常"之说。南道地论师反对此说,以为阿梨耶识法性,即是真如佛性,以之为诸法的依持,生一切法。此法性真如即如来藏本来具足一切功德,就是说众生的佛性与生俱生,先天而有,这就是"现常"之说。当常与现常之争,即佛性始起和本有之辩。南道地论师后来主张也多少有些变化,他们说佛性有理性(本有)行性(始起)两种;或说有理性(隐时)体性(显时)缘起性(用时)三种。这样,他们在本有佛性之外,也主张有始起佛性了。地论师北道系后为摄论师所掩融成一派。南道系入唐后也失传,但其思想精华悉为华严宗所吸取。

摄论师是传习真谛所译《摄大乘论》的佛教学派。《摄大乘论》是印度大乘瑜伽学派的重要著作。由无著造论,世亲作释。真谛于陈文帝天嘉四年(563年)译出《摄大乘论》(本)三卷,世亲《释论》十二卷。真谛"虽广出众经"而"偏宗摄论"(《续高僧传·物那罗陀传》),所以在陈光大二年(568年,即他临死的前一年)八月,遂与法准、道尼、智敫等十二人发誓弘传《摄大乘》与《俱舍》二论,使无断绝。其弟子中传《摄论》之学的有慧恺、智敫、道尼、法泰、曹毗、僧宗、慧旷。后来真谛《摄论》之学盛行于北方,除道尼、靖嵩两系而外,还有昙迁一系。摄论师自靖嵩、昙迁再传之后,逐渐衰微。及至玄奘学派兴起,遂终于绝传。在各摄论师的中间,原无严格的传承,故各家学说并不完全一致。举其大纲则都以《摄论》的十种胜相为依据,主要说第八阿梨耶识是妄识,为一切法之所依;但此妄识中又有一分纯净之识。这略同于真妄和合之说,而与当时地论师北道派主张相近。于八识之外,又将阿梨耶识中纯净之识立为第九阿摩罗识,即无垢识,亦即真如佛性。

修行的人由于阿梨耶识中纯粹之识(净分)继续发展,对治妄识(染分),这样就可以证入阿摩罗识而成为佛,因此说一切众生皆有佛性,没有永不成佛的众生。

成实师和毗昙师虽同属小乘教,但又可以说是两个对峙的学派。毗昙师崇尚一切有部的经典,而成实师则是以接近于大乘的教义来批判各部派佛教学说,尤其是针对有部毗昙的。成实师以弘传《成实论》得名。《成实论》是诃梨跋摩所著,后由罗什译出。罗什门下的昙影、僧睿对此论造诣很深,昙影按发、苦、集、灭、道"五聚"分类整理译文;僧睿最早讲授《成实论》。另有僧导和僧嵩开成实学派的南北二大系统——寿春系和彭城系。成实师在南北朝极盛,注疏《成实论》的著作有二十四种,成实论师约在七十人以上,其中寿春系著名学者有昙济、道猛、僧钟、道慧、法宠、慧开、慧勇等人,其弘传影响及于江南。北魏僧嵩彭城一系的学人有僧渊、昙度、慧记、道登、慧球等人。梁代是成实师最隆盛的时代,法云、僧旻、智藏三人皆极著名,称为梁代"三大家"。《成实论》的"实"即四谛的"谛",全论代表了印度小乘佛教上座系譬喻师对四谛法体的理解。同时对其他各部派,特别是有部毗昙进行了批判。有部主张法体为有,此论则认为法无实体,只有假名,并提出俗谛为有,真谛为空的二谛说。一般小乘都讲人空法有,但此论则具有法空思想,这在小乘中是很特殊的。故成实师流行时,一般人起初分不清它是大乘还是小乘。梁代"三大家"就曾把它看成是大乘论,而称其为"成实大乘师"。后吉藏《大乘玄义》举十条论证其为小乘。如此论将一切法分为"色"、"心"、"心所"、"不相应"及"无为"五位。色有五根、五尘、四大等十四法,心唯一法,心所有四十九法,不相应有十七法,无为有三法,一共八十四法,这是俗谛上的说法。其中五尘是实,四大、五根是假,将五尘加以分析则成为微尘,再分析微尘即成为"空"。这种析空观显然是属于小乘教。后来陈代智嚼等修改旧说,又有新成实论师。成实师的传承至隋代始趋于衰退。

毗昙师是讲习小乘一切有部阿毗昙的佛教学派。有部的古典毗昙原有六种,即《识身》、《界身》、《品类》、《集异门》、《法蕴》、《施设》六论。其后,迦多衍尼子造《发智论》,将有部各种学说作了总结性的组织,开始树立了这一部派的规模。以后,逐渐产生迦湿弥罗师、外国师、犍陀罗师、西方师等派系。迦湿弥罗系发起了《大毗婆沙论》的结集，对于《发智论》的各种不同解释，逐一加以刊定，指出正宗之所在。迦湿弥罗以外的有部师门，兼采其他经、论之说，在学风上也不像迦湿弥罗一系的保守，而具有自由批判、以理为宗的倾向；他们中间有代表性的论书是法胜的《阿毗昙心论》和《杂阿毗昙心论》。以上两系的重要论书，先后都传入中国，因而引起了一部分佛教学者的钻研、提倡。有部毗昙虽先传译于北方，而其义学的讲习实开始于南地。北方学者重视毗昙学的第一人要推道安，但未见有继述者。南地自提婆重译《心论》，经慧远的提倡，庐山诸贤如著名的涅槃学者道生、慧远之弟慧持以及慧观、慧义、昙顺等即相从研习。到了刘宋时代，《杂心》译传，南地毗昙之学愈盛。其中成就最大者应首推慧集，他著有《毗昙大义疏》十余万言，盛行于世。北方毗昙研习的兴起较迟几十年，约当南朝齐梁两代之间，最著名的毗昙学者应首推慧嵩。北方从梁末到隋初期间，毗昙之学一向盛行。湛然《法华玄义释签》上说："江南盛弘《成实》，河北偏尚《毗昙》。"此语即指当时的情况而言。到了唐代，玄奘大量传译有部论书，并重译《俱舍》，自后旧译毗昙之学遂趋于衰歇。毗昙师的根本思想是"三世实有，法体恒有"之说。法体有色、心、心所、不相应、无为五类；色法分五根、五境和无表色十一法。五根是实，由极微而成。极微有坚、湿、暖、动的性质，由此变成地、火、水、风四大，由四大而形成物质的存在。心法是六识。心所有法是心的作用，即各种精神现象。其中十大地法，指凡有心起则必伴随现起的精神现象，它通于善、恶、无记三性；十大烦恼地法，指一切烦恼并起而通于不善及有复的精神现象；十小烦恼法，指不与一切污染法俱起而通于不善及有复的精神现象；十大善地法，指与一切善心俱起的精神现象；五大不善法，指与一切不善心俱起的精神现象；三有复无记法，指本性污染而复障圣道与净心之不善、不恶的精神现象；十大无复无记法，指无复障的无记。共有七种五十八法。不相应有十四法，指非色非心法的自然法则。无为法是"非有为法"的理体存在，包括择灭、非择灭、虚空二种无为法。这五位八十七法实际上是毗昙师把法体分析为多种要素进行考察，他们在解释这些要素之间关系时则运用了六因四缘的因果论，这种因果论是自然因果律与道德因果律的结合。本来是由自然因果而成立正报的众生及依报的国土，在他们看来，均须要有道德因果的感应。否则自然因果律就无从发显其作用,这就是"业感缘起说"。于是一切的事象和行为,均应由宗教的修养而解决。为此目的所修的方法及阶段,乃是禅数的实修。而此实修的究竟目的乃在于证得无余涅槃,这就是毗昙思想的始终。

俱舍师是弘传《俱舍论》的佛教学派。《俱舍论》的弘化分前后两期。前期以陈代真谛所译《俱舍释论》为依据。真谛门下慧恺,道岳加以弘传,毗昙师中遂有专门研习《俱舍》者。《俱舍论》是世亲增订《杂心论》所著。此论虽说色心诸法的自体都是实有,但不全同有部之说"三世实有,法体恒有",而认为诸法虽实有,但三世迁流,有生有灭,现在为生,过去为灭,灭是现在必然的推移,不另外等待因缘,而生就必须有会生的原因。于此有六因、四缘、五果之说。《俱舍论》在唐代经玄奘重译,门人中有不少人研习。但旋起旋灭,不久就衰微了。

这被标为"六师"的六大学派,在隋唐之际影响犹存,和新兴的天台、华严、唯识、净、律、禅、密宗并为"十三宗"。所谓"十三宗",正是反映了学派向宗派过渡,学派和宗派并存时期的特点。后来涅槃归入天台宗,地论归入华严宗,摄论归入唯识宗,而四分律又蜕变为融"小"(乘)入"大"(乘)。十三宗合归为大乘八宗小乘二宗。再后,小乘二宗又随着大乘八宗的声名鹊起而自行消隐。隋唐之际,佛教宗派相继产生,他们建立门庭,务求博大,网罗一切教相以相增上。那种各专一经,各承一说,又经常流动不定的佛教学派相形之下自然较逊一筹了,所以它们的逐渐衰微势在必然。不过,这些学派对所有印度传来的佛教思想皆进行了认真研究、消化和吸收,把大小乘佛教学说互相沟通、补充、结合,这就为隋唐时期形成中国化的佛教宗派准备了思想条件。特别是南北朝的涅槃学继般若学而兴起,人们对本体论的兴趣开始转向对心性的探究,更为大乘佛教在中国的进一步发展巩固了理论基础。

北朝至隋唐时期,在中国佛教徒中还出现一种"末法思想",后来信行据此创立"三阶教"。汤用彤先生指出:"三阶教创者乃魏郡信行禅师,其教虽兴于隋代,然实北朝流行之信仰所产生之结晶品。"实际上,这种末法思想正是对北朝废佛运动后佛教界现实状况的回应。它的主旨是把整个佛教按照时、处、人分作三阶,认为当时是佛灭一千年以后,社会浊恶,众生颠倒,到了第三阶时期,此时必须按照"普佛普敬"的佛法去做。所谓普佛就是宣传所有人都具有佛性,一切人都没有差别,从而导致对一切人不分爱憎轻重的普敬思想;要求僧俗同信同行,勤于实践。三阶教的思想在正统佛教看来是异端,因此整个三阶教的历史是一部被镇压的历史;三阶教的末法思想也就长期隐没在中国佛教思想史的层积之中。

四、隋唐:融会贯通　判教立宗

隋唐二代是中国佛教思想的成熟期,这一时期佛教思想的特征,一方面是综合调和、融会贯通;另一方面又形成了各具特色、彼此对立的宗派。中国佛教思想的成熟,正是以宗派的形式表现出来的;二者似乎矛盾,却又巧妙地并行不悖。在南北朝时期,由于南北两地的社会政治、文化背景不同,反映到佛教思想上也产生了明显的差异。一般来说南方重玄谈,重义学;北方重实践,重禅法。隋王朝统一南北后,两地社会的发展渐趋一致,各种思想文化相互沟通,佛教南北各家师说也逐渐出现了综合调和、融会贯通的趋势。这就为建立融摄各家之长的佛教宗派提供了条件。同时,原来的学派在安定的社会里有可能固定于某一地方,发展起寺院经济基础,具备了设立门庭、传授学徒的条件。这样,师徒传承,络绎不绝,因而逐渐形成宗派。宗派与学派的区别,按照汤用彤先生所说:学派是以"所宗所尊所主"某种学说,呈松散结构的学说流派,只重讲说,不重师承,并无明确的师承关系,弟子可以继承师说,也可以融冶异说。宗派则是有创始人、有传授者、有信徒、有教义、有教规,从内容到形式都相当确定的,具有师承传法系统的宗教教派。隋唐时期的佛教宗派主要是指三论、天台、唯识、华严、禅、净、密、律八宗,其中最具中国特色的是天台、华严、禅、净四宗。

中国佛教的"判教"最集中地体现了其综合调和、融会贯通的一面。所谓判教就是对所有佛教思想理论加以分科组织,即不以简单对待乃至全盘否定的态度处理大、小乘各派思想理论之间的关系,而是把它们作为佛在不同时间、不同地点,对不同听众的说法,从而有种种差异。也即以一个完整统一的思想体系的个别情况来加以区分高下等级,按照本宗的理论体系对各派学说给以系统的安排,分别给予一定的地位。这种判教方法吸取中国佛教已有的一切思想,组成为中国人所理解的,使大、小乘融为一体的一乘佛教思想体系,充分反映了中国佛教徒处理各种矛盾的高超思维能力以及追求和谐的独特思维方式。中国佛教最早的判教,实际上在南北朝时期已经出现。如涅槃师学者慧观,就曾把全体佛说的经教总分为两大类:顿教与渐教。"顿教"是指《华严经》(此经于420年与《如来藏经》同时出)。"渐教"则由发展次第,应用了《涅槃经》里面的议论,分为五时:一、"三乘别教",指最初的经教,重点是《般若》。二、"三乘通教",指对三乘一齐讲的经教,重点是《般若》。三、"抑扬教",由于有由小到大和大小同讲的《般若》过程,所以也就有了对大、小乘分别高下的经教,这指《维摩》、《思益》等。四、"同归教",事实上,大乘并不排斥小乘,而是三乘殊途同归,此指会三归一的《法华经》。五、"常住教",最后说如来法身是常,为最究竟的经教,即《涅槃经》。慧观这样的判教,产生的影响很大,特别是在江南一带,后来虽有另外一些判教的说法,基本上都没有超出它的范围。但最有代表性的判教还是隋唐天台宗的"五时八教"和华严宗的"五教十宗"。天台宗的五时,是将释迦一代说法分为五个时期,即华严时、阿含时、方等时、般若时、法华涅槃时。五时是就说法对象的根机利钝而建立的,并就上述五个时期所说之法,分作化仪四教和化法四教二类。化仪,是指释迦牟尼说法所用的仪式和方法,有顿、渐、秘密、不定四种。化法,是按释迦五时说法的教理浅深,有藏、通、别、圆四种。八教穿插在《法华》以前的四时。《法华》为最后时期的说法,被判为化导的终极,纯圆独妙,高出八教之表。华严宗的五教是:一、小乘教,是为不堪受大乘教的声闻乘人而说的教法,指《四阿含》等经,《僧祇》、《四分》、《十诵》等律,《发智》、《六足》、《婆沙》、《俱舍》、《成实》等论。二、大乘始教,是为开始从小乘转入大乘者所说的教法,这又有空始教、相始教两种:空始教指《般若》等经,《中》、《百》、《十二门》等论;相始教指《解深密》等经,《瑜伽》、《唯识》等论。三、终教,是指大乘终极的教门,指《楞伽》、《密严》、《胜鬘》等经,《起信》、《宝性》等论。四、顿教,是顿修顿悟的教门,指《维摩经》等。五、圆教，是圆融无碍的教门，指《华严经》。十宗是：一、我法俱有宗，指已入佛法的人天乘和声闻乘中的犊子、法上、贤胄、正量、密林山等部所立宗义。二、法有无我宗，指声闻乘中的说一切有、雪山、多闻、化地等部所立宗义。三、法无去来宗，指声闻乘中的大众、鸡胤、制多山、西山住、北山住、法藏、饮光等部所立宗义。四、现通假实宗，指声闻乘中的说假部、《成实论》及经部所立宗义。五、俗妄真实宗，指声闻乘中的说出世部等所立宗义。六、诸法但名宗，指声闻乘中的一说部等所立宗义。七、一切皆空宗，相当于大乘始教中的空始教。八、真德不空宗，相当于大乘终教。九、相想俱绝宗，相当于大乘顿教。十、圆明具德宗。相当于一乘圆教。华严宗的实际创始人法藏，还对此下结论说："此上十家立教诸德，并是当时法将，英悟绝伦，历代明模，阶位叵测……此等诸德岂夫好异？但以备穷三藏，觏斯异轸，不得已而分之，遂各依教开宗，务存通会，使坚疑硕滞，冰释朗然。圣说差异，其宜各契耳。"(《华严一乘教义分齐章》)从"务存通会"、"其宜各契"等语，可知华严宗的"五教十宗"判是融摄分歧，综合异说的表现。这种"异中求同"的思想倾向，还表现在中国佛教徒对"实相"的独特体认上。例如，法藏就认为五教经典都是对同一"实相"的不同看法，他在《华严金师子章》中把"实相"比喻为"金师子"，而五教不过是对这头金师子的各种不同描述而已。他认为小乘教对金师子的观点是："师子虽是因缘之法，念念生灭，实无师子相可得。"而大乘圆教对金师子的了解则是："即此情尽体露之法，混成一块。繁兴大用，起必全真。万象纷然，参而不杂。一切即一，皆同无性，一即一切，因果历然，力用相收，卷舒自在，名一乘圆教。"这种把不同学说视作对同一真理的不同阐发，无疑是融摄精神的高度表现。

天台宗创于隋代，实际创始人为智颤大师。因他住在浙江天台山，后人因山名宗。此宗如湛然在《止观义例》卷上所说，是以《法华经》为宗旨，以《大智度论》为指南，以《大涅槃经》为扶疏，以《大品般若》为观法，引诸经以增信，引诸论以助成。天台宗人在"五时八教"科判上建立了自己的思想体系，其核心是诸法实相论，即言一切诸法当体即是实相，而万有差别的事相皆是为显示法相真如的本相。智颤提出"圆融三谛"和"一念三千"来说明此义。圆融三谛是要说明即空、即假、即中的统一性。认为一切事物都由因缘而生，没有永恒不变的实体，叫做"空谛"；一切事物中虽无永恒不变的实体，却有如幻如化的相貌，叫做"假谛"；这些都不出法性，不待造作而有，叫做"中道谛"。随便举一个事物，他认为既是空，又是假，又是中，所以称为圆融三谛。换句话说："空"离不开"假"和"中"；"假"离不开"中"和"空"；"中"也离不开"假"和"空"。所谓"一念三千"，即认为一心具有天、人、阿修罗、地狱、饿鬼、畜生（以上称六凡）、声闻、缘觉、菩萨和佛（以上称四圣）十法界。但这十法界，不是固定不移的。"六凡"可以向上到达于"佛"的地位，而"佛"也可以现身在"六凡"之中，这样十法界相互具备，就成"百法界"。接着，又分析十法界所依之体，基本不外色、受、想、行、识五蕴，叫做"五蕴世间"；由五蕴构成有情（动物等）个体叫做"有情世间"。此外，还有所依住的山河大地，叫做"器世间"。十法界各具这三种世间，于是共有三十种世间。依此推算，百法界就具有三千种世间了。在佛教中所谓"六凡"、"四圣"乃至整个宇宙在天台宗看来，都不过是"介尔一念心"的产物，没有这"介尔一念心"也就没有一切。天台宗理论还有"三法无差"、"性具善恶"、"无情有性"等说。"三法无差"是佛法、众生法、心法三种。虽有自他、因果不同，而三法的体性都具足三千，互摄互融，并无差别。"性具善恶"是一切诸法即无一不具三千，所以染净善恶都可视为天然的性德。如来不断性恶，但断修恶；阐提不断性善，但断修善。"无情有性"是依据色心不二的道理，说明佛性周遍法界，不因有情无情而间隔，所以一草一木，一砾一尘，都具有佛性。天台宗总结了以前各派思想并加以发展，体现了大乘思想在中国的独创性。

华严宗，又名法界宗、贤首宗。始创于唐杜顺和尚，经二传至法藏，由法藏在总结前人各说的基础上，对《华严经》玄义加以发挥而逐步形成。从其判教理论可知此派崇奉《华严经》为佛说的最高经典，并以它来统摄一切教理。华严宗发挥《华严经》的法界缘起理论，认为宇宙万法，有为无为，色心缘起时，诸缘依持，相即相入，无碍圆融，如因陀罗网，重重无尽；并用四法界、十玄缘起、六相圆融等命题进行分析和论证。所谓四法界是指事法界、理法界、理事无碍法界、事事无碍法界。宇宙万法的事相，各各差别不同，界限分明，是为事法界。平等的理性即真如,为一切事法所依,生佛平等,无二无差别,是为理法界。差别的事法与平等的理性,二而不二,融通无碍,是为理事无碍法界。宇宙万法的差别事相皆由平等的理性所显现,故能一一称性融通,各有一即一切,一切即一的关系,一多相即,大小互容,而重重无尽,自在无碍,是为事事无碍法界。十玄是说明一切法的性。法藏的十玄包括:(1)同时具足相应门,(2)广狭自在无碍门,(3)一多相容不同门,(4)诸法相即自在门,(5)隐密显了俱成门,(6)微细相容安立门,(7)因陀罗网境界门,(8)托事显法生解门,(9)十世隔法异成门,(10)主伴圆明具德门。其中第一门同时具足相应义是十玄缘起的总义。十玄缘起是对事事无理法界的进一步发挥,即是于一切诸法方面明相即相入之理。诸法差别的现象,即其体说,莫不相即,就其用说,莫不相入。因其相即相入,故在空间上处处只见具足,在时间上时时只见同时。这具足和同时,无时无处莫不相应。六相是说明一切法的相。六相即总相、别相、同相、异相、成相和坏相。华严宗为说明事事无碍法界的相状而立"六相圆融"说。法藏曾举金师子为比喻,从六个方面说明师子缘起的相状,指出总相与别相、同相与异相、成相与坏相,都两两相顺相成,同时具足,互融无碍。

禅宗是中国佛教史上最有影响的一个宗派。本来作为宗教实践方法的禅法,不但为佛教大、小乘各派普遍实行,而且也是古代印度其他宗教的修行方法。中国禅宗并不专在修禅法,而是自有其一整套独特的思想学说体系;特别是以"不立文字,不加言说,明心显性,见性成佛"为其宗旨。禅宗的思想渊源一方面可以追溯到道生的"佛性说"和"顿悟说",另一方面也和南北朝佛教徒弘扬的《楞伽经》有直接关系。《楞伽经》在刘宋时由摩跋陀那译出,它本来并不专讲禅法,但涉及禅法,如分禅为四种:(1)"愚夫所行"指二乘禅,观"人无我";(2)"观察义",指大乘禅,观"法无我";(3)"攀缘如",观"诸法实相";(4)"如来禅",指"自觉智境",即佛的内证境界。印度僧菩提达摩依《楞伽经》弘扬禅法,发挥此经"专唯念慧,不在话言"的思想,称是承灵山法会,拈花微笑的如来心印,标榜"忘言、忘念、无得止观","贵领宗得意",绝不拘守于文字。达摩以"二入四行"(二入:理入、行入。四行:报冤行、随缘行、无所求行、称法行)的安心法门教人;其门人有慧可,慧可再传粲禅师、那禅师等,自成一派。当时也被称为"楞伽师"。隋代传至道信提倡"念佛心是佛",树立起"即心即佛"、"心净成佛"的思想。他在黄梅双峰山"择地开居,营宇立像",改变达摩、慧可所传随缘而往、独来独去的头陀行,创建传法基地,宣明大法,为中国禅宗正式创立奠定了基础。道信门下最著名者有弘忍、法融。弘忍彻底改变了以往禅师"一代一人"、秘密单传的付法方式,法门大启,根机不择,当理与法,分头并弘,"道俗受学者,天下十八九"。门下学人云集,人才辈出,终于使禅宗在派系纷呈的唐代佛教舞台上独占鳌头。弘忍开法,首次标出不立文字、顿入法界、以心传心的教外别传,史称"东山法门"。牛头山法融别出一枝,标识"以道(觉)为本","空为道本","无心用功","无心舍道",不仅和般若空观有关,而且也能见到老庄玄学的遗传因子。牛头禅虽仅传数代而绝,但其思想则为后世禅宗理论所融摄。弘忍门下,有神秀开北宗禅,慧能开南宗禅;对后世禅宗产生影响的主要是南宗,故人们常以南宗与中国禅宗画等号。其实,当时势力最大且被视为弘忍创立的禅宗正统的则是北宗;南宗战胜北宗而风行天下乃是一个历史过程。南北禅宗的思想学说既有异也有同。例如,他们都肯定人人皆有佛性(禅宗往往称"真心"、"本心"、"本性"、"自性"、"觉性"等),因而皆可成佛。但人人又都有无明,妄念掩盖着佛性。南宗慧能说:"世人性净犹如青天……妄念浮云盖覆,自性不能明。"(《坛经》)北宗也认为"众生虽本有佛性,而无始无明覆之不见,故轮回生死"。(《中国佛教思想资料选编》第二卷第二册,第 430 页)但是,北宗认为真心妄心"此二种心自然本来俱有,虽假缘私合,本不相生"(《观心论》),是截然对立的。南宗则认为"净性在妄中","即烦恼是菩提"(《坛经》),真心与妄心是一体的关系。他们虽然都主张通过修行去排除妄念、烦恼,从而发现佛性,觉悟成佛。但北宗因认定真心与妄念绝对对立,故认为只要杜绝妄念发生,就可以显现佛性。他们把杜绝妄念,称为"离念",实际上是主张抑制各种的心理活动。南宗既认为真心与妄心是一体的,在修行上也就不主张从除妄念着手,而是要直接发现真心,发现真心就意味着去除妄念。发现真心的方式就是"无念",无念是对真如的体认,是直觉能力的自然发挥。北宗强调禅定修行的重要,认为这是息妄修心的最有效方法,提倡"远离愦闹,住闲静处,调身调息,跏趺宴默,舌拄上颚,心住一境"(《中国佛教思想资料选编》第二卷第二册,第 430 页)。南宗虽不完全否定禅定修行,但对禅定的理解和北宗不同,反对那种静坐不动、心住一境的外在形式,提出"外离相即禅,内不乱即定",只要对事物现象无所执着即可,着重于内心的体认和观悟。由此出发,南宗进而提出解脱不离世间的"入世"思想,倡导"佛法在世间,于世出世间,不离世间觉,离世觅菩提,恰如求兔角","若欲修行,在家亦得,不由在寺,自家求清净,即是西方"(《坛经》)。佛教的"出世"思想被改造为"入世"思想,这是中国佛教思想史上的一次革命。北宗要求循序渐进,南宗则主张顿悟,"一念相应,便成正觉","一食若悟,即众生是佛",认为觉悟成佛是在一念之间实现的。这也成为南宗禅思想的一大特色。此外,北宗承袭东山法门的修行方式,坚持"系心一佛","专称名字",以追求外在的偶像达到对自心的体认。南宗则强调"自识本心,自见本性"的自悟修行。从南北禅宗思想的比较研究中,可见北宗近于保守,南宗趋于创新,因而南宗思想成为中国禅宗的主流是有其必然性的。

净土宗是专修往生阿弥陀佛净土法门的宗派。印度大乘佛教宣称,十方到处有佛,其数多如恒河沙,每一个佛都有自己的净土(也称"佛国","佛刹"),各在自己的净土教化众生。佛教中着重描述了阿弥陀佛、阿閦佛、弥勒佛、药师佛的净土,其中以赞颂阿弥陀佛的经典最多。一般所说净土信仰往往指弥陀净土信仰。传入中国的弥陀经典主要有三国康僧会所译《无量寿经》,罗什所译《阿弥陀经》,刘宋畺良耶舍所译《观无量寿经》和菩提流支所译《往生论》。这"三经一论"被净土宗奉为基本经典。在东晋时就有慧远邀集一批名僧居士在庐山建斋立誓,结社念佛,共期往生西方。慧远后专修净土法门的,南方有刘宋昙弘、萧齐法琳等人,北方则有慧通、真玉、慧光、道凭等人。但对弘扬净土思想真正发生重大影响的是北魏的昙鸾。昙鸾起初于四论及佛性论深有研究,后受菩提流支启发住并州大岩寺、汾州玄中寺专弘净土,著有《往生论注》二卷,《略论安乐净土义》、《赞阿弥陀佛偈》各一卷等。昙鸾的净土思想主要包括易行道说、他力本愿说、五念行说和弥陀净土论。他指出,此土所得不退转是难行道;往生净土后所得之不退转是易行道。在此土靠自力修行,是难行道;如果归依阿弥陀佛,依其本愿力就能往生不退转净土,这是易行道。不退转虽由佛力所得,但欲往生仍须修行。五念门是往生之因,五念门即礼拜门、赞叹门、作愿门、观察门和回向门。作愿门讲的主要是修"止",一心念佛,使心处于宁静状态,防止一切恶念恶行。昙鸾对此特别强调,提出观念佛时心即是佛。并把心念与赞叹门的口称阿弥陀佛号结合起来,认为这是一种简易可靠的修行方法。昙鸾在《往生论注》中继承和发挥了弥陀经典的思想,提出阿弥陀佛是报身佛,净土是报土,往生净土者是菩萨,永远超脱生死并能产生无上道心,最后成佛。昙鸾以后传承净土师说的有大海、法上、净影、慧远、灵裕等人。及至唐初道绰、善导,大弘净土法门,创立净土宗。庐山慧远以来的古净土师所弘扬的净土法门,大多是观察念佛。到了昙鸾,主张观察、称名并行。道绰、善导创立净土宗则主张一心专念弥陀一佛的名号,念念不断,以往生净土为期。净土宗虽然在中国历史上相沿不绝,但就其思想体系来说却相当贫乏粗陋。

唯识宗,又称法相宗、慈恩宗。此宗由唐玄奘西行求法,至中印度就学于戒贤论师,精通其法,归国住大慈恩寺传译所创。他上承印度弥勒、无著、世亲的瑜伽学说,下开唯识宗风,其间一统摄论师、地论师、涅槃师等种种分歧,糅译十师之说为《成唯识论》,从而使法相唯识思想得到弘扬。此宗对诸法性相进行了深入分析,阐明心识因缘体用,教人修习唯识观行,以期转识成智,成就解脱、菩提二果。但此宗学说只是照搬印度佛教思想,其理论又过于繁细缜密,不合中国人的传统思维方式,故不久就归于衰落了。

律宗的创立可上溯到南北朝佛教徒对《十诵律》和《四分律》的研习。当时南方十诵律师盛极一时,北方初则流行《僧祇律》,继则弘扬《四分律》。罗什等译出《十诵律》后,经卑摩罗叉校改并在江陵辛寺开讲《十诵》之学,自此大兴。据《高僧传》和《续高僧传》记载,南北朝时如僧业、僧璩、慧询、慧猷、智称、僧祐、法超、昙瑗、智文等均为著名十诵律师。其中智称曾著《十诵义记》八卷;僧祐著《十诵义记》十卷,昙瑗著《十诵疏》十卷,智文也著有《律义疏》等。《四分律》于后秦弘始十二年(410年)由佛陀耶舍译出后,起初并不流行。北魏孝文帝时,法聪在平城讲授《四分律》。其弟子道复撰《四分律疏》六卷,但只是把文字加以科分而已。

后来,慧光著《大乘义律章》百二十纸,又删定《羯磨戒本》,四分律学才大盛。弟子中有道云、道晖、洪理、昙隐等人皆专律学。道云弟子著名的有洪遵、道洪等,而开洪遵、道洪两个系统,洪遵一系在关中广为弘扬《四分律》,使原传《僧祇律》几成绝响。道洪门下智首则奠定了唐代律宗的基础。智首弟子道宣创南山宗,与他同时的还有法砺的相部宗和怀素的东塔宗,并称律宗三家。律宗三家互有争论,不久相部、东塔失传,唯南山一宗传承独盛,相沿不绝。《四分律》本属小乘律,但道宣南山宗以大乘教思想解释之,故有"摄小入大"之称。例如,律学主要的学说是戒体论,戒体是弟子从师受戒时所发生而领受在自心的法体。相部法砺依《成实论》,主非色非心戒体论;东塔怀素依《俱舍论》主色法戒体论。南山道宣则通于大乘,以阿赖耶识藏种子为戒体,称为心法戒体。可见南山宗后来成为中国律宗唯一代表并不像以往学者所言,仅仅是因为相部东塔鹬蚌相争,而南山渔翁得利的缘故。更主要的在于它符合中国佛教以大乘思想为主流的历史趋势。

密宗在唐代开元年间由善无畏、金刚智、不空等人传入中国,创立宗派。因为它纯粹是一种舶来品,其思想在汉地并没有产生重大影响。然而,它神秘主义的修持方法后来则为其他宗派所吸取。

五、 晚唐至清：各家归禅　禅净一致

晚唐五代以后,中国佛教的思想发展进入了一个新的历史时期。可以说,"各宗归禅,禅净一致"是这一时期佛教思想发展的特征和趋势。在士大夫阶层中间,有愈来愈多的人皈依到禅宗门下,其余义学各宗逐渐衰落。同时,随着佛教自上而下逐渐走向民间,成为社会普遍的信仰。简单易行的净土宗也日益盛行。特别是到了明清两代,不但提倡禅净一致,而且禅宗也流归净土行了。晚唐五代之后的中国社会状况是禅净得以崛起的重要原因。怀则在《天台传佛心印记》里指出:"始则安史作难,中因会昌废除,后因五代兵火,教藏灭绝,几至不传。"也就是说,经过了安史之乱,唐武帝、周世宗灭佛之难以及五代兵火连年,僧侣居无定所,经典散失殆尽。在这种情况下,那些注重繁文缛节,孜孜于义理参究的佛教宗派已经失去其存在的客观物质条件，因此很难再有什么发展。于是尚俭约、重修行的禅、净两宗自然便会取而代之，占领了其他宗派留下来的传法基地。禅宗在晚唐五代以后的兴盛，与其本身的特点也有很大关系。首先，自南北朝道生倡涅槃佛性思想，中国佛教对本体论的兴趣开始转向对心性的探究，到禅宗创立则把一切完全归之心性。这就和中国传统的儒家文化相契合；儒家学说研究的正是作为道德主体的人以及人与人之间的关系，他们又往往把人的道德基础归之于心性。从《孟子》的"尽其心者知其性，知其性则知天"，到《中庸》的"天命之谓性，率性之谓道"，到《大学》之"正心"、"诚意"，都无不由尽心见性以上达天道，由修心养性而转凡入圣。从这种儒家文化背景下走向佛教的士大夫最容易接受的自然是禅宗那套"明心见性"，"见性成佛"的思想体系。其次，禅宗主张不离世间求解脱，在日常生活中实现成佛理想，把出世之佛教完全变成了世俗化的佛教。这种思想主张也符合中国士大夫的价值取向。中国士大夫一般较少空想地追求精神的"天国"，而往往执着于此生此世的现实人生，十分重视人际关系的和谐稳定。因此，对于那些既想到佛教里寻求精神解脱，又不愿意完全舍弃对现实社会的道德责任的士大夫来说，只有禅宗才是与他们原来的价值取向最吻合的法门。再次，禅宗思想注重顿悟的特点，也切近他们的思维习惯。中国传统的思维方式不像西方人那样偏重于逻辑分析，而习惯于直观体认。早在战国时代的《庄子》那里就有"得鱼忘筌"，"得兔忘蹄"之说，至魏晋玄学兴起，这种"得鱼忘筌"的本体体认更成为一代风气，注重会意顿悟的禅宗与此正是如出一辙。最后禅宗强调"自觉"，运用清新活泼的语言，把人们积极应世的心意活动，引向繁富生动、错综复杂的现象世界，进而使人们领会彻天彻地、生佛平等的精神，不致我执蔽心，只会向外驰求满足，而能消受一种解放了的圆满自足的生活。并由其不立文字，摆脱教条，故能不为层积之文化堆所束缚，对当时文风纤靡的传统和烦琐的经义注疏之风予以甚大的冲击。以其独特的思想方法给当时那些陷入种种文字名相的戏论中不能自拔的士大夫打开了思想活路，使他们得以解放思想、摆脱教条，进入另一个充满自信和活力的世界，从而对当时的士大夫阶层产生了巨大的吸引力。

晚唐五代以后,中国佛教各宗皆归于禅,但佛教思想的发展并没有因此而停止。不过,只是改变了它的发展形式。禅宗的创立,一方面标志着印度佛教思想的中国化历程已经结束,开始转向中国化佛教思想的发展历程。另一方面,也标志着以往那种宗派异说、百家殊唱的时代已经结束,开始转向禅宗一枝独秀的时代。从此一切新的思想只能在禅宗内部发展。故慧能之后,禅宗不久就分为"五家七派"。慧能门下得到印可传法之人,主要有南岳怀让,青原行思、菏泽神会、永嘉玄学、南阳慧忠和法海等。他们各自继承了慧能的宗风,并加以发扬,很快形成新的禅风。其中以南岳怀让和青原行思两系繁衍尤盛。怀让传马祖道一,道一传百丈怀海,怀海门下有沩山灵祐、黄檗希运等,形成"触类是道"的南岳系。"触类是道"按宗密的解释是,修禅的人"起心动念,弹指謦欬,扬眉瞬目,所作所为皆是佛性全体之用,如面作多般饮食,一一皆面;如是全体贪嗔痴等,以至受苦乐等,一一皆性"。明心见性乃是修禅所要达到的目的,但怎样才能见到佛性呢?从弘忍神秀以来,都认为佛性乃是真心、清净心,只要得清净心,了此真心,就是见性。而怀让则一反其道,主张修禅者应该把人的行为综合起来观察,人的生心起念,一举一动,都应该看成是佛性的表现。因为佛性乃是一个全体,表现各有不同,要见佛性,就要在各种行为上着眼。所谓善恶苦乐,都是佛性的一种表现,所以叫做"触类是道"。决不能只把清净心看成是佛性。他们在实践上则主张"住心"、讲究"息业养神",不要故意去做什么好事坏事,只要能养神存性,任其自然,就做到家了。慧能另一门人行思住青原山静居寺阐化,同门的希迁、神会均于慧能逝世后,禀承遗命,前往青原,从行思学禅。希迁门下有药山惟俨,惟俨传云岩昙晟,再传洞山良价。青原一系实始于石头希迁。青原系发挥了"即事而真"的思想,主张要从个别(事)上显现出全体(理),石头(希迁)尝读《肇论》,对于"会万物为己者其惟圣人乎"一句话很有会心,就写成一篇《参同契》。大意说,要是将理事分别开来看,执事固迷,契理也非悟;如果合拢两者来看,每一门都有一切境界在,所谓"门门一切镜,回互不回互",这里面有互相含摄的地方,也有互相排斥的地方。这样看一切事象,自能圆转无碍,而人的行为也可以随缘出没了。此说再传到云岩更提出了"宝镜三昧"的法门,意谓人观万象应该和面临宝镜一般,镜里是影子,镜外是形貌,如此形影相睹,渠(影)正是汝(形),从而说明了"由个别上能显现出全体"的境界。

唐末五代间,由南岳、青原二系演化而成"五家七派"。南岳怀让至百丈怀海以下,率先出现的是沩仰宗,其次出现的是临济宗。青原行思至石头希迁以下,依次出现的是曹洞宗、云门宗和法眼宗。最后出现的是由临济门下分化出来的杨岐和黄龙两个支派。佛教史上常把"五家七派"称为"越祖分灯禅",因为他们共同的思想倾向是超佛越祖,乃至呵佛骂祖。例如《五灯会元》卷六记载石头希迁的学生丹霞天然去见马祖道一,"未参礼,便入僧堂,骑圣僧颈而坐,时大众惊愕,遽报马祖。祖躬入堂,视之曰'我子天然'",因而得名。另一次"于慧林寺遇大寒,取木佛烧火向,院主呵曰:'何得烧我木佛?'师以杖子拨灰曰:'吾烧取舍利。'主曰:'木佛何有舍利?'师曰'既不舍利,更取两尊烧'"。《五灯会元》卷七也记载了德山宣鉴禅师大不敬的话:"我先祖见处即不然,这里无佛无祖,达摩是老臊胡,释迦老子是干屎橛,文殊普贤是担屎汉。等觉妙觉是破执凡夫,菩提涅槃是系驴橛,十二分教是鬼神簿,拭疮疣纸。"这在旁人看来都是不可理喻的狂妄,其实正是反映了禅宗向"世界—我—佛"三者统一境界飞跃的必要前提,"一路向上"的思想历程。禅宗主旨在于明心见性,一无所染,至于湛然寂静的境界。若是念佛礼佛敬祖求祖,说明心中尚横亘着一个佛和祖的观念,尚存有凡圣差别之心。只有破尽由经籍而文字,由文字到一切外在的、表(征)信(号)的形式的名相,才能直指人心,一下子抓住那内在的、本质的成佛究竟。本来"我"即"佛"即"世界",一切圆满,一切具足。只要参悟到这一点,就是抓住了世界本原,佛法的真谛。超佛越祖正是在于引导人们重新认识自己,发现自身的佛性。

"五家七派"虽然基本思想相同,然也各有创见。沩仰宗,由灵祐和他的弟子慧寂开创。他们先后在潭州的沩山,袁州的仰山,举扬宗风,故以两山命名。他们以"镜智"为宗要,而出"三种生",即:想生、相生、流注生。如石佛颂曰:想生为"密密潜行世莫知,个中已是涉多歧。如灯焰焰空纷扰,急急归来早是迟"。相生为"法不孤起仗境生,纤毫未尽遂峥嵘。回光一击便归去,幽鸟忽闻双眼明"。流注生为"尘尘声色了无穷,不离如今日用中。金锁玄关轻掣断,故乡归去疾如风"。在这基础上，他们创造了九十七圆相顿悟法，也就是所谓的"默照禅"来接引学人。临济宗，是继沩仰之后由义玄创立的。义玄是黄蘗希运的大弟子。他于河北镇州的临济院举扬宗风，故以院名称宗。义玄说：一念心上清净光即是法身佛，一念心上无分别光即是报身佛，一念心上无差别光即是化身佛；而轮回三界受种种苦，只是由于"情生智隔，想变体殊"。假如能看到这一点，回光返照，停歇一切向外驰求的念头，就当下与祖、佛没有区别。所以真正学道人，只是随缘任运，不希求佛、菩萨、罗汉等果乃至三界殊胜，迥然独脱，不为外物所拘。这是临济宗的根本思想，他的语句作略，便是通过这根本思想而用峻峭的机锋为学人解粘去缚的。曹洞宗，由良价及其弟子曹山本寂开创。此宗"家风细密，言行相应"；随机利物，就语接人。看他来处，忽有偏中认正者，忽有正中认偏者，忽有兼带，忽同忽异，示以偏正五位、四宾主、功勋五位、君臣五位、王子五位、内外绍事等。曹洞宗继承了石头希迁的"即事而真"的思想，"功勋五位"、"偏正五位"等命题正是用以说明这个道理的。云门宗为文偃创立，因他在韶州云门山举扬宗风，故以此山名宗。文偃由雪峰存、德山鉴、龙潭信、天皇悟上承石头迁的思想，着重在一切现成，与"即事而真"的见解一脉贯通。所以他示众最根本的说法："函盖乾坤，目机铢两，不涉万缘，作么生承当？"大众无对，他自己代大众说："一镞破三关。"后来他的法嗣德山缘密把它析为"三句"，即："函盖乾坤句，截断众流句，随波逐浪句。有颂初句云：乾坤并万象，地狱及天堂，物物皆真现，头头总不伤。"恰当地说明了一切现成的见解。截断众流、随波逐浪二句，则是说他接引学人的教学方法，也即所谓机用。尤其"截断众流"的方法，是云门所常用的。如他接引学人，每每用一语、一字，蓦地截断葛藤，使问者截断转机，无可用心，从而悟得世谛门中一法不立。法眼宗，由文益开创，因南唐中主李璟赐以大法眼禅师称号，故以"法眼"名宗。文益著《宗门十规论》阐明"理事不二，贵在圆融"与"不著他求，尽由心造"之旨。他又著《华严六相义颂》，说明理事圆融的道理，著《三界唯心颂》说明尽由心造之旨。德韶继承其"一切现成"的宗旨，也说："佛法现成，一切具足。古人道：'圆同太虚，无欠无余。'"又说："大道廓然，诓齐今古，无名无相，是法是修。良由法界无边，心亦无际；无事不彰，无言不显；如是会得，唤作般若现前，理极同真际,一切山河大地、森罗万象、墙壁瓦砾,并无丝毫可得亏缺。"后来他的再传弟子延寿发挥文益的"不著他求,尽由心造"之旨,乃"举一心为宗,照万法如镜",著《宗镜录》一书。博引教乘,说明一切法界十方诸佛、菩萨、缘觉、声闻乃至一切众生皆同此心。所以此一心法,理事圆备,是大悲父、般若母、法宝藏、万行原,假如了悟自心就顿成佛慧。到了南宋以后,禅宗思想就逐渐停滞了。而且"五家七派"的发展也极不平衡,到此时,只剩下临济宗和曹洞宗依然灯火相续,传承不绝。

晚唐五代之后,在禅宗思想发展的同时,净土宗为适应底层民众的需要,也在对佛教思想发动一场悄悄的革命。传统佛教区别于其他宗教的地方,正在于否认有一个彼岸世界的存在,可是净土宗却以宣扬往生净土为特点,对此唐代净土宗人提出了一个往生即无生的理论以自圆其说。如道绰说:"今言生者是因缘生,因缘生故是假名生,假名生即是无生,不违大道理也,非如凡夫谓有实众生、实生死也。"(《安乐集》卷上)唐代以后,人们越来越不满足于死后佛国天堂的安慰,而更迫切地希望在现世即得到解脱。佛教适应着这种社会需要逐渐向世俗化方向发展,而净土宗宣扬往生,把一切安慰与快乐都寄托于来世,这就必然会因为不合时宜而妨碍自身的发展。于是后来的净土宗人就力图调和今生与来世,此岸与彼岸,世法与出世法的矛盾。他们极力宣扬往生净土不应离开世法,必须广修十善为出世之资料。提出"要将秽土三千界,尽种西方九品莲",强调往生他方净土,要从建立人间净土开始。净土宗宣扬出生死苦海,到极乐彼岸,正是在现实苦难中挣扎的下层民众梦寐以求的。而且它不论愚智,不讲根机,不劳观想,不必参究,执持名号,就算皈依净门,其简易直捷的修行方法也吸引了许多信徒。因此,净土宗在晚唐五代之后的流传愈益广泛。相反,禅宗却因在宋代以后走上了重"颂古"、"评唱",舞文弄墨、浮华空疏的道路而每况愈下。在禅宗内部就出现了一种提倡"禅净一致"的思潮。它的首倡者是宋代法眼宗巨匠永明延寿,其净土著述有《神栖安养赋》及《万善同归集》、《六重问答》等。为净宗奉作准绳者,有四料简偈,如云:"有禅无净土,十人九蹉跎,阴境忽现前,瞥尔随他堕。无禅有净土,万修万人去,但得见弥陀,何愁不开悟? 有禅有净土,犹如戴角虎,现世为人师,将来作佛祖。无禅无净土,铁床并铜柱,万劫与千生,没个人依性。"

延寿后来一意专修净业,晚间往南屏山顶行道念佛,其门徒都归宗净土,致使法眼宗失传。另有慈觉宗赜禅师作莲花胜会序云:"以念为念,以生为生者,常见之所失也;以无念为无念,以无生为无生者,邪见之所惑也;念而无念,生而无生者,第一义谛也。是以实际理地,不受一尘,则上无诸佛之可念,下无净土之可生;佛事门中,不舍一法,则总摄诸根益有念佛三昧、还原要术,示开往生一门。所以终日念佛而不乖于无念,炽然往生而不乖于无生,故能生佛各住自位而感应道交,东西不相往来而神迁净刹。"后被尊为净土宗八祖。宋末之时的临济宗巨匠中峰明本禅师,晚年也专修净土。不但自己笃行实践,而且积极推广净土法门;现在流行的《净土忏》就是他的遗著。明初临济宗楚石梵琦禅师,自幼每日清晨修十法念佛,求生净土;主持天宁时,筑室西偏,专修净业,默观极乐依正庄严。作有西斋《净土诗》,为后世所传颂,被选入《净土十要》。还有被奉为净土十一祖或十二祖的彻悟禅师,清乾、嘉间人。初参禅,兼达台贤教理,主持广通禅寺,禅风大振。后因病而归修净土行,禅者多依之修净土。他的彻悟语录中有摄教义之百偈,每偈都冠以"一句弥陀"四字,由此可见禅宗最后流归净土行的趋势。净土宗的盛行把传统的佛教和佛教的传统一扫而光,这正说明中国佛教思想已经进入了一个江河日下的时代。

主要参考文献

(1) 吕澂:《印度佛学源流略讲》

(2) 吕澂:《中国佛学源流略讲》

(3) 中国佛教协会:《中国佛教》第1辑

(4) 太虚:《中国佛学》

(5) 任继愈:《中国佛教史》第1、2、3卷

(6) 任继愈:《中国哲学史》

(7) 汤用彤:《汉魏两晋南北朝佛教史》

(8) 赖永海:《中国佛性论》

(9) 顾伟康:《禅宗:文化交融与历史选择》

(10) 沈诗醒:《禅学、禅宗及其流变之初探》

第十章
中外佛教文化交流

公元前六至前五世纪,佛教在印度恒河流域创立以后,不久就向周边国家传播。其中向北一路传至中亚各国,并越过葱岭进入中国西域地区。汉代打通了内地与西域的交通后,佛教又沿着丝绸之路逐渐向中国内地传播。魏晋南北朝时,印度佛教向中国文化圈的推进势头由弱转强。它不但已为当时的中国人普遍接受,而且中国佛教徒还发挥主动精神,发起西行求法运动,有力地促进了中印佛教文化交流。隋唐时期,随着佛教中国化的完成,佛教又由中国本土向东扩散。东北一路传至朝鲜、日本;东南一路传至越南,逐渐形成了中国佛教文化圈。中外佛教文化交流的历史表明,中国文化自古以来,就有对外来文化兼容并包的恢廓胸襟,这不但是它具有强大生命力的表现,也是它能够繁荣发展的重要原因。中国文化一方面善于吸收和融合外来文化,另一方面又充满自信地走向世界,在全人类文化中显示了它的独特价值。

一、 佛法东来和丝绸之路

对佛教始入汉地的历史长期以来一直是扑朔迷离、传说纷纭。后人揣测附会,假托造伪,以致种种传说与时俱增。但这些传说几乎又都认为佛教是沿着丝绸之路,由西北向东南扩散,先影响西域再影响内地的。汉代西域的范围有广狭两义。广义的西域,包括天山南北及葱岭以外中亚、印度、高加索、黑海之北一带地方。狭义的西域,为今新疆天山南路之全部。一般所指即为狭义的西域,其西为帕米尔,北为天山,南为昆仑山,三面高山环绕。中部为塔里木盆地,盆地中横亘着塔克拉玛干大沙漠。自西往东,长达900公里左右,宽三百余公里。盆地东头有罗布泊,为盐块堆积之海床,乃史前时代咸水湖干涸所成,史称"盐泽"、"蒲昌海"。盆地南北边缘有狭小的绿洲可以居人。汉初分布着三十六国,其后稍分至五十余;近人方豪先生以为是雅利安人种。在塔里木盆地的南缘,有楼兰(鄯善)、且末、于阗、莎车等国(南道诸国);在盆地的北缘,有尉犁、焉耆、龟兹、姑墨、疏勒等国(北道诸国)。这些国家多以城郭为中心,兼营农牧,有的还能自铸兵器,只有少数国家逐水草而居,粮食仰赖邻国供给。西域诸国语言不一,互不统属。月氏、龟兹、焉耆人操吐火罗语;于阗人操和阗语;流通最广的是粟特语,康居人即操这种语言。三者皆属印欧语系。由于自然条件的限制和其他原因,它们每国的人口一般只有几千人到二三万人;人口最多的龟兹,才达到八万人,最少的仅有几百人。天山以北的准噶尔盆地,是一个游牧区域。盆地东部的天山缺口,由车师(姑师)控制着。车师以西的伊犁河流域,原来是塞种人居住的地方。汉文帝时,敦煌、祁连一带的月氏人被匈奴人逼迫,向西迁徙到这里,赶走了塞种人。后来,河西地区的乌孙人又向西迁徙,把月氏人赶走,占领了这块土地。乌孙人有十二万户,六十三万口,"不田作种树,随畜逐水草,与匈奴同俗"。西汉初年,匈奴的势力伸展到西域,征服了这些国家,置"僮仆都尉"于北道的焉耆、危须、尉犁之间,榨取西域的财富。自玉门关出西域,有两条主要的路径。一条经塔里木盆地东端的鄯善,沿昆仑山北麓西行至莎车,称为南道。南道西出葱岭至中亚的大月氏、安息。另一条经车师前王庭,沿天山南麓西行至疏勒,称为北道。北道西出葱岭,至中亚的大宛、康居、奄蔡。以上南北二道都在天山南麓,称天山南路。此外还有一条天山北路,即从哈密出发,沿天山北麓而行,中经乌孙、大宛,至康居。这几条沟通中西交通的路线就是举世闻名的"丝绸之路"。与西域相邻的中亚诸国中,大宛户六万、口三十万,有城郭屋室,属邑大小七十余城,农业和畜牧业都比较发达,产稻、麦、葡萄和良马。大宛西南是从河西迁来的大月氏。大月氏地跨妫水(今阿姆河)南北,营游牧生活。原住这里的被大月氏所臣服的大夏人,"俗土著,有城屋,与大宛同俗",是希腊人后裔。公元前327年,马其顿国王亚历山大率领希腊军队入侵印度,曾到达印度西北地区的旁遮普一带。后亚历山大被迫退出印度,却在印度西北地区建立了两个殖民省。公元前255年希腊人狄奥多特据巴克特里亚独立,汉语称大夏国;公元前130年左右被大月氏人征服。大月氏以西的安息是一个强大的国家,"其属大小数百城,城方数千里","商贾车船行傍国"。在大宛、安息的北面,今咸海以东的草原,则由游牧的康居人控制着。

张骞出使西域,标志着"丝绸之路"的开辟,沟通了内地与西域的联系。汉武帝听说西迁的大月氏有报复匈奴之意,所以募使使大月氏,想联络他们夹攻匈奴。汉中人张骞以郎应募,建元三年(公元前138年)率众一百余人向西域进发。张骞在西行途中,被匈奴俘获,他保留汉节,居匈奴中十余年,终于率众逃脱,西行数十日到达大宛。那时大月氏已自伊犁河流域迁到中亚,张骞乃经康居到达大月氏。大月氏在中亚"地肥饶,少寇,志安乐,又自以远,远汉,殊无报胡之心"(《汉书·张骞传》)。张骞不得要领,居岁余而还。他在归途经过羌中,又被匈奴俘获,扣留了一年多。元朔三年(公元前126年),张骞回到长安,元朔六年受封为博望侯。张骞出使西域,前后达十余年,历尽各种艰险。他的西行,传播了汉朝的情况,获得了大量前所未闻的西域资料,所以司马迁把此行称为"凿空"。元狩四年(公元前119年),张骞再度出使西域,目的是招引乌孙回河西故地,并与西域各国联系。张骞此行率将士三百人,每人备马两匹,并带牛羊以万数,金币丝帛巨万。张骞到乌孙,未达目的,于元鼎二年(公元前115年)偕同乌孙使者数十人返抵长安。随后,被张骞派到大宛、康居、大夏等国的副使,也同这些国家报聘汉朝的使者一起,陆续来到长安。从此以后,汉同西域的交通频繁起来,汉王朝派到西域去的使臣,每年多的十几批,少的五六批;每批大的几百人,小的百余人。这些使者皆贫人之子,"私县官赍物,欲贱市以私其利",所以使者队伍实际上也是商队(《汉书·西域传》序)。丝绸之路开辟后西域与内地联为一体,经济、文化联系日益密切,其中影响最大的则是丝绸西去,佛法东来。释迦牟尼创立佛教后,起初主要在恒河中上游传教。至孔雀王朝阿育王时代(前273—前232年)佛教大盛。阿育王在各地广建寺塔,供养僧侣;树立石柱,弘扬佛法;并经常举办法会,佛教史上的第三次结集,便是在他的支持下举行的。阿育王还分派长老到印度各地和毗邻印度的中亚、南亚、东南亚一带传教。其中末阐提一路到达印度西北部的犍陀罗和迦湿弥罗(即罽宾国),大勒弃多到达希腊人建立的大夏国。后来佛法又远播到中亚的安息、康居等国,佛教文化逐渐在这些地区广泛传播。部派佛教时期在这些地区流传的主要是小乘佛教一切有部。大乘佛教兴起后,这里又逐渐成为大乘佛教的中心。大月氏征服大夏后,迅速吸收当地的古代波斯、希腊和印度文化,大夏的佛教文化也被大月氏传承下来。大月氏后分为休密、双靡、贵霜、肝顿、都密"五部翕侯"。约在公元一世纪初,贵霜翕侯丘就攻灭其他四部,自立为王,建立贵霜王国,并西侵安息,南略印度。至其子阎膏珍时攻占整个印度西北部,控制了恒河流域。迦腻色迦王时代,贵霜王国的统治遍及全印度,成为中亚的一大帝国,迦腻色迦王崇信佛教,积极把佛教推向大月氏占领的一切地区。他下令举行了佛教第四次结集,规定以梵文编订佛经。然这次结集实际上只是一切有部的结集,南印度各派僧侣均不与会,遂使佛教分为南北系统。南部以锡兰岛为根据地,后传到缅甸、泰国及南洋诸岛。北部则以北印度罽宾为根据地。

佛教虽源于印度,但最初则由印度西北部传到大夏、大月氏、安息、康居,再东逾葱岭传入西域地区,经天山南路的于阗、龟兹等国,进玉门关、阳关而传入中国内地。最初来华的传教者是笃信佛教的中亚各国和西域僧人,而不是印度僧。最初的佛教经典也是先传至于阗、龟兹等地,再传到内地的。据今人季羡林先生考证,认为汉地最早的佛经皆不是直接从梵文译过来的,而是经过中亚古代语言,特别是吐火罗语的媒介。在中印文化交流的初期,这两个东方文明古国并不完全是直接来往,使用吐火罗语的各个民族曾在中间起了桥梁作用。特别是大月氏建立了横跨中亚印度的贵霜王国,对推动佛教向中国的传播更是起了主要作用。不但西域佛教受其直接影响,中国内地与佛教的最初接触也与大月氏密切相关。如《魏书·释老志》记载:"及开西域,遣张骞使大夏还,传其旁有身毒国,一名天竺,始闻浮屠之教。"这是中国人最早得到有关佛教的信息。《魏略·西戎传》记载:"昔汉哀帝元寿元年(公元前2年),博士弟子景庐受大月氏王使伊存口授《浮屠经》。曰复豆者,其人也。《浮屠》所载蒲塞、桑门、伯闻、疏问、白疏问、比丘、晨门,皆弟子号。"这是中国人最早接触佛教教义的记载,口授佛经正是当时印度佛教的传播方式。东汉《四十二章经》序言记载:"昔汉孝明皇帝,夜梦见神人,身体有金色,顶有日光,飞在殿前,意中欣然,甚悦之。明日问群臣,此为何神也?有通人傅毅曰:'臣闻天竺有得道者,号曰佛,轻举能飞,殆将其神也。'于是上悟,即遣使张骞、羽林中郎将秦景、博士弟子王遵等十二人,至大月支国,写取佛经四十二章,在十四石函中,登起立塔寺,于是道法流布,处处修立佛寺,远人伏化,愿为臣妾者不可胜数。国内清宁,含识之类蒙恩受赖,于今不绝也。"

后来,明帝感梦遣使求法的传说又衍生出"使者张骞,羽林中郎将秦景到西域,始于月支国遇沙门摄摩腾,译写此经(指《四十二章经》)还洛阳"(见《出三藏记集》、《冥祥记》、《高僧传》等,但互有出入)。所有这些关于佛教始传中国的传说几乎无一例外地涉及大月氏国,虽未免有不实之辞,但至少说明一个事实,即与传法最初有关系者为大月氏。据历史记载,最初传译佛经到中国的也有许多是月氏人。如支娄迦谶就是汉代最著名的译经大师,与安世高分别开创了初期译经的月氏大乘系统和安息小乘系统。支谶之后,至华大月氏译师还有东汉支曜;三国支谦,支强梁接;西晋竺法护,支法度;东晋支道根,支施仑,昙摩难提;刘宋道泰和唐代的月婆首那等人。他们所译经典据近人东初《中印佛教交通史》的粗略统计约有一百七十五部、五百六十卷,其中包括大乘经典一百二十七部、二百九十九卷。大月氏人译出的佛经以大乘占优势,若华严、方等、般若、法华、涅槃五大部无不具备,实是中国大乘佛教的策源地。

安息在西汉时是中亚最大强国之一,汉武帝时即与中国正式交通,后一度断绝,东汉章帝章和元年(87年)才恢复往来。安息人长于行商,其地成为东西贸易中心,中国丝绸往往经安息商人之手运往欧洲。故经西域到安息的丝绸之路上骆驼商队络绎不绝,安息的佛教徒便随之东来传法。东汉最著名的译经大师安世高即为安息王太子,可见当时佛教在安息社会已经十分盛行。从安世高所译经典可知当时安息信奉的仍是小乘一切有部的教义。汉灵帝末年来华的安玄则是一个周游各地的安息商人,佛教居士。他译出早期大乘佛教经典《法镜经》(即《大宝积经·郁伽长者会》的异译),大概此时大乘佛教已在安息传播。安世高、安玄之后东来的安息译师还有三国的昙无谛、西晋的安法钦和安法贤等人。康居国和大月氏、安息并为印度佛教向中国传播的媒介,其先后东来传译佛经的有三国康僧会,此人为佛教传入中国江南地区之第一功臣。汉代还有康臣、康孟详,三国时有智嵩、慧明、康僧铠;东晋时有康法邃、法本、法华、支昙谛;刘宋时有阿那摩祇等人。康居人译经所本皆为粟特文,这是他们通用的语言。近代西方探险家斯坦因等曾在罗布泊至敦煌古道上,发现公元一世纪的粟特文佛经。可见康居人对佛教文化传播之贡献殊大。

　　大月氏、安息、康居等国直接与中国西域地区毗邻,西域成为东西文化汇流之地,无论是东方文明西传,还是西方文化东被,均须经过西域。佛法东渐,西域自然也首蒙其化,特别是丝绸之路南北两道的重镇于阗和龟兹因而成为西域地区的佛教中心。于阗,《大唐西域记》称"瞿萨旦那国",汉译"地乳"。关于于阗建国和早期佛教的历史充满神话色彩,不足为训。但据《史记》、《汉书》记载至少在汉武帝时已经立国,其佛教也是公元前从印度迦湿弥罗直接输入,因此长期流传迦湿弥罗的小乘佛教。东晋法显西行到于阗时,见其国中有十四大僧伽蓝,小寺百余所,僧徒五千人。从四月一日起,城里便扫洒道路,庄严巷陌,其城门上,张大帏幕,事事严饰,王及夫人采女皆住其中,此时当为于阗佛教全盛期。而大乘教已经为王敬重,占了主导地位。于阗为印度佛教进入中国的第一站,初期来华译师所译大乘佛教经典原本十有八九来自于阗。如曹魏朱士行西行寻求《放光般若经》原本,即由于阗获得。西晋时支法领在于阗获《华严经》梵本三万六千偈。沮渠京声所译禅法要解等经典原本也大多来自于阗。萧齐时,达磨摩提译出《法华经·提摩达多品》,虽仅一卷,但是最早传译的《法华经》其原本也在于阗所得。当时于阗王宫有《法华》梵本六千五百偈,昙无谶译《大涅槃经》四十卷,只有其中前十二卷原本为其从中印度携来,余则皆在于阗获得。在最初的译经师中也有许多于阗佛教徒,如西晋的祇多蜜,唐代的实叉难陀、提云般若和智严等,皆为著名译师。在西域诸国中,龟兹与中原关系最为密切。关于龟兹早期佛教历史虽然现在已无史可证,但它地处中印交通要冲,汉代印度和中亚各国欲来中国内地必须取道龟兹。大月氏在公元前即与中国发生佛教关系,大月氏佛教徒东来必经龟兹。据此推测,佛教传入龟兹必不会晚于此时。佛教传入中国之初,龟兹乃是佛经传播中心。印度佛经东传,一般皆先由梵文译成"胡语"(吐火罗文等),再由胡语译为汉文。许多龟兹佛教徒皆直接参加译事。曹魏正始之末,龟兹王子帛延"善晋胡音","博解群籍,内外兼综",曾参与支施崘翻译《首楞严经》(见《出三藏记集》卷十三),还亲自译出《无量清净平等觉经》等六部经典。西晋时,竺法护译《正法华经》也有龟兹居士帛元信参校。至于龟兹高僧鸠摩罗什则更为中国佛教翻译史上一位划时代的伟大人物。公元四世纪中叶,龟兹小乘佛教领袖佛图舌弥则对佛教律学的传译作出了贡献。当时僧纯从佛图舌弥那里获比丘尼戒本和授戒法，汉地比丘尼戒法自此盛行。东汉末年以来，印度佛教徒陆续来华，如竺佛朔、维祇难、竺律炎、竺大力、昙果、昙柯迦罗等来到洛阳译经。他们中间大多数人都是经丝绸之路抵达西域，然后再一步一步东行走向中国腹地的。可以说，没有丝绸之路，也就不会有佛法东来的历史。

西域佛教向东扩散，最先影响陇西一带居民。凉州、敦煌等地自古即为内地通向西域的门户，也是丝绸之路的东端。西域僧人常有留居陇西之地者。如据《高僧传》所载，竺佛念、竺法护、宝云、智严、道普、法盛等初期译经僧都出生于这一带。当地汉族居民对他们以礼相待，处之既久，也都通晓胡语，信奉佛法。自陇西再向东传至洛阳，这是佛教始入内地的主要路线。洛阳为汉代译经的中心，安世高、支谶均在此译经，中国第一个参与译事的汉族佛教徒严佛调也在洛阳出家。汉桓帝奉佛，北宫已立浮屠之祠。而据《道行经后记》记载，汉代洛阳城西已有菩萨寺。近人梁启超和法人伯希和皆谓汉代佛教传入先由海道，似不可信。汉代虽有海上交通，但尚不发达。魏晋南北朝时，中国与印度、安息等国交通曾因战争关系一度受阻，但受影响的主要是政府间的交往和经济贸易，佛教徒的往来当不致受到太大影响。故汉魏两晋间，虽时有印度、中亚僧人搭船从海上抵中国南方，但自海路来华者往往自有特殊原因。如康僧会虽为康居人，但世居印度，其父以商贾移住交趾，故他取海道东来是很自然的。而大多数传教者则仍不取海程，因为对中国佛教产生影响的大乘教派主要根据地在印度西北部，他们当然是不会舍近求远，绕道而行的。

汉代佛教虽已传至中国内地，但信仰者主要是来华经商的中亚和西域"胡人"。当时中国的丝绸贸易往往由外国商人经营，"大宛善市贾，争分铢之利"，罽宾也"实利赏赐贾市"。托留美《地理学》第一卷也记述有马其顿商人蒂相纳斯的代理人自巴克特里亚经石塔进入中国经商。为满足这些来自佛教地区的商人之宗教需要，汉朝政府允许在内地设立寺院。但"唯听西域人得立寺都邑，以奉其神，其汉人皆不得出家"（《高僧传·佛图澄传》）。当时像楚王英、严佛调、牟融那样的汉族佛教徒在整个社会里只是凤毛麟角。佛教真正在中国内地的盛行则是由汉末魏晋以来西北少数民族内移的推动。东汉末年,西北边陲的许多民族陆续向内地迁移,在辽西、幽并、关陇等地与汉人杂居一处。到西晋时已出现"关中之人百余万口,率其多少,戎狄居半"的局面。同时,中亚和西域地区经常发生动乱和政争,于是也有许多人避居中国内地。如支谦一族就是汉灵帝时由其祖父法度率数百人来归化的月氏人,智嵩、慧明则是三国时为避国难来归的康居人后裔。这些西北少数民族大多早已皈依佛教,在向内地的迁移过程中自然成为自觉或不自觉的传教者。如果说以前佛教东来不过是涓涓细流的话,此时已成一强大的潮流,对中原汉文化进行了第一次大规模的冲击。以往论者皆把佛教在中国得到广泛传播的原因,仅仅归结为苦难中的人民希望借助佛教得到精神安慰。但倘若没有西北少数民族内移这一契机,汉族人民又何以能够选择完全来自异质文化圈的佛教作为自己的信仰呢?可见少数民族的内移实为中国佛教兴起的先决条件之一。永嘉乱后,中原更是成为各民族的纷争之地。各少数民族政权的统治者自觉地把佛教作为占统治地位的意识形态,更使佛教的扩散如虎添翼。这些少数民族统治者所以选择佛教,而不是选择儒道作为其统治思想,不过是为了迎合当时少数民族中普遍存在的反汉心理。他们认同于非华夏正统的佛教文化正是这种民族心理的反映。《高僧传·佛图澄传》记载石虎与王度的一段君臣对答很能说明问题。当时"(佛图)澄道化既行,民多奉佛"。汉族士大夫出身的王度对石虎说:"佛出西域,外国之神,功不施民,非天子诸华所可宣奉。"石虎却说:"朕生自边壤,忝当期运,君临诸夏。至于飨祀,应兼从本俗,佛是戎神,正所应奉。"直到西晋初,汉人中的佛教徒为数仍甚少。东晋时,王谧答桓玄问,说"曩者晋人略无奉佛,沙门既众,皆是诸胡,且王者不与之接"(见《全晋文》卷二十),正是反映了这一事实。但最后佛教文化还是对众多的北方汉族人民发生了影响。晋室南渡之后,随之南下的士大夫又把他们刚刚接受的佛教文化影响带到了广大的南方地区,和本来已在南方建立了若干桥头堡的佛教势力相汇合。从此,佛教文化就覆盖了整个中国。

纵览印度佛教文化向中国传播的历史过程,人们不难发现它所以能够顺利地自西向东推进,一方面因为当时的中国"虽然也有边患,但魄力究竟雄大,人民具有不至于为异族奴隶的自信心，或者竟毫未想到，凡取用外来事物的时候，就如将彼俘来一样，自由驰使，绝不介怀"，"那时我们的祖先们对于自己的文化抱有极坚强的把握，决不轻易地动摇他们的自信心，同时对于别系的文化抱有恢廓的胸襟与极精严的抉择，决不轻易地崇拜或轻易地唾弃"（鲁迅语），故能对佛教采取开放的态度。另一方面，也因为佛教的输入完全是采取和平传教的方式。既无借传教而觊觎中国领土的政治野心，也无藉弘法而掠夺中国财富的经济企图，更没有以铁骑战舰为传教之后盾。中印文化的交流，完全是一种平等的交流。唯因其平等，故能令人们摒弃民族畛域而注目于佛教本身的文化价值。这就为全人类的文化交流树立了一个光辉的典范。

二、 西行求法运动

佛教东来后，中国佛教徒并不满足于西域僧人的传译，决意西出阳关，直探百尺竿头，于是发起西行求法运动，揭开了中外佛教文化交流的又一幕。

曹魏朱士行是中国西行求法第一人。朱士行，颍川人，嘉平年间（249—253年），昙柯迦罗传译《僧祇戒本》，朱士行依法出家，为中国第一个真正的受戒比丘。出家后专务经典，见竺法调所译《道行经》，文句简略，词义难明，便发愿西行求取原本。魏甘露五年（260年）出发，西度流沙，抵达于阗，得梵本《大品般若》九十章，六十余万言。当时，于阗王支持小乘教徒，视大乘经典为异端，不准携经。朱士行坚请，到太康三年（282年）才由其弟子弗如檀送归内地。后由竺叔兰、无罗叉译为《放光般若经》二十卷。朱士行本人则留在于阗，以八十高龄去世。

朱士行后，逐渐形成一股西行求法的高潮，其中最有影响者为东晋时的法显和尚。法显，俗姓龚，平阳武阳人，三岁便度为沙弥，二十岁受具足戒。他常慨经律舛阙，誓志寻求。后秦弘始元年（399年）法显以六十二岁高龄启程西行，与同学慧景、道整、慧嵬、慧达五人从长安出发，往印度寻求戒本。进至张掖，与智严、慧简、僧绍、宝云、僧景等相遇，同行至敦煌。法显等五人先行，智严等后至，经鄯善而至乌夷（即龟兹）。智严等返高昌，法显等六人继续前行至于阗。僧绍一人转往罽宾,法显等五人越过葱岭,走了一个月,渡新头河(即印度河),历悬度之险,过七百级栈道,进入北印度的乌苌国。这时已是402年四月了。法显在此坐夏后又历游犍陀卫,竺刹尸罗,弗楼沙国。宝云、慧应由此返回祖国。法显遂至那竭国,观礼佛顶骨。度小雪山,慧景冻死,法显和道整折向东南,进入中印度。405年到摩竭陀国华氏城,滞留三年,获《摩诃僧祇律》、《阿毗昙心》、《方等般泥洹经》等重要经律。他在这里学梵语梵书,抄写律本,并四出巡礼伽耶城、鹿野苑、祇园精舍、拘夷那竭城等佛迹。道整留此不归,法显"本心欲令戒律流通汉地,于是独还"。顺恒河东下,到耽摩粟底国,又住两年,写经画像。从那里乘海船到狮子国,获《弥沙塞律藏》和《长阿含经》、《杂阿含经》。在此又住两年搭商船返广州。遇风飘泊九十天至耶婆提国(今爪哇),滞留五个月后,复随商船北航广州。经八十余天与风浪搏斗,于412年七月在山东长广郡县(今青岛)登岸。后辗转到达建康译经。八十六岁时卒于荆州辛寺。法显西行前后十三年又四个月,历经三十四国,深入印度本土,到过"汉之张骞、甘英皆不至"之地,并将所见所闻写成《法显传》(又称《佛国记》),创中印佛教文化交流史上之伟业。后人把他与玄奘并称为西行求法运动中先后辉映的两位大师:"显法师则创辟荒途,玄法师乃中开正路。"(见《大唐西域求法高僧传》)

法显西行以后,到印度求法的著名中国僧人还有智猛。智猛,京兆新丰人,少时出家,每闻外国僧人说天竺有释迦遗迹和方等众经,因此发愤西行求法。404年和道嵩、昙纂等十五人自长安出发,历流沙,经鄯善、龟兹,至于阗,西南行二千里。始登葱岭而九人退还,智猛与余伴进至波仑国,同伴道嵩又死。他与余下的四人一起翻越雪山,渡新头河,历罽宾而遍游印度本土。后至华氏城,得《大泥洹经》、《僧祇律》等经律梵本。誓愿流通,便启程回国。前后留印二十年。自424年从印度出发,同行三人又死,唯与昙纂一起回到凉州,后住成都,453年卒。曾撰有《游行外国传》(今佚)。北魏胡太后时也曾派宋云、惠生前往乾陀罗礼佛求经。神龟元年(518年)十一月,宋云、惠生自洛阳出发后,四十日到赤岭(西宁丹噶尔西南一百三十里日月山),出国境,经过青海吐谷浑境,到鄯善、左末、于阗、朱驹波(叶城)、汉盘陀(塔什库尔干),取道瓦罕谷钵和国。519年十月初旬抵达哦哒。当时哦哒还当盛世，四十余国都向它朝贺，但"见大魏使人，再拜，跪受诏书"。十二月初进入乌苌国，"国王见大魏使宋云来，拜受诏书"。在乌苌停留两年。520年四月中旬到乾陀罗国，"宋云诣军通诏书，王凶慢无礼，坐受诏书"。则知宋云、惠生在求法之外，还负有外交使命。正光三年(522年)冬回到洛阳，所得经论一百七十部都是大乘妙典，可知当时印度河流域的乌苌、乾陀罗等国已为大乘教之中心。传说宋云等归途中，曾于葱岭遇达摩祖师。此虽系后人附会之说，但也可见宋云、惠生西行求法事迹在当时影响之大。魏晋南北朝时西行求法僧，据历代《求法翻经录》所举，西晋时有朱士行、竺法护、竺叔兰。东晋时可考的有法显、宝云、智严、智猛等三十七人。刘宋时有沮渠京声、道泰、昙无竭、僧猛、昙朗等七十余人。北朝有宋云、惠生等十九人。梁启超在《千五百年前之中国留学生》一文里也列举了五十三人之多，其中较为著名的除上述朱士行、法显、智猛、宋云、惠生之外，还有竺法护，本月氏人，世居敦煌，八岁出家，即事外国沙门竺高座为师，博览六经，游心七籍。晋武时寺庙图像虽崇京邑，但方等深经，犹在葱外，护乃慨然发愤，志弘大道。乃于晋武帝中(265—289年)，随师至西域，游历诸国。外国异言，三十六种，书亦如之，护皆遍学。贯综诂训，音义字体，无不备识。遂大备梵经，还归中夏，自敦煌至长安，沿路传译，写为晋文。

于法兰，高阳人，十五岁出家，研诵经典，求法问道，必在众先。尝慨大法虽兴，经道多阙，"若一闻圆教，夕死可也"。乃远适西域，欲求异闻，至交州遇疾，终于象林。

法领、法净，均为庐山慧远弟子。佛经初流江东，多有未备。(慧)远常慨道阙，乃命弟子法领、法净等于东晋孝武中(376—396年)远寻众经，西逾流沙，旷岁方返，所获梵本，得以传译。

沮渠京声，凉州人，北凉王沮渠蒙逊之从弟，封安阳侯。少时尝度流沙，至于阗国。于瞿摩帝大寺，遇天竺法师佛驮斯那，从其学禅法。既而东归，正逢北魏兼并凉州，乃南奔于宋，译书甚多。

康法朗，中山人，少出家，善戒节。誓往印度，仰瞻遗迹。乃与同学四人发迹张掖，西过流沙，行经三日，同学四人不复西行，留止道旁故寺。唯朗更游诸国，研寻经论，后还中山。

慧睿，冀州人，常游方而学，游历诸国，于402年前，自蜀之西界，至南天竺国。音译诂训，殊方异议，无不毕晓，后还息庐山。俄入关，从罗什受业。

道泰，西凉沙门，少游葱右，遍历诸国，得《毗婆沙》本，十余万偈，还至姑臧，企待明匠，浮陀跋摩至凉，乃请翻译，时在437年。

昙无竭，又称法勇，姓李，幽州黄龙人。幼为沙弥，便修苦行，尝闻法显等躬践佛国，乃慨然有忘身之誓。遂于420年招集同志沙门僧猛、昙朗之徒二十五人，发迹此土，远适西方。初至河南国，仍出海西郡。进入流沙，到高昌郡，经历龟兹、沙勒诸国，登葱岭，度雪山，进至罽宾，礼拜佛钵。停岁余，学梵书梵语，求得《观世音受记经》梵文一部。复西行，入月氏国，复行向中天竺界，后于南天竺，随舶泛海达至广州。

道普，高昌沙门，经游西域，遍历诸国，善能梵书，精诸国语。433年，昙无谶被害之后，所出诸经，传至建业。道场寺慧观法师，欲重寻《涅槃》后分，乃请刘宋太祖资给遣道普将书吏十人西行寻经，至长广郡(今青州)，舶破伤足，因疾而卒。

唐代以后，中国佛教徒的西行求法运动再次掀起高潮，其首倡者是玄奘大师。玄奘于贞观三年(629年)八月，冒着偷渡的危险，西出玉门关，同行的胡僧欲退避，玄奘任其归。从此他孑然一身，孤游沙漠，辗转抵达高昌境，高昌王麴文泰欲留供养，玄奘坚拒。麴文泰乃厚备书币，派人护送至西突厥叶护可汗处。可汗甚喜，也遣骑护送至所部诸国。由是出铁门，渡过阿姆河经梵衍那、迦毕试，进入五河流域的犍陀罗，又经羯若鞠阇国曲女城。在跋达逻毗河罗寺研习佛学三个月，开始了他对佛教中心中印度三十多国的巡礼。玄奘在中印度先后巡访了佛教六大圣地，先到室罗伐悉底国(舍卫国)，城南五六里有逝多林给孤独园；又到尼泊尔境内塔雷的释迦诞生地迦毗罗卫国；然后到印度、尼泊尔交界处释迦涅槃处拘尸那揭罗国，那里已是荒城一座，城西北三四里有释迦涅槃的娑罗林。玄奘又在贝拿勒斯北萨尔那特地方瞻仰释迦初转法轮的鹿野苑，有佛寺三十多所，小乘僧侣一千五百人，佛法十分弘盛。玄奘继续沿恒河东行，来到佛教史上著名的古国摩揭陀国首都华氏城。然后南渡恒河，来到伽耶城瞻仰释迦成道的菩提树，玄奘在菩提树旁巡礼十天。被那烂陀寺僧慕名迎去,从此在那烂陀寺研习佛学;不久便去王舍城东北礼拜释迦说教五十年的灵鹫峰。那烂陀寺是印度的最高学府,建寺已有七百多年。方丈戒贤法师,九十多岁,继承无著、世亲、护法的学说,精通瑜伽、唯识、因明、声明等学理,是印度佛学权威。玄奘请戒贤开讲《瑜伽论》,历时十五个月才毕。玄奘又遍览一切佛教经典,兼通婆罗门教经典和梵书。为了满足他的求知欲,作为一个唯识论者,在那烂陀寺住了五年之后,他又开始了周游五印度的计划。他先到东印度各国;最远到阿萨密的迦摩缕波国,后来又沿海南下到建志补罗国;再转入西印度,巡访阿旃陀佛迹,经信德北上旁遮普。在各地遍访名师后,到641年又重新回到那烂陀寺。戒贤叫他主持那烂陀寺的讲座,给全寺僧众开讲《摄大乘论》和《唯识抉择论》。玄奘著《会宗论》三千颂,发扬瑜伽理论,融合瑜伽、中观两派;又和婆罗门"顺世外道"辩论。玄奘针对乌荼国小乘教般若毱多所作《破大乘论》七百颂,写成《制恶见论》,受到中印度国戒日王的重视。642年十二月,戒日王为宣扬大乘佛教,特为玄奘在曲女城召开第六次无遮大会。大会本五年一开,这次大会由玄奘主讲,到会的有十八国国王和佛教大小乘僧侣三千多人,婆罗门和其他宗教教徒二千多人,以及那烂陀寺僧众千余人。玄奘以精辟的议论慑服各派信徒,《制恶见论》竟无人敢于驳难。大会继续了十八天,玄奘在辩论中获胜,受到僧众拥戴。643年春天,玄奘载誉归国,带回许多经论、佛像,在于阗向唐太宗请求允准回国,太宗派人迎劳。由于阗到长安,已是645年一月二十四日。玄奘孤征十七载,亲行五万里,历经一百十余国,并把他在印度、中亚的见闻写成《大唐西域记》十二卷,成为古代世界最伟大的旅行家。

玄奘西行求法的事迹,在唐代佛教徒中引起了强烈的反响。有唐一代西行求法者前赴后继,死生不渝。据义净《大唐西域求法高僧传》所列就有近六十人。唐以前,中印之间海上的联系固然存在。但经今新疆、中亚而来往的陆上"丝绸之路"是主要通道。自初唐以后,海路就逐渐成为主要通道了。这一方面是由于政治形势的变化,另一方面也是因为社会经济发展的结果。唐初平定西突厥后,西域的通道曾一度极为畅通。从太宗后期到高宗前期,唐王朝在西域设州置府,统治稳定,声威极盛。这时吐蕃兴起,开始时与唐王朝关系很好,但后来关系又恶化。咸亨元年(670 年)吐蕃陷安西四镇,其后长寿元年(692 年)虽然重新夺回,安史乱后却又没于吐蕃。也是在这个时候,阿拉伯人的军事势力到达了中亚地区,开始与唐王朝发生直接的冲突。天宝十载(751 年),唐将高仙芝在怛逻斯城下与大食兵遭遇,唐军大败,被俘者甚众。这些都使西域的道路不再如以前一样通行无阻。另一方面,中国的经济重心自东晋开始大规模南移以后,南方的经济发展逐渐超过北方,经南北朝、隋朝,到了唐代,更是如此。唐代社会经济繁荣,生产发展,随之而来的是商业贸易的发达,南方的都市不仅成为国内贸易的中心,有的还成为国际贸易的商港。广州就是当时最大的对外贸易的城市,商舶云集,蕃客众多,北方进行的陆路对外贸易的规模显然再也比不上南方海路对外贸易的规模。同时,与海上交通直接有关的造船和航海技术也在不断发展。汉代航海船只体积小,速度慢,而且只能沿岸航行。到了晋代法显所记海船已能载二百人,存五十天粮食,并能利用季风航行。从印尼的苏门答腊岛至我国沿海,汉代行五个月,晋代只需五十天航期。及至唐代则只要一个月就行了,而且出现了长二十丈,载六七百人的海舶,这就为海上交通提供了便利条件。因此,唐代的西行求法僧多取海路往返。在义净《大唐西域求法高僧传》所记六十人中走海道者即有三十余人,他本人就是其中最卓著者。

义净,俗姓张,齐州山庄人。十四岁出家,即仰慕法显、玄奘西行求法的高风。唐高宗咸亨元年(670 年),他在长安曾和同学处一、弘祎等相约西游;但处一未能成行,弘祎亦至江宁而中止。后来他途经丹阳,有玄逵同行。翌年(671 年),他在扬州坐夏,遇着将赴龚州上任的州官冯孝诠,一同去广州,得到冯氏的资助。这年十一月间,从广州搭乘波斯商船泛海南行,这时只有弟子善行相随。他们海行二十天到达室利佛逝(今苏门答腊),停留了六个月,在此学习声明。善行因病返国,他孤身泛海前行,经末罗瑜、羯荼等国,于咸亨四年(673 年)二月到达东印耽摩梨底国,和另一位住在那里多年的唐僧大乘灯相遇。停留一年,学习梵语。其后,他们一同随着商侣前往中印,瞻礼各处圣迹,往来各地参学,经历三十余国。留学那烂陀寺历时十一载,亲近过那烂陀寺宝师子等当时著名大德,研究过瑜伽、中观、因明和俱舍，并和道琳法师屡入坛场。最后求得梵本三藏近四百部，合五十余万颂，方才言旋。武周垂拱三年（687 年），他归途重经室利佛逝，就在那里停留两年多，从事译述。他为了求得纸墨和写本，曾于永昌元年（689 年）随商船回到广州，获贞固律师等的相助，仍于是年十一月返回室利佛逝，随授随译，并抄补梵本。天授二年（691 年），他遣大津回国，把自己在室利佛逝新译的经论及所撰《南海寄归传》等送回。到了证圣四年（695 年），他才偕贞固、道宏离开室利佛逝，归抵洛阳。后住长安主持译场，玄宗先天二年（713 年）正月卒，时年七十九岁。

从义净的记载来看，当时中印海上交通路线并非一道。或从广州下海；或从交趾、占波登舶。或经佛逝、河陵、郎迦戍、裸人国而抵东印度耽摩梨底；或从羯荼西南行到南印度那伽钵亶那，再转赴狮子国。从狮子国泛舶北上可达东印度诸国。唐代的陆上交通则另有经西藏、尼泊尔到印度的路线。文成公主嫁到西藏后，内地和西藏的联系加强，一时就有慧轮、道希、玄太、道方、道生等多人经由此道西行印度求法。《大唐西域求法高僧传》里还提到一条从云南到印度的道路。这条道路因为路途艰难，经行不易，往来的人很少。但在汉武帝以前就已存在，而且一直没有中断过。唐代西行求法僧中较著名的有：

玄照，泰州仙掌人，幼年出家。后思礼圣迹，遂适京师，以贞观年中，止于兴善寺，初学梵语。于 641 年杖锡西迈，出流沙，逾铁门，途经速利（在热海及撒马尔干间），过吐火罗，远跨胡疆到吐蕃国，蒙文成公主送往北天，渐向阇兰陀国。住此国四载，蒙国王钦重，留之供养。学经律，习梵文，既得少通，渐次南上，到摩诃菩提。复经四夏，后至那烂陀寺，留住三年，就胜光法师学《中》、《百》等论，就宝师子大德受《瑜伽十七地》。又往恒河以北，住信者等寺三年。经泥波罗国至吐蕃，重见文成公主，深致礼遇，资给归唐。时在 665 年。归国后又蒙圣旨，令往羯湿弥罗国，礼请长年婆罗门庐迦溢多。于是重涉流沙，还经碛石，再次到达印度。止那烂陀寺，与义净相见，后在中印度庵摩罗跋国遘疾而卒，春秋六十余矣。

道希，齐州历城人。贞观间，轻生殉法，西度流沙，行至吐蕃（指西域四镇于 670 年起先后陷于吐蕃，至 787 年，安西亦归吐蕃统治，当此百年间，去西域者必经吐蕃，非皆经行西藏也）。中途危厄，恐戒检难护，遂便暂舍，行至西方，更复重受。周游诸国,遂达摩诃菩提,翘仰圣迹,经于数载,既往那烂陀,亦在俱尸国,蒙蓭摩罗跋王,甚相敬待。在大觉寺造唐碑一首,所将唐国新旧经论四百余卷,施入该寺,后卒于印度,春秋五十余矣。

师鞭,齐州人,善禁咒,与玄照从北天向西印度到蓭摩罗跋城,为国王所敬,居王寺,与道希相见,同居一夏,遇疾而终,年三十五矣。

道生,并州人,以贞观末年(649 年),从吐蕃路,往游中天。到菩提寺,礼制底讫。在那烂陀学,为童子王深所礼遇。复向此寺东行十二驿,有王寺,全是小乘,于其寺内,停住多载,学小乘三藏,精顺正理,多斋经像,言归本国,行至泥波罗,遘疾而卒,年可五十矣。

慧超,新罗人,似在第八世纪初西行,所取路线,似取北道。历拘尸那葛那及曲女城、舍卫、给孤独园、三道宝阶塔、迦湿耶罗、毗耶离、液罗痱斯、摩诃菩提寺等地。又从中天竺经南天竺,到西天竺而还北天竺。更游阿富汗、波斯、土耳其斯坦,越葱岭,历疏勒,而抵安西都护府(龟兹),时在唐开元十五年(729 年)十一月上旬。

常愍,并州人,出家以后,愿写般若万卷,冀得远诣西方,礼如来所行圣迹。南游江表,写经既毕,遂至海滨,附舶南征,往诃陵国(爪哇),末罗瑜国。复从此国欲诣中天,然所附商舶,载物既重,解缆未远,忽起沧波,不经半日,遂即沉没。当没之时,商人争上小舶,互相战斗,其舶主既有信心,高声唱言,师来上舶。常愍曰:可载余人,我不去也。所以然者,若轻生为物,顺菩提心,亡己济人,斯大士行。于是合掌西方称弥陀佛,念念之顷,船沉身没,声尽而终,春秋五十余矣。有弟子一人,不知何许人也,号咷悲泣,亦念西方与之俱没。

大乘灯,交州人也,幼随父母,泛舶往杜和罗钵底国(即暹罗湄南河流域),方始出家。后随唐使郯绪归国,受业玄奘。受具戒后数载,颇览经典,矢志出游。乃由海道经狮子国,观礼佛牙。转南印度,复届东天,往耽摩梨底国。淹停斯国,十有二年,颇闲梵语,诵缘生等经,因遇商侣,与义净相随诣中印度。先到那烂陀,次向金刚座,旋过薜舍离,后到俱尸国,与无行同游此地,后没于俱尸城般涅槃寺,春秋六十余矣。

道琳，荆州江陵人，慨大教东流，时经多载，定门鲜人，律典颇阙。欲寻流究源，遂游西国。由海道往印，至东印度耽摩梨底国，住经三年，学梵语，于是舍戒重受，学习一切有部律，非唯学兼定慧，盖亦情耽咒藏，复遍游中天，后留学那烂陀寺数年，搜览大乘经论，注情俱舍，经于数载。至于鹫岭杖林，复周游南印度，转向北印度，便入乌苌那国，往迦毕试国，礼佛顶骨，自此以后，不知所终。义净至南海羯荼国，有北方胡至，云有两僧，胡国相逢，说其状迹，应是其人，与智弘相随，似归故国。闻为途贼所拥，仍回北印度，年应五十余矣。

法振，荆州人也。思礼圣迹，有意西游，遂共同州僧乘悟，梁州僧乘如，整帆七景之前，鼓浪诃陵之北，巡历诸岛，渐至羯荼。未久之间，法振遇疾而殒，年方三十五六。

大津，幼染法门，希礼圣迹。遂于683年振锡南海，爰初结旅，颇有多人，乃其起程，诸侣退出，唯津独往。乃赍经像与唐使相逐，泛舶月余，达尸利佛逝洲，停斯多年，解昆仑语，颇习梵书。后义净归自印度，亦住于此。净以天竺之中，诸方皆悉有寺，神州独无，遂遣大津归唐，请帝于西方造寺。遂以691年五月十五日附舶而回长安，并携归净新译杂论十卷，《南海寄归内法传》四卷、《西行求法高僧传》二卷，即托大津带回者。

唐代最后西行巡礼的是悟空，俗姓车，京兆云阳人，任左卫泾州四门府别将。750年罽宾国大首领萨婆达干到唐进谒，翌年玄宗派张韬光、悟空等四十多人伴送使团还国，经龟兹、疏勒、五识匿，由勃律进入乌苌，在753年二月二十一日到达犍驮罗国（白沙瓦）。当时犍驮罗国已和迦毕试合并，成为国王的东都。757年，年方二十七岁的悟空因重病发愿出家，法号法界，留住迦湿弥罗、犍驮罗多年，学习梵语。764年游历中天竺，瞻仰佛迹，取道吐火罗、俱密、疏勒、于阗到达安西。又经焉耆、北庭，最后在790年二月回到长安。

中国佛教徒的西行求法运动，始于三国末年，讫于唐中叶，延续五百余年。宋初虽仍有西行者，但皆有政府资遣，已很难说是佛教徒的自觉运动了。在自三国至唐代的五百余年里，西行求法者多达二百余人。据梁启超统计，其中有到达印度学成安然返国者，如法显、玄奘、义净等四十二人；也有未到印度而中途折回者,如与智猛同行的九人,与义净同行的数十人,有已到印度即折回的慧命、善行等两人;也有未到印度而死于道路的于法兰、慧景、道嵩等三十一人。有留学中病死者,如师鞭、会守、法振等六人;也有学成归国死于道路者,如道生、师子惠、玄会等五人。有归国后第二次出游者,如道普、玄照、智严等六人;也有留而不归者,如朱士行,道整,大乘灯等七人。更有留归生死不明者不计其数。有一人孤征者,如玄奘独来独往;也有结伴而行者,如法显十人团,智猛十五人团,法勇二十五人团,不空二十八人团。但法显、智猛虽结伴而行,中途同伴或死、或归,结果仍为一人独返。西行求法僧中,留印度时间最长者为悟空,几达四十年,最短者宝暹等也有七年,他们都是中外佛教文化交流史上的伟大功臣。

西行求法运动的动力固然在于中国佛教徒巨大的宗教热忱和忘我的献身精神,可是它又不同于基督徒对耶路撒冷的礼拜或伊斯兰教徒对麦加的朝觐。应该说,法显、玄奘、义净等人冒险犯难、百折不回的毅力是建立在理性追求基础上的。他们所以乘危远迈,视死如归,无不是为了求得"正知见"。具体来说,魏晋南北朝时期,主要是在经典残缺不全,译文错讹百出的情况下,欲往佛教的策源地——印度求得原本。佛教传入中国之初,所译的经典都由西域间接传来,译经诸师又不通汉语。笔述者则不解教理,故每译一句,必经数度审思,仍不免错误。中国佛教徒不满于西域间接传来的经典,故欲亲赴印度探索根源。如朱士行即是觉当时佛经"文意隐质,诸未尽善"而发愿西行的。更重要的是当时传译佛经极不完整系统,难以满足中国佛教发展的需要,这也促成了佛教徒的西行。如法显西行的直接原因就是由于汉地缺乏戒律。当时虽然已有《僧祇戒本》、《比丘尼戒》、《十诵比丘戒本》、《比丘尼大戒》、《教授比丘尼二岁坛文》等戒本译出,但这些戒本只是各部戒律的片断摘译,没有一部是完整的戒律,这就影响到僧制和僧团组织的完善巩固。于是法显便决意"至天竺寻求戒律"。唐代西行求法运动的背景则完全不同。当时,佛经已经大量传译,基本齐备。大多数西行求法僧在未出国前就已学识丰富,对三藏研究有素。他们主要是为适应佛教在中国的深入发展,解决教义纷争,加强理论建设,而到印度去留学以求根本解决的。如玄奘杖策孤征的原因便是为了追求佛教学术真理。佛教传入中国后,至南北朝时开创学派,走向独立发展的道路。但因翻译互有不同,理解也各有传授,故各学派之间互相指责。到南北朝末期及隋唐之际,已从义理的分歧演变为宗派的对峙。玄奘生长在全国佛教中心——洛阳,出家后又听取各家分歧的讲说,苦思冥索之下,"自然会有全体佛学统一解释的迫切要求"。他企图贯通大小乘,圆融空有之争,在中国建立直承印度"正宗"的佛学体系。因师承关系,先入为主,他又主张从法相唯识学入手来融会贯通。可是印度大乘瑜伽行派的法相唯识学说,传到中国因翻译上的问题,而义理不一,学说歧出,形成地论学派和摄论学派之异。地论学派又分裂为南北两道,各事所是,相互攻击。玄奘"遍谒众师,备餐其说,详考其理,各擅宗途,验之圣典,亦隐显有异,莫知所从,乃誓游西方,以问所惑,并取《十七地论》,以释众疑,即今之《瑜伽师地论》也"(《慈恩传》)。到了印度以后,他也曾对戒日王说:"玄奘远寻佛法,为闻《瑜伽师地论》。"可见,他西行的直接动机就是求取大乘有宗的重要论著《瑜伽师地论》以创建自己的学说体系。唐代佛教徒的西行求法运动比前期推进了一大步,这标志着中印佛教文化交流向更高层次的发展。

西行求法运动有力地推动了中国佛教的发展,西晋竺法护,唐代玄奘、义净、不空在译经史上的丰功伟绩已有论述,无须多赘。其次如朱士行在于阗求得《放光般若》,肇魏晋般若性空学之源。支法领求得《华严经》原本,智严、宝云迎请佛驮跋陀罗以归,使《华严经》得以在中国传译。其余如智猛传译《涅槃》、法显传译《阿含》及诸部律学、道泰传译《毗婆沙论》、慧日传译净土,都对中国佛教发展作出了贡献。特别是唐代留学僧使中国人对佛教理论的理解更加深入,并在渊博的学识上逐渐脱离印度成说,发挥独创性的见解,使中国佛教呈现出一派繁荣景象。中国留学僧不仅引进了印度佛教文化,而且也把中国古代文明传播到印度和中亚各国。如《洛阳伽蓝记》载有宋云与乌苌国王的对答,国王"语人问宋云曰:'卿是日出人也?'宋云答曰:'我国东方有大海水,日出其中,实如来旨。'王又问曰:'彼国出圣人否?'宋云具说周、孔、庄、老之德,次序蓬莱山上银阙金堂,神仙圣人,并在其上。说管辂善卜,华佗治疾,左慈方术,如此之事,分别说之。王曰:'若如卿言,即是佛国,我若命终,愿生彼国。'"可见当时印度人对中国文化的钦慕之心。又如玄奘西行到中印度向戒日王介绍了中国的政治、经济和文化，特别提到了唐乐大曲《秦王破阵乐》，称颂新登位的唐太宗，宣扬唐代文化，后戒日王遣使和唐太宗通好。玄奘回国后还把《道德经》译成梵文，把在印度本土失传的马鸣《大乘起信论》译成梵文送回印度，为中印文化交流起到了桥梁的作用。

中国古代农业社会的特征养成了人民安土重迁的性格。加之，其东南临海，西北流沙千里，雪山阻隔的地理环境，更使国人望而生畏，无意于向外发展。当时，唯有佛教徒怀着一腔宗教热忱，"轻万死以徒葱河，重一言而之禁苑"，敢于冒险，敢于出国。中印交通无论陆路海道，其艰苦皆非笔墨所能形容。以陆路说，西出阳关即为八百里流沙，上无飞鸟，下无走兽，视日月以辨东西，观遗骨而识路径。如《慈恩传》说："莫贺延碛，长八百余里，四顾茫然，人马俱绝，夜则妖螭举火，烂若繁星，昼则惊风卷沙，散如时雨。心无所惧，但苦水尽，四夜五日，无一滴沾喉，口腹干燥，几将殒绝。"及至葱岭，冰雪万里，瘴气千重，如《法显传》说："葱岭冬夏积雪，有恶龙吐毒，风雨砂砾，山路艰危，壁立千仞，昔有人凿石通路，傍施梯道，凡度七百余所，又蹑悬絙过河，数十余处。"智猛结伴十五人，至葱岭而九人退还，此途之艰难于此可见。及度雪山，其险尤甚以往百倍。"南度小雪山，山冬夏积雪，由山北阴中过，大寒暴起，人皆噤战，慧景口吐白沫，语法显曰：'我不复活，便可前去，勿俱死。'遂终。法显悲号，力前过岭。"《昙无竭传》云："小雪山障气千重，层冰万里，下有大江，流急若箭。于东西两山之胁，系索为桥，十人一过，到彼山已，举烟为帜，后人见烟，知前已度，方得更进。若久不见烟，则知暴风吹索，人堕江中。行经三日，复过一雪山，悬崖壁立，无安足处，石壁皆有故杙孔，处处相对，人各执四杙，先拔下杙，右手攀上杙，展转相攀，经三日方过，及到平地相待，料检同侣，失十二人。"于此可见途中艰苦之状。海道之险更甚于陆，昔日之风帆不比今日之轮船。法显东归，漂流海上，曾三度易船，历时三年，海行亦逾二百天。道普因船破伤足，负痛而死，常慜遇险不争，师徒随波而没。这种献身精神可歌可泣者不知凡几。迨至印度，"以大唐无寺，飘寄悽然，为客遑遑，停托无所"，往往"去者数盈半百，存者仅有数人"。古代佛教徒能够克服一切艰难险阻，数百年间接踵往来，络绎不绝，重塑了中国人的民族精神，实为后世向海外开拓探险并活跃于世界各地的华侨之先锋。

可以说，西行求法的佛教徒也是中国睁眼看世界的第一代人。古代中国因地理环境重重阻碍，与外界不易发生接触。汉武帝开辟西域，张骞出使大夏，仅闻身毒国之浮屠教，并未能与之发生直接关系。汉武帝虽曾有意由云南谋通天竺之道，但为昆明夷所阻终归失败。汉代以前对南海交通也只限于外国贡献，中国商船仅沿海航行，最远不出柬埔寨和马来半岛。故当时中国人对印度、中亚、南海以至整个外部世界的真实面貌不甚了了。在佛教传入前，中国文化是在一种闭户自精、独学无友的条件下发展起来的。其虽然灿烂辉煌，但却已日渐失去活力。西行求法运动，打开了中国人的眼界。那些从印度、中亚、南海回国的佛教徒们带回了第一手的资料，许多人还根据亲身经历撰成实录，如法显的《法显传》；宝云的《游履外国传》（今佚）；昙无竭的《历国传记》（今佚）；道普的《游履异域传》（今佚）；支僧载的《外国事》（今佚）；智猛的《游行外国事》（今佚）；竺法维的《佛国记》（今佚）；法盛的《历国传》（今佚）；竺枝的《扶南记》（今佚）；道药的《道药传》（今佚）；惠生的《惠生行传》（今佚）；宋云的《家记》（今佚）；玄奘的《大唐西域记》、义净的《南海寄归内法传》和《大唐西行求法高僧传》；无行的《中天附书》（今佚）；惠超的《往五天竺国传》；继业的《西域行程》等，都是极有价值的古代史地文献。其中《法显传》、《大唐西域记》、《南海寄归内法传》和《大唐西行求法高僧传》被完整地保存下来。这些文献记述了印度、中亚、南海各国的地理、政情、宗教、文化、语言、历史和风土人情。中国人的眼界，从前仅限于五岳四渎之间，从此一跃而透过葱岭以西、地中海以东、印度洋以北的广大地区。中国文化也因佛教的加入而发生革命性的转变。谈天地何止三十三天、三千大千世界，说时间则无始无终，亿万年也只在一弹指一瞬目间；一切都是无挂无碍不可思议。故唐代文化因受佛教启发，不同于秦汉时代狭隘拘谨而具有磅礴雄伟的气象。这些变化实由历代西行求法僧为中国开一思想新境界所致。

三、中国佛教向日本的传播

佛教传入中国后，经历了一个长时期的中国化过程，到了隋唐时期正式形成了中国佛教。与此同时,中国佛教继续向东扩散。东北一路影响朝鲜和日本;东南一路影响越南,形成了以大乘佛教为特色的中国佛教文化圈。时下一般论者皆称中国文化所及地区为"儒家文化圈",其实这种说法颇可商榷。因为所谓儒家文化圈内各国所受中国文化影响最深刻、最广泛的并不是儒学,而是佛教。因此,可以说中国文化圈的文化内涵应以佛教为主。对此,我们可以在中日文化关系史上找到充分例证。人们常说,古代日本文化是中国文化的支流,日本文化之所以能形成发展为今日之规模,全受惠于中国文化;而中国文化对日本影响最大者则为佛教。只要正确了解两国文化关系的底蕴,了解佛教输入日本后是如何发展,又是如何影响日本文化的,就不难得出这样的结论:一部中日文化关系史几乎就是中国佛教向日本的传播史。

从历史上看,中日两国大规模文化交流的主要途径是佛教徒之间的相互来往;主要形式是佛教的传教和求法运动;主要内容是包括思想、制度、文物和风俗在内的佛教文化形态。秦汉时期虽然已有汉人移民日本而带去中国文化,但这只是一种无意识、无系统的文化输入,并未对日本文化产生重大影响。六朝时中国文化经朝鲜半岛东渐,儒学和佛教都传到日本。应神天皇十五年(284年),百济(朝鲜古国)阿直岐来到日本,被聘为皇子菟道邪郎子的老师,他又推荐汉人后裔王仁携《论语》一卷和《千字文》一卷至日。这是儒学传入日本之始。继体天皇十六年(522年),南梁人司马达等由朝鲜至日,在大和阪田原结草堂,安置佛像,日本人称之为韩国神,这是佛教传入日本之始。虽然佛教传入日本晚于儒学约二百五十六年左右,但儒家文化最初并未在日本社会造成影响。相反,佛教传入日本后,经苏我氏迎佛派与物部氏、中臣氏拒佛派冲突之结果,苏我氏迎佛派获胜,不久就风靡日本列岛了。钦明天皇在向原建立了日本第一座佛寺。不久因社会上疫疬流行,人民死亡很多,大臣物部尾与等陈奏天皇,归罪于佛教,把佛像投入难波河中,并烧毁了庙宇。可是灾难仍未平息,国人恐惧起来,又纷纷将佛像捞起,重修佛寺,佛教的声势重新恢复。敏达天皇时,苏我稻目之子马子继其父极力维护佛教。崇峻天皇继位,马子独揽大权,拒佛派势力被彻底消灭,佛教大盛。及至推古天皇即位(592年),立圣德太子为摄政王,佛教更趋隆盛。推古二年天皇下诏兴隆三宝,后来又把笃信三宝正式列入"十七条宪法"。圣德太子设立法学院,组织佛学研究,还亲自作《胜鬘经》、《维摩经》、《法华经》注疏;在日本各地大兴土木,修建佛寺;法隆寺、法兴寺、四天王寺、广隆寺等著名大寺都是在这一时期竣工的。到推古天皇末年,已建寺院四十六座,僧尼数达一千三百多人,并设僧正、僧都、法头等检校僧尼。佛教绘画、雕塑、建筑等艺术也已相当发达。在此之前,日本佛教文化均由朝鲜间接传入,当时已不能适应日本佛教发展的需要,于是推古十五年(607年)圣德太子派遣小野妹子等前往隋朝,直接到中国寻求佛法,拉开了中日两国大规模文化交流的序幕。

圣德太子派遣小野妹子等出使隋朝的目的十分明确。据《隋书·东夷传》记载:"使者曰:闻海西菩萨天子重兴佛法,故遣朝拜。"显然是为了寻求佛法。推古十六年(608年)再次派遣隋使,这次有僧旻、清安、惠隐、广齐等学问僧四人和留学生四人同往,他们八人都是在日本的汉人后裔或移民。这是日本历史上向海外派遣留学生的嚆矢。随后又有学问僧灵云、惠云等入隋求学佛法。他们在中国留学时间都很长,一般多从隋末到唐初,经二三十年后方才归国,从此日本派遣僧俗学人来中国留学者络绎不绝。据日本史书记载,入唐求法僧知名者共有一百一十二人。其中有些是学问僧,有些则是已在国内学有专长,带着疑难问题入唐请教深造的请益僧。五代时来华知名日本僧人计有七人,北宋计有二十人,南宋一百零九人,元代二百二十二人,明代一百一十余人(据木宫泰彦《日中文化交流史》统计)。当然因史书失载而湮没无闻者更是不计其数,这些日本来华求法僧在历代日本来华的文化使者中占了绝大多数。他们从中国吸取佛教文化,顺便也把儒学、道教和一切中国传统文化之精华带回日本。在大批日本僧来华的同时,又有许多中国高僧东渡。他们不独传播佛教,也弘扬了中国各方面的文化成就,其中尤以道睿、鉴真、道隆、祖元、一山一宁、隐元影响最大。他们都对日本文化的发展作出了伟大的贡献。

随着来隋唐留学求法的僧侣次第返日,以及中国高僧赴日弘法,奈良时代在日本逐渐形成了三论、法相、华严、律、成实、俱舍等六大宗派。日本历史上称为

"南都六宗",它们无不渊源于中国佛教。首先,三论宗是由吉藏的弟子高丽僧慧灌最早传到日本。625年慧灌在飞鸟元兴寺弘讲三论,开始建立三论宗。这是日本有佛教宗派的开端。随后慧灌的大弟子福亮又入唐,谒吉藏大师,重研三论。返日后在元兴寺弘化,盛弘空宗。福亮的儿子出家,法名智藏,后来也入唐游学,归住法隆寺,弘传三论。智藏门下英才济济,其中道慈于702年入唐,在唐十八年,广学多闻,尤其精通三论学。归国后弘扬三论,兼传真言律学。日本史家称:"三论一宗从唐土传入有三代传:一慧灌僧正传,二智藏僧正传,三道慈律师传。"(《三国佛教传通缘起》)道慈的弟子善议也曾渡海入唐,遍访名德,深求义蕴,归国住大安寺,盛传一宗的教旨。慧灌在日本同时传习的还有成实宗,但它后来没有独立弘传,只是附在三论宗内。其次法相宗(唯识宗)是由日本僧道昭最早传入日本,俱舍宗是法相宗的附宗,也是同时传入日本的。道昭于653年随遣唐使赴唐,受教于玄奘大师。研习唯识学,兼及《俱舍》。在唐七年,661年赍经论归国住元兴寺开创日本法相宗。658年,又有智通、智达两人乘新罗船西航赴唐,从玄奘、窥基学唯识法相教义,业成返国,弘传所学,为日本法相宗第二传。703年,智凤、智鸾、智雄等人奉旨赴唐,受学于濮阳智周门下,后返日本传法,为第三传。其时日本法相宗皆以元兴寺为传法基地,称元兴寺传,或南寺传。法相宗到智凤门下义渊时势力有很大发展,开龙门、龙盖、龙福等五寺大力培养门徒。行基、玄昉、宣教等被称为渊门七高足。其中玄昉于716年入唐,仍从智周学习法相宗义。735年赍所得佛像和汉文经论五千余卷归国,时在唐《开元藏》编定不久,一般认为可能就是开元《大藏经》的全部。玄昉归国后,为奈良兴福寺弘传法相,为第四传,又称为北寺传。再次,在华严宗方面,最早来日本弘法的是唐东都大福先寺僧璿。他应日本学问僧荣璿、普照之请于735年携带《华严》章疏东渡日本,弘传此宗,兼传戒律。后来贤首的弟子新罗僧审祥到日本,在金钟寺道场开讲《华严经》,为日本华严宗初祖。

日本律宗则是由唐代高僧鉴真大师创立的。鉴真(688—763年)俗姓淳于,扬州江阴人。十四岁出家。705年,他十八岁时依律学大师道岸受菩萨戒。707年到洛阳、长安,从恒景受具足戒,成为南山律宗的嫡派传人。约709年,鉴真回到扬州时已是博通律学的大师了。从此他在淮南江左一带弘法传教,前后度人授戒四万人,登坛宣讲律疏四十遍,律钞七十遍,《轻重礼》和《羯磨疏》各十遍,在律学界堪称"独秀无伦"了。当时日本佛教的授戒传律没有统一的正规的制度,诸寺院各行其是,僧人剃度也大都采用"自誓"的方式。故日本僧荣璿、普照等于733年相偕入唐,求学戒律。他们听说鉴真为当代律学大师,遂于742年至扬州恳请他东渡弘化,当蒙允准。其时他已经五十五岁,他的大弟子祥彦曾以"彼国太远,生命难存,沧海森漫,百无一至"之语苦谏阻其行。但鉴真毅然决然地说:"是为法事也,何惜生命,诸人不去,我即去耳!"次年鉴真和他的徒众赍经论法物启舟东行,前后五次皆因人为阻力和风浪遇险而失败。大弟子祥彦和日本僧荣璿皆死在途中,他自己也双目失明。但一次次地失败,他又一次次东渡。在横逆频加的情况下,仍然坚持初衷,夙志不变。经过十二年不屈不挠的奋斗,第六次即753年的东渡,终于抵达日本,受到朝野僧俗的盛大欢迎。次年在奈良东大寺筑戒坛,天皇、皇后、皇太后、公卿等四百四十余人皆从受菩萨戒。日僧灵裕、贤戒、志忠等八十余人皆舍旧戒,重新请鉴真授有三师七证的具足戒。是为日本登坛受戒的开始。759年又于奈良兴建唐招提寺,并设戒坛,前后受度者四万余人。依法授戒还只是律仪上的示范,鉴真认为更主要的是传布律学。他和同行弟子以东大寺、唐招提寺为基地,向日本各地前来的僧人传授律学。从此以来,日本律仪渐渐严整,师资相传,"遍于环宇"。日本律宗由此肇基,鉴真以后再没有回到祖国,而于763年逝世于奈良唐招提寺,葬身在异国土地。他不但为中国佛教在日本的传播奠定了基础,而且在建筑、绘画、雕塑、医药等各方面都把唐代灿烂的文化带到日本。他对日本文化进步立下的丰功伟绩永远为后人所缅怀。

由于唐地佛教的盛行东传,日本养老四年(720年)十二月,曾敕令佛教转经唱礼须依汉沙门道荣和日本入唐返国的学问僧胜晓等的音调转唱,并停止余音,免污法门(《续日本纪》卷三)。唐道荣、鉴真等在日,都以汉语从事讲授。为此,日僧多学汉语。此外如佛教仪礼、经像、文物、建筑式样、工艺等也大量由唐输入日本。

公元794年,日本国都由奈良北迁至仿唐京长安而建筑的平安新城,开始了平安时代。日本求法僧仍然络绎不绝地入唐求法，于是更有天台、真言(密)宗的开创。平安时代来华的日本求法僧以"入唐八家"最为著名。他们是学习天台宗义的最澄、圆仁和圆珍，学习真言宗(密宗)的空海、常晓、圆行、惠运和宗睿。最澄，滋贺人，幼年出家，因接触鉴真从中国带来的天台宗经释而立志弘扬天台宗义。曾在比睿山举行法华经义宣讲，并亲临高雄山寺法华会担任证义，因其对佛法的高深造诣而引起轰动。804年经天皇允准入唐为还学僧。所谓"还学僧"是指随遣唐使入唐并随其同归的求法僧。最澄到天台山从道邃、行满、顺晓等学习天台教仪以及密教，次年携所得经论疏记二百三十部四百六十卷归国。在比睿山开创日本天台宗，兼传密教和大乘戒法，著有《唐决集》、《守护国界章》等书二百八十余部。死后被尊为传教大师。圆仁及其弟子惟正、惟晓，侍役丁雄万等一行四人在838年入唐，在中国扬州、五台山、长安等地游历九年零五个月，学习密教。归国时携回佛典五百八十四部八百零二卷以及密宗曼荼罗、高僧像等五十九种。并将求法巡礼的见闻写成《入唐求法巡礼行记》四卷，真实地记录了唐代佛教和社会状况以及当时的中日佛教关系。圆珍于853年随唐人商船入唐，游历了福州、温州、台州、越州等地；又在长安龙兴寺和大兴善寺学密教，受灌顶位；访天台国清寺后携所得经典四百四十一部及各种佛像法器于858年归国。空海是中日文化关系史上最杰出的代表人物，史称"弘法大师"。空海为赞岐国多度郡屏风浦人，自幼兼习儒佛经典，曾著《三教指归》。二十二岁出家，修习三论宗义。804年与最澄同行，随遣唐使入唐。于当年九月到福州，旋入长安住西明寺。次年从青龙寺惠果阿阇梨修习金刚界、胎藏界密法，受灌顶位和"遍照金刚"称号。惠果又令画工、经主、铸工图绘所有秘密曼荼罗，并书写《金刚顶》等最上乘密经，新造各种法器相赠。空海于806年八月，携同所得经典二百一十六部和诸图具等返国。于高野山创建根本道场，树立日本真言一宗规模；著有《秘密曼荼罗教付法传》、《辨显密二教论》等书一百五十余部。常晓与圆行于838年同乘遣唐使舶抵扬州。常晓入栖灵寺，从文璨阿阇梨受金刚灌顶和太元密法。次年携所得经籍乘使舶归国，弘传密教。圆行到长安受教于青龙寺义真，于次年仍和常晓同舶回国。慧运于838年乘唐人商船抵温州，旋赴长安，礼义真，入灌顶坛受诸密印。847年归国,携回密教经轨一百七十卷,兴建安祥寺,形成日本真言宗安祥寺一派。宗睿于862年乘商船入唐,初谒玄庆于汴州,受金刚部法。后入长安青龙寺学胎藏法,通晓密宗、法相、天台宗义,留学五年后携所得经书一百三十四部及诸文物归国。这"入唐八家"都从中国求得大量经书文物,各编写一部《请来目录》,对日本佛教发展起了很大的推动作用。天台、真言二宗是这一时期日本最占优势的两个宗派,即日本历史上所谓"平安二宗"。

五代北宋间,日僧来华参学并朝礼名山佛迹的有奝然、寂昭、成寻等人,其中最先入宋而且最有名的是奝然。他和徒众六人于983年乘宋人陈仁爽的商舶到台州,次年入京见宋太宗,进献方物,赐法济大师称号。又巡礼五台及洛阳龙门等胜迹,并蒙敕赠新印的折本藏经五千余卷。与他同来的沙门成算,曾在洛阳太平兴国寺学习悉昙梵文。奝然的弟子嘉因并受五部秘密灌顶。985年他们一行仍由台州乘宋人郑仁德的商船返日。奝然曾将在宋见闻经历写成《入宋日记》四卷(今佚)。后来又再次遣弟子嘉因入宋访求新译经典。北宋时入宋参学的日本僧以天台宗人居多。1003年,源信派弟子寂昭向宋四明传教沙门知礼请教有关天台宗旨的疑问。知礼随就所问一一答释。次年源信亲自入宋,并被宋真宗赐号为圆袍大师,后死于中国。稍后,绍良也奉师命以有关天台教义的疑难致问知礼的嗣席广智。三年学成归国,弘演台教,此后日本入宋僧仍络绎不绝。日本僧在两宋时曾多次求得宋版大藏经如《蜀藏》、《福州藏》等回国,并时常在奈良、京都、镰仓各大寺举行一切经供养法会,典仪很盛,对日本佛教文化发展具有重要意义。

日本镰仓幕府时代正当中国南宋时期,中国本土盛行禅宗和净土宗。日本受此影响,禅宗、净土宗和日莲宗也勃然兴起。远在奈良时代,禅宗已由道昭、道睿、最澄等传入日本。但禅宗正式弘传,则开始于入宋参学归国而首创临济宗的荣西。荣西,冈山吉备津人,十四岁出家,曾从睿山有辨学天台宗,又从基好学密教,再回到睿山闭门精读藏经。后在筑前的博多遇宋朝通事李德昭,得闻宋地禅宗盛行,便急切地欲往南宋求法。1168年,他搭商船入宋,到天台山巡礼,同年九月,带天台宗章疏三十余部回国。1187年再次入宋,在天台拜谒虚庵怀敞,受传临济心印。后又随侍虚庵迁往天童山,蒙传与法衣印信。归国后大兴临济禅法,参禅之徒从四方云集而来。1202 年在建仁寺开山,并著《兴禅护国论》等七部九卷,成立日本临济宗。荣西死后,禅宗逐渐得势,往来中日弘布其教者很多。当时中国临济宗的看话禅盛行,而曹洞宗的默照禅仅剩一线命脉而已。因此,在日本传播的也主要是临济禅法。后来荣西再传弟子道元于 1223 年入宋,历访天童、径山、天台等地,参谒无际了派、浙翁如琰等,终于得到天童长翁如净的启发而豁然开悟,并蒙印可,受传秘蕴和衣具顶相,于 1227 年归国。在永平寺开堂讲法,并著有《正法眼藏》、《大清规》、《普劝坐禅仪》等九部一百一十八卷,开创了日本的曹洞一宗。其时因船舶交通较前更为便利,日本僧入宋参学的非常频繁,他们几乎都受到禅宗的影响。当时入宋僧中突出的人物,有日本临济宗的圆尔辨圆(荣西的法孙,1255 年入宋,受天台教于柏庭善月,历参痴绝道冲、笑翁妙堪、石田法熏诸禅宿,后登径山,嗣法于无准师范,1241 年归国。开创东福寺,宣唱教禅一致之学,门庭很盛)、无关普门(圆尔辨圆的弟子。1251 年入宋,在宋参学十二年,得法于无准师范的弟子净慈寺断桥妙伦。1262 年归国,开创南禅寺)、无象静照(1252 年入宋,登径山,嗣法于石谿心月,又遍访育王、天童、天台、净慈诸山刹,历参虚堂智愚等禅宿。于 1262 年归国,后开创佛心寺,并著有《兴禅记》一卷)、南浦绍明(在日宋僧兰溪道隆的弟子,1259 年入宋,至净慈参虚堂智愚,后又随智愚往径山,并嗣其法。于 1267 年回国,重谒道隆,为嘉元寺开山)、曹洞宗的寒山义尹(道元的弟子。1253 年、1264 年两次入宋,参学于天童、净慈的义远、智愚等。1267 年归国,开创大慈寺)、彻通义介(道元的弟子。1259 年入宋,参径山、天童等山,历访禅德。于 1262 年归国,为永平寺第三祖)等人。同时,中国禅僧也纷纷东渡日本弘传禅学。特别是宋末,因反抗元朝统治者而到日本避难的禅僧更是纷至沓来。南宋到日本传法的禅僧影响最大的是兰溪道隆。道隆,西蜀人,阳山无明慧性的法嗣。1246 年应日本入宋僧明观智镜等劝请,携弟子乘船渡日游化,依宋地清规宣扬禅风。受到执政北条时顿以下僧俗的皈依,创立建长寺。有《语录》三卷传世。于 1278 年在日本逝世,谥号"大觉禅师"。道隆有门徒二十四人,其中再渡海入宋参学的有十一人之多。道隆之后,东渡的中国禅僧还有兀庵普宁、大休正念、西涧士昙和无学祖元。祖元是无准师范门下的高僧，1278年应镰仓幕府的邀请到日本，继道隆住持建长寺。在那里大扬禅风，受到日本朝野僧俗一致欢迎，并为圆觉寺开山初祖。连嵯峨天皇的皇子也成为他的大弟子。道元于1286年逝后被谥为"佛光国师"。由于中日禅僧来往密切，因此这一时期禅风大振，几乎压倒其他所有宗派。历史上传到日本的禅宗有二十四派之称，当时传入的禅宗流派就占了十之七八。镰仓时代净土宗也在日本广泛传播。先是天台宗高僧良忍以《华严》《法华》经融通无碍的教义融通念佛，开创了融通念佛宗。随后又有法然，以净土宗"三经一论"为根本依据，以善导为宗祖，确立纯粹念佛，他力往生的教义，大唱称名念佛法门，在日本正式创立净土宗，受到贵族、武士和下层民众的皈依。法然门下又有亲鸾提出念佛以"信心"为主，使净土法门更简单易行，并创带妻弘教，开净土真宗一派。他这一宗在日本发展最盛，后分为大谷和本愿寺等派。同时，又有天台宗僧日莲奉持汉译《法华经》，以高唱"南无妙法莲华经"题目为主，而新创了一个日莲宗。这些宗派使佛教在日本更具大众化，构成镰仓佛教的一大特色。虽然日本净土宗的创始者法然、亲鸾等均未到过中国，但都是依据中国传入的佛教思想和经典立宗，故也是基于中国佛教的传衍而形成的宗派。元代初年，日本因元兵往侵而曾经与中国中断交往。1299年，元成宗派江浙释教总统普陀山高僧一山一宁等往日本通好。初被日本疑为间谍，遭受逮捕，不久释放，被迎住建长、圆觉、净智、南禅等大禅寺。在镰仓、京都盛扬禅风，前后近二十年。门下造就英才甚众，其中如龙山德见、雪村友梅、无著良缘、嵩山居中、东林友丘等都曾入元朝礼祖庭。

　　江户时代，日本临济宗、曹洞宗已出现颓势。1654年，中国黄檗山住持、临济宗高僧隐元隆琦应日本长琦崇福寺僧逸然之请，率弟子数十人东渡日本。受到德川幕府皈依，在宇治开创黄檗山万福寺，龙吟虎啸，大振宗风。当时日本临济、曹洞宗人纷纷投入他的门下，在日本名声大噪。不但创立了日本黄檗宗，也刺激了临济、曹洞宗，终于使日本禅宗三派长盛不衰。隐元到日本后，明亡，满人入主中原。他为不忘故国，寺院一切规制都依中国旧例。诵经用汉音，交谈用汉语。据说，当时日本"唐音所闻，几遍于全国"；甚至饮食起居也是中国生活方式。自隐元以后,黄檗住持十三世皆为中国僧,曾有日本内地"小中国"之说。日本黄檗宗至今仍有佛寺五百零一座,信徒八万人,大多数寺院仍保存中国近代禅林风格。

隋唐以后,中国儒家文化也逐渐影响日本。但它的传播主要是借助于佛教徒的传教求法运动,本身则很少有佛教那样的传播规模。从某种意义上,可以说儒学是依附于佛教才得以传到日本的。日本最初派出遣隋使只是为了寻求佛法,但因此而了解中国文化的各项成就,而产生广泛输入中国文化的愿望。如《驭戎慨言》说:"及至圣德太子听政时,所遣多为求佛法之使节,而自昔韩国之人,来者甚多,得亲侍太子。太子既闻其经常赞扬大唐为可钦羡之国,并阅读汉文精湛典籍,便思设法与之通好,万事悉欲仿效之心与日俱增。"虽然,自第二次遣隋使起,就经常有学习中国儒学、法律、阴阳、医学的留学生来华。但他们与学问僧相比较,不但人数少,而且很少有单独来华的。故他们的影响远不及佛教徒。况且,日本求法僧中间更有不少兼通内外之学的知识分子,许多儒家学说及其经典反而是经他们介绍到日本去的。特别是后来宋代理学在日本的传播起初几乎全部依赖于佛教禅僧。1199 年春,日本律学沙门俊芿乘舶入宋,历访天台、雪窦、径山等两浙名刹,与律、禅、密宗名僧广泛交游。最后于 1211 年携所得佛儒经典二千余卷回国,住泉涌寺,重兴日本律学。他携回的经籍中包括儒家经典二百五十六卷,杂书四百六十三卷。俊芿带回大量儒书,是与他对宋代理学的兴趣分不开的。他在宋都临安与当时的儒学大师过从甚密。后人称俊芿其人:"孔父老庄之教,相如扬雄之文,诊脉漏刻之方,镕钛混淆,洞达深致。不啻通内外,兼巧操觚艺,笔神墨妙,人多珍玩。"足见他的学识渊博。另外,东福寺的开山祖圆尔辨圆也于 1241 年自宋带回数千卷典籍,藏在普门院书库,并亲自撰《三教典籍目录》。据日本《元亨释书·圆尔传》记载,"盖尔师归时,将来经籍数千卷,见今普门院书库,内外之书充栋焉。"这些典籍对于日本五山儒学、诗文学的兴盛起过很大作用(注:五山指京都五山:第一山为天龙,建长寺;第二山为相国,圆觉寺;第三山为建仁,寿福寺;第四山为东都,净智寺;第五山为万寿,净妙寺)。不过,正式在日本传播宋学的则是一山一宁。一山学识渊博,他在日本二十年,不但大振禅风，并积极传播宋学。他的高足虎关师炼曾从其问程朱《易》说及《太玄》之旨，于宋学则排斥朱子而推重周濂溪。师炼成为日本的宋学先驱。当时的禅宗中心——五山也逐渐兼有儒学中心的作用，不但大量印行禅书，同时也积极出版儒书。五山禅僧里也涌现出不少兼精宋学的学者。如义常周信涉猎经史百家，著《空华工集》持论糅合儒释，以五常同以佛教五戒，以《孟子》、《中庸》、《孝经》为人所必读。中岩月圆，十二岁熟读《孝经》、《论语》。入元游学八年，回国后住持禅寺。著有《东海一讴集》、《中正子》等，力倡佛儒相为表里；在五山学僧中为杰出人才。当时儒家之讲述，全出于佛教僧人。当时日本的参禅者对于禅所带来的一切都乐于接受，故宋学便在日本知识层里广泛传播开来。后来这一本来附着于禅宗的文化形态，逐渐离开本体而成为独立的存在。江户时代初期，朱子理学已经与禅学各自划出势力范围，但当时儒者仍与僧人一样是剃光头的。如最早用朱子训注来祖述宋学的藤原惺窝本来是一位禅僧，因爱好儒学，而抛弃了僧衣，但仍保持了他的圆顶。由此也可见日本儒学与佛教的密切关系。明末清初，余姚朱舜水到日本创水户学派，使江户时代的儒学大盛，但影响仍在上层社会和知识分子中间。明治维新以后，欧美的西方文化风靡日本，儒学几成绝响，但佛教却仍然影响着日本现代文化。这也从另一角度证明了佛教对日本文化影响远胜于儒学。

中国佛教对日本文化的影响既深刻又广泛，不但直接涉及建筑、雕塑、绘画、书法、文学、文字、印刷和风俗等方面，也间接影响到政治。从推古朝的制度设施，直到"大化改新"，无一不是佛教影响的结果；推古朝的官制、礼制、法律等皆由入唐求法僧移植隋唐制度而来。"大化改新"的中心人物中大兄皇子和中臣镰足二人曾受教于南渊清安，而入唐学问僧僧旻则任国博士，在大化改新中成为中坚分子。在这些效果之外，佛教思想对日本人内心的感化也是极大的。正如日本学者村上专精所言："我国人在过去仅提出如正直、清静等几条道德规范，还没有形成超出祭祖的幽玄的思想，然而在佛教传入以后，也得以养成颇为形而上的观念。"(见《日本佛教史纲·总论》)特别是宋代禅宗传入日本后激发了日本的武士道精神。因为禅宗以寡欲质素为宗旨,故能克服营私纵欲的念头。禅宗既不重视形式,又不尚理论,只在真参实究,求得心地解脱。三衣一钵之外,不思居处,不求衣食。奉守百丈清规,一日不作,一日不食。这种积极性,刻苦磨炼身心的力行,正与武家教训相契合。而禅宗视死如归,生死一如,"身轻法重,死身弘法"一类的思想,对于武士道的影响也很大。武士道的德目,以忠孝、武勇、慈悲、礼让、勤俭、质素为主。即以廉洁而论,这跟质素生活有密切的关系。因为廉洁,就得质素,因能质素,就能保持廉洁操守。武人一爱钱,就得不到民众拥戴。因之,我们纵不能说武士道的精神全来自禅宗,但至少武士道的德目,正与禅宗教义相契合。无学祖元东渡后,经常对武士说法,他说:"若能空一念,一切皆无恼;一切皆无怖,犹如著重甲,入诸魔贼中;魔贼虽众多,不被魔贼害,掉臂魔贼中,魔贼皆降伏。"祖元这种壮烈鼓励武士的精神,较诸寡欲质素的生活教育,更为积极,更为生动,更令武士醉心于禅宗精神。当时幕府中心人物北条时赖因皈依佛教禅宗,终于依道隆出家,让政权于北条长时,并获另一宋僧普宁印可。临终时身穿袈裟,端坐禅床,述偈而逝。普宁称其:"末后一机,超佛越祖。"这更对镰仓武士精神上产生了巨大的刺激作用。

在建筑方面,日本佛教寺院完全仿照中国规模。如天平时迁建大安寺时,就是由道慈仿照长安西明寺设计建造的。据《续日本纪》记载:"迁造大安寺于平城,赖法师勾当其事,法师尤妙工巧,构作形制皆禀其规模,所有工匠莫不叹服焉。"大安寺是日本古代最宏伟的寺院。又如源赖朝重建奈良东大寺大佛殿,督工是两次入宋的重源和尚。镰仓圆觉寺的舍利殿是照搬宋代禅刹式样,由荣西传入。佛寺建筑也影响到一般宫殿民宅的建筑风格。藤原时代的贵族住宅布局,建筑物与庭院之间的调和,发挥了优美典雅的日本风趣;但其左右对称的配置显然是受到中国传统的影响。

在雕塑方面,日本奈良时代东大寺卢舍那佛的铸造,则是模仿唐代白司马坂大佛像。藤之朝铸造东大寺大佛时则有宋朝铸佛师陈和卿参加。天平时代日本佛教造像艺术更是达到顶峰,这显然是得力于鉴真东渡。《东征传》记载:鉴真于"讲授之闲,造立寺舍,供养十方众僧;造佛菩萨像,其数无量"。其中最杰出的是唐招提寺金堂的卢舍那佛坐像,这是现在日本所保存的干漆雕像中最大、最宏伟的一尊。其面相于稳静之中露出严肃的神情,体态宏伟,衣纹柔和自然,都是同时代其他佛像所不能比拟的。鉴真带去的雕白旃檀千手像,药师弥陀弥勒菩萨瑞像,法隆寺九面观音像,也对日本造像艺术的风格和技术产生重要影响。

在绘画方面,隋唐传入的大量佛像与宗教画,所谓卷轴画,逐渐形成藤原时代流丽典雅的画风。明末僧人带来大批书画,黄檗山遂成为大陆书画美术馆,日本艺术得此山启发者不少。雪舟等于明成化中西游,学泼墨山水,归国后自成一派。自室町时代至江户时代,所有水墨画、狩野派、文人画派以至园山—四条派等,虽然派不同,却都与中国画的影响有关。如平安时代发展最盛的是卷轴画艺术,用图画解释佛经的因果故事。这些卷轴,上下平分为两组,腰线以上从右到左,上边为绘画,下半部分为连环讲解经题的故事。这从中国石窟绘画演变而来,成为独立发展的卷轴画。又如十三世纪后,特别是受中国宋元两代传来的影响,日本绘画又有了崭新的面貌。那种逸笔草草、不拘一格、以古淡为贵的水墨画与禅宗的关系是很深的。其时的如拙、周文、宗湛、雪舟、宗誉、雪村、秋月、宗渊、周德等既是禅师又是画师,尤以雪舟的艺术成就最为突出。中村不折在《中国绘画史》中说:"中国绘画是日本绘画的母体,不懂中国绘画而欲研究日本绘画是不合理的要求。"这是较为切实的说法。

在书法方面,书法线条笔画的葛藤之美,是东方艺术的瑰宝,被人誉为"无声的音乐,立体的画,有情的诗"。日本通过百济始输入汉字,又由于遣唐使的往返而直接引进了中国书法。使得追慕唐风的圣德太子于政事之余,为大陆书法的翰墨浓香沐熏陶醉了。其格调优美而和谐的《法华义疏》,构成了日本书法史上第一块里程碑。它具有强烈的六朝韵味,在节奏优美的笔画中显出圆润的风格。日本书法史上艳称的三笔,即嵯峨天皇、空海和桔逸势。空海书法,则试图把王羲之优雅秀逸的风格和颜真卿浑厚朴茂的精神统一起来。空海自谓在唐"颇习骨法,今于墨法虽未得之,而稍觉规矩"。观其所书《灌顶名册》,已把王羲之和颜真卿的书法风格浑成一体,感觉丰富的笔触和厚重的流动感,正是空海孜孜以求的综合风格。而传世的《风信帖》,"显示出充满自信的意趣;美妙的书式,渗透了对新的笔法的自负"。随着宋元间中日禅僧往来的频繁,书家们也突破唐人矩矱,提倡个性解放,"自出新意"。于是苏、黄、米、蔡四大家书法,相继输入,受到日本禅林间的欢迎。能书的名僧辈出,如荣西、道元及其弟子多擅长宋人书法,笔力挺劲,简悚有力,在日本书法史上被称为"禅宗样"。江户时代,随同黄檗宗的兴起,在日本书法史上又出现了以隐元、木庵、即非"黄檗三笔"为代表的流派;他们以雄浑豪放见长,自成一家,不同凡响。

在文学方面,日本最古的汉诗文集,有《怀风藻》、《凌云集》、《文华秀丽集》、《经国集》,都成书于唐中叶,深受六朝到唐初骈俪文体的影响。到平安朝初期,渐学唐代近体诗。空海作《文镜秘府论》六卷,抄撮唐人诗格、诗式之精华,影响于日本和汉文学作风者至巨。从此声律词章之学,日益讲究,蔚成风气。镰仓、室町时代,文学艺术从缙绅先生转到五山和尚手里。这时期汉诗文代表作家,以前是虎关、雪村、中严,以后是梦窗、义堂、绝海,都是僧人。日本的语言文学也与佛教徒有密切关系,隋唐以后,日本大量输入中国词汇,模仿中国文法,用汉字跟假名夹写,形成一种很特殊的文字。片假名采自汉字偏旁,平假名采自汉字草书,其中平假名就是由空海创制的。空海、圆仁、圆珍在中国研究悉昙(梵字),并把研究悉昙学之风带回日本,推动了日本音韵学的发达;日本五十音的排列似亦在悉昙影响下完成的。

由于梵汉经典的输入、传播,而连带引起日本印刷术的发明。据说神护景云四年(730年)刊印的称德天皇敕印《无垢净光陀罗尼》,是日本现存最古的印刷品。一般论者都认为这种印刷术也是从唐朝输入的。从奝然回国不久,日本的刻版事业日渐昌盛,特别在京都贵族之间经常为了供养而印刷天台经典,称为"折供奉"。自一条天皇宽弘六年(1009年)开始印刷《法华经》一千部起,多次举办"折供奉"。正仓院圣语藏所藏的《成唯识论》,以及有平安时代墨书和朱书的识语而能保存至今的刊本,亦复不少。已是一度中绝的日本刻版事业,重又兴盛起来的契机,实与奝然带回《大藏经》一事有直接关系。正平六年,足利直义曾令僧人解一管理《一切经》的印版事宜;正平八年(1353年),足利基依照宿愿刊印《大般若经》一部六百卷。当时五山的出版事业尤盛,印的多半是禅僧的语录和诗文集,儒、道、诸子百家的书、历史书以及其他杂书,似乎都是从元朝输入。

日本的民间风俗也颇受中国佛教文化影响,如四月初八浴佛会、七月十五盂兰盆会均在日本相沿不绝。日本民间葬礼多用火葬,除立坟外,另取骨灰置家中供膜拜。此法即留唐僧人道昭首创,相传至今仍然流行不失。尤其是日本人的饮茶之风,自荣西从宋朝输入茶种,著《吃茶养生记》以来,最初以禅林为中心,以后逐渐推广起来。到了日本的南北朝时期,唐式茶会便流行起来,形成日本独具一格的茶道。由于唐式茶会的流行,连带使得食物烹调法、住宅设计、室内装饰,以至庭园的建筑艺术等都受到很大影响。据《吃茶往来》(玄慧法师)和《禅林小歌》(圣冏)所载,唐代茶会全是中国式的,点心汤羹多至二十余种,一切都和中国的会餐法无异。综上所述,显见中国佛教对日本文化的熏陶之深,就其深度和广度而言都是儒家文化所不能企及的。

朝鲜是中国佛教文化向日本传播媒介,其距中国的地理位置更近于日本,因此较早受到中国佛教文化之影响。中国和朝鲜的佛教关系,始于公元四世纪间,即朝鲜的三国(亦称三韩:高句丽、新罗、百济)时代。前秦苻坚于建元八年(372年)遣使及僧顺道送佛像及经论至高句丽,高句丽王遣使答谢。越二年(374年),秦僧阿道又至高句丽。翌年高句丽兴建肖门寺及伊弗兰寺供顺道和阿道居住。是为朝鲜佛教之始(《三国史记·高句丽本纪》)。另在朝鲜西南部的百济方面,据《三国史记》卷十八说:百济枕流王元年(384年),胡僧摩罗难陀由东晋来到百济,翌年在国都汉山创立佛寺,度僧十人,为百济佛教之始。朝鲜东南的新罗地区,佛教传入也较早,并早已有新罗僧人来中国参学。梁武帝于太清三年(549年)遣使偕同新罗学僧觉德送佛舍利至新罗国,新罗真兴王亲率百官奉迎于兴轮寺。隋代统一中原,大兴佛法,在全国诸州建舍利塔,广申供养。时高丽、百济、新罗三国使者也向隋朝请得舍利还至本国起塔供养(《广弘明集》卷十七)。其时三国在中国留学的僧人甚多。据《续高僧传》卷十三、十五说:释神迥、释灵润,先后于大业十年(614年)奉召入鸿胪寺,敷讲经论,教授三韩学人。可以想见当时来学的盛况。七世纪后期,朝鲜在新罗统一时代,与唐友好来往更为密切。在唐楚州以北,今江苏、山东沿海一带,且多有新罗坊、新罗院。可以想见当时新罗人唐僧侣之多。唐代佛教各宗次第形成,而新罗、高丽学僧在诸宗中也英才辈出。首先是三论宗方面,有高丽沙门道登等。在慈恩宗方面,有神昉、圆测、胜庄、道证、顺璟、道伦和太贤等。在华严宗方面,有义湘,曾与贤首法藏同学,671年还归本国,在太白山创浮石寺,学徒云集,被尊为东海华严初祖。同时新罗僧元晓,精研《华严》诸经,著有《华严》、《楞伽》、《金光明》等经疏和《华严经纲目》、《法华经宗要》以及《起信论疏记》等。在律宗方面,有新罗沙门慈藏,于638年率领门人僧实等十余人来到唐京参学,以本国经像未全,在唐请得藏经一部并佛像等返国,是为朝鲜有大藏经之始。在禅宗方面,新罗沙门法朗、信行、本如、慧哲禅师,洪直、道义、顺支,他们都学有成就,归国弘传。在密教方面,新罗沙门明朗于贞观六年(632年)入唐学杂部密法,返国,创金光寺,为海东神印宗的开山祖。唐代以后,朝鲜僧人来华求法者始终不绝于道,回国后便大弘其法。朝鲜佛教与中国佛教的血缘关系,与日本相比更为亲近。

东南亚地区佛教主要是南传小乘佛教,唯有越南佛教为大乘教派,实因其文化渊源出自中国。早在佛教传入中国之初,便有中国佛教徒牟融和西域传法僧出入越南(古称交趾,或交州)。越南佛教徒自古以来就通行汉文佛典。唐代又有许多越南僧,如运期、窥冲、大乘灯等加入了中国僧西行求法的行列,并有许多中国僧从交州出发,取道海路,西行求法,在越南传播了中原佛教文化。至于越南佛教的禅宗前派、禅宗后派、雪窦明觉派、竹林临济禅和莲宗,都和中国佛教有很深的关系。越南前期弘传的禅法,是毗尼多流支所传入。据《大南禅苑传灯辑录》说,他在中国曾师事禅宗三祖僧璨,则其禅法显然是由中国传入。他的弟子法贤,据说是以《楞伽》为心要,法贤的弟子清辨,则以《金刚经》为眼目。从此以下各代,更接近中国南宗所传的顿悟禅法。唐元和十五年(820年)九月中国无言通禅师到越南,开创了越南禅宗后派。他原籍广东,俗姓郑,出家于婺州双林寺,曾依百丈禅师为弟子。他这一系统在越南递相传持,绵延不断。中国禅宗的现成公案和体验方法,在这一禅派中也盛行传承。直到现代,越南的禅学大多是无言通这一流派。越南禅宗的另一流派是雪窦明觉派,创始于雪窦重显的弟子草堂禅师,主要是传"雪窦百则",越南李朝君臣多向他参学。此外还有竹林派临济禅,也是越南禅宗后派的一个支流。公元十三世纪间,越南陈太宗曾受教于由中国去越的天封禅师,又曾从宋朝德诚禅师参学。三传而至陈仁宗,更笃志禅学,出家为僧,称为竹林调御,即为竹林派开山祖。十七世纪的竹林派禅,渐渐带有净土宗的色彩,越南新宗派莲宗,就是由竹林派中分支兴起,由白梅麟角倡导而大盛;其渊源是南宋慈照子元所倡导的白莲宗。总之中国佛教文化圈的形成,终于使中国佛教超越国界,成为东方文化形态中最重要的一脉。

主要参考文献

(1) 方豪:《中西交通史》

(2) 东初:《中印佛教交通史》

(3) 木宫泰彦:《日中文化交流史》

(4) 张曼涛:《中日佛教关系研究》

(5) 季羡林:《中印文化关系史论文集》

(6) 梁启超:《中国佛教研究史》

(7) 中国佛教协会:《中国佛教》第 1 辑

(8) 沈福伟:《中西文化交流史》

初版后记

当我加上了这部书的最后一个句点,实现了多年的夙愿时,一种解脱之感不觉油然而生。早在大学时代,因业师杨廷福教授和苏渊雷教授的启蒙,使我对佛教产生了浓厚的兴趣。1985 年夏,在北京拜访了赵朴初会长,围绕佛教与中国文化的关系问题进行了一次有趣的谈话。当时,就生起了研究佛教文化的念头。不久,在友人胡小静先生的鼓励下,遂有了写一部中国佛教文化史的计划。然其时已投笔从政,既厕身官场,便往往身不由己。几年里虽仍时时留心积累有关资料,终无暇作系统之研究。1989 年仲夏之后,绝意仕途,重归书斋,遂发愤思有以自见,从此埋首经籍,困勉以之。鸡鸣即起,夜阑方罢,日以继夜,废寝忘食。

学术的发展是一个文化积累的过程,每一个学者的工作无须都从零开始,而应当尽量利用前人和时贤的研究成果。这部书正是在归纳和综合了海内外各家之说的基础上完成的。搜罗既广,便难以一一标出。唯"禅林与书院"一节全部为友人丁刚先生之研究成果;这方面的内容既为本书体系所不可或缺而笔者又无力把丁先生的研究推进一步,故商得他本人同意将其原文照录,附于第五章下。特此说明,并向丁刚先生致谢。

由于充分利用了同行们的研究成果,使我得以集中精力对那些尚未被人注意的问题进行深入思考,形成了若干初步的见解:

(1) 提出宗教文化和世俗文化在整个人类文化中是各自独立的两种文化形态,它本身就是一个多层次的有着完整结构的文化系统。

(2) 认为中国佛教在某种意义上说是一种世俗化的宗教,其世俗性特点源于传统的实用理性思维。

(3) 以佛教在中国传播的历史证明:任何一种外来文化的移植,首先必须得到本民族知识分子的认同,经过他们的选择、吸收和传播,才能在这个社会里站住脚跟。因为知识分子是民族文化的主要传承者。

(4) 提出晚唐五代以后,中国佛教各宗归禅,但佛教思想的发展并没有因此停止,不过只是改变了它的发展形式而已。从此结束了以往那种宗派异说、百家殊唱的时代,一切新的思想只是在禅宗内部发展。

(5)第一次系统地研究了中国古代佛教翻译理论、佛教史学传统和佛教风俗史等,它们在佛学研究领域基本上还是一片未曾开垦过的处女地。

(6)提出儒家的忠孝观和宗法思想为佛教所认同和摄取,由此成为中国佛教道德的主要特征。伴随佛教中国化过程的是佛教道德的儒家化。

(7)指出独具特色的禅宗教育重在启迪智慧,培养人的直觉思维能力。它在教育思想、教育制度和教育方法诸方面都是既不同于中国儒家的教育传统,也不同于佛教其他宗派的教育模式。

(8)认为虚空性、象征性和规范性是佛教艺术审美的一般特征,但佛教艺术传到中国后经历了一个从模仿到创新的过程。在思想内容方面发生了从天上到人间,从出世到入世,从虚空到实在的转变。在审美情趣方面也从崇高转向优美,从对抗转向和谐,逐渐形成了独特的民族风格。

(9)指出在佛教东来之前,中国的民间信仰主要是自然崇拜、鬼神崇拜、祖先崇拜和巫术占卜之类的迷信。在中国佛教传播过程中,它不但和儒、道思想发生交涉,而且也和民间宗教信仰相互影响,相互吸收和相互融合。

(10)提出中国文化圈的文化内涵主要是佛教而不是儒学。因此与其说受中国文化影响的日本、朝鲜、越南等国属于儒家文化圈,还不如说是属于佛教文化圈。

笔者在这篇后记里所以不厌其烦地对此一一标明,唯一的目的是希望有助于引起读者的批评和讨论。

这部书的写作过程中得到了许多师友的帮助和鼓励。这里特别要感谢的是赵朴初先生和苏渊雷先生,他们不顾八十高龄,分别在百忙中抽空为本书题签和撰序。还要感谢本书的责任编辑胡小静先生,帮我抄写了全部书稿的刘丹鲁小姐和经常为我借阅资料的杨同甫先生,以及给予我很大帮助的中国佛教文化研究所诸位先生。当然也应该感谢我的妻子金艳女士,为了保证这部书的写作,她几乎承担了所有的家务,终于使我在动心忍性之际,尚能持志不懈,得以实现了夙愿。

魏承思

1990 年 10 月 16 日

再版后记

此书是我 20 多年前的旧作。"文革"之后,佛教刚开始复苏,佛学更是一个荒芜已久的领域。此书算是一本拓荒之作,在多年深入研究的基础上,系统地介绍了佛教中国化的历程以及佛教思想、翻译、道德、教育、史学、文学艺术和风俗等方面的知识。出版后受到学界好评,并一直被反复引用。

20 年过去了,中国佛教呈现出一片兴旺景象:三山五岳,到处香火缭绕;名山大寺,到处人头攒动。佛教的兴旺带起了佛学的热闹。大凡带上"佛"字的书就会畅销;只要标榜"禅"字的课就能赚钱。当年的反佛斗士在高等学府开讲佛学,听说还带了佛学博士研究生。可是在热闹之余,佛学研究领域却是杂草丛生,并没有多少长足进步。

20 多年前,我还是把佛教作为研究对象的学者。后来有缘拜在南怀瑾先生门下,开始修证佛法,因而已经没有再涉足佛学研究的心意了。上海世纪出版集团文睿公司总编辑邵敏先生是我老友,提议再版此书。我想,此书提供的佛教文化知识,无论对学佛者,还是对中国传统文化爱好者,迄今都还是有用的。因此,欣然应允,并遵嘱撰此后记,交待重版缘起。

魏承思

2014 年春于香港退思书屋

图书在版编目(CIP)数据

中国佛教文化论稿/魏承思著.—上海:上海人
民出版社,2015
ISBN 978-7-208-12795-1

Ⅰ.①中… Ⅱ.①魏… Ⅲ.①佛教-宗教文化-研究
-中国 Ⅳ.①B948

中国版本图书馆 CIP 数据核字(2015)第 029177 号

出 品 人　邵　敏
责任编辑　邵　敏　崔　琛
封面装帧　黄墨言

世纪文睿出品

中国佛教文化论稿
魏承思　著

出　　版　世纪出版集团 上海人民出版社
　　　　　(200001　上海福建中路 193 号　www.shsjwr.com)
出　　品　世纪出版股份有限公司上海世纪文睿文化传播分公司
发　　行　世纪出版股份有限公司发行中心
印　　刷　上海市北印刷(集团)有限公司
开　　本　720×1000　1/16
印　　张　23.5
插　　页　2
字　　数　365 000
版　　次　2015 年 4 月第 1 版
印　　次　2015 年 4 月第 1 次印刷
I S B N　978-7-208-12795-1/B·1103
定　　价　38.00 元